21 世纪全国应用型本科电子通信系列实用规划教材

数字信号处理

主　编　阎　毅　黄联芬
副主编　宋晓梅　李爱华
参　编　李临生　张文祥
主　审　隋晓红

北京大学出版社
PEKING UNIVERSITY PRESS

内容简介

本书是应用型本科电子通信系列教材之一，是在有关学校长期教学实践的基础上编写的。

全书共分 8 章，主要内容包括：离散时间信号与系统，信号与系统的频域分析，离散傅里叶变换(DFT)，快速傅里叶变换，离散时间系统的网络结构，IIR 数字滤波器设计，FIR 数字滤波器设计，数字信号处理中的有限字长效应等。为了便于读者阅读，每章都配有教学提示和教学要求，小结和习题。

本书可作为普通高等院校电子、信息、通信类专业本科生的教材，也可以供相关专业的科技人员参考。

图书在版编目(CIP)数据

数字信号处理/阎毅，黄联芬主编. —北京：北京大学出版社，2006.8
(21 世纪全国应用型本科电子通信系列实用规划教材)
ISBN 978-7-301-10768-3

Ⅰ. 数…　Ⅱ. ①阎…　②黄…　Ⅲ. 数字信号—信号处理—高等学校—教材　Ⅳ. TN911.72

中国版本图书馆 CIP 数据核字(2006)第 057952 号

书　　名：数字信号处理
著作责任者：阎　毅　黄联芬　主编
策 划 编 辑：徐　凡
责 任 编 辑：李聘婷
标 准 书 号：ISBN 978-7-301-10768-3/TN・0038
出　版　者：北京大学出版社
地　　址：北京市海淀区成府路 205 号　100871
网　　址：http://www.pup.cn　http://www.pup6.com
电　　话：邮购部 62752015　发行部 62750672　编辑部 62750667　出版部 62754962
电 子 邮 箱：pup_6@163.com
印　刷　者：北京飞达印刷有限责任公司
发　行　者：北京大学出版社
经　销　者：新华书店
787 毫米×1092 毫米　16 开本　17 印张　390 千字
2006 年 8 月第 1 版　2007 年 12 月第 2 次印刷
定　　价：24.00 元

《21世纪全国应用型本科电子通信系列实用规划教材》

专家编审委员会

丛书总序

随着招生规模迅速扩大，我国高等教育已经从“精英教育”转化为“大众教育”，全面素质教育必须在教育模式、教学手段等各个环节进行深入改革，以适应大众化教育的新形势。面对社会对高等教育人才的需求结构变化，自上个世纪 90 年代以来，全国范围内出现了一大批以培养应用型人才为主要目标的应用型本科院校，很大程度上弥补了我国高等教育人才培养规格单一的缺陷。

但是，作为教学体系中重要信息载体的教材建设并没有能够及时跟上高等学校人才培养规格目标的变化，相当长一段时间以来，应用型本科院校仍只能借用长期存在的精英教育模式下研究型教学所使用的教材体系，出现了人才培养目标与教材体系的不协调，影响着应用型本科院校人才培养的质量，因此，认真研究应用型本科教育教学的特点，建立适合其发展需要的教材新体系越来越成为摆在广大应用型本科院校教师面前的迫切任务。

2005 年 4 月北京大学出版社在南京工程学院组织召开《21 世纪全国应用型本科电子通信系列实用规划教材》编写研讨会，会议邀请了全国知名学科专家、工业企业工程技术人员和部分应用型本科院校骨干教师共 70 余人，研究制定电子信息类应用型本科专业基础课程和主干专业课程体系，并遴选了各教材的编写组成人员，落实制定教材编写大纲。

2005 年 8 月在北京召开了《21 世纪全国应用型本科电子通信系列实用规划教材》审纲会，广泛征求了用人单位对应用型本科毕业生的知识能力需求和应用型本科院校教学一线教师的意见，对各本教材主编提出的编写大纲进行了认真细致的审核和修改，在会上确定了 32 本教材的编写大纲，为这套系列教材的质量奠定了基础。

经过各位主编、副主编和参编教师的努力，在北京大学出版社和各参编学校领导的关心和支持下，经过北大出版社编辑们的辛苦工作，我们这套系列教材终于在 2006 年与读者见面了。

《21 世纪全国应用型本科电子通信系列实用规划教材》涵盖了电子信息、通信等专业的基础课程和主干专业课程，同时还包括其他非电类专业的电工电子基础课程。

电工电子与信息技术越来越渗透到社会的各行各业，知识和技术更新迅速，要求应用型本科院校在人才培养过程中，必须紧密结合现行工业企业技术现状。因此，教材内容必须能够将技术的最新发展和当今应用状况及时反映进来。

参加系列教材编写的作者主要是来自全国各地应用型本科院校的第一线教师和部分工业企业工程技术人员，他们都具有多年从事应用型本科教学的经验，非常熟悉应用型本科教育教学的现状、目标，同时还熟悉工业企业的技术现状和人才知识能力需求。本系列教材明确定位于“应用型人才培养”目标，具有以下特点：

(1) **强调大基础**：针对应用型本科教学对象特点和电子信息学科知识结构，调整理顺了课程之间的关系，避免了内容的重复，将众多电子、电气类专业基础课程整合在一个统一的大平台上，有利于教学过程的实施。

(2) **突出应用性**：教材内容编排上力求尽可能把科学技术发展的新成果吸收进来、把工业企业的实际应用情况反映到教材中，教材中的例题和习题尽量选用具有实际工程背景的问题，避免空洞。

(3) **坚持科学发展观**：教材内容组织从可持续发展的观念出发，根据课程特点，力求反映学科现代新理论、新技术、新材料、新工艺。

(4) **教学资源齐全**：与纸质教材相配套，同时编制配套的电子教案、数字化素材、网络课程等多种媒体形式的教学资源，方便教师和学生的教学组织实施。

衷心感谢本套系列教材的各位编著者，没有他们在教学第一线的教改和工程第一线的辛勤实践，要出版如此规模的系列实用教材是不可能的。同时感谢北京大学出版社为我们广大编著者提供了广阔的平台，为我们进一步提高本专业领域的教学质量和教学水平提供了很好的条件。

我们真诚希望使用本系列教材的教师和学生，不吝指正，随时给我们提出宝贵的意见，以期进一步对本系列教材进行修订、完善。

《21世纪全国应用型本科电子通信系列实用规划教材》

专家编审委员会

2006年4月

前　言

本书是应用型本科电子通信系列教材之一，是在有关学校长期教学实践的基础上编写的。

全书内容共分 8 章，包括：离散时间信号与系统，信号与系统的频域分析，离散傅里叶变换(DFT)，快速傅里叶变换，离散时间系统的网络结构，IIR 数字滤波器设计，FIR 数字滤波器设计，数字信号处理中的有限字长效应等。

本书内容可以分成 3 部分。第 1 部分包括第 1～4 章，其中，第 1 章介绍离散时间信号与系统的描述方法，模拟信号的数字处理方法；第 2 章介绍序列的傅里叶变换和 Z 变换；第 3 章讨论离散傅里叶变换；第 4 章学习离散傅里叶变换的快速算法，这是数字信号处理的基础理论部分。第 2 部分包括第 5～7 章，其中，第 5 章讨论离散时间系统的网络结构，这是数字滤波器理论的基础；第 6 章学习 IIR 数字滤波器的设计方法；第 7 章学习 FIR 数字滤波器的设计方法。第 3 部分为第 8 章，介绍数字信号处理实现中的量化效应。

借助于 MATLAB 信号处理工具箱，可以更深刻地理解数字信号处理的基本理论和基本概念，同时也可以帮助读者在信号处理领域中解决各种信号实际问题并进行不断探索和创新。在本课程中，突出了信号处理理论和 MATLAB 工具的结合，读者通过学习本书可以掌握用 MATLAB 进行信号分析和处理的方法，提高解决实际问题的能力。读者可以一边学习基本理论，一边用 MATLAB 进行仿真和实验。

本书每一章的开始有本章内容摘要，介绍将要讲述的主要内容，提示读者在学习这一章时有目的地进行阅读。每章最后有本章小结，对本章的主要概念、重要公式、基本原理和主要算法进行简单总结，以便于读者进行复习与归纳。书中提供了大量的 MATLAB 应用实例，这些 MATLAB 程序都经过验证，读者可以上机直接运行并可模仿编程。每章的最后有习题，并配有相应的教学指导，方便教师实施教学、学生自学。

本书可以作为普通高等院校电子、信息、通信类专业本科生的教材，也可以供相关专业科技人员参考。

本书由烟台大学李爱华编写第 1～3 章、西安工程大学宋晓梅编写第 4、5、7 章、太原科技大学李临生编写第 8 章，黑龙江科技学院张文祥编写第 6 章，由烟台大学阎毅、厦门大学黄联芬统稿。黑龙江科技学院隋晓红教授仔细审阅了全稿。

由于编者水平有限，书中难免存在一些缺点和错误，殷切希望广大读者批评指正。

编　者

2006 年 8 月

目　录

绪 论

教学提示：数字信号处理是电子信息、电气信息类专业的主要专业基础课。本章简单介绍数字信号处理的系统组成、实现方法、学科概况、特点、应用、发展方向和本课程的学习方法。

教学要求：本章让学生了解数字信号处理的系统组成、实现方法、学科概况、特点、应用、发展方向。应重点掌握数字信号处理的系统组成、实现方法、学科概况和发展方向。

0.1 数字信号处理概述

虽然信号的表现形式有所不同，但是许多领域都会涉及信号处理问题。信号处理的一般目的是对信号进行分析、转换、综合、估值与识别等。信号处理是研究用系统对含有信息的信号进行处理(或转换)，以获得人们所希望得到的信号，从而达到提取信息、便于利用的目的的一门科学。

数字信号处理(Digital Signal Processing，DSP)的主要对象是数字信号。数字信号处理是采用运算的方法来达到处理数字信号的目的。数字信号处理的内容包括滤波、转换、检测、估计、压缩、识别等一系列的加工处理。

数字信号处理是由于信息科学与计算机技术飞速发展形成的一门新兴学科，它的主要研究对象是数字信号，并且采用运算的方法达到信号处理的目的。

数字信号处理是把信号——用数字表示的序列，通过计算机或信号处理设备，用数值计算方法处理数字，以获得有用信息，便于应用。

0.2 数字信号处理的基本概念

数字信号处理的基本概念有：信号、系统、信号处理等。

1. 信号(signal)

信号是信息的物理表现形式，信息是信号的具体内容。根据信息的载体不同，信号可以是电的、磁的、光的、声的、热的和机械的等不同种类的信号。

信号通常是一个或几个自变量的函数。如果只有一个自变量，则称为一维信号；如果有两个以上自变量，则称为多维信号。本书仅研究一维信号。

信号的自变量可以是时间、距离、电压、温度等不同形式。本书一般把信号看作时间的函数。

如果信号满足 $x(t)=x(t+kT)$ ，k 为整数；或信号满足 $x(n)=x(n+kN)$ ，N 为正整数，k ，$n+kN$ 为任意整数，则 $x(t)$ 和 $x(n)$ 都是周期信号，周期分别为 T 和 N 。

如果信号在任意时刻的取值能够精确确定，则该信号为确定信号；如果信号的取值是随机的，则称为随机信号。

如果时间是连续的，信号的幅值可以是连续的也可以是离散的，则这种信号称为连续时间信号。作为连续时间信号的一种特例，如果时间是连续的，幅值也是连续的，则这种信号称为模拟信号。如果时间是离散的，幅值是连续的，则这种信号称为离散时间信号，或称为序列。如果时间是离散的，幅值是量化的，则这种信号称为数字信号。

由于幅值是量化的，所以数字信号可以用一系列的数来表示，而每个数又可以表示为二进制码的形式。

本书仅研究一维数字信号处理的理论与技术。

2. 系统(system)

处理信号的物理设备称为系统。或者可以进一步说，凡是能够将信号加以转换以达到人们要求的各种设备都可以称为系统。系统是用来完成某种运算的。按照系统所处理的信号种类的不同，可以把系统分为：模拟系统、连续时间系统、离散时间系统和数字系统。

如果系统处理的是模拟信号，输入与输出都是连续时间连续幅值信号，则该系统称为模拟系统。如果系统处理的是连续时间信号，输入与输出都是连续时间信号，则该系统称为连续时间系统。如果系统处理的是离散时间信号，输入与输出都是离散时间信号，则该系统称为离散时间系统。如果系统处理的是数字信号，输入与输出都是数字信号，则该系统称为数字系统。

满足叠加原理的系统称为线性系统。

如果系统响应与激励加于系统的时刻无关，则称为时不变系统。

本书重点讨论线性时不变系统。

0.3 数字信号处理系统

数字信号处理系统用来实现对特定信号的处理，按照处理的信号不同，通常可以分为模拟信号的数字化处理系统、数字信号处理系统等。

1. 模拟信号的数字化处理系统

由于许多科学与工程问题中需要处理的是模拟信号。所以首先讨论模拟信号的数字化处理系统。

模拟信号的数字化处理系统首先把模拟信号转换为数字信号，然后用数字技术进行处理，最后再还原成模拟信号。系统的框图如图 0.1 所示。

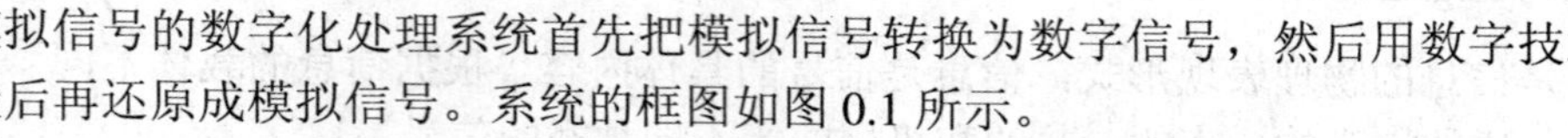

图 0.1　模拟信号的数字化处理系统框图

在模拟信号的数字化处理系统中，输入为模拟信号 $x_a(t)$，经过模数(A/D)转换器转换后，模拟信号 $x_a(t)$ 变成了数字信号 $x(n)$。数字信号处理器将数字信号 $x(n)$ 处理成数字信号

$y(n)$。再经过数模(D/A)转换器变换成模拟信号 $y_a(t)$。

2. 数字信号处理系统

如果有些系统只需要数字信号输出，则可以省去 D/A 转换器；如果有些系统的输入信号就是数字信号，则不需要 A/D 转换器；如果系统的输入与输出都是数字信号，则只需要采用数字信号处理器，即数字信号处理系统。

0.4 数字信号处理的实现方法

数字信号处理基本上可以有两种实现方法：软件实现方法和硬件实现方法。

1. 软件实现方法

在软件实现方法中，图 0.1 中所示的数字信号处理器可以是数字计算机，按照信号处理的原理和算法，使用者通过编写程序或采用现成的软件，在计算机上实现对数字信号的某种处理功能。

这种方法的优点是灵活，只要改变程序中的有关参数，数字信号处理器就可以实现不同的处理功能。例如对于数字滤波器，只要改变其中的一个参数，就可以分别实现高通、低通或带通数字滤波器的处理功能。

这种方法的缺点是运算速度慢，一般不能达到是实时处理的要求。

所以，软件实现方法适合于教学与科研的场合。

2. 硬件实现方法

在硬件实现方法中，用基本的数字硬件组成专用处理器，或用专用数字信号处理芯片作为数字信号处理器。

这种方法的优点是速度快，可以实现实时处理。

这种方法的缺点是不灵活。由于数字信号处理器是专用的，一般只能完成一种加工处理。

现在最为流行的数字信号处理器是采用通用数字信号处理芯片，它是专为信号处理设计的，有专门执行信号处理算法的硬件，如乘法累加器、并行处理、多总线、位翻转硬件等，并有专为信号处理使用的指令。

采用通用数字信号处理器的优点是既具有硬件实现的实时处理能力，又有软件实现的多用性特点，是一种重要的数字信号处理实现方法。选用合适的 DSP 芯片，配备适合芯片语言及任务要求的软件，实现某种信号处理功能，这种系统无疑是一种最佳的数字信号处理系统。随着微电子技术和计算机技术的飞速发展，数字信号处理芯片已经广泛应用到各个领域之中。

0.5 数字信号处理学科概况

数字信号处理学科诞生于 20 世纪 60 年代。1965 年库利(Cooley)和图基(Tukey)在《计算数学》(《Mathematics of Computation》)上发表论文《用机器计算复序列傅里叶级数的一种算法》即《快速傅里叶变换算法》以来，数字信号处理得到了飞速发展，逐渐形成了较为完整的学科领域和理论体系。

数字信号处理学科包括：

(1) 离散时间线性时不变系统分析。

(2) 离散时间信号的时域及频域分析、离散傅里叶变换(DFT)理论。

(3) 信号的采集。

(4) 数字滤波技术。

(5) 谱分析与快速傅里叶变换(FFT)，快速卷积与相关算法。

(6) 估计理论。

(7) 信号的压缩。

(8) 信号的建模。

(9) 数字信号处理的实现。

(10) 数字信号处理的应用。

以上(1)、(2)、(3)三项内容是理论与技术分析的基础，是数字信号处理的最基本的部分；(4)、(5)是数字信号处理的主要内容。

本书是数字信号处理的基础理论教程，只着重讨论上述前五项的内容。作为实用性教材，本书也将介绍(9)、(10)两项的基本内容。

0.6 数字信号处理的特点

数字信号处理相对于模拟信号处理有许多优点，归纳起来有以下明显的优点：

1. 灵活性高

数字信号处理系统的性能取决于系统参数，这些参数存储在存储器中，很容易被改变。通过改变系统参数，可以很容易地改变系统性能。甚至可以通过系统参数的改变，把系统变成另外一种完全不同的系统。

另外，数字系统可以时分复用(TDM)，即使用一套数字系统分时处理几路信号，可以大大提高系统的利用率。

2. 精度高

模拟系统的精度由元器件决定，模拟元器件的精度很难达到10^{-3}以上。而数字系统只要 14 位字长就可以达到10^{-4}的精度。使用超大规模集成的 DSP 芯片，运算位数可以提高到 16、32、64 位。因此，在高精度系统中，有时只能采用数字系统。

数字系统的特性不易随使用条件变化而变化。由于使用超大规模集成的DSP芯片，设备简单，提高了系统的稳定性和可靠性。

3. 易于大规模集成

由于数字部件具有高度的规范性，对电路参数要求不严，便于大规模集成、大规模生产。由于采用了大规模集成电路，数字系统具有体积小、质量轻、成本低、可靠性强的特点。这也是 DSP 芯片发展迅速的原因之一。

4. 性能指标高

由于数字系统可以方便地对数字信号进行存储和运算，系统可以获得高性能指标。例如对信号进行频谱分析，模拟频谱仪在频率低端只能分析到 10Hz 以上的频率，而且难以做到高分辨率；但在数字系统中，已经可以做到10^3 Hz 的谱分析。

这一优点使得数字信号处理不再仅仅限于对模拟系统的逼近上，它可以完成许多模拟系统无法完成的任务。例如，有限长冲激响应数字滤波器可以实现准确的线性相位特性，这在模拟系统中是很难达到的。

由于数字信号处理的突出优点，使得它在通信、雷达、遥感、电视、话音处理、地震预报、生物医学等许多领域得到广泛的应用。

0.7 数字信号处理的发展方向

随着信息科学、微电子技术与计算机技术的飞速发展，数字信号处理这一新兴学科得到了迅速发展，其主要发展方向如下。

(1) 数字汇聚(digital convergence)：即信号处理、通信与计算机相融合，其中数字信号处理作为一种粘合剂，把通信、计算机和消费电子等产业紧密结合在一起。

(2) 融合网络(fusion net)：把公共电信网络与计算机网络更好地结合在一起，并与家庭娱乐信息设施相适配的服务网络。

(3) 图文信息检索：图像与文本合一的信息检索业务，可以更方便读者。

(4) 多媒体通信：包括媒体的压缩、媒体的识别、媒体的综合、消息的转换、自然查询等。

(5) 个人通信终端：把个人通信系统与个人数字助理有效地结合在一起，可以实现任何人、在任何时间、在任何地点与任何其他人进行任何方式地通信。

● 本课程的学习方法

作为一门专业基础课，数字信号处理涉及的内容非常丰富和广泛。本书作为数字信号处理的基础教程，主要学习数字信号处理的基本理论、基本分析方法、基本算法，了解数字信号处理的基本实现方法和主要应用范围等。数字信号处理是一门理论与实践、原理与应用、理论分析与数字计算紧密结合的课程，在学习中既要注意原理分析，也要重视计算方法。

借助于 MATLAB 信号处理工具箱，可以更深刻地理解数字信号处理的基本理论和基本概念。同时也可以帮助读者在信号处理领域解决各种信号实际问题并进行不断探索和创新。在本课程中，突出了信号处理理论和 MATLAB 工具的结合，读者通过学习可以掌握用 MATLAB 进行信号分析和处理的方法，提高解决实际问题的能力。读者可以一边学习基本理论，一边用 MATLAB 进行仿真和实验。

● 本书的结构特点

本书每一章开始有本章内容摘要，介绍本章将要讲述的主要内容，提示读者在学习本章时有目的地进行阅读。每章最后有本章小结，对本章的主要概念、重要公式、基本原理和主要算法进行简单总结，便于读者学习完本章后进行复习与归纳。书中提供了大量的MATLAB应用实例，这些MATLAB程序都经过验证，读者可以上机运行并可模仿编程。每章最后有习题，并配有相应的教学指导与习题解答，方便教师实施教学、学生自学。

第 1 章　离散时间信号与系统

教学提示：数字信号处理系统的时域分析可以分作两步来进行。第一步是时域离散信号和时域离散的线性时不变系统理论，即本章的内容，它研究的对象是幅度没有误差而仅在时间上量化了的信号及对应的系统。第二步再考虑幅度上量化以及量化误差的影响，这部分内容将在后面章节讨论。

教学要求：本章是全书的基础，要求学生掌握离散信号的时域表示及离散线性时不变系统的描述，重点掌握线性时不变系统输入与输出的关系及模拟信号的数字处理方法。

1.1　引　言

在绪论中已经定义了各种信号，本章讨论的对象是离散时间信号，即时间上取离散值，幅度上取连续值的信号。这类信号的获得可以是直接观测的一组数据，也可以是将连续信号采样，使其离散化。对这类信号进行处理的系统则为离散时间系统。离散时间系统的分析方法与连续时间系统有并行的相似性。对连续时间系统用微分方程描述，而对离散时间系统用差分方程描述；在连续时间系统中，通过卷积运算可以获得线性时不变系统的输出，同样地，在离散系统中，用卷积和将线性时不变系统的输入、输出联系起来；另外，在连续系统中广泛使用的频率变换——傅里叶变换也同样普遍应用于离散系统，连续系统中使用的复频率变换——拉普拉斯变换，在离散系统中与之相对的是 Z 变换，等等。

本章作为全书的基础，主要讲述离散时间信号和时域离散的线性时不变系统的表示方法，离散时间信号和时域离散的线性时不变系统的特性和模拟信号的离散化处理。

1.2　离散时间信号

离散时间信号(discrete-time signal)是指在时间上取离散值，幅度取连续值的一类信号，可以用序列(sequence)来表示。序列是指按一定次序排列的数值 $x(n)$ 的集合，表示为

$$\{x(n)\}=\{x(-\infty),\cdots,x(-2),x(-1),x(0),x(1),x(2),\cdots x(\infty)\}$$

或

$$x(n)\qquad -\infty<n<+\infty$$

式中，n 为整数，$x(n)$ 表示序列，对于具体信号，$x(n)$ 也代表第 n 个序列值。特别应当注意的是，$x(n)$ 仅当 n 为整数时才有定义，对于非整数，$x(n)$ 没有定义，不能错误地认为 $x(n)$ 为零。

将连续信号 $x_a(t)$ 以 T 为间隔采样，得到的信号的采样值构成一个数字序列，该数字序列就是一个离散时间信号，该离散信号各点的序列值在数值上等于对应各点的采样值，即

$$x_a(t)\big|_{t=nT}=x_a(nT)\qquad -\infty<n<+\infty$$

在数值上有　$x(n)=x_{\mathrm{a}}(nT)$，　$-\infty<n<+\infty$ (n 为正数)。

离散信号也可以是通过观测得到的一组离散数据，可用集合符号表示，例如：

$$x(n)=\left\{\underset{\uparrow}{23}.1,\ 22.5,\ 20.8,\ 21.0,\ 21.8\right\}$$

式中，箭号表示离散时间信号的原点位置。离散时间信号除了用集合符号表示，还可以用公式和图形表示。

1.2.1　常用典型序列

1. 单位采样序列(unit sample sequence 或 unit impulse sequence) $\delta(n)$

$$\delta(n)=\begin{cases}1 & n=0\\ 0 & n\neq 0\end{cases} \tag{1-1}$$

单位采样序列(也称单位脉冲序列) $\delta(n)$ 的特点是仅在 $n=0$ 时序列值为 1，n 取其他值，序列值为 0。$\delta(n)$ 的地位与连续信号中的单位冲激函数 $\delta(t)$ 相当。不同的是 $n=0$ 时 $\delta(n)=1$，而不是无穷大。单位采样序列 $\delta(n)$ 和单位冲激函数 $\delta(t)$ 如图 1.1 所示。

(a)单位采样序列 $\delta(n)$　　　(b)单位冲激函数 $\delta(t)$

图 1.1　单位采样序列和单位冲激函数

2. 单位阶跃序列(unit step sequence) $u(n)$

$$u(n)=\begin{cases}1 & n\geqslant 0\\ 0 & n<0\end{cases} \tag{1-2}$$

单位阶跃序列如图 1.2 所示。$u(n)$ 与连续信号中的单位阶跃函数 $u(t)$ 类似。

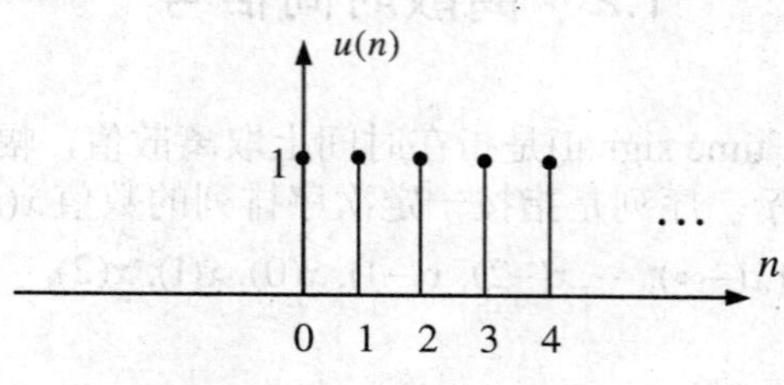

图 1.2　单位阶跃序列

3. 矩形序列(rectangular sequence) $R_N(n)$

$$R_N(n)=\begin{cases}1 & 0\leqslant n\leqslant N-1\\ 0 & 其他\end{cases} \tag{1-3}$$

式中，N 称为矩形序列的长度。符号 $R_N(n)$ 的下标 N 表示矩形序列的长度，如 $R_4(n)$ 表示长度 $N=4$ 矩形序列，如图 1.3 所示。

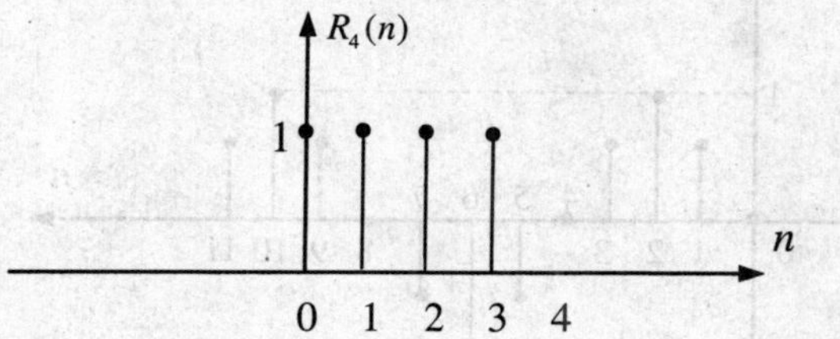

图 1.3　矩形序列

单位采样序列 $\delta(n)$、单位阶跃序列 $u(n)$ 和矩形序列 $R_N(n)$ 之间的关系如下：

$$\delta(n)=u(n)-u(n-1) \tag{1-4}$$

$$u(n)=\sum_{k=0}^{n}\delta(k) \tag{1-5}$$

$$R_N(n)=u(n)-u(n-N) \tag{1-6}$$

式(1-6)中，$u(n-N)$ 是 $u(n)$ 的移位序列。一般地，若序列 $y(n)$ 与序列 $x(n)$ 之间满足 $y(n)=x(n-k)$ 的关系，则称 $y(n)$ 为 $x(n)$ 的移位(或延时)序列。

4. 实指数序列(real exponential sequence)

$$x(n)=a^n u(n)\qquad (a\text{为实数})$$

如果 $|a|<1$，$x(n)$ 的幅度随 n 的增大而减小，此时 $x(n)$ 为收敛序列，如 $|a|>1$，$x(n)$ 的幅度随 n 的增大而增大，此时 $x(n)$ 为发散序列。其波形如图 1.4 所示。

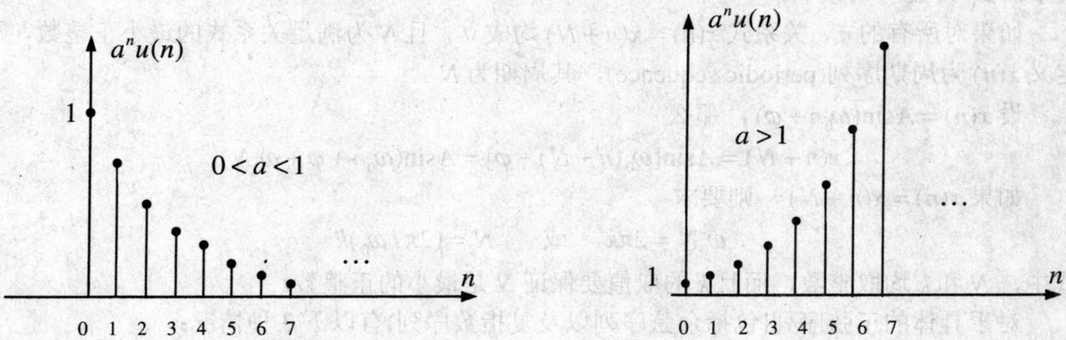

图 1.4　实指数序列

5. 正弦序列(sinusoidal equence)

$$x(n)=\sin(\omega n) \tag{1-7}$$

式中，ω 称为正弦序列的数字域频率，单位为弧度(rad)，它表示序列变化的速率，或表示相邻两个序列值之间相差的弧度数。$\omega=\pi/4$ 时的波形如图 1.5 所示。

如果正弦序列是由连续信号采样得到的，那么

$$x_a(nT)=x_a(t)\big|_{t=nT}=\sin(\Omega t)\big|_{t=nT}=\sin(\Omega nT) \tag{1-8}$$

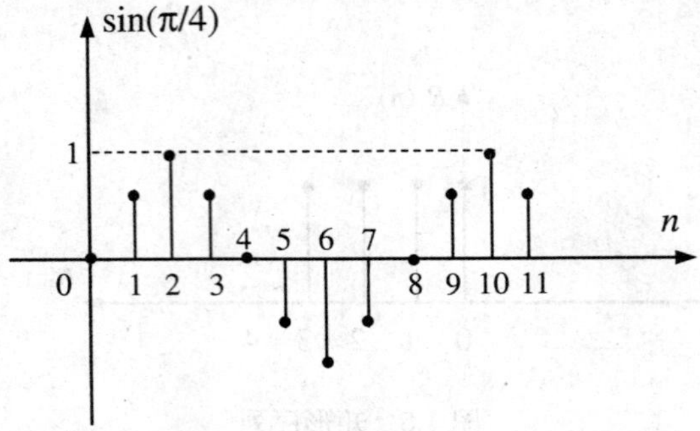

图 1.5 正弦序列

因为在数值上序列值等于采样值，比较式(1-7)和式(1-8)，可以得到数字域频率 ω 与模拟角频率 Ω 的关系为

$$\omega = \Omega T \tag{1-9}$$

式(1-9)具有普遍意义，它表明由连续信号采样得到的序列，模拟角频率 Ω 与数字域频率 ω 成线性关系。再由采样频率 f_s 与采样间隔 T 互为倒数，式(1-9)也可以写成下列形式：

$$\omega = \frac{\Omega}{f_s} \tag{1-10}$$

式(1-10)表示数字域频率 ω 可以看作模拟角频率 Ω 对采样频率 f_s 的归一化频率。

6. 复指数序列(complex exponential sequence)

$$x(n) = e^{j\omega_0 n} = \cos(\omega_0 n) + j\sin(\omega_0 n)$$

式中，ω_0 为数字域频率。

如果对所有的 n，关系式 $x(n) = x(n+N)$ 均成立，且 N 为满足关系式的最小正整数，则定义 $x(n)$ 为周期序列(periodic sequence)，其周期为 N。

设 $x(n) = A\sin(\omega_0 n + \varphi)$，那么

$$x(n+N) = A\sin[\omega_0(n+N) + \varphi] = A\sin(\omega_0 n + \varphi + \omega_0 N)$$

如果 $x(n) = x(n+N)$，则要求

$$\omega_0 N = 2\pi k \quad 或 \quad N = (2\pi/\omega_0)k$$

式中，N 和 k 均取整数，而且 k 的取值要保证 N 是最小的正整数。

对于具体的正弦序列(包括余弦序列以及复指数序列)有以下 3 种情况：

(1) 当 $2\pi/\omega_0$ 为整数时，$k=1$，该序列是以 $2\pi/\omega_0$ 为周期的周期序列。例如图 1.5 所示序列 $\sin(\pi n/4)$，$\omega_0 = \pi/4$，$2\pi/\omega_0 = 8$，该正弦信号的周期为 8。

(2) 当 $2\pi/\omega_0$ 不是整数，是一个有理数时，设 $2\pi/\omega_0 = P/Q$，式中，P、Q 是整数，并且 P/Q 为最简分数；取 $k=Q$，则该序列的周期 $N=P$。例如 $\sin(5\pi n/8)$，$\omega_0 = 5\pi/8$，$2\pi/\omega_0 = 16/5$，取 $k=5$，该正弦信号的周期为 16。

(3) 当 $2\pi/\omega_0$ 是一个无理数时，任何整数都不能使 N 为正整数，则该序列不是周期序列。例如 $\sin(2n/5)$，$\omega_0 = 2/5$，$2\pi/\omega_0 = 5\pi$，该正弦信号不是周期序列。

最后讨论任意序列的表示。对于任意序列可以用单位采样序列的移位加权和表示，即

$$x(n) = \sum_{m=-\infty}^{+\infty} x(m)\delta(n-m) \tag{1-11}$$

式中

$$\delta(n-m)=\begin{cases}1 & n=m\\ 0 & n\neq m\end{cases}$$

例如，$x(n)$ 的波形如图 1.6 所示，用式(1-11)可表示为

$$x(n)=1.38\delta(n+1)+1.93\delta(n-1)+0.55\delta(n-2)-0.83\delta(n-3)-0.55\delta(n-4)+0.83\delta(n-5)+0.90\delta(n-6)-0.60\delta(n-8)$$

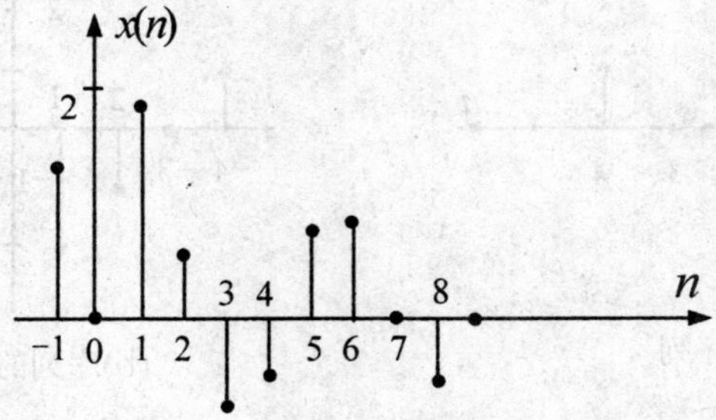

图 1.6　任意信号 $x(n)$

任意序列的这种表示方法在信号与系统的分析中非常有用，在 1.4 节将使用式(1-11)来研究系统。

1.2.2　序列的运算

序列的运算包括加法，乘法，移位，反折和尺度变换。

1. 加法和乘法

两个序列的加法和乘法是指两个序列中同序号的序列值对应相加和相乘，如图 1.7 所示。

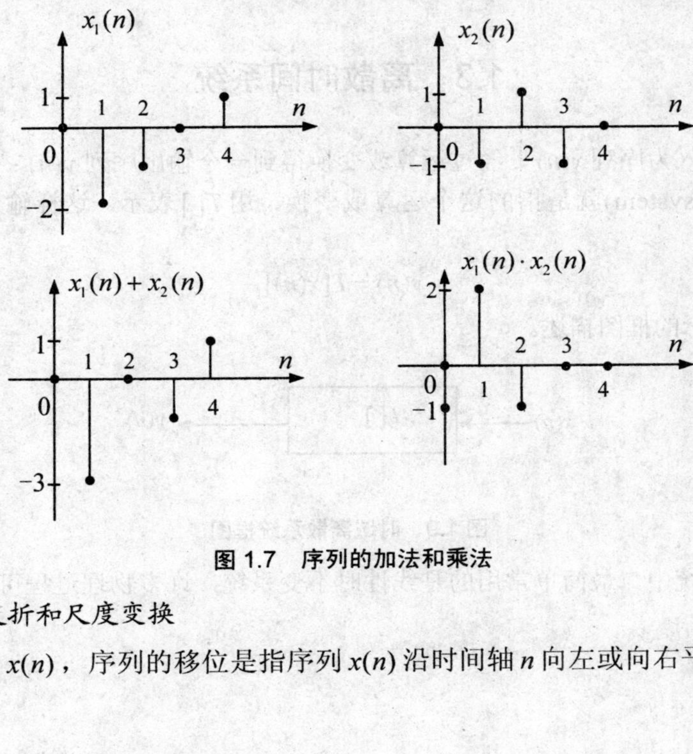

图 1.7　序列的加法和乘法

2. 移位，反折和尺度变换

设原序列为 $x(n)$，序列的移位是指序列 $x(n)$ 沿时间轴 n 向左或向右平移 k 个单位，得

到 $x(n-k)$。向左平移 $(k<0)$ 形成的序列称为原序列的超前序列，向右平移 $(k>0)$ 形成的序列称为原序列的延时序列。序列的反折是指序列 $x(n)$ 以纵坐标为对称轴左右交换，得到 $x(-n)$。序列的尺度变换是指序列 $x(n)$ 每隔 m 点取一点形成一个新序列 $x(mn)$。以上 3 种运算如图 1.8 所示。

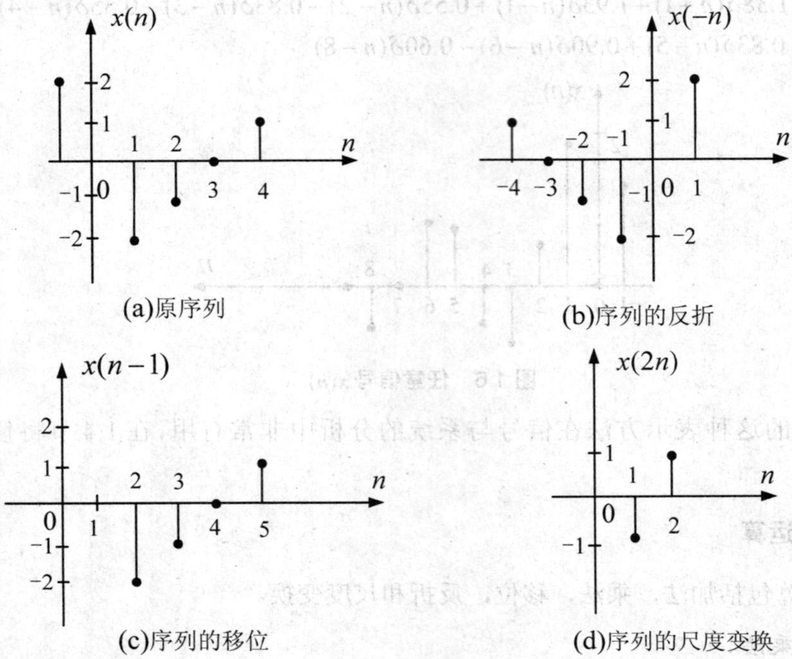

图 1.8　移位，反折和尺度变换示意图

1.3　离散时间系统

设系统的输入为序列 $x(n)$，经过运算或变换得到一个输出序列 $y(n)$；所谓离散时间系统(discrete-time system)就是指的这个运算或变换，用 $T[\ ]$ 表示。这样输入和输出之间用式(1-12)表示。

$$y(n)=T[x(n)] \tag{1-12}$$

并可用图 1.9 所示的框图描述。

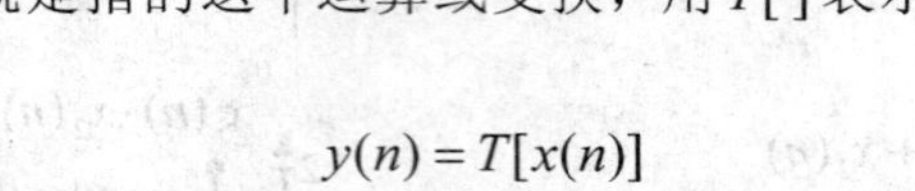

图 1.9　时域离散系统框图

离散时间系统中，最简单常用的是线性时不变系统，许多物理过程可以用线性时不变系统来近似。

1.3.1　线性系统

满足叠加性和齐次性的系统称为线性系统(linear system)。用数学语言描述如下。

若序列 $y_1(n)$ 和 $y_2(n)$ 分别是输入序列 $x_1(n)$ 和 $x_2(n)$ 的输出响应，即

$$y_1(n)=T[x_1(n)],\qquad y_2(n)=T[x_2(n)]$$

如果系统 $T[\ ]$ 是线性系统，那么一定下列关系式(1-13)、式(1-14)成立。

$$T[x_1(n)+x_2(n)]=T[x_1(n)]+T[x_2(n)]=y_1(n)+y_2(n) \tag{1-13}$$

$$T[ax_1(n)]=aT[x_1(n)]=ay_1(n) \tag{1-14}$$

式中，a 是任意常数。满足式(1-13)称系统具有可加性(superposition property)；满足式(1-14)称系统具有比例性或齐次性(homogeneity)。将两式结合起来表示为

$$T[ax_1(n)+bx_2(n)]=aT[x_1(n)]+bT[x_2(n)]=ay_1(n)+by_2(n) \tag{1-15}$$

式中，a 和 b 均为任意常数。

1.3.2　时不变系统

如果系统的输出响应随输入的移位而移位，即若 $y(n)=T[x(n)]$，则

$$y(n-k)=T[x(n-k)] \tag{1-16}$$

式中，k 为任意整数。那么称这样的系统为时不变系统(time-invariant system)。

【例 1.1】 某系统 $T[\ ]$，若输入 $x(n)$，则输出 $y(n)=ax(n)+b$（a 和 b 为任意常数)。判断该系统是否为线性时不变系统。

解　(1) 判断线性性：

设序列 $y_1(n)$ 和 $y_2(n)$ 分别是输入序列 $x_1(n)$ 和 $x_2(n)$ 的输出响应，则有

$$y_1(n)=T[x_1(n)]=ax_1(n)+b$$

$$y_2(n)=T[x_2(n)]=ax_2(n)+b$$

将 $x_1(n)$ 和 $x_2(n)$ 相加得到新序列 $x(n)$，设 $y(n)$ 为输入序列 $x(n)$ 的输出响应，即

$$\begin{aligned}y(n)&=T[x(n)]=T[x_1(n)+x_2(n)]=a[x_1(n)+x_2(n)]+b\\&=ax_1(n)+ax_2(n)+b\end{aligned}$$

显然，$T[x_1(n)]+T[x_2(n)]\neq T[x_1(n)+x_2(n)]$，因此该系统不是线性系统。

(2) 判断时不变性：

将输出信号 $y(n)=ax(n)+b$ 平移 k 个单位，得

$$y(n-k)=ax(n-k)+b$$

将序列 $x(n)$ 的移位序列 $x(n-k)$ 作为输入信号，得到输出信号为

$$T[x(n-k)]=ax(n-k)+b$$

可见 $y(n-k)=T[x(n-k)]$，因此该系统是时不变系统。

由以上分析得此系统为非线性时不变系统。

1.3.3　系统的因果性和稳定性

系统的因果性(causality)是指如果系统 n 时刻的输出只取决于 n 时刻及 n 时刻以前的输入序列，而和 n 时刻以后的输入无关，这样的系统称为因果系统(causal system)。因果系统是物理可实现系统。如果系统 n 时刻的输出还与 n 时刻以后的输入序列有关，则这样的系

统称为非因果系统。

系统的稳定性(stability)是指系统对于每一个有界的输入，都产生一个有界的输出。这样的系统称为稳定系统(stable system)。

【例 1.2】 某系统$T[\ ]$，若输入$x(n)$，输出$y(n)=x(n-1)+x(n)+x(n+2)$，判断该系统的因果性和稳定性。

解 由于$y(n)=x(n-1)+x(n)+x(n+2)$，所以n时刻的输出不仅与n时刻及n时刻以前($n-1$时刻)的输入有关，还与n时刻以后($n+2$时刻)的输入有关，故，该系统为非因果系统。

如果输入$x(n)$有界，即$|x(n)|<M$，则

$$|y(n)|\leqslant|x(n-1)|+|x(n)|+|x(n+2)|\leqslant 3M$$

即输出有界，故系统为稳定系统。

1.4 离散时间系统的描述方法

描述一个离散时间系统，可以从不同的角度来进行：可以直接描述系统的特性，也可以不考虑系统的具体结构，只研究系统输入和输出之间的关系。对线性时不变系统前一种方法是用单位冲激响应来表征系统；后一种方法是用差分方程(difference equation)来描述系统输入和输出之间的关系。

1.4.1 用单位冲激响应与卷积和表示线性时不变系统

设系统的初始状态为零，若输入信号$x(n)=\delta(n)$，这种条件下系统的输出称为系统的单位脉冲响应，用$h(n)$表示。即，单位冲激响应$h(n)$是系统对于$\delta(n)$的零状态响应，用公式表示为

$$h(n)=T[\delta(n)] \tag{1-17}$$

系统$T[\ ]$的输入用$x(n)$表示，并按式(1-11)表示成

$$x(n)=\sum_{m=-\infty}^{+\infty}x(m)\delta(n-m)$$

这样系统$T[\ ]$的输出为

$$y(n)=T[\sum_{m=-\infty}^{+\infty}x(m)\delta(n-m)]$$

若系统$T[\ ]$为线性系统，线性系统满足叠加原理性，得

$$y(n)=\sum_{m=-\infty}^{+\infty}x(m)T[\delta(n-m)]$$

若系统$T[\ ]$同时为时不变系统，即$h(n)=T[\delta(n)]$，最后得到

$$\begin{aligned}y(n)&=\sum_{m=-\infty}^{+\infty}x(m)h(n-m)\\&=x(n)*h(n)\end{aligned} \tag{1-18}$$

式中，“$*$”代表卷积运算。式(1-18)称为卷积和(convolution sum)公式；此类卷积运算中的主要运算是反折、移位、相乘和相加，故此类卷积又称为线性卷积。

式(1-18)表明线性时不变系统的输出等于输入序列与该系统的单位冲激响应的卷积，因

此只要知道线性时不变系统的单位冲激响应，按照式(1-18)，对于任意输入都可以求出该系统的输出。由此可以认为任何线性时不变系统都可由单位冲激响应 $h(n)$ 来表征。

如果序列 $x(n)$ 和 $h(n)$ 的长度分别是 N 和 M，卷积结果的长度为 $N+M-1$。

【例 1.3】设 $x(n)=n,\ 0\leqslant n\leqslant 4$，$h(n)=R_4(n)$，$x(n)$ 和 $h(n)$ 如图 1.10 所示。求 $x(n)$ 和 $h(n)$ 的卷积 $y(n)$。

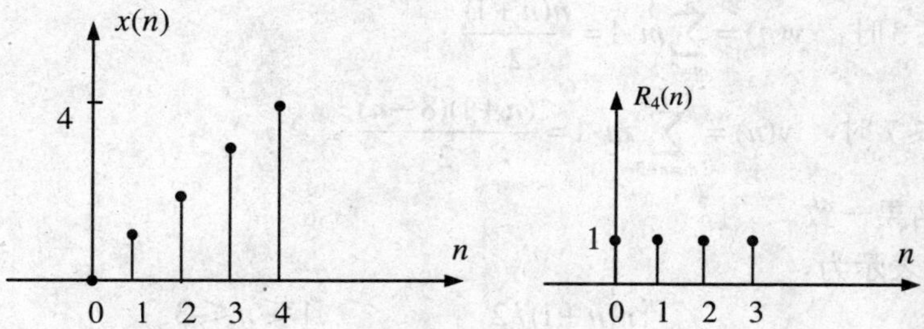

图 1.10　例 1.3 图

解　方法一：用图解法求卷积和。

(1) 将 $x(n)$ 和 $h(n)$ 用 $x(m)$ 和 $h(m)$ 表示(图 1.11 中(a)、(b)图)。

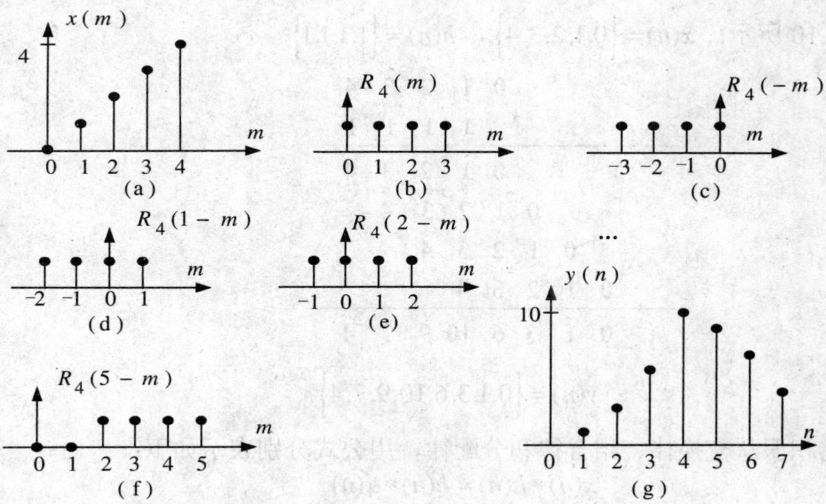

图 1.11　图解法求卷积过程

(2) 将 $h(m)$ 进行反折，形成 $h(-m)$ (图 1.11 中(c)图)；将 $h(-m)$ 移位 n，得到 $h(n-m)$ (图 1.11 中(d)、(e)、(f)图)。

(3) 将 $x(m)$ 和 $h(n-m)$ 相同 m 的序列值相乘，再相加，得到 $y(n)$ (图 1.11 中(g)图)。

$$y(n)=\{1,3,6,10,9,7,4\}\qquad 1\leqslant n\leqslant 7$$

再讨论解析法求线性卷积。

用式(1-18)

$$y(n)=\sum_{m=-\infty}^{+\infty}x(m)h(n-m)$$

求解上式首先要根据 $x(m)$ 和 $h(n-m)$ 的非零值区间确定求和的上下限，$x(m)$ 的非零值区间为$1 \leqslant m \leqslant 4$，$h(n-m)$ 的非零值区间为$0 \leqslant n-m \leqslant 3$，或$n-3 \leqslant m \leqslant n$，由两个非零值区间可得$n$的取值区间为$1 \leqslant n \leqslant 7$，它们的乘积$x(m) \cdot h(n-m)$的非零值区间应满足：

$$1 \leqslant m \leqslant 4 \quad 和 \quad n-3 \leqslant m \leqslant n$$

因此

当 $n<1$、$n>7$ 时，$y(n)=0$；

当 $1 \leqslant n \leqslant 3$时，$y(n)=\sum_{m=0}^{n} m \cdot 1=\frac{n(n+1)}{2}$；

当 $4 \leqslant n \leqslant 7$时，$y(n)=\sum_{m=n-3}^{4} m \cdot 1=\frac{(n+1)(8-n)}{2}$。

与图解法结果一致。

$y(n)$用公式表示为

$$y(n)=\begin{cases} n(n+1)/2 & 1 \leqslant n \leqslant 3 \\ (n+1)(8-n)/2 & 4 \leqslant n \leqslant 7 \\ 0 & 其他 \end{cases}$$

方法二：当序列$x(n)$和$h(n)$的长度分别为有限长N和M时，可采用“不进位乘法”求两序列线卷积。

如图 1.10 所示：$x(n)=\{\underset{\uparrow}{0},1,2,3,4\}$，$h(n)=\{\underset{\uparrow}{1},1,1,1\}$

$$\begin{array}{cccccccc}
 & & & 0 & 1 & 2 & 3 & 4 \\
 & \times & & & 1 & 1 & 1 & 1 \\
\hline
 & & & 0 & 1 & 2 & 3 & 4 \\
 & & 0 & 1 & 2 & 3 & 4 & \\
 & 0 & 1 & 2 & 3 & 4 & & \\
0 & 1 & 2 & 3 & 4 & & & \\
\hline
\underset{\uparrow}{0} & 1 & 3 & 6 & 10 & 9 & 7 & 4
\end{array}$$

$$y(n)=\{\underset{\uparrow}{0},1,3,6,10,9,7,4\}$$

线性卷积服从交换律、结合律和分配律，用公式分别表示如下：

$$x(n)*h(n)=h(n)*x(n) \tag{1-19}$$

$$x(n)*[h_1(n)*h_2(n)]=[x(n)*h_1(n)]*h_2(n) \tag{1-20}$$

$$x(n)*[h_1(n)+h_2(n)]=x(n)*h_1(n)+x(n)*h_2(n) \tag{1-21}$$

设$h_1(n)$和$h_2(n)$分别是两个线性时不变系统的单位冲激响应，$x(n)$表示输入，根据式(1-20)和式(1-21)可以画出两组等效的线性时不变系统，如图 1.12 和图 1.13 所示。

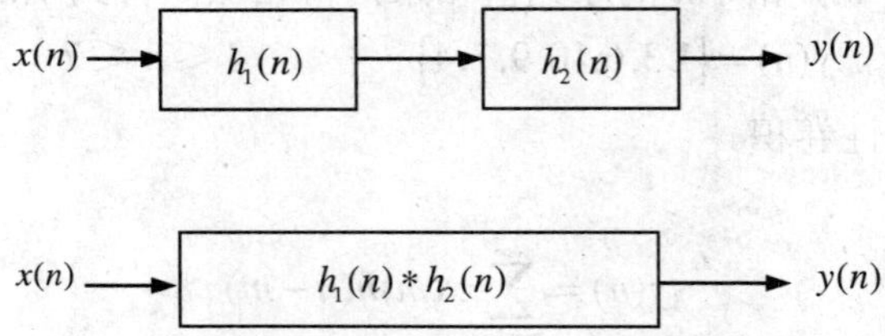

图 1.12　级联组合及等效系统

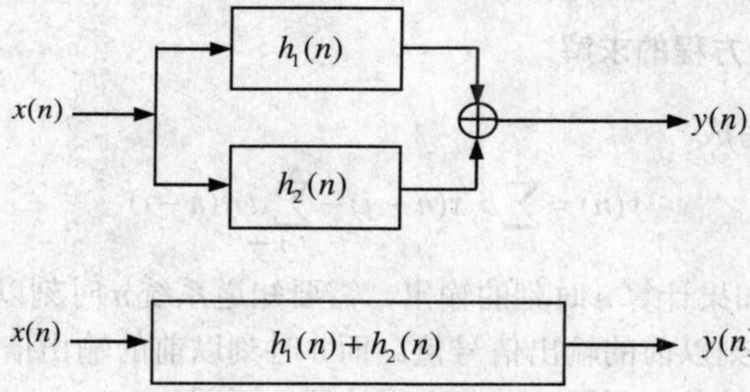

图 1.13　并联组合及等效系统

图 1.12 表明两个线性时不变系统级联组合及其等效系统的单位冲激响应等于两系统分别的单位冲激响应的卷积。

图 1.13 表明两个线性时不变系统并联组合及其等效系统的单位冲激响应等于两系统分别的单位冲激响应之和。

前面讨论过的系统的因果性和稳定性，对线性时不变系统而言，其具有因果性的充分必要条件是其单位冲激响应满足式(1-22)：

$$h(n)=0 \qquad n<0 \tag{1-22}$$

另外，满足式(1-22)的序列称为因果序列。而线性时不变系统具有稳定性的充分必要条件是其单位冲激响应满足式(1-23)：

$$\sum_{k=-\infty}^{+\infty}|h(k)|<\infty \tag{1-23}$$

【例 1.4】 设线性时不变系统的单位冲激响应 $h(n)=a^n u(n)$，式中，a 是实常数，试分析系统的因果稳定性。

解　由于 $n<0$ 时，$h(n)=0$，所以系统是因果系统。

$$\sum_{k=-\infty}^{+\infty}|h(k)|=\sum_{k=0}^{+\infty}|a|^k=\lim_{N\to\infty}\sum_{k=0}^{N-1}|a|^k=\lim_{N\to\infty}\frac{1-|a|^N}{1-|a|}$$

只有当 $|a|<1$ 时，$\sum\limits_{k=-\infty}^{+\infty}|h(k)|=\dfrac{1}{1-|a|}$ 收敛。因此该系统稳定的条件是 $|a|<1$，否则，不稳定。

1.4.2　用线性常系数差分方程表示线性时不变系统

一个 N 阶线性常系数差分方程用式(1-24)表示：

$$\sum_{i=0}^{N}a_i y(n-i)=\sum_{j=0}^{M}b_j x(n-j), \qquad a_0=1 \tag{1-24}$$

式中，a_i、b_j 均为常数，$x(n-j)$、$y(n-i)$ 都是一次幂，也不存在彼此相乘的项，所以式(1-24)称为线性常系数差分方程。差分方程的阶数是用 $y(n-i)$ 项中 i 的最大值与最小值之差确定的。若 $x(n)$ 和 $y(n)$ 分别表示系统的输入和输出序列，则方程式(1-24)的两边分别为输出序列 $y(n)$ 和输入序列 $x(n)$ 的移位的线性组合，方程式(1-24)描述的就是系统输入和输出之间的关系，系数 a_i、b_j 表示系统的特性或结构。

1.4.3 线性常系数差分方程的求解

将方程式(1-24)改写成

$$y(n)=\sum_{j=0}^{M}b_j x(n-j)-\sum_{i=1}^{N}a_i y(n-i) \tag{1-25}$$

由式(1-25)可以看出，如果计算 n 时刻的输出，需要知道系统 n 时刻以及 n 时刻以前的输入序列值，还要知道 n 时刻以前的输出信号值。而 n 时刻以前的输出信号值就是求解差分方程必须的初始条件，初始条件不同，差分方程的解也不同。

本节仅介绍递推解法，这种解法简单，适合用计算机获得数值解，但不易得到闭合解。

【例 1.5】 设系统用差分方程 $y(n)=ay(n-1)+bx(n)$ 描述，输入序列 $x(n)=u(n-1)$，若初始条件为(1) $y(n)=0,\ n>0$ ；(2) $y(n)=0,\ n<0$；(3) $y(-1)=b$ 。求输出序列 $y(n)$。

解 (1) 因为初始条件为 $y(n)=0, n>0$，所以

$$n\leqslant 0,\quad y(n)\neq 0。$$

由 $y(n)=ay(n-1)+bx(n)$ 得到

$$y(n-1)=\frac{1}{a}y(n)-\frac{b}{a}x(n)$$

$$n=1,\ \ y(0)=\frac{1}{a}y(1)-\frac{b}{a}x(1)=-\frac{b}{a}=-a^{-1}b$$

$$n=0,\ \ y(-1)=\frac{1}{a}y(0)-\frac{b}{a}x(0)=\frac{1}{a}\cdot(-\frac{b}{a})=-\frac{b}{a^2}=-a^{-2}b$$

$$n=-1,\ y(-2)=\frac{1}{a}y(-1)-\frac{b}{a}x(-1)=\frac{1}{a}(-\frac{b}{a^2})=-\frac{b}{a^3}=-a^{-3}b$$

$$\vdots$$

$$y(n)=-\frac{b}{a^{-n+1}}u(-n)=-a^{(n-1)}bu(-n)$$

(2) 因为初始条件为 $y(n)=0,\ n<0$，所以 $n\geqslant 0,\quad y(n)\neq 0$。

由 $y(n)=ay(n-1)+bx(n)$ 得到

$$n=0,\qquad y(0)=ay(-1)+bx(0)=0$$

$$n=1,\qquad y(1)=ay(0)+bx(1)=b$$

$$n=2,\qquad y(2)=ay(1)+bx(2)=a\cdot b+b=(a+1)b$$

$$n=3,\qquad y(3)=ay(2)+bx(3)=a(a+1)\cdot b+b=(a^2+a+1)b$$

$$\vdots$$

$$y(n)=(a^{n-1}+\cdots+a+1)bu(n-1)=b\sum_{k=0}^{n-1}a^k u(n-1)$$

(3) 初始条件为 $y(-1)=b$，由 $y(n)=ay(n-1)+bx(n)$ 得到

$$n=0,\qquad y(0)=ay(-1)+bx(0)=ab$$

$$n=1,\qquad y(1)=ay(0)+bx(1)=a\cdot ab+b=(a^2+1)b$$

$$n=2,\qquad y(2)=ay(1)+bx(2)=a\cdot(a^2+1)b+b=(a^3+a+1)b$$

$$n=3,\qquad y(3)=ay(2)+bx(3)=a(a^3+a+1)\cdot b+b=(a^4+a^2+a+1)b$$

$$\vdots$$

$$y(n) = a\,b\delta(n) + (a^{n+1} + a^{n-1} + \cdots + a + 1)bu(n-1)$$
$$= ba\ \delta(n) + b(a^{n+1} + \sum_{k=0}^{n-1} a^k)u(n-1)$$

由 $y(n) = ay(n-1) + bx(n)$ 得到

$$y(n-1) = \frac{1}{a}y(n) - \frac{b}{a}x(n)$$

$$n=-1,\qquad y(-2) = \frac{1}{a}y(-1) - \frac{b}{a}x(-1) = \frac{1}{a}\cdot b = \frac{b}{a} = a^{-1}b$$

$$n=-2,\qquad y(-3) = \frac{1}{a}y(-2) - \frac{b}{a}x(-2) = \frac{1}{a}\cdot\frac{b}{a} = \frac{b}{a^2} = a^{-2}b$$

$$y(n) = a^{n+1}bu(-n-1)$$

所以

$$y(n) = \begin{cases} a^{n+1}b & n<0 \\ a\ b & n=0 \\ (a^{n+1} + \sum_{k=0}^{n-1} a^k)b & n>0 \end{cases}$$

由例题可以看到，用递推法解差分方程，是由初始条件向 $n>0$ 或 $n<0$ 的方向，或两个方向递推，得到的结果也因初始条件不同而不同，有可能是因果序列也可能是非因果序列。因此差分方程本身并不能确定系统是因果系统还是非因果系统；另外，线性常系数差分方程描述的系统也不一定就是线性时不变系统，同样与初始条件有关。

如果差分方程描述的系统是线性时不变的，根据单位冲激响应 $h(n)$ 的定义，当系统的输入信号为单位冲激序列时，用递推法得到的解 $y(n)$ 就是单位冲激响应 $h(n)$ 。

1.5　模拟信号的数字处理方法

所谓模拟信号的数字处理方法就是将待处理模拟信号经过采样和量化编码形成数字信号，采用数字信号处理技术进行处理，处理完毕，若需要再转换成模拟信号。其原理框图如图 1.14 所示。图中 A/D(Analog/Digital)转换和 D/A(Digital /Analog) 转换分别是模/数转换和数/模转换；本节主要介绍 A/D 转换和 D/A 转换中的采样和恢复。

图 1.14　模拟信号数字处理方法框图

1.5.1　采样定理

将模拟信号转换为数字信号由 A/D 转换完成，A/D 转换的原理框图如图 1.15 所示。

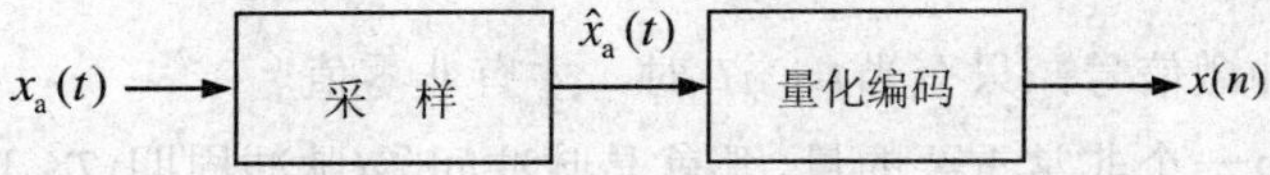

图 1.15　A/D 转换的原理框图

图中的采样是将模拟信号 $x_a(t)$ 换成采样信号 $\hat{x}_a(t)$，量化编码是将采样信号 $\hat{x}_a(t)$ 转换成数字信号 $x(n)$。

对模拟信号 $x_a(t)$ 采样可以看作模拟信号 $x_a(t)$ 通过一个开关S。设开关每隔时间 T 闭合一次，每次闭合时间 $\tau << T$，在开关的输出端得到模拟信号 $x_a(t)$ 的采样信号 $\hat{x}_a(t)$。开关S的作用可以等效成一宽度为 τ，周期为 T 的矩形脉冲串 $P_T(t)$，采样信号 $\hat{x}_a(t)$ 就是模拟信号 $x_a(t)$ 与 $P_T(t)$ 相乘的结果，如图 1.16 所示。如果让开关s的闭合时间 $\tau \to 0$，则矩形脉冲串 $P_T(t)$ 变成单位冲激串，用 $P_\delta(t)$ 表示。$P_\delta(t)$ 中每个单位冲激位于采样点上，强度为 1，理想采样就是模拟信号 $x_a(t)$ 与 $P_\delta(t)$ 相乘的结果，如图 1.17 所示。

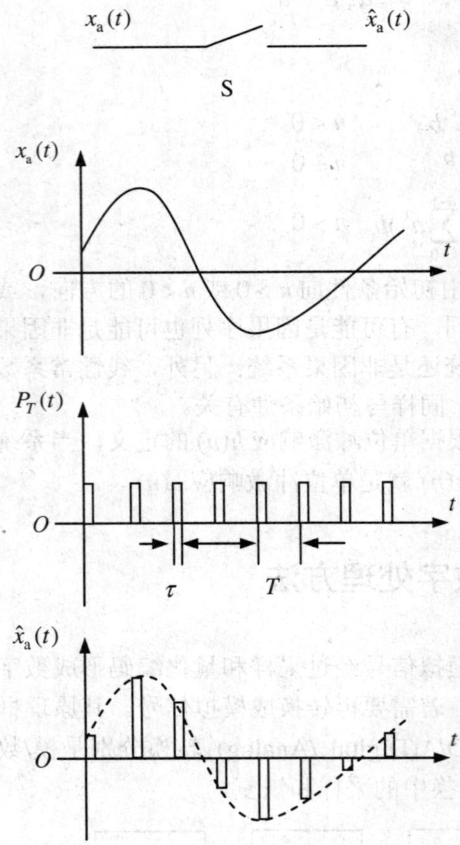

图 1.16　对模拟信号采样

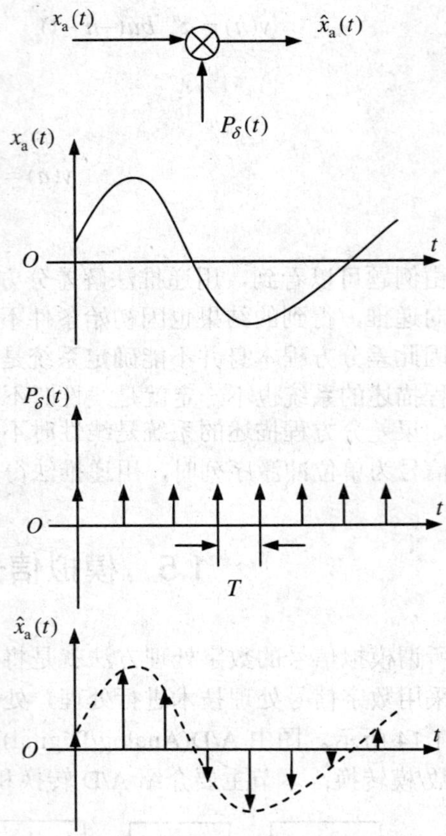

图 1.17　理想采样

上述理想采样过程用公式表示为

$$P_\delta(t) = \sum_{n=-\infty}^{+\infty} \delta(t - nT) \tag{1-26}$$

$$\hat{x}_a(t) = x_a(t) \cdot P_\delta(t) = \sum_{n=-\infty}^{+\infty} x_a(t)\delta(t - nT) = \sum_{n=-\infty}^{+\infty} x_a(nT)\delta(t - nT) \tag{1-27}$$

式中，$\delta(t)$ 是单位冲激信号，只有当 $t = nT$ 时，才有非零值。

在上述讨论中有一个非常重要的量，那就是脉冲间隔(脉冲周期) T，也就是采样间隔(采样周期)，它的大小决定了采样信号 $\hat{x}_a(t)$ 和原模拟信号 $x_a(t)$ 的相似程度，或者说采样过程是否丢失信息。下面从研究理想采样前后信号频谱的变化着手，得出要使采样信号 $\hat{x}_a(t)$ 不失真地恢复原模拟信号 $x_a(t)$，采样间隔(采样周期)应如何选取。定义采样频率 $f_s=\dfrac{1}{T}$，并设原模拟信号 $x_a(t)$ 为带宽有限信号，其最高频率为 $f_c=\Omega_c/2\pi$。

令

$$X_a(j\Omega)=\mathrm{FT}[x_a(t)]$$
$$\hat{X}_a(j\Omega)=\mathrm{FT}[\hat{x}_a(t)]$$
$$P_\delta(j\Omega)=\mathrm{FT}[P_\delta(t)]$$

由式(1-26)得

$$P_\delta(j\Omega)=\mathrm{FT}[P_\delta(t)]=\frac{2\pi}{T}\sum_{k=-\infty}^{+\infty}\delta(\Omega-k\Omega_s) \tag{1-28}$$

式中，$\Omega_s=2\pi/T$，称为采样角频率，单位为弧度/秒(rad/s)。

对式(1-27)进行傅里叶变换得

$$\begin{aligned}\hat{X}_a(j\Omega)&=\mathrm{FT}[\hat{x}_a(t)]=\frac{1}{2\pi}X_a(j\Omega)*P_\delta(j\Omega)\\&=\frac{1}{2\pi}\int_{-\infty}^{+\infty}X_a(j\lambda)\cdot P_\delta[j(\Omega-\lambda)]d\lambda\\&=\frac{1}{2\pi}\int_{-\infty}^{+\infty}X_a(j\lambda)\cdot\frac{2\pi}{T}\sum_{k=-\infty}^{+\infty}\delta[(\Omega-\lambda)-k\Omega_s]d\lambda\\&=\frac{1}{T}\sum_{k=-\infty}^{+\infty}\int_{-\infty}^{+\infty}X_a(j\lambda)\cdot\delta(\Omega-\lambda-k\Omega_s)d\lambda\\&=\frac{1}{T}\sum_{k=-\infty}^{+\infty}X_a(j\Omega-jk\Omega_s)\end{aligned} \tag{1-29}$$

式(1-29)表明采样信号 $\hat{x}_a(t)$ 的频谱 $\hat{X}_a(j\Omega)$ 是原模拟信号 $x_a(t)$ 的频谱 $X_a(j\Omega)$ 沿频率轴每隔 Ω_s 重复一次，或者说采样信号 $\hat{x}_a(t)$ 的频谱 $\hat{X}_a(j\Omega)$ 是原模拟信号 $x_a(t)$ 的频谱 $X_a(j\Omega)$ 以 Ω_s 为周期，进行周期延拓而成的。

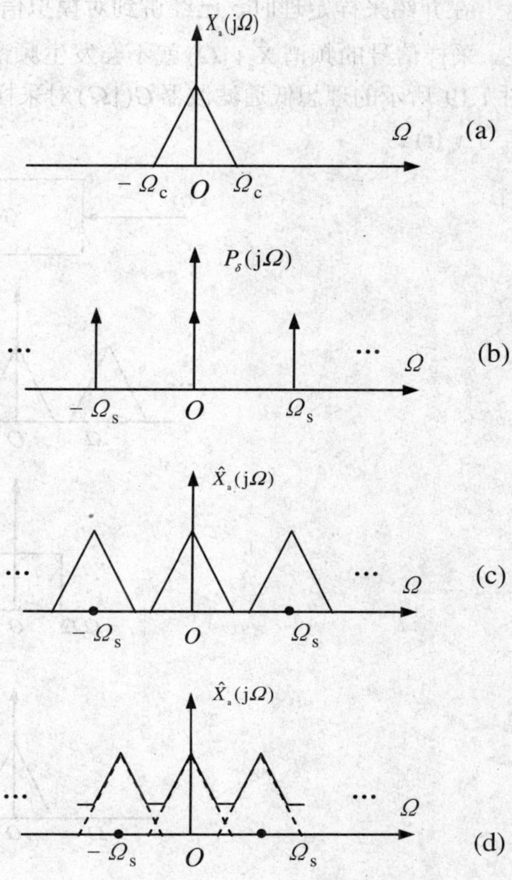

图 1.18　采样信号的频谱

在图 1.18 中，图(a)为原模拟信号 $x_a(t)$ 的频谱 $X_a(j\Omega)$，$x_a(t)$ 为带限信号，最高角频率为 Ω_c。图(b)为 $P_\delta(t)$ 的频谱 $P_\delta(j\Omega)$，图(c)和图(d)都是采样信号 $\hat{x}_a(t)$ 的频谱 $\hat{X}_a(j\Omega)$。对图(c)，由于所选取的采样间隔 $T_s(=2\pi/\Omega_s)$ 较小，能够保证 $\Omega_s\geqslant2\Omega_c$，所以频谱 $X_a(j\Omega)$ 周期延拓形成的图形没有出现重叠现象；在这种情况下，可以用低通滤波器从采样信号中不失真地提取原模拟信号 $x_a(t)$。而对图(d)，由于所选取的采样间隔 $T_s(=2\pi/\Omega_s)$ 较大，不能够保证 $\Omega_s\geqslant2\Omega_c$，所以频谱 $X_a(j\Omega)$ 周期延

拓形成的图形出现重叠现象。这种现象称为频谱混叠现象。这样就得到失真的原模拟信号 $x_a(t)$。

以上内容总结为采样定理如下：

(1) 一个带限模拟信号 $x_a(t)$，其频谱的最高频率为 f_c，以间隔 T_s 对它进行等间隔采样得采样信号 $\hat{x}_a(t)$，只有在采样频率 $f_s(=1/T_s)\geqslant 2f_c$ 时，$\hat{x}_a(t)$ 才可不失真地恢复 $x_a(t)$。

(2) 上述采样信号 $\hat{x}_a(t)$ 的频谱 $\hat{X}_a(\mathrm{j}\Omega)$ 是原模拟信号 $x_a(t)$ 的频谱 $X_a(\mathrm{j}\Omega)$ 以 $\Omega_s(=2\pi f_s)$ 为周期进行周期延拓而成的。

一般称 $f_s/2$ 为折叠频率，只要信号的最高频率不超过该频率，就不会出现频谱混叠现象，否则超过 $f_s/2$ 的频谱回“折叠”回来形成混叠现象。图 1.14 所示的模拟信号数字处理方法框图中的“预滤波”就是预先滤出模拟信号中高于折叠频率 $f_s/2$ 的频率成分，从而减少或消除频谱混叠现象。通常把最低允许的采样频率 $f_s(=1/T_s)=2f_c$ 称为奈奎斯特(Nyquist)频率，最大允许的采样间隔 $T_s=1/2f_c$ 称为奈奎斯特间隔。

1.5.2　恢复

将模拟信号转换为数字信号进行处理，处理结束后，在接收端需要将数字信号恢复为原来的模拟信号。用 D/A 转换将数字信号转换为模拟信号。

在介绍采样定理时，已经讲到对模拟信号 $x_a(t)$ 采样时只要采样频率 $f_s(=1/T_s)\geqslant 2f_c$ 满足，采样信号的频谱 $\hat{X}_a(\mathrm{j}\Omega)$ 就不会发生频谱混叠现象，如图 1.18(c)所示。在这种情况下用图 1.19 所示的理想低通滤波器 $G(\mathrm{j}\Omega)$ 对采样信号 $\hat{x}_a(t)$ 进行滤波，可以得到不失真的原模拟信号 $x_a(t)$。

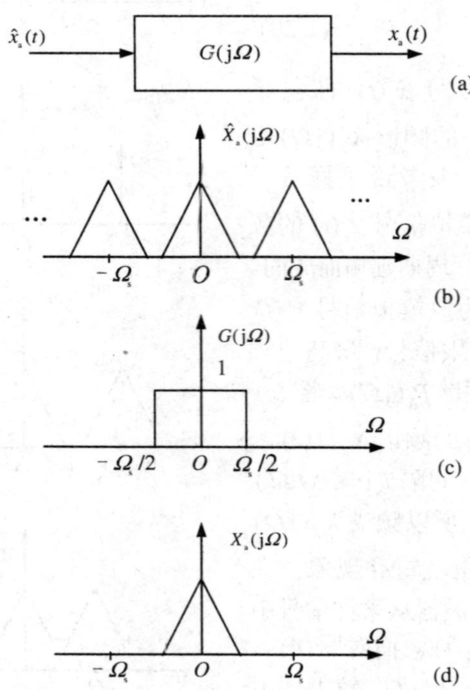

图 1.19　理想恢复

下面用数学表达式表示上述过程。

理想低通

$$G(\mathrm{j}\Omega)=\begin{cases}T, & |\Omega|<\Omega_s/2\\ 0, & |\Omega|\geqslant\Omega_s/2\end{cases}\tag{1-30}$$

理想低通的时域表示为

$$\begin{aligned}g(t)&=\frac{1}{2\pi}\int_{-\infty}^{+\infty}G(\mathrm{j}\Omega)\mathrm{e}^{\mathrm{j}\Omega t}\mathrm{d}\Omega\\&=\frac{1}{2\pi}\int_{-\Omega_s/2}^{\Omega_s/2}T\mathrm{e}^{\mathrm{j}\Omega t}\mathrm{d}\Omega\\&=\frac{\sin(\Omega_s t/2)}{\Omega_s t/2}\end{aligned}$$

将 $\Omega_s=2\pi f_s=2\pi/T$ 代入得

$$g(t)=\frac{\sin(\pi t/T)}{\pi t/T}\qquad -\infty<t<+\infty\tag{1-31}$$

$g(t)$ 的波形如图 1.20 所示。在 t=0 处，$g(t)=1$，当 t=nT 时，$g(t)=0$。另外，$g(t)$ 为无限长波形，而且是非因果函数，故理想低通滤波器是物理不可实现的。

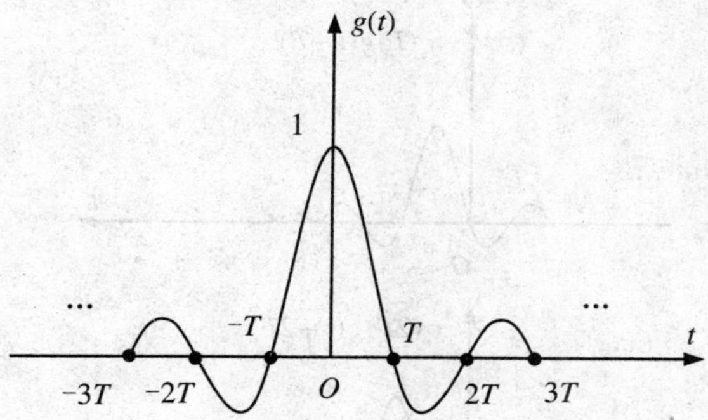

图 1.20　低通滤波器的时域波形

理想低通的输出

$$x_a(t)=\hat{x}_a(t)*g(t)=\int_{-\infty}^{+\infty}\hat{x}_a(\tau)g(t-\tau)\mathrm{d}\tau$$

将式(1-27)代入上式，得

$$\begin{aligned}x_a(t)&=\int_{-\infty}^{+\infty}\sum_{n=-\infty}^{+\infty}x_a(nT)\delta(\tau-nT)g(t-\tau)\mathrm{d}\tau\\&=\sum_{n=-\infty}^{+\infty}x_a(nT)\int_{-\infty}^{+\infty}\delta(\tau-nT)g(t-\tau)\mathrm{d}\tau\\&=\sum_{n=-\infty}^{+\infty}x_a(nT)g(t-nT)\end{aligned}$$

将式(1-31)代入上式，得

$$x_a(t)=\sum_{n=-\infty}^{+\infty}x_a(nT)\frac{\sin[\pi(t-nT)/T]}{\pi(t-nT)/T}\tag{1-32}$$

式中，$x_a(t)$ 是原模拟信号，$x_a(nT)$ 是一组离散采样值，$g(t-nT)$ 是 $g(t)$ 的移位函数。由式(1-32)可以看到，在各采样点$(t=nT)$上，由于$g(t-nT)=1$，可以保证恢复的$x_a(t)$等于原采样值；在采样点之间，$x_a(t)$由各采样值$x_a(nT)$乘以$g(t-nT)$函数后叠加而成。

如图 1.21 所示。这种用理想低通恢复的模拟信号完全等于原模拟信号$x_a(t)$，是一种无失真的、理想的恢复。$g(t)$函数称为内插函数，式(1-32)则称为内插公式。

实际中采用的 D/A 转换框图如图 1.22 所示。图中解码的作用是将数字信号转换为离散信号，零阶保持器和平滑滤波器的输出信号分别如图 1.23(b)、(c)所示。

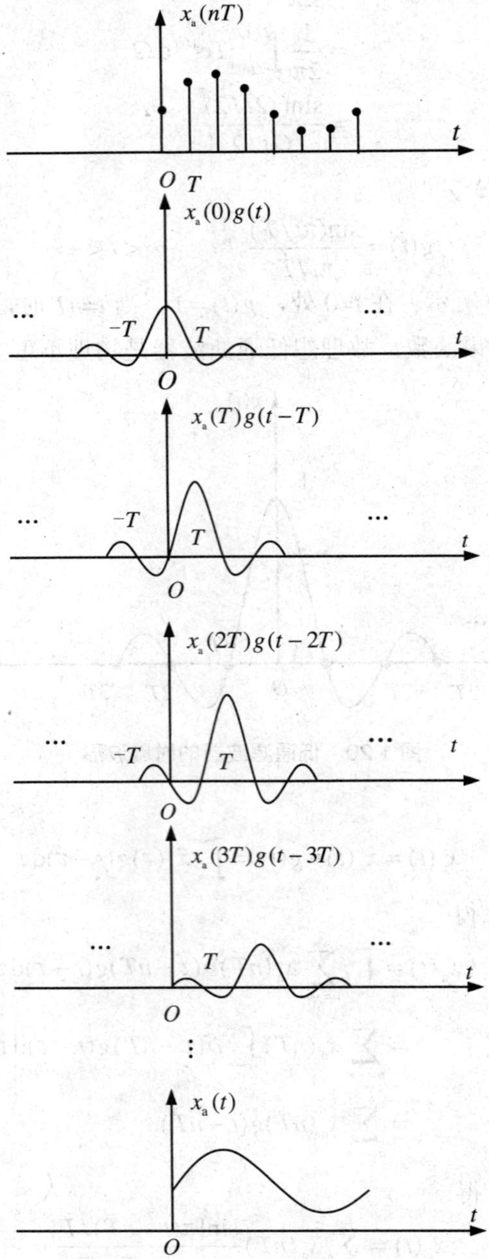

图 1.21　理想恢复

图 1.22　D/A 转换框图

零阶保持器是将前一个采样值保持，一直到下一个采样值到来，然后跳到新的采样值并保持；这相当于用一个宽度为 T 的矩形函数 $h(t)$ 代替理想恢复中的内插函数 $g(t)$；也即是用一个物理可实现的低通滤波器来代替理想低通。对 $h(t)$ 进行傅里叶变换，得到其频率函数 $H(\mathrm{j}\Omega)$ 为

$$
\begin{aligned}
H(\mathrm{j}\Omega) &= \int_{-\infty}^{+\infty} h(t)\mathrm{e}^{-\mathrm{j}\Omega t}\mathrm{d}t = \int_{0}^{T} \mathrm{e}^{-\mathrm{j}\Omega t}\mathrm{d}t \\
&= T\frac{\sin(\Omega T/2)}{\Omega T/2}\mathrm{e}^{-\mathrm{j}\Omega T/2}
\end{aligned}
$$

图 1.24 绘出了 $h(t)$ 及 $H(\mathrm{j}\Omega)$ 的幅度特性和相位特性。

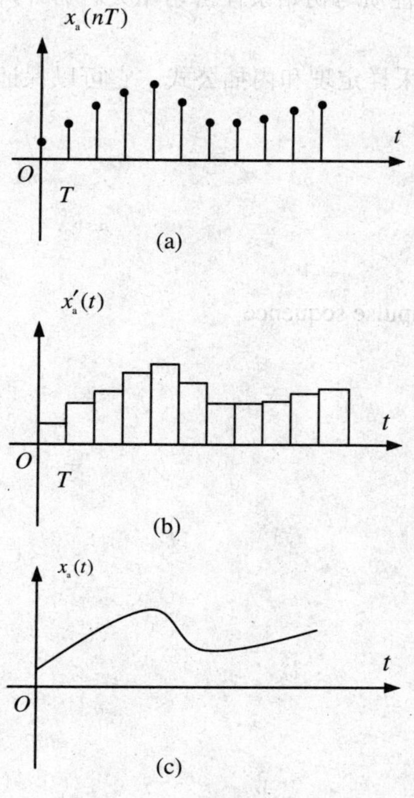

图 1.23　零阶保持器和滑滤波器的输出

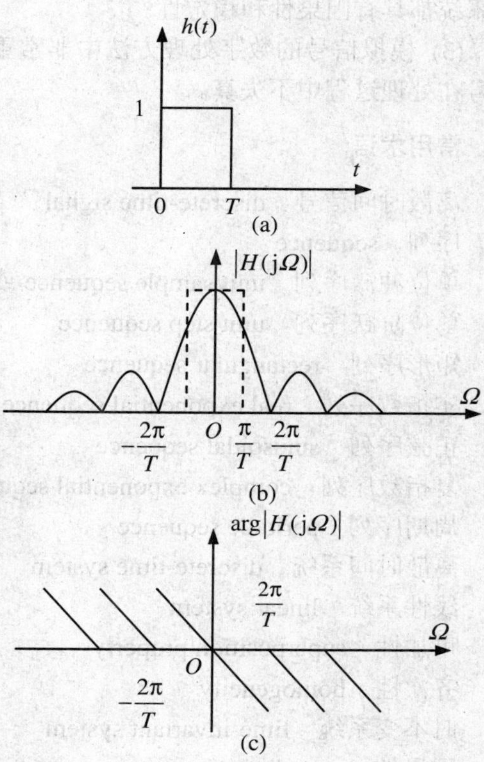

图 1.24　零阶保持器的时域和频域特性

由图 1.24 可以看到零阶保持器具有低通滤波器的特性，能够起到将离散信号恢复成模拟信号的作用。图中虚线表示理想低通滤波器的幅度特性。零阶保持器的幅度特性与理想低通滤波器相比，在 $|\Omega| > \pi/T$ 区域有较大的值，即恢复出的模拟信号有较多的高频成分；

表现在时域，就是恢复出的模拟信号呈阶梯状[见图 1.23(b)]。因此，在图 1.22 所示的 D/A 转换框图中最后加平滑滤波器，滤出阶梯信号中的高频成分。

由零阶保持器恢复的模拟信号有一定程度的失真，但零阶保持器简单，容易实现；因此，在实际中经常使用。

1.6 小　结

本章讲述了离散时间信号系统的表示，重点讲了线性时不变系统的描述方法，详细介绍了模拟信号的数字处理方法。

(1) 离散信号用序列表示，常用的离散信号有单位采样信号、单位阶跃信号、矩形信号、正弦信号、指数信号和复指数信号。

(2) 常用的一类系统是线性时不变系统，描述它可以用单位冲激响应和线性常系数差分方程。需要注意的是，单位冲激响应只能描述线性时不变系统；而线性常系数差分方程所代表的系统并不一定是线性时不变系统，系统的性质与初始条件密切相关。另外，信号和系统都具有因果性和稳定性。

(3) 模拟信号的数字处理方法中非常重要的是采样定理和内插公式，它可以保证模拟信号在处理过程中不失真。

常用术语

离散时间信号　discrete-time signal
序列　sequence
单位冲激序列　unit sample sequence 或 unit impulse sequence
单位阶跃序列　unit step sequence
矩形序列　rectangular sequence
实指数序列　real exponential sequence
正弦序列　sinusoidal sequence
复指数序列　complex exponential sequence
周期序列　periodic sequence
离散时间系统　discrete-time system
线性系统　linear system
可加性　superposition property
齐次性　homogeneity
时不变系统　time-invariant system
因果性　causality
因果系统　causal system
稳定性　stability
稳定系统　stable system
差分方程　difference equation

卷积和 convolution sum

A/D Analog/Digital

D/A Digital /Analog

奈奎斯特 Nyquist

1.7 习　　题

1. 已知序列 $x_1(n)$， $x_2(n)$ 分别为(1)、(2)两式所示，请画出序列 $x_1(n),x_1(-n)$, $x_2(n)$, $x_2(n+3)$ 。

(1) $x_1(n)=0.5^n u(n)-u(n-5)$

(2) $x_2(n)=\sin(\frac{\pi}{4}n)R_{10}(n)$

2. 判断下列序列是否为周期序列，若是，则确定其周期。

(1) $x(n)=\cos(\frac{\pi}{9}n)R_{20}(n)$

(2) $x(n)=\sin(\frac{3\pi}{5}n-\frac{\pi}{13})$

(3) $x(n)=\mathrm{e}^{-\mathrm{j}(\frac{n}{3}-\frac{\pi}{3})}$

3. 判断下列各系统是否为线性时不变系统。

(1) $T[x(n)]=x(n)+2x(n-1)$

(2) $T[x(n)]=x^2(n)$

(3) $T[x(n)]=nx(n)$

(4) $T[x(n)]=x(-n)$

4. 判断下列各系统的因果性和稳定性。

(1) $T[x(n)]=\sum_{k=0}^{N-1}x(n-k)$

(2) $T[x(n)]=x(n-n_0)$

5. 以下序列是系统的单位冲激响应，判断下列各系统的因果性和稳定性。

(1) $h(n)=4^n u(n-5)$

(2) $h(n)=(0.4)^n u(n+n_0)$

(3) $h(n)=4^n u(-n-1)$

(4) $h(n)=\sin(\frac{n}{3})R_7(n)$

6. 已知线性时不变系统的单位冲激响应和输入信号分别为

$$h(n)=\begin{cases}1 & 0\leqslant n\leqslant 6\\ 0 & 其他\end{cases}$$

$$x(n)=\begin{cases}a & 0\leqslant n\leqslant 4\\ 0 & 其他\end{cases}$$

求该系统的输出 $y(n)$。

7. 证明线性卷积服从交换律、结合律和分配律，即证明下列等式成立。

(1) $x(n)*h(n)=h(n)*x(n)$

(2) $x(n)*[h_1(n)*h_2(n)]=[x(n)*h_1(n)]*h_2(n)$

(3) $x(n)*[h_1(n)+h_2(n)]=x(n)*h_1(n)+x(n)*h_2(n)$

8. 已知

$$h(n)=\begin{cases}\alpha^n & 0\leqslant n\leqslant N-1\\ 0 & \text{其他}\end{cases}$$

$$x(n)=\begin{cases}\beta^{n-n_0} & n_0\leqslant n\\ 0 & n<n_0\end{cases}$$

求 $y(n)=h(n)*x(n)$，假定 $0<\alpha<1$、$0<\beta<1$。

9. 因果系统由下面差分方程描述：

$$y(n)=0.5y(n-1)+x(n)+0.5x(n-1)$$

假定输入信号 $x(n)=\delta(n)+\delta(n-1)$，利用递推法求输出信号 $y(n)$。

10. 一稳定的线性时不变系统，用如下差分方程表示：

$$y(n-1)-0.2y(n)+y(n+1)=x(n)$$

求该系统的单位冲激响应 $h(n)$。

11. 有一个连续信号 $x_a(t)=\sin(200\pi t+\pi/3)+\cos(500\pi t)$

(1) 若对上述信号采样，要求采样间隔 T 满足采样定理，采样间隔应取多大？

(2) 用(1)项中的采样间隔 T 对上述信号等间隔采样，写出采样信号 $\hat{x}_a(t)$ 的表达式。

(3) 写出采样信号 $\hat{x}_a(t)$ 的频谱表达式并画出频谱图。

(4) 用(2)项中的采样信号 $\hat{x}_a(t)$ 构成离散信号 $x(n)$，写出离散信号 $x(n)$ 的表达式。

第 2 章　信号与系统的频域分析

教学提示：频域分析是信号变换的重要的方法。傅里叶变换将离散序列变换到频域，Z 变换则将离散信号变换到复频域；在频域或复频域对信号进行分析和处理，在某些情况下可使运算简化。

教学要求：本章重点讲述傅里叶变换和 Z 变换以及他们的性质、定理，以及两个变换之间的关系；另外，介绍了离散周期序列的傅里叶级数和它的傅里叶变换；本章是全书的基础，特别是傅里叶变换和 Z 变换，应重点掌握。

2.1　引　言

信号与系统的分析方法有时域分析、复频域和频域分析。复频域或频域分析方法是通过 Z 变换或序列傅里叶变换将时域信号和系统转换到以 Z 为变量的复频域或以 ω 为变量的频域进行分析。

在第 1 章中讲述了信号与系统的时域分析方法，本章讲述信号与系统的复频域和频域分析方法，这些内容是全书的重要基础。

2.2　序列傅里叶变换

序列 $x(n)$ 的傅里叶变换称为序列傅里叶变换(Discrete Time Fourier Transform，DTFT)的定义为

$$X(\mathrm{e}^{\mathrm{j}\omega}) = \mathrm{DTFT}\{x(n)\} = \sum_{n=-\infty}^{+\infty} x(n)\mathrm{e}^{-\mathrm{j}\omega n} \quad -\pi < \omega \leqslant +\pi \tag{2-1}$$

其逆变换为

$$x(n) = \mathrm{IDTFT}\{X(\mathrm{e}^{\mathrm{j}\omega})\} = \frac{1}{2\pi}\int_{-\pi}^{\pi} X(\mathrm{e}^{\mathrm{j}\omega})\mathrm{e}^{\mathrm{j}\omega n}\mathrm{d}\omega \quad -\infty < n < +\infty \tag{2-2}$$

序列傅里叶变换存在的充分必要条件是序列 $x(n)$ 满足绝对可和的条件，即满足式(2-3)：

$$\sum_{n=-\infty}^{+\infty} |x(n)| < \infty \tag{2-3}$$

如果引入冲激函数，一些绝对不可和的序列，比如周期序列，其序列傅里叶变换可用冲激函数的形式表示出来。

逆变换的推导如下：式(2-1)两边同乘 $\mathrm{e}^{\mathrm{j}\omega m}$，并在 $-\pi \sim \pi$ 内对 ω 进行积分，可得

$$\int_{-\pi}^{\pi} X(\mathrm{e}^{\mathrm{j}\omega})\mathrm{e}^{\mathrm{j}\omega m}\mathrm{d}\omega = \int_{-\pi}^{\pi}\sum_{n=-\infty}^{+\infty} x(n)\mathrm{e}^{-\mathrm{j}\omega n}\mathrm{e}^{\mathrm{j}\omega m}\mathrm{d}\omega$$

$$= \sum_{n=-\infty}^{+\infty} x(n)\int_{-\pi}^{\pi}\mathrm{e}^{\mathrm{j}\omega(m-n)}\mathrm{d}\omega$$

利用式

$$\int_{-\pi}^{\pi} e^{j\omega(m-n)} d\omega = 2\pi\delta(n-m) \tag{2-4}$$

可得

$$\int_{-\pi}^{\pi} X(e^{j\omega}) e^{j\omega m} d\omega = \sum_{n=-\infty}^{+\infty} x(n) 2\pi\delta(n-m) = 2\pi x(m)$$

所以

$$x(n) = \frac{1}{2\pi}\int_{-\pi}^{\pi} X(e^{j\omega}) e^{j\omega n} d\omega$$

【例 2.1】 设 $x(n) = R_4(n)$，求其序列傅里叶变换。

解

$$X(e^{j\omega}) = \text{DTFT}[x(n)] = \sum_{n=-\infty}^{+\infty} x(n) e^{-j\omega n} = \sum_{n=-\infty}^{+\infty} R_N(n) e^{-j\omega n}$$

$$= \sum_{n=0}^{N-1} e^{-j\omega n} = \frac{1-e^{-j\omega N}}{1-e^{-j\omega}} = \frac{e^{j\omega N/2} - e^{-j\omega N/2}}{e^{j\omega/2} - e^{-j\omega/2}} \cdot \frac{e^{-j\omega N/2}}{e^{-j\omega/2}}$$

$$= \frac{\sin\dfrac{\omega N}{2}}{\sin\dfrac{\omega}{2}} e^{-j\frac{N-1}{2}\omega}$$

当 $N = 4$ 时

$$X(e^{j\omega}) = \frac{\sin 2\omega}{\sin \omega/2} e^{-j\frac{3}{2}\omega} \tag{2-5}$$

$X(e^{j\omega})$ 的幅度和相位随 ω 变化曲线如图 2.1 所示。

$$\arg[X(e^{j\omega})] = -\frac{4-1}{2}\omega + \varphi$$

$$\varphi = 0或\pi$$

$$\left|X(e^{j\omega})\right| = \left|\frac{\sin(\omega \cdot 4/2)}{\sin(\omega/2)}\right|$$

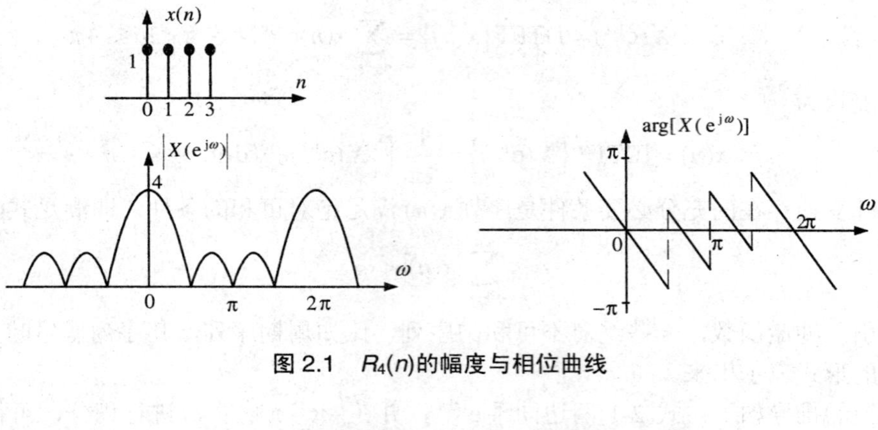

图 2.1　$R_4(n)$的幅度与相位曲线

2.3　序列傅里叶变换的性质和定理

序列傅里叶变换是一种线性变换，常用的性质包括它的周期性、对称性、时域移位和频域移位特性，常用的定理有卷积定理和能量定理；熟悉这些性质和定理有助于解决频域分析的问题。

2.3.1　周期性

由定义式 $X(e^{j\omega})=\sum_{n=-\infty}^{+\infty}x(n)e^{-j\omega n}$ 可以得到

$$X(e^{j\omega+2\pi M})=\sum_{n=-\infty}^{+\infty}x(n)e^{-j(\omega+2\pi M)n}=X(e^{j\omega})\qquad M\text{ 为整数}\tag{2-6}$$

即，序列的频谱是频率 ω 的周期函数，周期是 2π。因此式(2-1)是傅里叶级数形式，$x(n)$ 是其系数。式(2-6)表明 $x(n)$ 的频谱 $X(e^{j\omega})$ 在 $\omega=0$ 和 $\omega=2\pi M$ 处分布相同，都表示 $x(n)$ 信号的直流分量；离开这些点越远频率越高，故 $\omega=\pi$ 就是最高频率。因为序列傅里叶变换的周期性，一般只需分析 $-\pi\sim\pi$ 或 $0\sim2\pi$ 之间的傅里叶变换 $X(e^{j\omega})$。

2.3.2　线性

设　$X_1(e^{j\omega})=\text{DTFT}[x_1(n)],\ X_2(e^{j\omega})=\text{DTFT}[x_2(n)]$　则

$$X(e^{j\omega})=\text{DTFT}[ax_1(n)+bx_2(n)]=aX_1(e^{j\omega})+bX_2(e^{j\omega})\tag{2-7}$$

式中，a、b 为常数。

2.3.3　移位

设　$X(e^{j\omega})=\text{DTFT}[x(n)]$　则

$$\text{DTFT}[x(n-n_0)]=e^{-j\omega n_0}X(e^{j\omega})\tag{2-8}$$

$$\text{DTFT}[e^{j\omega_0 n}x(n)]=X(e^{j(\omega-\omega_0)})\tag{2-9}$$

2.3.4　对称性

对称性是指时域序列的实部和虚部与序列的频率函数的共轭对称和共轭反对称部分相对应；时域序列的共轭对称和共轭反对称部分与序列的频率函数的实部和虚部相对应。

首先介绍共轭对称和共轭反对称的概念。

1. 共轭对称与共轭反对称

如果序列 $x_e(n)$ 满足式(2-10)：

$$x_e(n)=x_e^*(-n)\tag{2-10}$$

则称 $x_e(n)$ 为共轭对称序列。

类似地，可定义满足式(2-11)的序列为共轭反对称序列

$$x_o(n)=-x_o^*(-n)\tag{2-11}$$

【例 2.2】　试分析 $x(n)=e^{j\omega n}$ 的对称性。

解　将 $x(n)$ 的 n 用 $-n$ 代替，再取共轭得到：

$x^*(-n)=e^{j\omega n}$ 因此 $x(n)=x^*(-n)$，满足式(2-10)，$x(n)$ 是共轭对称序列。

对于一般序列可用共轭对称与共轭反对称序列之和表示，即

$$x(n)=x_e(n)+x_o(n)\tag{2-12}$$

式中，$x_e(n)$ 和 $x_o(n)$，分别可以用原序列 $x(n)$ 求出，将式(2-12)中的 n 用 $-n$ 代替，再取共轭得到

$$x^*(-n)=x_e(n)-x_o(n) \tag{2-13}$$

利用式(2-12)和式(2-13)两式，得到

$$x_e(n)=\frac{1}{2}[x(n)+x^*(-n)] \tag{2-14}$$

$$x_o(n)=\frac{1}{2}[x(n)-x^*(-n)] \tag{2-15}$$

对于频域函数 $X(e^{j\omega})$ 也有和上面类似的概念和结论：

$$X(e^{j\omega})=X_e(e^{j\omega})+X_o(e^{j\omega}) \tag{2-16}$$

式中，$X_e(e^{j\omega})$ 与 $X_o(e^{j\omega})$ 分别称为共轭对称部分和共轭反对称部分，它们满足

$$X_e(e^{j\omega})=X_e^*(e^{-j\omega}) \tag{2-17}$$

$$X_o(e^{j\omega})=-X_o^*(e^{-j\omega}) \tag{2-18}$$

同样满足下面公式：

$$X_e(e^{j\omega})=\frac{1}{2}[X(e^{j\omega})+X^*(e^{-j\omega})] \tag{2-19}$$

$$X_o(e^{j\omega})=\frac{1}{2}[X(e^{j\omega})-X^*(e^{-j\omega})] \tag{2-20}$$

2. 序列傅里叶变换的对称性

将序列 $x(n)$ 分成实部 $x_r(n)$ 与虚部 $x_i(n)$

$$x(n)=x_r(n)+jx_i(n) \tag{2-21}$$

式中，

$$x_r(n)=\frac{1}{2}[x(n)+x^*(n)]$$

$$jx_i(n)=\frac{1}{2}[x(n)-x^*(n)]$$

将上两式进行 DTFT，得到

$$\begin{aligned}\text{DTFT}[x_r(n)]&=\frac{1}{2}\sum_{n=-\infty}^{+\infty}[x(n)e^{-j\omega n}+x^*(n)e^{-j\omega n}]=\frac{1}{2}\sum_{n=-\infty}^{+\infty}\{x(n)e^{-j\omega n}+[x(n)e^{-j(-\omega)n}]^*\}\\&=\frac{1}{2}[X(e^{j\omega})+X^*(e^{-j\omega})]=X_e(e^{j\omega})\end{aligned} \tag{2-22}$$

$$\begin{aligned}\text{DTFT}[jx_i(n)]&=\frac{1}{2}\sum_{n=-\infty}^{+\infty}[x(n)e^{-j\omega n}-x^*(n)e^{-j\omega n}]=\frac{1}{2}\sum_{n=-\infty}^{+\infty}\{x(n)e^{-j\omega n}-[x(n)e^{-j(-\omega)n}]^*\}\\&=\frac{1}{2}[X(e^{j\omega})-X^*(e^{-j\omega})]=X_o(e^{j\omega})\end{aligned} \tag{2-23}$$

因此对式(2-21)进行 FT 可以得到：$X(e^{j\omega})=X_e(e^{j\omega})+X_o(e^{j\omega})$

即，从式(2-22)和式(2-23)看出，序列 $x(n)$ 的实部和虚部(包括 j)的序列傅里叶变换分别为 $x(n)$ 的共轭对称部分和共轭反对称部分的序列傅里叶变换。

将序列 $x(n)$ 分成共轭对称部分 $x_e(n)$ 和共轭反对称部分 $x_o(n)$，即

$$x(n) = x_e(n) + x_o(n) \tag{2-24}$$

式中，

$$x_e(n) = \frac{1}{2}[x(n) + x^*(-n)]$$

$$x_o(n) = \frac{1}{2}[x(n) - x^*(-n)]$$

将上面两式分别进行 FT，得到

$$\text{DTFT}[x_e(n)] = \frac{1}{2}[X(e^{j\omega}) + X^*(e^{j\omega})] = \text{Re}[X(e^{j\omega})] = X_R(e^{j\omega})$$

$$\text{DTFT}[x_o(n)] = \frac{1}{2}[X(e^{j\omega}) - X^*(e^{j\omega})] = j\,\text{Im}[X(e^{j\omega})] = jX_I(e^{j\omega})$$

因此对式(2-24)进行 FT 可以得到

$$X(e^{j\omega}) = X_R(e^{j\omega}) + jX_I(e^{j\omega}) \tag{2-25}$$

即，序列 $x(n)$ 的共轭对称部分和共轭反对称部分的傅里叶变换分别为 $x(n)$ 实部和虚部(包括 j)的序列傅里叶变换 $X(e^{j\omega})$。

3. 实序列的对称性

如果 $x(n)$ 为实序列，则它的傅里叶变换 $X(e^{j\omega})$ 只有共轭对称部分 $X_e(e^{j\omega})$，即

$$X(e^{j\omega}) = X_e(e^{j\omega}) = X_e^*(e^{-j\omega}) = X^*(e^{-j\omega}) \tag{2-26}$$

2.3.5　卷积

1. 时域卷积定理

设

$$y(n) = x(n) * h(n) \tag{2-27}$$

则

$$Y(e^{j\omega}) = X(e^{j\omega})H(e^{j\omega}) \tag{2-28}$$

由定理可见，对线性时不变系统，求系统的输出 $y(n)$ 可用式(2-27)，也可以按式(2-28)求输出 $y(n)$ 的频谱，再作逆变换得到输出信号 $y(n)$。

2. 频域卷积定理

设　$y(n) = x(n) \cdot h(n)$　　则

$$Y(e^{j\omega}) = \frac{1}{2\pi}X(e^{j\omega}) * H(e^{j\omega}) = \frac{1}{2\pi}\int_{-\pi}^{\pi} X(e^{j\theta})H(e^{j(\omega-\theta)})d\theta \tag{2-29}$$

2.3.6　能量定理

离散信号 $x(n)$ 的能量为

$$\varepsilon = \sum_{n=-\infty}^{+\infty}|x(n)|^2 \tag{2-30}$$

根据帕斯瓦尔(Parseval)定理得

$$\sum_{n=-\infty}^{+\infty}|x(n)|^2 = \frac{1}{2\pi}\int_{-\pi}^{\pi}|X(e^{j\omega})|^2 d\omega \tag{2-31}$$

看出一个信号其时域的能量等于频域的能量，满足时频域能量守恒定理。

表 2-1 序列傅里叶变换的性质

序 列	傅里叶变换 设 $\mathrm{FT}[x(n)]=X(\mathrm{e}^{\mathrm{j}\omega}),\mathrm{FT}[x(n)]=X(\mathrm{e}^{\mathrm{j}\omega})$
$ax(n)+by(n)$	$aX(\mathrm{e}^{\mathrm{j}\omega})+bY(\mathrm{e}^{\mathrm{j}\omega}),a,b$为常数
$x(n-n_0)$	$e^{-\mathrm{j}\omega n0}X(\mathrm{e}^{\mathrm{j}\omega})$
$x^*(n)$	$X^*(\mathrm{e}^{-\mathrm{j}\omega})$
$x(-n)$	$X(\mathrm{e}^{-\mathrm{j}\omega})$
$x(n)*y(n)$	$X(\mathrm{e}^{\mathrm{j}\omega})\cdot Y(\mathrm{e}^{\mathrm{j}\omega})$
$x(n)\cdot y(n)$	$\frac{1}{2\pi}X(\mathrm{e}^{\mathrm{j}\omega})*Y(\mathrm{e}^{\mathrm{j}\omega})$
$nx(n)$	$\mathrm{j}[\mathrm{d}X(e^{\mathrm{j}\omega})/\mathrm{d}\omega]$
$\mathrm{Re}[x(n)]$	$X_e(\mathrm{e}^{\mathrm{j}\omega})$
$\mathrm{jIm}[x(n)]$	$X_o(\mathrm{e}^{\mathrm{j}\omega})$
$x_e(n)$	$\mathrm{Re}[X(\mathrm{e}^{\mathrm{j}\omega})]$
$x_o(n)$	$\mathrm{jIm}[X(\mathrm{e}^{\mathrm{j}\omega})]$
$\sum_{n=-\infty}^{+\infty}\lvert x(n)\rvert^2$	$\frac{1}{2\pi}\int_{-\pi}^{\pi}\lvert X(\mathrm{e}^{\mathrm{j}\omega})\rvert^2\mathrm{d}\omega$

2.4 周期序列的离散傅里叶级数

设 $\tilde{x}(n)$ 是以 N 为周期的离散周期序列，周期序列不满足绝对可和条件，因此其序列傅里叶变换不存在；但其傅里叶级数存在。定义周期序列的离散傅里叶级数(Discrete Fourier Series，DFS)为

$$\tilde{X}(k)=\mathrm{DFS}[\tilde{x}(n)]=\sum_{n=0}^{N-1}\tilde{x}(n)\mathrm{e}^{-\mathrm{j}\frac{2\pi}{N}kn}\qquad -\infty<k<+\infty \tag{2-32}$$

$$\tilde{x}(n)=\mathrm{IDFS}[\tilde{X}(k)]=\frac{1}{N}\sum_{k=0}^{N-1}\tilde{X}(k)\mathrm{e}^{\mathrm{j}\frac{2\pi}{N}kn}\qquad -\infty<n<+\infty \tag{2-33}$$

式(2-33)表明可以将周期序列分解成 N 次谐波，第 k 个谐波频率为 $\omega_k=\frac{2\pi}{N}k$，$k=0,1,2,\cdots,N-1$（$k=0$ 表示周期信号的直流分量；$k=1$ 为基波分量，基波频率是 $2\pi/N$），幅度为 $\frac{1}{N}\tilde{X}(k)$。$\tilde{X}(k)$ 由式(2-32)确定。也就是说，一个周期序列可以用其 DFS 表示它的频谱分布规律。

2.5 离散傅里叶级数的性质

设 $\tilde{x}_1(n)$ 和 $\tilde{x}_2(n)$ 是周期为 N 的两个周期序列。

2.5.1 线性

设 $\tilde{X}_1(k)=\mathrm{DFS}[\tilde{x}_1(n)]$ $\tilde{X}_2(k)=\mathrm{DFS}[\tilde{x}_2(n)]$ 则

$$\mathrm{DFS}[a\tilde{x}_1(n)+b\tilde{x}_2(n)]=a\tilde{X}_1(k)+b\tilde{X}_2(k) \tag{2-34}$$

式中，a,b 为任意常数。

2.5.2　时域移位

周期序列 $\tilde{x}(n)$ 移位 m 个单位后得 $\tilde{x}(n+m)$，则

$$\mathrm{DFS}[\tilde{x}(n+m)]=\mathrm{e}^{\mathrm{j}\frac{2\pi}{N}km}\tilde{X}(k) \tag{2-35}$$

2.5.3　频域移位

周期序列 $\tilde{x}(n)$ 的频谱 $\tilde{X}(k)$ 在频域上移位 $\pm l$ 个单位 $\tilde{X}(k\pm l)$，它相当时域对 $\tilde{x}(n)$ 进行调制。

$$\begin{aligned}
&\mathrm{DFS}[\mathrm{e}^{\mp\mathrm{j}\frac{2\pi}{N}nl}\tilde{x}(n)]=\tilde{X}(k\pm l)\\
&\mathrm{DFS}[\cos(\frac{2\pi}{N}nl)\tilde{x}(n)]=\frac{1}{2}\left[\tilde{X}(k+l)+\tilde{X}(k-l)\right]\\
&\mathrm{DFS}[\sin(\frac{2\pi}{N}nl)\tilde{x}(n)]=\frac{1}{2\mathrm{j}}\left[\tilde{X}(k+l)-\tilde{X}(k-l)\right]
\end{aligned} \tag{2-36}$$

2.5.4　圆周卷积(圆卷积)

设　　$\tilde{X}_1(k)=\mathrm{DFS}[\tilde{x}_1(n)]$　　$\tilde{X}_2(k)=\mathrm{DFS}[\tilde{x}_2(n)]$

若　　$\tilde{X}_3(k)=\tilde{X}_1(k)\cdot\tilde{X}_2(k)$　　则

$$\tilde{x}_3(n)=\mathrm{IDFS}[\tilde{X}_3(k)]=\sum_{m=0}^{N-1}\tilde{x}_1(m)\tilde{x}_2(n-m)=\sum_{m=0}^{N-1}\tilde{x}_2(m)\tilde{x}_1(n-m) \tag{2-37}$$

式(2-37)是一个卷积公式，但它不同与前面讨论的线性卷积，这里的卷积只在一个周期内进行，即，求和变量 m 的取值从 $0\sim(N-1)$，所以式(2-37)所示的卷积称为圆周卷积。圆周卷积的结果也是以 N 为周期的周期序列。

2.6　周期序列的傅里叶变换

周期序列 $\tilde{x}(n)$ 不满足绝对可和条件，因此其序列傅里叶变换(DTFT)不存在；但因为其具有周期性，可以展成离散傅里叶级数(DFS)，引入奇异函数 δ，可以表示其序列傅里叶变换。

2.6.1　定义

周期序列 $\tilde{x}(n)$ 的序列傅里叶变换表达式为

$$X(\mathrm{e}^{\mathrm{j}\omega})=\mathrm{DTFT}[\tilde{x}(n)]=\frac{2\pi}{N}\sum_{k=-\infty}^{+\infty}\tilde{X}(k)\delta(\omega-\frac{2\pi}{N}k) \tag{2-38}$$

式中，$\tilde{X}(k)=\sum_{n=0}^{N-1}\tilde{x}(n)\mathrm{e}^{-\mathrm{j}\frac{2\pi}{N}kn}$ 是 $\tilde{x}(n)$ 的离散傅里叶级数。

式中，$\delta(\omega)$ 为冲激函数，$\delta(\omega)=\begin{cases}\infty & \omega=0\\ 0 & \omega\neq 0\end{cases}$。式(2-38)可以这样理解，将周期序列按式(2-33)展开，其中第 k 项为 $\dfrac{\tilde{X}(k)}{N}\mathrm{e}^{\mathrm{j}\frac{2\pi}{N}kn}$，$k=0,1,2,\cdots,N-1$。将 $\dfrac{\tilde{X}(k)}{N}$ 作为常数，对复指数序列 $\mathrm{e}^{\mathrm{j}\frac{2\pi}{N}kn}$ 作序列傅里叶变换，得到：$\mathrm{DTFT}[\mathrm{e}^{\mathrm{j}\frac{2\pi}{N}kn}]=2\pi\sum\limits_{r=-\infty}^{+\infty}\delta(\omega-\dfrac{2\pi}{N}k-2\pi r)$。

因此

$$\begin{aligned}X(\mathrm{e}^{\mathrm{j}\omega})&=2\pi\sum_{k=0}^{N-1}\frac{\tilde{X}(k)}{N}\sum_{r=-\infty}^{+\infty}\delta(\omega-\frac{2\pi}{N}k-2\pi r)=2\pi\sum_{k=0}^{N-1}\frac{\tilde{X}(k)}{N}\sum_{r=-\infty}^{+\infty}\delta(\omega-\frac{2\pi}{N}k-\frac{2\pi}{N}Nr)\\&=2\pi\sum_{k=0}^{N-1}\sum_{r=-\infty}^{+\infty}\frac{\tilde{X}(k)}{N}\delta[\omega-\frac{2\pi}{N}(k-Nr)]\end{aligned}$$

将 k 与 Nr 合并，用 k 表示，得到式(2-38)。

【例 2.3】 设 $x(n)=R_4(n)$，将其以 $N=8$ 为周期进行周期延拓，得周期序列 $\tilde{x}(n)$，求其 DFS 和 DTFT。

解

$$\tilde{X}(k)=\sum_{n=0}^{N-1}\tilde{x}(n)\mathrm{e}^{-\mathrm{j}\frac{2\pi}{N}kn}=\sum_{n=0}^{7}\tilde{x}(n)\mathrm{e}^{-\mathrm{j}\frac{2\pi}{8}kn}$$

$$=\sum_{n=0}^{3}\mathrm{e}^{-\mathrm{j}\frac{\pi}{4}kn}=\frac{1-\mathrm{e}^{-\mathrm{j}\frac{\pi}{4}k4}}{1-\mathrm{e}^{-\mathrm{j}\frac{\pi}{4}k}}$$

$$=\frac{\mathrm{e}^{-\mathrm{j}\frac{\pi}{2}k}(\mathrm{e}^{\mathrm{j}\frac{\pi}{2}k}-\mathrm{e}^{-\mathrm{j}\frac{\pi}{2}k})}{\mathrm{e}^{-\mathrm{j}\frac{\pi}{8}k}(\mathrm{e}^{\mathrm{j}\frac{\pi}{8}k}-\mathrm{e}^{-\mathrm{j}\frac{\pi}{8}k})}$$

$$=\mathrm{e}^{-\mathrm{j}\frac{3\pi}{8}k}\frac{\sin\frac{\pi}{2}k}{\sin\frac{\pi}{8}k}$$

$$X(\mathrm{e}^{\mathrm{j}\omega})=\frac{2\pi}{N}\sum_{k=-\infty}^{+\infty}\tilde{X}(k)\delta(\omega-\frac{2\pi}{N}k)$$

$$=\frac{\pi}{4}\sum_{k=-\infty}^{+\infty}\mathrm{e}^{-\mathrm{j}\frac{3\pi}{8}k}\frac{\sin\frac{\pi k}{2}}{\sin\frac{\pi k}{8}}\delta(\omega-\frac{\pi k}{4})$$

2.6.2 四种傅里叶变换的比较

根据时间信号的性质，即周期性与非周期性，离散与连续，将信号分为四类，非周期连续时间信号，周期连续时间信号，非周期离散时间信号和周期离散时间信号。与之对应有四种傅里叶变换。

1. 非周期连续时间信号的傅里叶变换

非周期连续时间信号的傅里叶变换对如下：

$$X_a(j\Omega)=\int_{-\infty}^{+\infty}x_a(t)e^{-j\Omega t}dt$$

$$x_a(t)=\frac{1}{2\pi}\int_{-\infty}^{+\infty}X_a(j\Omega)e^{j\Omega t}d\Omega \tag{2-39}$$

某个非周期连续时间信号和对应的频谱如图 2.2 所示，由图可以看到时域的连续性导致频域的非周期性，时域的非周期性导致频域的连续性。

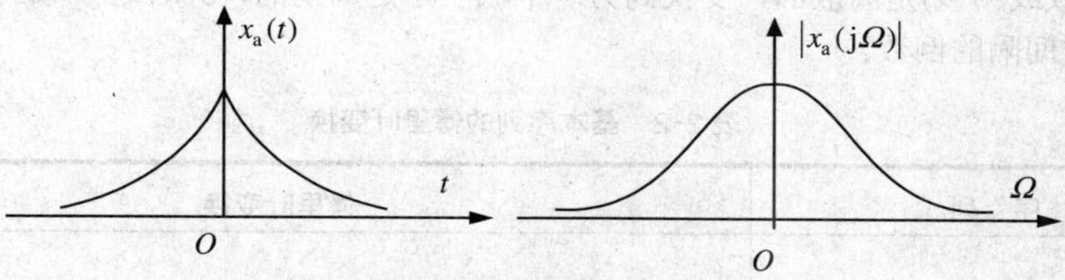

图 2.2　非周期连续时间信号及其傅里叶变换

2. 周期连续时间信号的傅里叶变换

周期为 t_P 的周期性连续时间信号 $x_a(t)$ 的傅里叶变换对如下：

$$X(m\Omega)=\frac{1}{t_p}\int_{-t_p/2}^{t_p/2}x_a(t)e^{-jm\Omega t}dt$$

$$x_a(t)=\sum_{m=-\infty}^{+\infty}X(m\Omega)e^{jm\Omega t} \tag{2-40}$$

图 2.3 所示为周期连续时间信号和它的傅里叶变换，由图可见时域的连续性导致频域的非周期性，时域的周期性导致频域的离散化。

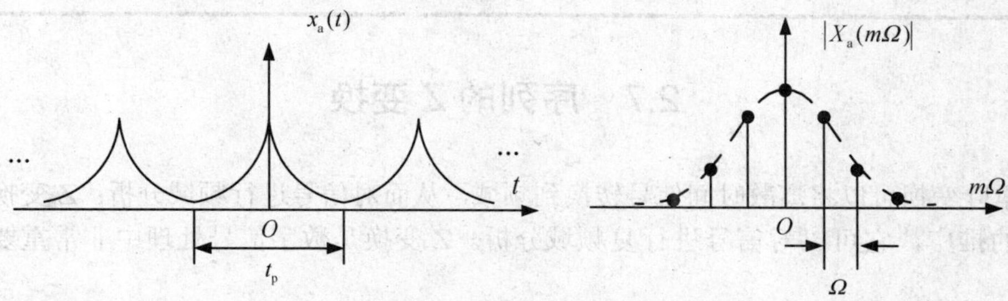

图 2.3　周期连续时间信号及其傅里叶变换

3. 非周期离散时间信号的傅里叶变换

非周期离散时间信号的傅里叶变换就是前面讨论的序列傅里叶变换(DTFT)，序列傅里叶变换公式重写如下

$$X(e^{j\omega})=\sum_{n=-\infty}^{+\infty}x(n)e^{-j\omega n}$$

$$x(n)=\frac{1}{2\pi}\int_{-\pi}^{\pi}X(e^{j\omega})e^{j\omega n}d\omega$$

由前面的分析可以得到，时域的离散性导致频域的周期性；时域的非周期性导致频域的连续性。

4. 周期离散时间信号的傅里叶变换

按照前面三种傅里叶变换的结论，时域的离散性导致频域的周期性，时域的周期性导致频域的离散性；这就是离散傅里叶级数(DFS)。

总结以上四种傅里叶变换，得到如下结论：如果一个函数在一个域内(时域或频域)是周期的，变换到另一个域一定是离散的，即此域是进行采样的；同样，如果一个函数在一个域内(时域或频域)是离散的，变换到另一个域一定是周期的，并且这个域的周期为另一个域中采样间隔的倒数。

表 2-2　基本序列的傅里叶变换

序　列	傅里叶变换
$\delta(n)$	1
$a^n u(n), \|a\|<1$	$(1-ae^{-j\omega})^{-1}$
$R_N(n)$	$e^{-j\frac{N-1}{2}\omega}\dfrac{\sin\omega N/2}{\sin\omega/2}$
$u(n)$	$(1-ae^{-j\omega})^{-1}+\sum_{k=-\infty}^{+\infty}\pi\delta(\omega-2\pi k)$
1	$2\pi\sum_{k=-\infty}^{+\infty}\delta(\omega-2\pi k)$
$e^{j\omega_0 n}, 2\pi/\omega_0$有理数	$2\pi\sum_{k=-\infty}^{+\infty}\delta(\omega-\omega_0-2\pi k)$
$\cos\omega_0 n, 2\pi/\omega_0$有理数	$\pi\sum_{k=-\infty}^{+\infty}\delta(\omega-\omega_0-2\pi k)+\delta(\omega+\omega_0-2\pi k)$

2.7　序列的 Z 变换

傅里叶变换可以将离散时间信号转换到频域，从而对信号进行频域分析；Z 变换是傅里叶变换的推广，它可以对信号进行复频域分析。Z 变换是数字信号处理中非常重要的变换工具。

2.7.1　定义

序列 $x(n)$ 的 Z 变换定义为

$$X(z)=\sum_{n=-\infty}^{+\infty}x(n)z^{-n} \tag{2-41}$$

式中，z 是一个复变量，用极坐标表示为 $z=re^{j\omega}$，它所在的复平面称为 z 平面。注意在定义中，对 n 求和是在 $\pm\infty$ 之间进行，称为双边 Z 变换。

2.7.2　收敛域

1. 收敛域的定义

Z 变换存在的条件是式(2-38)中右边的级数收敛，也就是要求级数绝对可和，即满足

$$\sum_{n=-\infty}^{+\infty}\left|x(n)z^{-n}\right|<\infty \tag{2-42}$$

使式(2-42)成立的 z 变量的取值区域称为收敛域。一般收敛域用环状域表示，即

$$R_{x-}<|z|<R_{x+} \tag{2-43}$$

将 $z=re^{j\omega}$ 代入式(2-43)得到 $R_{x-}<r<R_{x+}$，收敛域就是以 R_{x-} 和 R_{x+} 为半径的两个圆形成的环状区域，如图 2.4 所示。R_{x-} 和 R_{x+} 称为收敛半径，特别地，R_{x-} 可以小到零，R_{x+} 可以大到无穷大。

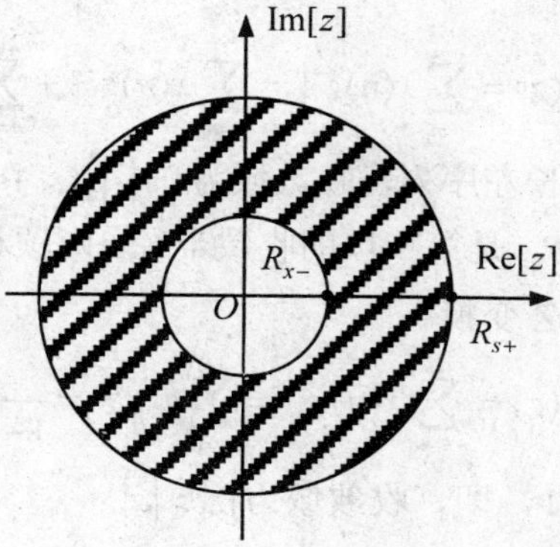

图 2.4　Z 变换的收敛域

一般地，Z 变换是一个有理函数，用两个多项式之比表示：

$$X(z)=\frac{P(z)}{Q(z)}$$

分子多项式 $P(z)$ 的根是 $X(z)$ 的零点，分母多项式 $Q(z)$ 的根是 $X(z)$ 的极点。在极点处 Z 变换不存在，因此收敛域中不能有极点。收敛域总是用极点限定其边界。

2. 序列的特性对收敛域的影响

序列的特性不同所对应的收敛域不同，了解它们之间的关系有助于 Z 变换和 Z 逆变换的计算。

1) 有限长序列

有限长序列为满足下式的序列

$$x(n)=\begin{cases}x(n) & n_1\leqslant n\leqslant n_2\\ 0 & \text{其他}\end{cases}$$

其 Z 变换为

$$X(z)=\sum_{n=n_1}^{n_2}x(n)z^{-n}$$

Z 变换的收敛域因为 n_1 和 n_2 的取值不同分为如下三种情况：

$n_1<0, n_2\leqslant 0,\ 0\leqslant|z|<\infty$　有限长左序列

$n_1<0, n_2>0,\ 0<|z|<\infty$　有限长双边序列

$n_1\geqslant 0, n_2>0,\ 0<|z|\leqslant\infty$　有限长右序列

【例 2.4】　求 $x(n)=R_N(n)$ 的 Z 变换。

解
$$X(z)=\sum_{n=-\infty}^{+\infty}x(n)z^{-n}=\sum_{n=0}^{N-1}z^{-n}=\frac{1-z^{-N}}{1-z^{-1}}$$

收敛域取上面第三种情况，$0<|z|\leqslant+\infty$

2) 右序列

右序列满足下式

$$x(n)=\begin{cases}x(n) & n\geqslant n_1\\ 0 & \text{其他}\end{cases}$$

其Z变换为

$$X(z)=\sum_{n=n_1}^{+\infty}x(n)z^{-n}=\sum_{n=n_1}^{-1}x(n)z^{-n}+\sum_{n=0}^{+\infty}x(n)z^{-n}$$

式中，第一项中的序列是有限长左序列，收敛域为$0\leqslant|z|<+\infty$，第二项中的序列为因果序列，收敛域为 $R_{x-}<|z|\leqslant\infty$。$R_{x-}$是第二项的收敛半径。两项相加，收敛域为 $R_{x-}<|z|<\infty$。

【例 2.5】 求$x(n)=a^nu(n)$的Z变换。

解
$$X(z)=\sum_{n=-\infty}^{+\infty}x(n)z^{-n}=\sum_{n=0}^{+\infty}a^nz^{-n}=\frac{1}{1-az^{-1}}$$

最后一个等号成立要求$|az^{-1}|<1$，即，收敛域为$|z|>|a|$

3) 左序列

左序列满足下式

$$x(n)=\begin{cases}x(n) & n\leqslant n_2\\ 0 & \text{其他}\end{cases}$$

其Z变换为
$$X(z)=\sum_{n=-\infty}^{n_2}x(n)z^{-n}$$

收敛域为
$$0<|z|<R_{x+}$$

式中，R_{x+}是由$X(z)$的极点确定的边界。

【例 2.6】 求$x(n)=-a^nu(-n-1)$的Z变换。

解
$$X(z)=\sum_{n=-\infty}^{+\infty}x(n)z^{-n}=-\sum_{n=-\infty}^{-1}a^nz^{-n}=-\sum_{n=1}^{+\infty}a^{-n}z^n=-\sum_{n=0}^{+\infty}a^{-n}z^n+1$$
$$=-\frac{1}{1-a^{-1}z}+1=\frac{-a^{-1}z}{1-a^{-1}z}=\frac{1}{1-az^{-1}}$$

序列收敛要求 $|a^{-1}z|<1$，即，收敛域为$|z|<|a|$

比较上两个例题，时间序列不同，但Z变换结果完全相同，不同的是收敛域。因果序列的收敛域为某个圆外，非因果序列的收敛域为某个圆内。

4) 双边序列

一个双边序列可以看作是一个左序列和一个右序列相加，其Z变换为

$$X(z)=\sum_{n=-\infty}^{+\infty}x(n)z^{-n}=\sum_{n=-\infty}^{n_1}x(n)z^{-n}+\sum_{n=n_1+1}^{+\infty}x(n)z^{-n}$$

其收敛域为 $R_{x-}<|z|<R_{x+}$。值得注意的是，若$R_{x-}\geqslant R_{x+}$，则序列的Z变换不存在。

2.7.3　逆变换

已知序列的 Z 变换及其收敛域，求序列称为逆 Z 变换。序列的 Z 变换及其逆 Z 变换表示如下

$$X(z)=\sum_{n=-\infty}^{+\infty}x(n)z^{-n}\qquad R_{x-}<|z|<R_{x+}\tag{2-44}$$

$$x(n)=\frac{1}{2\pi \mathrm{j}}\oint_c X(z)z^{n-1}\mathrm{d}z\qquad c\in(R_{x-},R_{x+})\tag{2-45}$$

式(2-45)中的 c 是 $X(z)$ 的收敛域 (R_{x-},R_{x+}) 中的一条逆时针的闭合曲线，如图 2.5 所示。

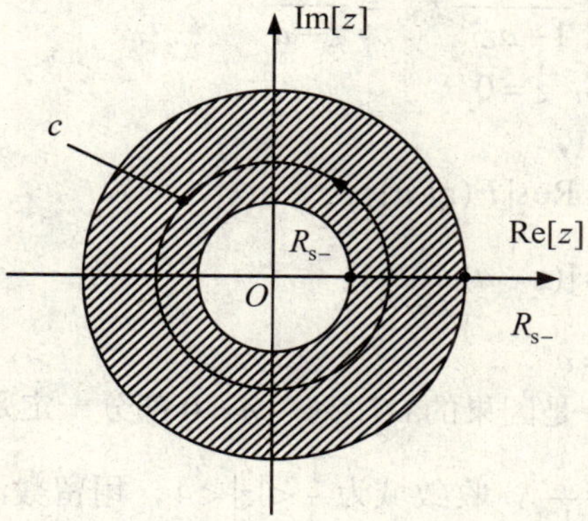

图 2.5　围线积分路径

直接计算式(2-45)获得逆 Z 变换比较麻烦，常用的两种方法是：留数定理法和部分分式展开法。

1. 留数定理法

如果 $X(z)z^{n-1}$ 在围线 c 内的极点用 z_k 表示，根据留数定理

$$\frac{1}{2\pi \mathrm{j}}\oint_c X(z)z^{n-1}\mathrm{d}z=\sum_k \mathrm{Res}[X(z)z^{n-1},z_k]\tag{2-46}$$

式中，$\sum_k \mathrm{Res}[X(z)z^{n-1},z_k]$ 表示被积函数 $X(z)z^{n-1}$ 在极点 $z=z_k$ 的留数，逆 Z 变换则是围线 c 内所有的极点留数之和。

如果 z_k 是单阶极点，则根据留数定理

$$\mathrm{Res}[X(z)z^{n-1},z_k]=(z-z_k)\cdot X(z)z^{n-1}\Big|_{z=z_k}\tag{2-47}$$

如果 z_m 是 N 阶极点，则根据留数定理

$$\mathrm{Res}[X(z)z^{n-1},z_m]=\frac{1}{(N-1)!}\frac{d^{N-1}}{dz^{N-1}}[(z-z_m)^N\cdot X(z)z^{n-1}]\Big|_{z=z_m}\tag{2-48}$$

由(2-46)式表明对于 N 阶极点，需要求 N−1 次导数。如果 c 内有多阶极点，而 c 外没有多阶极点，可以根据留数辅助定理改求 c 外的所有极点留数之和，使问题简单化。

设 $X(z)z^{n-1}$ 在 z 平面上有 N 个极点，在收敛域内的封闭曲线 c 将 z 平面上极点分成两部分：一部分是 c 内极点，设有 N_1 个极点，用 z_{1k} 表示；另一部分是 c 外极点，有 N_2 个，

N=N_1+N_2，用 z_{2k} 表示。根据留数辅助定理式(2-49)成立：

$$\sum_{k=1}^{N_1}\mathrm{Res}[X(z)z^{n-1},z_{1k}]=-\sum_{k=1}^{N_2}\mathrm{Res}[X(z)z^{n-1},z_{2k}] \tag{2-49}$$

注意式(2-49)成立的条件是 $X(z)z^{n-1}$ 的分母阶次比分子阶次必须高二阶以上。

【例 2.7】 已知 $X(z)=\dfrac{1}{1-az^{-1}}$，$|z|>a$，用留数法求其逆 z 变换。

解
$$x(n)=\frac{1}{2\pi\mathrm{j}}\oint_c z^{n-1}\frac{\mathrm{d}z}{1-az^{-1}}$$

令
$$F(z)=\frac{1}{1-az^{-1}}z^{n-1}=\frac{z^n}{z-a}$$

上式有两个极点：$z=a$，$z=0$

$n\geqslant 0$ 时，$z=0$ 不是极点，

$$\begin{aligned}x(n)&=\mathrm{Res}[F(z),a]\\&=[(z-a)\frac{z^n}{z-a}]_{z=a}\\&=a^n\end{aligned}$$

由于收敛域$|z|>a$，$x(n)$ 是因果的右序列，$n<0$ 部分一定是零。故 $x(n)=a^n u(n)$

【例 2.8】 $X(z)=\dfrac{z^2}{(4-z)(z-\frac{1}{4})}$，收敛域为$\dfrac{1}{4}<|z|<4$，用留数法求 Z 逆变换。

解 逆 Z 变换公式为

$$x(n)=\frac{1}{2\pi\mathrm{j}}\oint_c\frac{z^2}{(4-z)(z-\frac{1}{4})}z^{n-1}\mathrm{d}z$$ c 是 $X(z)$ 收敛域内的闭合曲线。

被积函数 $\dfrac{z^2z^{n-1}}{(4-z)(z-\frac{1}{4})}=\dfrac{z^{n+1}}{(4-z)(z-\frac{1}{4})}$ 的极点

当 $n\geqslant -1$ 时，$z=\dfrac{1}{4}$ $\quad z=4$

当 $n\leqslant -2$ 时，$z=\dfrac{1}{4}$ $\quad z=4$ $\quad z=0$（$n+1$ 阶）

(1) $n\geqslant -1$ 时，被积函数 $\dfrac{z^2z^{n-1}}{(4-z)(z-\frac{1}{4})}=\dfrac{z^{n+1}}{(4-z)(z-\frac{1}{4})}$ 在围线 c 内只有 $z=\dfrac{1}{4}$ 处的一个一阶极点，则

$$\begin{aligned}x(n)&=\mathrm{Res}[\frac{z^{n+1}}{(4-z)(z-\frac{1}{4})},\frac{1}{4}]\\&=[(z-\frac{1}{4})\frac{z^{n+1}}{(4-z)(z-\frac{1}{4})}]_{z=\frac{1}{4}}\end{aligned}$$

$$=\frac{1}{15}(\frac{1}{4})^n=\frac{4^{-n}}{15},\quad n\geqslant -1$$

即
$$x(n)=\frac{1}{15}(\frac{1}{4})^n u(n+1)$$

(2) $n\leqslant -2$ 时，被积函数 $\frac{z^2 z^{n-1}}{(4-z)(z-\frac{1}{4})}=\frac{z^{n+1}}{(4-z)(z-\frac{1}{4})}$ 在围线 c 内有一个一阶极点 $z=\frac{1}{4}$ 和一个 $n+1$ 阶极点 $z=0$；而在围线 c 外只有一个一阶极点 $z=4$，所以由留数辅助定理得：

$$x(n)=-\mathrm{Res}[\frac{z^{n+1}}{(4-z)(z-\frac{1}{4})},4]$$

$$=-[(z-4)\frac{z^{n+1}}{(4-z)(z-\frac{1}{4})}]_{z=4}$$

$$=\frac{1}{15}4^{n+2},\quad n\leqslant -2$$

故
$$x(n)=\frac{4^{-n}}{15}u(n+1)+\frac{4^{n+2}}{15}u(-n-2)$$

2. 部分分式展开法

对于大多数单阶极点的序列，用这种部分分式展开法求逆 Z 变换较方便。

设 $x(n)$ 的 Z 变换 $X(z)$ 是有理函数，分母多项式是 N 阶，分子多项式是 M 阶，将 $X(z)$ 展成一些简单的常用的部分分式之和，然后按分式求得各部分的逆变换，再相加即得到原序列 $x(n)$。设 $X(z)$ 只有 N 个一阶极点 z_m，则

$$X(z)=A_0+\sum_{m=1}^{N}\frac{A_m z}{z-z_m} \tag{2-50}$$

$$\frac{X(z)}{z}=\frac{A_0}{z}+\sum_{m=1}^{N}\frac{A_m}{z-z_m} \tag{2-51}$$

观察式(2-51)，$\frac{X(z)}{z}$ 在极点 z=0 的留数就是系数 A_0，在极点 $z=z_m$ 的留数就是系数 A_m。

$$A_0=\mathrm{Res}[\frac{X(z)}{z},0] \tag{2-52}$$

$$A_m=\mathrm{Res}[\frac{X(z)}{z},z_m] \tag{2-53}$$

求出系数 $A_m\ (m=1,2,\cdots,N)$ 后，很容易求得序列 $x(n)$。

【例 2.9】 已知 $X(z)=\frac{6z^{-1}}{1+2z^{-1}-8z^{-2}}$，收敛域为 $2<|z|<4$，用部分分式展开法求其逆 Z 变换。

解
$$\frac{X(z)}{z}=\frac{6z^{-2}}{1+2z^{-1}-8z^{-2}}=\frac{6}{z^2+2z-8}$$

$$=\frac{A}{z-2}+\frac{B}{z+4}$$

$$A = \mathrm{Res}[\frac{X(z)}{z}, 2] = 1$$

$$B = \mathrm{Res}[\frac{X(z)}{z}, -4] = -1$$

$$\frac{X(z)}{z} = \frac{1}{z-2} + \frac{-1}{z+4}$$

$$X(z) = \frac{1}{1-2z^{-1}} + \frac{-1}{1+4z^{-1}}, \quad 2<|z|<4$$

$$= X_1(z) + X_2(z)$$

$X_1(z)$ 的极点是 $z=2$，收敛域取 $|z|>2$，对应的序列为因果序列；$X_2(z)$ 的极点是 $z=-4$，收敛域取 $|z|<4$，对应的序列为非因果序列。

故 $x(n) = 2^n u(n) + (-4)^n u(-n-1)$

表 2-3　常用序列的 Z 变换

序　列	Z 变换	收敛域
$\delta(n)$	1	整个Z平面
$u(n)$	$\frac{1}{1-z^{-1}}$	$\|z\|>1$
$a^n u(n)$	$\frac{1}{1-az^{-1}}$	$\|z\|>\|a\|$
$R_N(n)$	$\frac{1-z^{-N}}{1-z^{-1}}$	$\|z\|>0$
$-a^n u(-n-1)$	$\frac{1}{1-az^{-1}}$	$\|z\|<\|a\|$
$nu(n)$	$\frac{z^{-1}}{(1-z^{-1})^2}$	$\|z\|>1$
$\mathrm{e}^{\mathrm{j}\omega_0 n}u(n)$	$\frac{1}{1-\mathrm{e}^{\mathrm{j}\omega_0}z^{-1}}$	$\|z\|>1$

2.7.4　与拉普拉斯变换、序列傅里叶变换的关系

1. Z 变换与拉普拉斯变换

将连续时间信号 $x_a(t)$ 采样得采样信号 $\hat{x}_a(t)$

$$\hat{x}_a(t) = x_a(t)\sum_{n=-\infty}^{+\infty}\delta(t-nT) = \sum_{n=-\infty}^{+\infty}x_a(nT)\delta(t-nT) \tag{2-54}$$

采样信号 $\hat{x}_a(t)$ 的拉普拉斯变换式为

$$\hat{X}(s) = \int_{-\infty}^{+\infty}\hat{x}_a(t)\mathrm{e}^{-st}\mathrm{d}t \tag{2-55}$$

Z 变换式为

$$X(z) = \sum_{n=-\infty}^{+\infty}x(n)z^{-n} \tag{2-56}$$

将式(2-54)代入式(2-55)得

$$\hat{X}(s) = \int_{-\infty}^{+\infty}\hat{x}_a(t)\mathrm{e}^{-st}\mathrm{d}t = \int_{-\infty}^{+\infty}\sum_{n=-\infty}^{+\infty}x_a(nT)\delta(t-nT)\mathrm{e}^{-st}\mathrm{d}t$$

$$=\sum_{n=-\infty}^{+\infty} x_a(nT)\int_{-\infty}^{+\infty}\delta(t-nT)e^{-st}dt=\sum_{n=-\infty}^{+\infty} x_a(nT)e^{-sTn} \tag{2-57}$$

因为在数值上 $x(n)=x_a(nT)$，所以当 $z=e^{sT}$ 时，式(2-56)与式(2-57)等价，即

$$X(z)\big|_{z=e^{sT}}=\hat{X}(s) \tag{2-58}$$

将 $\sum_{n=-\infty}^{+\infty}\delta(t-nT)$ 展开成傅里叶级数得

$$\sum_{n=-\infty}^{+\infty}\delta(t-nT)=\frac{1}{T}\sum_{m=-\infty}^{+\infty} e^{j\frac{2\pi}{T}mt} \tag{2-59}$$

将式(2-59)代入式(2-54)再代入式(2-55)得

$$\hat{X}(s)=\int_{-\infty}^{+\infty}\hat{x}_a(t)e^{-st}dt=\int_{-\infty}^{+\infty}x_a(t)\sum_{n=-\infty}^{+\infty}\delta(t-nT)e^{-st}dt=\frac{1}{T}\int_{-\infty}^{+\infty}x_a(t)\sum_{m=-\infty}^{+\infty}e^{-(s-\frac{2\pi}{T}m)t}dt$$

$$=\frac{1}{T}\sum_{m=-\infty}^{+\infty}\int_{-\infty}^{+\infty}x_a(t)e^{-(s-\frac{2\pi}{T}m)t}dt=\frac{1}{T}\sum_{m=-\infty}^{+\infty}X_a(s-\frac{2\pi}{T}m) \tag{2-60}$$

最后得到

$$X(z)\big|_{z=e^{sT}}=\hat{X}(s)=\frac{1}{T}\sum_{m=-\infty}^{+\infty}X_a(s-\frac{2\pi}{T}m) \tag{2-61}$$

2. Z 变换与序列傅里叶变换

比较 Z 变换和序列傅里叶变换的表达式，

$$X(z)=\sum_{n=-\infty}^{+\infty}x(n)z^{-n}$$

$$X(e^{j\omega})=\sum_{n=-\infty}^{+\infty}x(n)e^{-j\omega n}$$

当 $z=e^{j\omega}$ 时，

$$X(z)\big|_{z=e^{j\omega}}=X(e^{j\omega}) \tag{2-62}$$

即，如果序列 Z 变换的收敛域包括单位圆，则单位圆上的 Z 变换就是序列的频谱。

2.8　Z 变换的性质与定理

利用 Z 变换的重要性质和定理可以方便地处理有关 Z 变换和逆 Z 变换的问题。假定序列 $x(n)$ 的 Z 变换为 $X(z)$，记为 $\mathrm{ZT}[x(n)]=X(z)$，$X(z)$ 收敛域为 $R_{x-}<|z|<R_{x+}$；序列 $y(n)$ 的 Z 变换为 $Y(z)$，记为 $\mathrm{ZT}[y(n)]=Y(z)$，$Y(z)$ 收敛域为 $R_{y-}<|z|<R_{y+}$。

2.8.1　线性

Z 变换是一种线性变换，满足均匀性和叠加性，即，对任意常数 a,b 有

$$\mathrm{ZT}[ax(n)+by(n)]=aX(z)+bY(z)\qquad R_-<|z|<R_+ \tag{2-63}$$

式中，$R_-=\max[R_{x-},R_{y-}]$，$R_+=\min[R_{x+},R_{y+}]$。

如果 $aX(z)+bY(z)$ 的极点是 $X(z)$ 和 $Y(z)$ 的极点的并集，则其收敛域为 $R_{x-}<|z|<R_{x+}$ 和 $R_{y-}<|z|<R_{y+}$ 的公共部分；如果 $aX(z)+bY(z)$ 的组合中引入了一部分零点和极点对消，则

其收敛域将可能扩大。

2.8.2 序列移位

位移性表示序列位移后的Z变换与原序列Z变换的关系。在实际中可能遇到序列的左移(超前)或右移(延迟)两种不同情况，所取的变换形式又可能有单边Z变换与双边Z变换，它们的位移性基本相同，但又各具不同的特点。下面分几种情况进行讨论。

(1) 双边Z变换

若序列$x(n)$的双边Z变换为

$$\mathrm{ZT}[x(n)]=X(z)$$

则序列右移后，它的双边Z变换等于

$$\mathrm{ZT}[x(n-m)]=z^{-m}X(z) \tag{2-64}$$

同样，可得左移序列的双边Z变换

$$\mathrm{ZT}[x(n+m)]=z^{m}X(z) \tag{2-65}$$

式中m为任意正整数。由式(2-64)，(2-65)可以看出，序列位移只会使Z变换在$z=0$或$z=\infty$处的零极点情况发生变化。如果$x(n)$是双边序列，$X(z)$的收敛域为环形区域(即$R_{x1}<|z|<R_{x2}$)，在这种情况下序列位移并不会使Z变换收敛域发生变化。

(2) 单边Z变换

若$x(n)$是双边序列，其单边Z变换为

$$\mathrm{ZT}[x(n)u(n)]=X(z)$$

则序列左移后，它的单边Z变换等于

$$\mathrm{ZT}[x(n+m)u(n)]=z^{m}[X(z)-\sum_{k=0}^{m-1}x(k)z^{-k}] \tag{2-66}$$

同样，可以得到右移序列的单边Z变换

$$\mathrm{ZT}\left[x(n-m)u(n)\right]=z^{-m}\left[X(z)+\sum_{k=-m}^{-1}x(k)z^{-k}\right] \tag{2-67}$$

式中m为正整数。对于m=1，2的情况，式(2-66)、(2-67)可以写作：

$$\mathrm{ZT}[x(n+1)u(n)]=zX(z)-zx(0)$$
$$\mathrm{ZT}[x(n+2)u(n)]=z^2X(z)-z^2x(0)-zx(1)$$
$$\mathrm{ZT}[x(n-1)u(n)]=z^{-1}X(z)+x(-1)$$
$$\mathrm{ZT}[x(n-2)u(n)]=z^{-2}X(z)+z^{-1}x(-1)+x(-2)$$

如果$x(n)$是因果序列，则式(2-67)右边的$\sum\limits_{k=-m}^{-1}x(k)z^{-k}$项都等于零。于是

右移序列的单边Z变换变为

$$\mathrm{ZT}[x(n-m)u(n)]=z^{-m}X(z) \tag{2-68}$$

而左移序列的单边Z变换仍为

$$\mathrm{ZT}[x(n+m)u(n)] = z^m[X(z) - \sum_{k=0}^{m-1} x(k)z^{-k}] \tag{2-69}$$

2.8.3　乘以指数序列

$a^n x(n)$ 的 Z 变换为

$$\mathrm{ZT}[a^n x(n)] = X(a^{-1}z) \qquad |a|R_{x-} < |z| < |a|R_{x+} \tag{2-70}$$

式(2-70)的几何意义为：序列乘以指数序列 a^n 后，若 a 是一个正实数，则原 $X(z)$ 的零、极点在 z 平面上沿径向移动 a 就是 $X(a^{-1}z)$ 的零、极点位置；若 a 是模为 1 的复数，则 $X(z)$ 的零、极点在 z 平面上沿以原点为圆心的圆周旋转得到 $X(a^{-1}z)$ 的零、极点位置。

2.8.4　序列乘以整数

$$\mathrm{ZT}[nx(n)] = -z\frac{\mathrm{d}X(z)}{\mathrm{d}z} \qquad R_{x-} < |z| < R_{x+} \tag{2-71}$$

2.8.5　复序列取共轭

$$\mathrm{ZT}[x^*(n)] = X^*(z^*) \qquad R_{x-} < |z| < R_{x+} \tag{2-72}$$

2.8.6　序列卷积

若 $\quad w(n) = x(n) * y(n) \quad$ 则

$$W(z) = X(z)Y(z) \qquad R_- < |z| < R_+ \tag{2-73}$$

式中，$R_- = \max[R_{x-}, R_{y-}]$，$R_+ = \min[R_{x+}, R_{y+}]$，如果有一些零、极点对消，则其收敛域将可能扩大。

2.8.7　初值定理

如果 $x(n)$ 是因果序列，则有 $x(0) = \lim\limits_{z\to\infty} X(z)$

2.8.8　终值定理

如果 $x(n)$ 是因果序列，且 $X(z)$ 除可以在 z=1 处有一阶极点外，其他极点都在单位圆以内，则有 $\lim\limits_{n\to\infty} x(n) = \lim\limits_{z\to 1}[(z-1)X(z)]$

2.8.9　复卷积定理

若 $\quad w(n) = x(n)\cdot y(n) \quad$ 则

$$W(z) = \frac{1}{2\pi \mathrm{j}}\oint_{c1} X(v)Y(\frac{z}{v})v^{-1}\mathrm{d}v \qquad R_{x-}R_{y-} < |z| < R_{x+}R_{y+} \tag{2-74}$$

式中，c_1 是积分变量 v 平面上 $X(v)$ 和 $Y(\frac{z}{v})$ 公共收敛域内环绕原点的一条逆时针旋转的闭合曲线。式(2-69)中的 X 和 Y 可以交换位置。

2.8.10 帕斯瓦尔(Parseval)定理

如果 $X(z)$ 和 $Y(z)$ 的收敛半径满足下列关系

$$R_{x-}R_{y-}<1, R_{x+}R_{y+}>1 \tag{2-75}$$

则

$$\sum_{n=-\infty}^{+\infty} x(n)y^*(n)=\frac{1}{2\pi j}\oint_c X(v)Y^*(\frac{1}{v^*})v^{-1}dv \tag{2-76}$$

式中，c 是 v 平面上 $X(v)$ 和 $Y^*(\frac{1}{v^*})$ 公共收敛域内的一条逆时针旋转的闭合曲线。

若 $x(n)$ $y(n)$ 满足绝对可和条件，也就是 $X(v)$ $Y(v)$ 在单位圆上收敛，式(2-76)中 c 取单位圆，令 $v=e^{j\omega}$，ω 由 $-\pi$ 变到 π，相当 c 沿单位圆周旋转一周，因此得

$$\sum_{n=-\infty}^{+\infty} x(n)y^*(n)=\frac{1}{2\pi}\int_{-\pi}^{\pi} X(e^{j\omega})Y^*(e^{j\omega})d\omega \tag{2-77}$$

令 $x(n)=y(n)$ 得到前面讲过的能量定理，即

$$\sum_{n=-\infty}^{+\infty} |x(n)|^2=\frac{1}{2\pi}\int_{-\pi}^{\pi} |X(e^{j\omega})|^2 d\omega \tag{2-78}$$

式(2-78)表明在时域中计算信号的能量与在频域中计算能量结果相同。

表 2-4　Z 变换特性表

序　列	Z 变换	收敛域
$ax(n)+by(n)$	$aX(z)+bY(z)$	$\max[R_{x-},R_{y-}]<\|z\|<\min[R_{x+},R_{y+}]$
$x(n-n_0)$	$z^{-n_0}X(z)$	$R_{x-}<\|z\|<R_{x+}$
$a^n x(n)$	$X(a^{-1}z)$	$\|a\|R_{x-}<\|z\|<\|a\|R_{x+}$
$nx(n)$	$-z\frac{dX(z)}{dz}$	$R_{x-}<\|z\|<R_{x+}$
$x^*(n)$	$X^*(z^*)$	$R_{x-}<\|z\|<R_{x+}$
$x(n)*y(n)$	$X(z)Y(z)$	$\max[R_{x-},R_{y-}]<\|z\|<\min[R_{x+},R_{y+}]$
$x(n)\cdot y(n)$	$\frac{1}{2\pi j}\oint_{c_1} X(v)Y(\frac{z}{v})v^{-1}dv$	$R_{x-}R_{y-}<\|z\|<R_{x+}R_{y+}$
$x(0)=\lim_{z\to\infty}X(z)$		$\|z\|>R_{x-}$
$x(\infty)=\lim_{z\to1}[(z-1)X(z)]$		$(z-1)X(z)$收敛于 $\|z\|\geqslant 1$
$\sum_{n=-\infty}^{+\infty} x(n)y^*(n)=\frac{1}{2\pi j}\oint_c X(v)Y^*(\frac{1}{v^*})v^{-1}dv$		$R_{x-}R_{y-}<1, R_{x+}R_{y+}>1$

2.9　利用 Z 变换分析系统的频域特性

用 Z 变换对系统进行复频域分析，可以了解系统的因果性和稳定性；可以了解系统的零、极点对系统的频率特性的影响。

2.9.1　传输函数与系统函数

设线性时不变系统的单位脉冲响应为 $h(n)$，对 $h(n)$ 进行序列傅里叶变换和 Z 变换，得

$$H(\mathrm{e}^{\mathrm{j}\omega}) = \sum_{n=-\infty}^{+\infty} h(n)\mathrm{e}^{-\mathrm{j}\omega n}$$

$$H(z) = \sum_{n=-\infty}^{+\infty} h(n)z^{-n}$$

$H(\mathrm{e}^{\mathrm{j}\omega})$ 称为系统的传输函数，它表征系统的频率特性。$H(z)$ 称为系统的系统函数，它表征系统的复频率特性。

对 N 阶差分方程

$$\sum_{i=0}^{N} a_i y(n-i) = \sum_{j=0}^{M} b_j x(n-j), \quad a_0 = 1$$

两边作 Z 变换，得

$$\sum_{i=0}^{N} a_i z^{-i} Y(z) = \sum_{j=0}^{M} b_j z^{-j} X(z)$$

则系统函数的一般表达式为

$$H(z) = \frac{Y(z)}{X(z)} = \frac{\sum_{j=0}^{M} b_j z^{-j}}{\sum_{i=0}^{N} a_i z^{-i}} \tag{2-79}$$

如果 $H(z)$ 的收敛域包含单位圆 $|z|=1$，则 $H(z)$ 与 $H(\mathrm{e}^{\mathrm{j}\omega})$ 关系如下

$$H(\mathrm{e}^{\mathrm{j}\omega}) = H(z)\big|_{z=\mathrm{e}^{\mathrm{j}\omega}} \tag{2-80}$$

式(2-75)表明单位脉冲响应在单位圆上的 Z 变换就是系统的频率函数。

2.9.2　用系统函数的极点分布分析系统的因果性和稳定性

因果系统的单位脉冲响应 $h(n)$ 满足

当 $n<0$ 时　　$h(n)=0$　　(2-81)

因此系统函数 $H(z)$ 的收敛域一定包含∞，也就是说∞不是 $H(z)$ 的极点，那么 $H(z)$ 的极点一定分布在某个圆内；这个圆的半径是 $H(z)$ 的所有极点中绝对值最大的那个极点的绝对值，即

若 $H(z)$ 有 N 个极点，$z_1, z_2, \cdots, z_N$，设 z_k 是式中绝对值最大的极点，则 $H(z)$ 的收敛域为 $|z|>|z_k|$

稳定系统要求系统的单位脉冲响应 $h(n)$ 满足

$$\sum_{n=-\infty}^{+\infty}\left|h(n)\right|<\infty \tag{2-82}$$

而单位脉冲响应 $h(n)$ 的 Z 变换存在要求

$$\sum_{n=-\infty}^{+\infty}\left|h(n)z^{-n}\right|<\infty \tag{2-83}$$

因此稳定系统的系统函数 $H(z)$ 的收敛域应包含单位圆 $|z|=1$，也即是稳定系统的极点不在单位圆上。

对于因果稳定系统，其系统函数的极点应全部分布在单位圆内。

【例 2.10】 已知系统的系统函数为 $H(z)=\dfrac{7}{(1-4z^{-1})(1-\frac{1}{2}z^{-1})}$，分析系统的因果、稳定性。

解 $H(z)$ 的极点为 $z=\dfrac{1}{2}, z=4$。

(1) 收敛域为 $|z|>4$ 时，$H(z)$ 是因果系统；因为收敛域不包含单位圆，所以系统不稳定。其单位脉冲响应 $h(n)$ 通过求逆 Z 变换可得：$h(n)=(8\times4^n-2^{-n})u(n)$，这是一个因果序列，但序列不收敛。

(2) 收敛域为 $\dfrac{1}{2}<|z|<4$ 时，$H(z)$ 是非因果系统；因为收敛域包含单位圆，所以系统稳定。其单位脉冲响应 $h(n)=-8\times4^n u(-n-1)-2^{-n}u(n)$，这是一个非因果序列，但序列收敛。

(3) 收敛域为 $0<|z|<\dfrac{1}{2}$ 时，$H(z)$ 是非因果系统；因为收敛域不包含单位圆，所以系统不稳定。其单位脉冲响应 $h(n)=(-8\times4^n+2^{-n})u(-n-1)$，这是一个非因果序列，且序列不收敛。

2.9.3 用系统函数的零、极点分布分析系统的频率特性

将式(2-79)因式分解得

$$H(z)=A\frac{\prod_{r=1}^{M}(1-c_r z^{-1})}{\prod_{r=1}^{N}(1-d_r z^{-1})} \tag{2-84}$$

式中，$A=\dfrac{b_0}{a_0}$，式(2-84)中 c_r 是 $H(z)$ 的零点，d_r 是其极点。A 参数影响传输函数的幅度大小；影响系统频率特性的是零点 c_r 和极点 d_r 的分布。将分子分母同乘 z^{M+N}，并将 $z=\mathrm{e}^{\mathrm{j}\omega}$ 代入得传输函数(假设系统稳定)

$$H(\mathrm{e}^{\mathrm{j}\omega})=Az^{N-M}\left.\frac{\prod_{r=1}^{M}(z-c_r)}{\prod_{r=1}^{N}(z-d_r)}\right|_{z=\mathrm{e}^{\mathrm{j}\omega}}=A\mathrm{e}^{\mathrm{j}\omega(N-M)}\frac{\prod_{r=1}^{M}(\mathrm{e}^{\mathrm{j}\omega}-c_r)}{\prod_{r=1}^{N}(\mathrm{e}^{\mathrm{j}\omega}-d_r)} \tag{2-85}$$

在 z 平面上，$\mathrm{e}^{\mathrm{j}\omega}-c_r$ 用一个由零点 c_r 指向单位圆 $\mathrm{e}^{\mathrm{j}\omega}$ 上点 B 的向量 $\overrightarrow{c_rB}$ 表示，同样

$e^{j\omega}-d_r$ 用由极点指向 $e^{j\omega}$ 点 B 的向量 $\overrightarrow{d_rB}$ 表示，$\overrightarrow{c_rB}$ 和 $\overrightarrow{d_rB}$ 分别称为零点矢量和极点矢量，如图 2.6 所示。

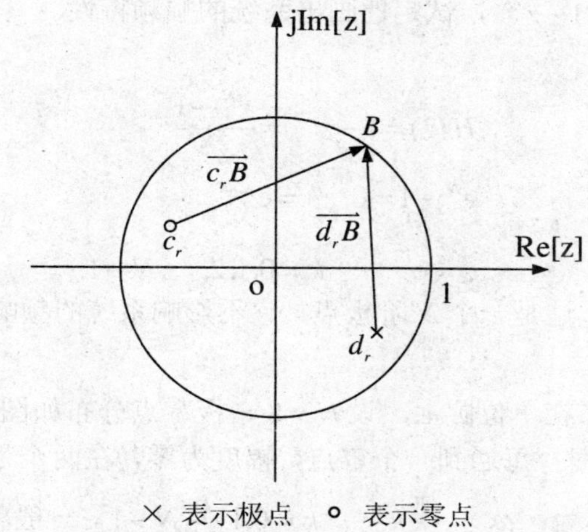

图 2.6　系统函数的零极点矢量

$\overrightarrow{c_rB}$ 和 $\overrightarrow{d_rB}$ 用极坐标表示为

$$\overrightarrow{c_rB}=c_rBe^{j\alpha_r}$$
$$\overrightarrow{d_rB}=d_rBe^{j\beta_r}$$

因此传输函数可表示为

$$H(e^{j\omega})=Ae^{j\omega(N-M)}\frac{\prod\limits_{r=1}^{M}c_rBe^{j\alpha_r}}{\prod\limits_{r=1}^{N}d_rBe^{j\beta_r}}=Ae^{j\omega(N-M)}\frac{e^{j\sum\limits_{r=1}^{M}\alpha_r}\prod\limits_{r=1}^{M}c_rB}{e^{j\sum\limits_{r=1}^{N}\beta_r}\prod\limits_{r=1}^{N}d_rB}$$

$$=Ae^{j[\omega(N-M)+\sum\limits_{r=1}^{M}\alpha_r-\sum\limits_{r=1}^{N}\beta_r]}\frac{\prod\limits_{r=1}^{M}c_rB}{\prod\limits_{r=1}^{N}d_rB}$$

$$=\left|H(e^{j\omega})\right|e^{j\varphi(\omega)} \tag{2-86}$$

$$\left|H(e^{j\omega})\right|=\left|A\right|\frac{\prod\limits_{r=1}^{M}c_rB}{\prod\limits_{r=1}^{N}d_rB} \tag{2-87}$$

$$\varphi(\omega)=\omega(N-M)+\sum_{r=1}^{M}\alpha_r-\sum_{r=1}^{N}\beta_r \tag{2-88}$$

系统频率函数的幅度特性由式(2-87)确定；由图 2.6 和式(2-87)可以得出：当 B 点沿单位圆旋转至距离零点 c_r 最近时，此时零点矢量最短，零点矢量的模最小，幅度值 $\left|H(e^{j\omega})\right|$ 最小，对应滤波器的阻带；原点 O 与 B 点的连线和横坐标轴的夹角(代表频率)就是阻带的中心频率；类似的，当 B 点沿单位圆旋转至距离极点 d_r 最近时，此时极点矢量最短，极点矢

量的模最小，幅度值$\left|H(\mathrm{e}^{\mathrm{j}\omega})\right|$最大，对应滤波器的通带；原点 O 与 B 点的连线和横坐标轴的夹角就是通带的中心频率。

【例 2.11】 已知$H(z)=1-z^{-N}$，试定性画出系统的幅频特性。

解

$$H(z)=1-z^{-N}=\frac{z^N-1}{z^N}$$

$$z^N-1=0, z^N=\mathrm{e}^{\mathrm{j}2\pi k}$$

$$z=\mathrm{e}^{\mathrm{j}\frac{2\pi}{N}k} \qquad k=0,1,2,\cdots,N-1$$

$H(z)$的极点为 z=0，这是一个 N 阶极点，它不影响系统的频响。零点有 N 个，由分子多项式的根决定。

N 个零点等间隔分布在单位圆上，设$N=8$，极零点分布如图 2.7 所示。

当ω从零变化到 2π 时，每遇到一个零点，幅度为零，在两个零点的中间幅度最大，形成峰值。幅度谷值点频率为：$\omega_k=\dfrac{2\pi}{N}k \qquad k=0,1,\cdots,N-1$。一般将具有如图 2.7 所示的幅度特性的滤波器称为梳状滤波器。

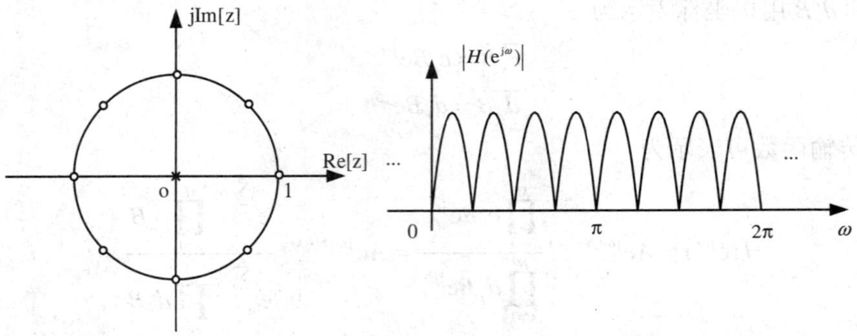

图 2.7　梳状滤波器的极零点分布及幅度特性

2.10　小　　结

本章重点讲述了序列傅里叶变换和 Z 变换，通过这两种变换可以对信号和系统进行频域和复频域分析，以获得更多的信息。

(1) 序列傅里叶变换(DTFT)是对离散信号和系统进行频率变换，信号的频谱或系统的传输函数是连续函数，此函数的频率变量ω以 2π 为周期。另外序列傅里叶变换(DTFT)是线性变换，它还具有一些重要的性质。

(2) 离散傅里叶级数(DFS)是对周期离散信号进行频率变换(利用奇异函数也可以对它进行 FT)，周期离散信号的频谱是离散周期的。

(3) Z 变换是对离散信号和系统进行复频率变换；Z 变换的逆变换比较麻烦(IDTFT 和 IDFS 计算方便)，需要采用间接方法计算；Z 变换的性质有助于解决 Z 变换和其逆变换的问题。系统的复频率表示称为系统函数，利用系统函数的零、极点可以分析系统的特性。

2.11 习　题

1. 求下列各序列的序列傅里叶变换 DTFT：

(1) $x(n)=\delta(n-2)$　　(2) $x(n)=u(n-2)-u(n-7)$

(3) $x(n)=3^{-n}u(n)$　　(4) $x(n)=3^{n}u(-n-1)$

2. 用 $X(\mathrm{e}^{\mathrm{j}\omega})$ 和 $Y(\mathrm{e}^{\mathrm{j}\omega})$ 分别表示 $x(n)$ 和 $y(n)$ 的序列傅里叶变换，求下列各序列的序列傅里叶变换(DTFT)：

(1) $x(-n)$　　(2) $x(2n)$

(3) $x^{*}(n)$　　(4) $x(n)*y(n)$

3. 若

$$X(\mathrm{e}^{\mathrm{j}\omega})=\begin{cases}\mathrm{e}^{-\mathrm{j}\omega n_0}, & |\omega|<\omega_0\\ 0, & \omega_0<|\omega|\leqslant\pi\end{cases}$$

求 $X(\mathrm{e}^{\mathrm{j}\omega})$ 的 IDTFT。

4. 设 $x(n)=\delta(n)+\delta(n-2)$，将 $x(n)$ 以为 6 为周期进行周期延拓，形成 $\tilde{x}(n)$，画出 $x(n)$ 和 $\tilde{x}(n)$ 的图形并求它们的傅里叶变换(DTFT)。

5. 若 $x(n)=R_4(n)$，求它的共轭对称序列 $x_{\mathrm{e}}(n)$ 和共轭反对称序列 $x_{\mathrm{o}}(n)$，画出它们的图形并分别求其序列傅里叶变换(DTFT)。

6. 若 $x(n)=R_4(n)$，求它的共轭对称序列 $x_{\mathrm{e}}(n)$ 和共轭反对称序列 $x_{\mathrm{o}}(n)$，画出它们的图形并分别求其序列傅里叶变换(DTFT)。

7. 若序列 $h(n)$ 是实因果序列，其序列傅里叶变换的实部为：$H_{\mathrm{R}}(\mathrm{e}^{\mathrm{j}\omega})=1+\cos 2\omega$
求序列 $h(n)$ 及其序列傅里叶变换 $H(\mathrm{e}^{\mathrm{j}\omega})$。

8. 若序列 $h(n)$ 是实因果序列，其傅里叶变换的虚部为：$H_{\mathrm{I}}(\mathrm{e}^{\mathrm{j}\omega})=-\sin 2\omega$
求序列 $h(n)$ 及其序列傅里叶变换 $H(\mathrm{e}^{\mathrm{j}\omega})$。

9. 若序列 $h(n)$ 是实因果序列，其序列傅里叶变换的实部如下：

$$H_{\mathrm{R}}(\mathrm{e}^{\mathrm{j}\omega})=\frac{1-a\cos\omega}{1+a^2-2a\cos\omega}\qquad |a|<1$$

求序列 $h(n)$ 及其序列傅里叶变换 $H(\mathrm{e}^{\mathrm{j}\omega})$。

10. 若序列 $h(n)$ 是实因果序列，且 $h(0)=1$；其序列傅里叶变换的虚部如下：

$$H_{\mathrm{I}}(\mathrm{e}^{\mathrm{j}\omega})=\frac{-a\sin\omega}{1+a^2-2a\cos\omega}\qquad |a|<1$$

求序列 $h(n)$ 及其序列傅里叶变换 $H(\mathrm{e}^{\mathrm{j}\omega})$。

11. 已知 $x_{\mathrm{a}}(t)=\dfrac{1}{2}\cos 2\pi f_0 t$，式中 $f_0=1\mathrm{kHz}$，以采样频率 $f_s=3\mathrm{kHz}$ 对进行采样，

(1) 写出 $x_{\mathrm{a}}(t)$ 的傅里叶变换表示式 $X_{\mathrm{a}}(\mathrm{j}\Omega)$；

(2) 写出采样信号 $\hat{x}_{\mathrm{a}}(t)$ 和离散信号 $x(n)$ 的表示式；

(3) 分别求 $\hat{x}_{\mathrm{a}}(t)$ 的傅里叶变换和 $x(n)$ 的序列傅里叶变换表示式。

12. 求下列各序列的 Z 变换和收敛域：

(1) $3^{-n}u(n)$　　(2) $3^{-n}u(-n-1)$

(3) $3^{-n}u(-n)$　　(4) $3^{n}u(n)$

(5) $3^{n}u(-n-1)$　　(6) $3^{n}u(-n)$

13. 求下列各序列的 Z 变换和收敛域，并在 z 平面上画出零、极点分布图。

(1) $\delta(n+1)$

(2) $x(n)=u(n)-u(n-4)$

14. 求下列 $X(z)$ 的逆变换 $x(n)$：

(1) $X(z)=\dfrac{1}{1+\frac{1}{2}z^{-1}}$　　$|z|>\dfrac{1}{2}$

(2) $X(z)=\dfrac{1-\frac{1}{2}z^{-1}}{1+\frac{3}{4}z^{-1}+\frac{1}{8}z^{-2}}$　　$|z|>\dfrac{1}{2}$

(3) $X(z)=\dfrac{1-2z^{-1}}{z^{-1}-2}$　　$|z|>\dfrac{1}{2}$

15. 已知

$$X(z)=\frac{-3z^{-1}}{2-5z^{-1}+2z^{-2}}$$

求出 $X(z)$ 对应的所有可能的序列。

16. 设线性时不变系统由下面的差分方程描述：

$$y(n)=0.5y(n-1)+x(n)+0.8x(n-1)$$

(1) 求系统的系统函数 $H(z)$，并画出零极点分布图；

(2) 限定系统是因果的，确定 $H(z)$ 的收敛域，求出系统的单位脉冲响应 $h(n)$；

(3) 限定系统是稳定的，确定 $H(z)$ 的收敛域，求出系统的单位脉冲响应 $h(n)$。

17. 设线性时不变因果系统由下面的差分方程描述：

$$2y(n)=0.8y(n-2)-y(n-1)+x(n)+0.5x(n-1)$$

(1) 求系统的系统函数 $H(z)$，并画出零极点分布图；

(2) 确定 $H(z)$ 的收敛域，求出系统的单位脉冲响应 $h(n)$。

(3) 写出系统传输函数 $H(e^{j\omega})$。

第 3 章　离散傅里叶变换(DFT)

教学提示：离散傅里叶变换(DFT)是信号处理中非常重要的一个变换，在理论上，它的时域信号和频域信号都是离散非周期的，这为使用计算机分析信号提供了可能；在实践中，DFT 有多种快速算法，这些快速算法在减少存储量和提高运算速度方面较以前的算法有了极大地改善，也为使用计算机分析信号提供了保证。

教学要求：本章重点讨论离散傅里叶变换(DFT)的定义和它的性质，以及与 Z 变换、序列傅里叶变换(DTFT)和傅里叶级数(DFS)的关系，还要介绍频域采样定理和 DFT 的主要应用。

3.1　引　言

第 2 章中介绍的序列傅里叶变换(DTFT)在频域是角频率 ω 的连续函数，连续函数是不能用计算机进行处理的，所以需要一个在时域是有限长的离散信号，在频域也是有限长的离散信号的变换，这就是离散傅里叶变换(Discrete Fourier Transform，DFT)。DFT 除了可以使数字信号处理在频域进行，更重要的是 DFT 有多种快速算法，可以使信号的实时处理得以实现。

从序列傅里叶变换的物理概念理解离散傅里叶变换(DFT)是困难的，因为如果在频域是离散的，那么在时域的信号一定是周期的，而需要处理的物理信号一定是有限长的非周期信号。

解决的方法是：将待处理的长度为 N 的有限长离散信号 $x(n)$ 人为地周期延拓成周期信号(以 N 为周期) $\tilde{x}(n)$，然后将 $\tilde{x}(n)$ 展开成离散傅里叶级数(DFS)，得到 $\tilde{X}(k)$，取 $\tilde{X}(k)$ 的主周期作为 $x(n)$ 的离散傅里叶变换(DFT)结果 $X(k)$。

3.2　离散傅里叶变换的定义

离散傅里叶变换的实质是对有限长序列 $x(n)$ 的序列傅里叶变换(DTFT)进行单周期的有限点采样，使频域离散化，大大增加了数字信号处理的灵活性。

3.2.1　定义

设 $x(n)$ 是一个长度为 N 的有限长离散信号，则 $x(n)$ 的 N 点离散傅里叶变换为

$$X(k)=\mathrm{DFT}[x(n)]=\sum_{n=0}^{N-1}x(n)\mathrm{e}^{-\mathrm{j}\frac{2\pi}{N}kn}\qquad k=0,1,2,\cdots,N-1 \tag{3-1}$$

$X(k)$ 的离散傅里叶逆变换(Inverse Discrete Fourier Transform，IDFT)为

$$x(n)=\text{IDFT}[X(k)]=\frac{1}{N}\sum_{k=0}^{N-1}X(k)\mathrm{e}^{\mathrm{j}\frac{2\pi}{N}kn}\qquad n=0,1,2,\cdots,N-1 \tag{3-2}$$

式中，N 称为 DFT 的区间长度，通常令 $W_N=\mathrm{e}^{-\mathrm{j}\frac{2\pi}{N}}$，则上两式可简写为

$$X(k)=\text{DFT}[x(n)]=\sum_{n=0}^{N-1}x(n)W_N^{kn}\qquad 0\leqslant k\leqslant N-1 \tag{3-3}$$

$$x(n)=\text{IDFT}[X(k)]=\frac{1}{N}\sum_{k=0}^{N-1}X(k)W_N^{-kn}\qquad 0\leqslant n\leqslant N-1 \tag{3-4}$$

式(3-3)和式(3-4)称为离散傅里叶变换对。

离散傅里叶逆变换的唯一性，也就是由 $X(k)$ 得到的 $x(n)$ 是否是唯一的，证明如下。将式(3-3)代入式(3-4)得到(为了避免符号混淆，将式(3-3)中的 n 换成 m)

$$\text{IDFT}[X(k)]=\frac{1}{N}\sum_{k=0}^{N-1}\sum_{m=0}^{N-1}x(m)W_N^{km}W_N^{-kn}=\frac{1}{N}\sum_{m=0}^{N-1}x(m)\sum_{k=0}^{N-1}W_N^{k(m-n)}$$

根据正交定理

$$\sum_{k=0}^{N-1}W_N^{k(m-n)}=\sum_{k=0}^{N-1}\mathrm{e}^{-\mathrm{j}\frac{2\pi}{N}k(m-n)}=N\delta(m-n-MN)=\begin{cases}N & m=n+MN\\ 0 & m\neq n+MN\end{cases}\quad M\text{为整数} \tag{3-5}$$

所以，在变换区间 $0\leqslant n\leqslant N-1$ 内有

$$\text{IDFT}[X(k)]=\frac{1}{N}\sum_{m=0}^{N-1}x(m)N\delta(m-n-NM)=x(n)$$

【例 3.1】 $x(n)=R_4(n)$，分别求 $x(n)$ 的 8 点和 16 点 DFT。

解 (1) 设变换区间 $N=8$，则

$$X(k)=\text{DFT}[x(n)]=\sum_{n=0}^{N-1}x(n)\mathrm{e}^{-\mathrm{j}\frac{2\pi}{N}kn}=\sum_{n=0}^{7}x(n)\mathrm{e}^{-\mathrm{j}\frac{2\pi}{8}kn}$$

$$=\sum_{n=0}^{3}\mathrm{e}^{-\mathrm{j}\frac{2\pi}{8}kn}=\frac{1-\mathrm{e}^{-\mathrm{j}\frac{2\pi}{8}k\cdot 4}}{1-\mathrm{e}^{-\mathrm{j}\frac{2\pi}{8}k}}=\frac{\mathrm{e}^{-\mathrm{j}\frac{\pi}{2}k}(\mathrm{e}^{\mathrm{j}\frac{\pi}{2}k}-\mathrm{e}^{-\mathrm{j}\frac{\pi}{2}k})}{\mathrm{e}^{-\mathrm{j}\frac{\pi}{8}k}(\mathrm{e}^{\mathrm{j}\frac{\pi}{8}k}-\mathrm{e}^{-\mathrm{j}\frac{\pi}{8}k})}$$

$$=\mathrm{e}^{-\mathrm{j}\frac{3\pi}{8}k}\frac{\sin\frac{\pi}{2}k}{\sin\frac{\pi}{8}k}\qquad k=0,1,2,\cdots,7$$

(2) 设变换区间 $N=16$，则

$$X(k)=\text{DFT}[x(n)]=\sum_{n=0}^{N-1}x(n)\mathrm{e}^{-\mathrm{j}\frac{2\pi}{N}kn}=\sum_{n=0}^{15}x(n)\mathrm{e}^{-\mathrm{j}\frac{2\pi}{16}kn}$$

$$=\sum_{n=0}^{3}\mathrm{e}^{-\mathrm{j}\frac{2\pi}{16}kn}=\frac{1-\mathrm{e}^{-\mathrm{j}\frac{2\pi}{16}k\cdot 4}}{1-\mathrm{e}^{-\mathrm{j}\frac{2\pi}{16}k}}=\frac{\mathrm{e}^{-\mathrm{j}\frac{\pi}{4}k}(\mathrm{e}^{\mathrm{j}\frac{\pi}{4}k}-\mathrm{e}^{-\mathrm{j}\frac{\pi}{4}k})}{\mathrm{e}^{-\mathrm{j}\frac{\pi}{16}k}(\mathrm{e}^{\mathrm{j}\frac{\pi}{16}k}-\mathrm{e}^{-\mathrm{j}\frac{\pi}{16}k})}$$

$$=\mathrm{e}^{-\mathrm{j}\frac{3\pi}{16}k}\frac{\sin\frac{\pi}{4}k}{\sin\frac{\pi}{16}k}\qquad k=0,1,2,\cdots,15$$

图 3.1 给出了变换结果的幅度特性 $|X(k)|$，由图可见，DFT 的结果与变换区间长度有关。

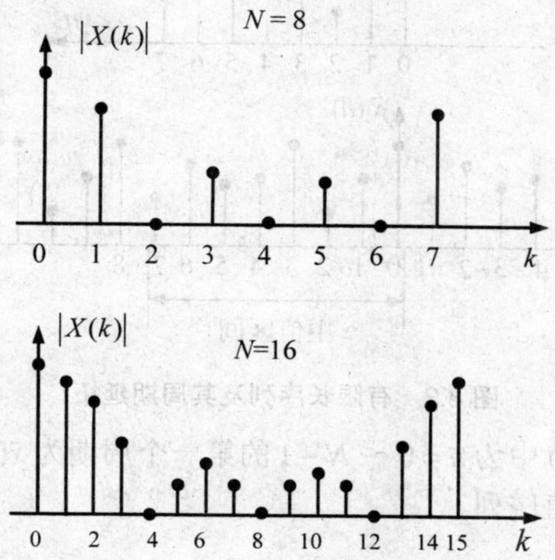

图 3.1　例题 3.1 的结果

3.2.2　周期性

由于 $W_N^{kn} = \mathrm{e}^{-\mathrm{j}\frac{2\pi}{N}kn}$ 具有周期性且周期为 N，即

$$W_N^{kn} = \mathrm{e}^{-\mathrm{j}\frac{2\pi}{N}kn} = \mathrm{e}^{-\mathrm{j}\frac{2\pi}{N}(k+rN)n} = \mathrm{e}^{-\mathrm{j}\frac{2\pi}{N}k(n+rN)} \quad r\text{为整数且} -\infty < r < +\infty \tag{3-6}$$

所以 DFT 变换对中 $x(n)$ 和 $X(k)$ 均隐含周期性，周期为 N，可以证明：

$$x(n) = x(n+rN)$$
$$X(k) = X(k+rN)$$

实际上，周期为 N 的周期序列 $\tilde{x}(n)$ 可以看成长度为 N 的有限长序列 $x(n)$ 周期延拓的结果，$x(n)$ 是 $\tilde{x}(n)$ 的一个周期，即

$$x(n) = \tilde{x}(n) \cdot R_N(n) \tag{3-7}$$

$$\tilde{x}(n) = \sum_{r=-\infty}^{+\infty} x(n+rN) = x((n))_N \tag{3-8}$$

式中，$x((n))_N$ 表示以 N 为周期的周期序列，$((n))_N$ 是余数运算表达式，表示 n 对 N 求余，简称“取余数”或“取模值”，即如果

$$n = MN + n_1, \quad 0 \leqslant n_1 \leqslant N-1, \quad M\text{为整数} \tag{3-9}$$

则
$$((n))_N = n_1 \tag{3-10}$$

例如，$N = 8, \tilde{x}(n) = x((n))_8$，

则 $\tilde{x}(8) = x((8))_8 = x(0)$　　式中，$n = 8, N = 8, M = 1, n_1 = 0$

$\tilde{x}(13) = x((13))_8 = x(5)$　　式中，$n = 13, N = 8, M = 1, n_1 = 5$

$\tilde{x}(-6) = x((-6))_8 = x(2)$　　式中，$n = -6, N = 8, M = -1, n_1 = 2$

上述关系如图 3.2 所示。

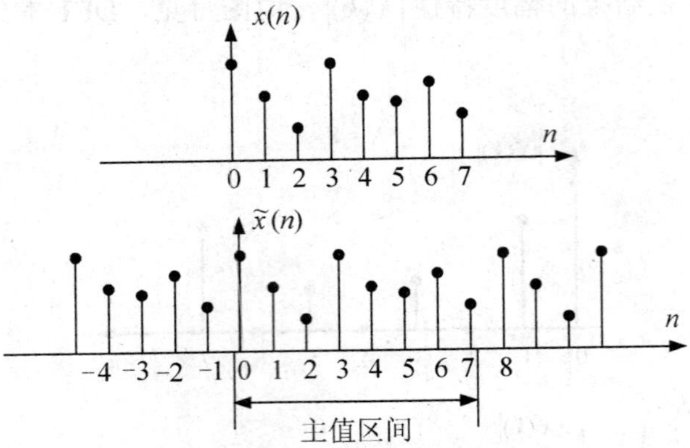

图 3.2 有限长序列及其周期延拓

一般定义周期序列 $\tilde{x}(n)$ 中为 $n=0 \sim N-1$ 的第一个周期为 $\tilde{x}(n)$ 的主值区间，而主值区间上的序列称为 $\tilde{x}(n)$ 的主值序列。

3.2.3 与傅里叶变换(FT)和 Z 变换的关系

有限长序列 $x(n)$ (长度 N)的离散傅里叶变换(DFT)、序列傅里叶变换(DTFT)和 Z 变换表示式分别如下

$$X(k)=\text{DFT}[x(n)]=\sum_{n=0}^{N-1}x(n)\text{e}^{-\text{j}\frac{2\pi}{N}kn} \quad 0 \leqslant k \leqslant N-1$$

$$X(\text{e}^{\text{j}\omega})=\text{DTFT}[x(n)]=\sum_{n=0}^{N-1}x(n)\text{e}^{-\text{j}\omega n}$$

$$X(z)=\text{ZT}[x(n)]=\sum_{n=0}^{N-1}x(n)z^{-n} \quad \text{收敛域包括单位圆}$$

比较三个表示式可以得到下面的关系

$$X(k)=X(\text{e}^{\text{j}\omega})\Big|_{\omega=\frac{2\pi}{N}k}=X(z)\Big|_{z=\text{e}^{\text{j}\frac{2\pi}{N}k}} \quad 0 \leqslant k \leqslant N-1 \tag{3-11}$$

式中，表明将 $x(n)$ 的序列傅里叶变换(DTFT) $X(\text{e}^{\text{j}\omega})$ 在 $[0,2\pi]$ 区间等间隔采样 N 点，得到的采样序列就是 $x(n)$ 的 N 点离散傅里叶变换(DFT) $X(k)$；同样 $x(n)$ 的 Z 变换 $X(z)$ 在单位圆上为 $0 \sim 2\pi$ 的 N 点等间隔采样值就是 $X(k)$。因此对同一个 $X(\text{e}^{\text{j}\omega})$ 或 $X(z)$ 在 $[0,2\pi]$ 区间采样点数 N 不同，得到的 $X(k)$ 也不同，如例题 3.1 所示。

3.3 离散傅里叶变换的基本性质

假定 $x(n)$ 和 $y(n)$ 是两个长度为 N 的序列，$X(k)$ 和 $Y(k)$ 分别是它们的 N 点离散傅里叶变换(DFT)，记为 $X(k)=\text{DFT}[x(n)]$，$Y(k)=\text{DFT}[y(n)]$。

3.3.1 线性

离散傅里叶变换(DFT)是线性变换，满足均匀性和叠加性，即，对任意常数 a,b 有式(3-12)

成立

$$\mathrm{DFT}[ax(n)+by(n)]=a\mathrm{DFT}[x(n)]+b\mathrm{DFT}[y(n)]=aX(k)+bY(k)\qquad 0\leqslant k\leqslant N-1 \tag{3-12}$$

3.3.2 圆周移位

1. 序列的圆周移位(亦称循环移位)

长度为 N 的序列 $x(n)$ 的圆周移位定义为

$$y(n)=x((n+m))_N R_N(n) \tag{3-13}$$

由定义式可以看出，将 $x(n)$ 以 N 为周期进行周期延拓得到 $\tilde{x}(n)$，再将 $\tilde{x}(n)=x((n))_N$ 移 m 位得到 $\tilde{x}(n+m)=x((n+m))_N$，取 $x((n+m))_N$ 的主值序列得序列 $x(n)$ 的圆周移位序列 $y(n)$，$y(n)$ 的长度为 N，如图 3.3 所示。

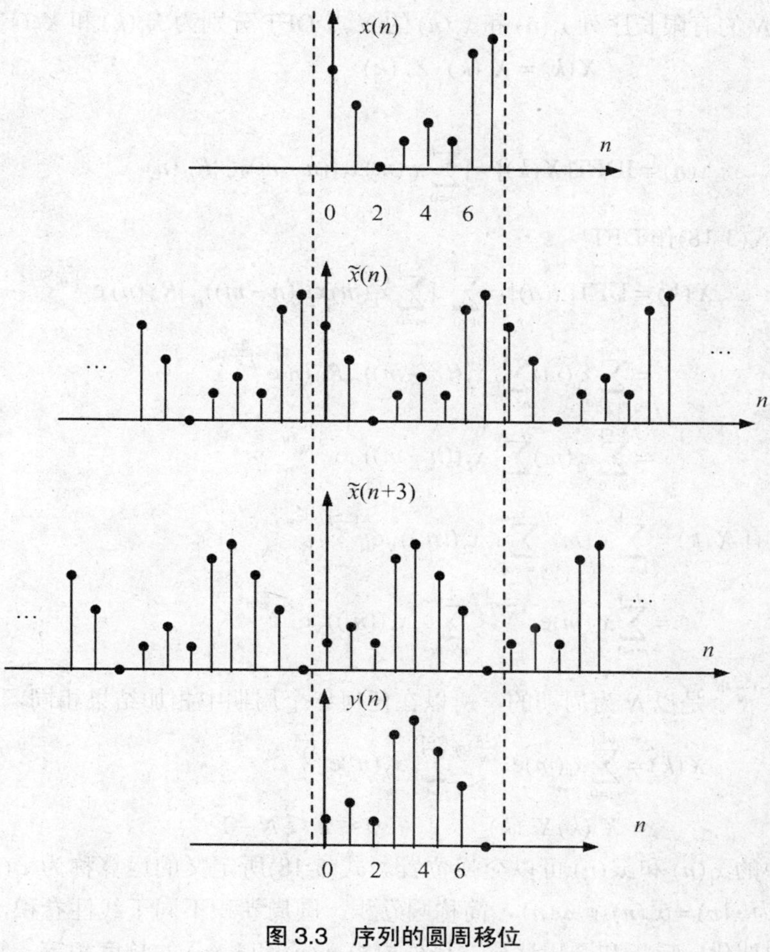

图 3.3　序列的圆周移位

2. 时域圆周移位定理

由式(3-13)定义的 $x(n)$ 的圆周移位序列 $y(n)$ 的 DFT 为

$$\mathrm{DFT}[x((n+m))_N R_N(n)]=W_N^{-km}X(k) \tag{3-14}$$

式中，$W_N = \mathrm{e}^{-\mathrm{j}\frac{2\pi}{N}}$，$0 \leqslant k \leqslant N-1$。

3. 频域圆周移位定理

与式(3-13)类似可以定义频域圆周移位序列如下

$$Y(k) = X((k+l))_N R_N(k) \qquad 0 \leqslant k \leqslant N-1 \tag{3-15}$$

且

$$\mathrm{IDFT}[X((k+l))_N R_N(k)] = W_N^{nl} x(n) \qquad 0 \leqslant n \leqslant N-1 \tag{3-16}$$

3.3.3 圆周卷积(简称圆卷积或循环卷积)

1. 时域圆周卷积

设长度为 N 的有限长序列 $x_1(n)$ 和 $x_2(n)$ 的 N 点 DFT 分别为 $X_1(k)$ 和 $X_2(k)$，如果

$$X(k) = X_1(k) \cdot X_2(k) \tag{3-17}$$

则

$$x(n) = \mathrm{IDFT}[X(k)] = [\sum_{m=0}^{N-1} x_1(m) x_2((n-m))_N] R_N(n) \tag{3-18}$$

证明 对式(3-18)作 DFT

$$\begin{aligned} X(k) = \mathrm{DFT}[x(n)] &= \sum_{n=0}^{N-1} [\sum_{m=0}^{N-1} x_1(m) x_2((n-m))_N] R_N(n)\, \mathrm{e}^{-\mathrm{j}\frac{2\pi}{N}kn} \\ &= \sum_{m=0}^{N-1} x_1(m) \sum_{n=0}^{N-1} x_2((n-m))_N R_N(n) \mathrm{e}^{-\mathrm{j}\frac{2\pi}{N}kn} \\ &= \sum_{m=0}^{N-1} x_1(m) \sum_{n=0}^{N-1} x_2((n-m))_N \mathrm{e}^{-\mathrm{j}\frac{2\pi}{N}kn} \end{aligned}$$

令 $n-m=n'$，有 $X(k) = \sum_{m=0}^{N-1} x_1(m) \sum_{n'=-m}^{N-1-m} x_2((n'))_N \mathrm{e}^{-\mathrm{j}\frac{2\pi}{N}k(n'+m)}$

$$= \sum_{m=0}^{N-1} x_1(m) \mathrm{e}^{-\mathrm{j}\frac{2\pi}{N}km} \sum_{n=-m}^{N-1-m} x_2((n'))_N \mathrm{e}^{-\mathrm{j}\frac{2\pi}{N}kn'}$$

因为 $x_2((n'))_N \mathrm{e}^{-\mathrm{j}\frac{2\pi}{N}kn'}$ 是以 N 为周期的，所以在任何一个周期中相加结果相同，因此有

$$\begin{aligned} X(k) &= \sum_{m=0}^{N-1} x_1(m) \mathrm{e}^{-\mathrm{j}\frac{2\pi}{N}km} \sum_{n=0}^{N-1} x_2(n') \mathrm{e}^{-\mathrm{j}\frac{2\pi}{N}kn'} \\ &= X_1(k) X_2(k) \qquad 0 \leqslant k \leqslant N-1 \end{aligned}$$

式(3-18)中的 $x_1(n)$ 和 $x_2(n)$ 可以交换位置。式(3-18)所定义的运算称为 $x_1(n)$ 和 $x_2(n)$ 的圆周卷积。记为 $x(n) = x_1(n) \circledast x_2(n)$，简称圆卷积。圆周卷积不同于线性卷积，在卷积过程中要求 $x_2(n)$ 周期化、反折和圆周移位，另外要求 $x_1(n)$ 和 $x_2(n)$ 的长度相等，并且卷积结果的长度与它们相同。

【例 3.2】 设两个有限长序列分别为 $x_1(n) = n$（$n = 0,1,2,3$）和 $x_2(n) = R_3(n)$，求它们的圆周卷积。

解 方法 1：用图解法

根据公式 $x(n)=[\sum_{m=0}^{N-1}x_1(m)x_2((n-m))_N]R_N(n)$

如图 3.4 所示，将 $x_1(n)$ 和 $x_2(n)$ 换变量得 $x_1(m)$ 和 $x_2(m)$，由于 $x_1(m)$ 和 $x_2(m)$ 长度不同，需要将比较短的 $x_2(m)$ 与 $x_1(m)$ 补齐：在 m=4 处添 0 延长至 4 点(与 $x_1(m)$ 等长)，并对其进行周期延拓得 $x_2((m))_4$，反折移位得 $x_2((n-m))_4$；将 $x_1(m)$ 和 $x_2((n-m))_4$ 相乘并在 $0\sim(N-1)$ 区间上求和，最后乘以 $R_4(n)$ 得到 $x_1(n)$ 和 $x_2(n)$ 的圆周卷积，$x(n)=\{5,4,3,6\}$ $n=0,1,2,3$。

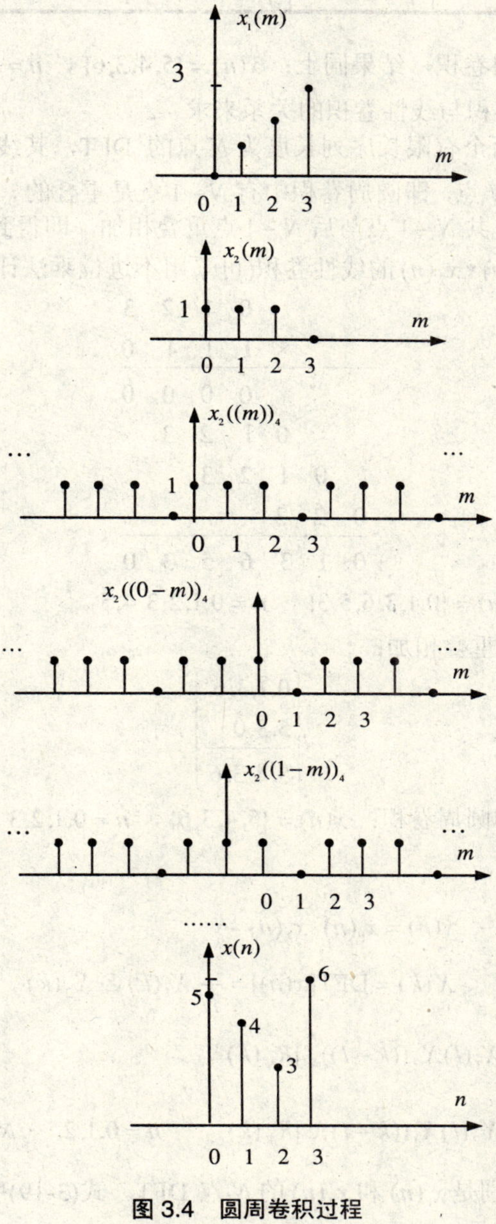

图 3.4 圆周卷积过程

方法 2：图表法求圆周卷积

第一步将 $x_2(n)$ 进行周期延拓，反折，取主值区间得到 $x_2((-m))_4 R_4(m)=\{1,0,1,1\}$

第二步与 $x_1(m)=\{0,1,2,3\}$ 进行列图表，如下表，并进行周期移位和相乘、相加。

$x_1(m)$	0	1	2	3	$x(n)$ 圆卷积结果
$x_2((-m))_4 R_4(m)$	1	0	1	1	$x(0)=5$
$x_2((1-m))_4 R_4(m)$	1	1	0	1	$x(1)=4$
$x_2((2-m))_4 R_4(m)$	1	1	1	0	$x(2)=3$
$x_2((3-m))_4 R_4(m)$	0	1	1	1	$x(3)=6$

得到 $x_1(n)$ 和 $x_2(n)$ 的圆周卷积，结果同上：$x(n)=\{5,4,3,6\}$，$n=0,1,2,3$。

方法 3：利用圆周卷积与线性卷积的关系来求

对于 $x_1(n)$，$x_2(n)$ 两个有限长序列长度为 N 点的 DFT，其线卷积的长度 $L=2N-1$，而圆周卷积的长度仍为 N 点，即圆周卷积中有 $N-1$ 点是重叠的。根据采样定理可知，现把线性卷积中的 $0\sim(N-2)$ 共 $N-1$ 点与后 $N-1$ 点重叠相加，即得到圆周卷积的结果。

第一步：先计算 $x_1(n)*x_2(n)$ 的线性卷积(可采用不进位乘法计算)。

$$
\begin{array}{ccccccc}
 & & & 0 & 1 & 2 & 3 \\
 & & \times & 1 & 1 & 1 & 0 \\
\hline
 & & & 0 & 0 & 0 & 0 \\
 & & 0 & 1 & 2 & 3 & \\
 & 0 & 1 & 2 & 3 & & \\
0 & 2 & 3 & & & & \\
\hline
0 & 1 & 3 & 6 & 5 & 3 & 0
\end{array}
$$

线性卷积的结果 $x_L(n)=\{0,1,3,6,5,3\}$，$n=0,1,2,3,4,5$。

后 $N-1$ 点与前 N 点重叠相加：

$$
\left\{\begin{array}{l}
0,1,3,6 \\
5,3,0 \\
\hline
5,4,3,6
\end{array}\right\}
$$

得到 $x_1(n)$ 和 $x_2(n)$ 的圆周卷积：$x(n)=\{5,4,3,6\}$，$n=0,1,2,3$。

2. 频域圆周卷积

如果
$$x(n)=x_1(n)\cdot x_2(n)$$

则
$$X(k)=\mathrm{DFT}[x(n)]=\frac{1}{N}X_1(k)\otimes X_2(k)$$

$$=\frac{1}{N}[\sum_{l=0}^{N-1}X_1(l)X_2((k-l))_N]R_N(k)$$

$$=\frac{1}{N}[\sum_{l=0}^{N-1}X_2(l)X_1((k-l))_N]R_N(k)\qquad n=0,1,2,\cdots,N-1 \tag{3-19}$$

式中，$X_1(k)$ 和 $X_2(k)$ 分别是 $x_1(n)$ 和 $x_2(n)$ 的 N 点 DFT。式(3-19)所定义的运算称为频域圆

周卷积。

3.3.4　复共轭序列

若 $x^*(n)$ 是 $x(n)$ 的复共轭序列，长度为 N，

则

$$\text{DFT}[x^*(n)] = X^*(N-k) \qquad k = 0,1,2,\cdots,N-1 \tag{3-20}$$

$$\text{DFT}[x^*(N-n)] = X^*(k) \qquad k = 0,1,2,\cdots,N-1 \tag{3-21}$$

且

$$X(N) = X(0)$$

3.3.5　共轭对称性

前面曾介绍过序列傅里叶变换(DTFT)的对称性，那里的对称性是关于纵坐标而言的。离散傅里叶变换(DFT)也具有相似的对称性，不同的是，由于 $x(n)$ 和 $X(k)$ 是有限长序列，取值区间为 $[0,N-1]$，因此这里的对称中心是 $\dfrac{N}{2}$。

1. 有限长共轭对称序列和共轭反对称序列

用 $x_{\text{ep}}(n)$ 和 $x_{\text{op}}(n)$ 分别表示有限长共轭对称序列和共轭反对称序列，它们分别满足下列条件：

$$x_{\text{ep}}(n) = x_{\text{ep}}^*(N-n) \qquad 0 \leqslant n \leqslant N-1 \tag{3-22}$$

$$x_{\text{op}}(n) = -x_{\text{op}}^*(N-n) \qquad 0 \leqslant n \leqslant N-1 \tag{3-23}$$

任何有限长序列 $x(n)$ 都可分解为有限长共轭对称序列和共轭反对称序列的和，即

$$x(n) = x_{\text{ep}}(n) + x_{\text{op}}(n) \qquad 0 \leqslant n \leqslant N-1 \tag{3-24}$$

式中，$x_{\text{ep}}(n)$ 和 $x_{\text{op}}(n)$ 可分别表示为

$$x_{\text{ep}}(n) = \frac{1}{2}[x(n) + x^*(N-n)] \tag{3-25}$$

$$x_{\text{op}}(n) = \frac{1}{2}[x(n) - x^*(N-n)] \tag{3-26}$$

在频域，$X(k)$ 具有完全类似的概念，即

$$X(k) = X_{\text{ep}}(k) + X_{\text{op}}(k) \qquad 0 \leqslant k \leqslant N-1 \tag{3-27}$$

式中

$$X_{\text{ep}}(k) = \frac{1}{2}[X(k) + X^*(N-k)] \tag{3-28}$$

$$X_{\text{op}}(k) = \frac{1}{2}[X(k) - X^*(N-k)] \tag{3-29}$$

分别称为 $X(k)$ 的共轭对称部分和共轭反对称部分。

2. DFT 的共轭对称性

(1) 如果　$x(n) = x_{\text{r}}(n) + \text{j}x_{\text{i}}(n)$　(3-30)

式中

$$x_r(n)=\mathrm{Re}[x(n)]=\frac{1}{2}[x(n)+x^*(n)] \tag{3-31}$$

$$\mathrm{j}x_i(n)=\mathrm{j}\,\mathrm{Im}[x(n)]=\frac{1}{2}[x(n)-x^*(n)] \tag{3-32}$$

分别是 $x(n)$ 的实部和虚部。则

$$\mathrm{DFT}[x_r(n)]=X_{ep}(k) \tag{3-33}$$

$$\mathrm{DFT}[\mathrm{j}x_i(n)]=X_{op}(k) \tag{3-34}$$

(2) 如果

$$x(n)=x_{ep}(n)+x_{op}(n) \qquad 0\leqslant n\leqslant N-1 \tag{3-35}$$

$$X(k)=X_R(k)+\mathrm{j}X_I(k) \qquad 0\leqslant k\leqslant N-1 \tag{3-36}$$

式中

$$X_R(k)=\mathrm{Re}[X(k)]=\frac{1}{2}[X(k)+X^*(k)] \tag{3-37}$$

$$\mathrm{j}X_I(k)=\mathrm{j}\,\mathrm{Im}[X(k)]=\frac{1}{2}[X(k)-X^*(k)] \tag{3-38}$$

分别是 $X(k)$ 的实部和虚部。则

$$\mathrm{DFT}[x_{ep}(n)]=X_R(k) \tag{3-39}$$

$$\mathrm{DFT}[x_{op}(n)]=\mathrm{j}X_I(k) \tag{3-40}$$

关于 DFT 的对称性总结如下：设序列 $x(n)$ 的 DFT 为 $X(k)$，则 $x(n)$ 的实部和虚部(包括 j)的 DFT 分别是 $X(k)$ 的共轭对称部分和共轭反对称部分；而 $x(n)$ 的共轭对称部分和共轭反对称部分的 DFT 分别是 $X(k)$ 的实部和虚部乘以 j。

3. 实序列的 DFT

设 $x(n)$ 为长度为 N 的实序列，其 DFT 为 $X(k)$，由式(3-20)，式(3-21)可见，对于实序列：$x(n)=x^*(n)$

则 $\qquad \mathrm{DFT}[x(n)]=\mathrm{DFT}[x^*(n)]$

即 $\qquad X(k)=X^*(N-k)$

由式(3-30)，式(3-33)及式(3-34)可见，$X(k)$ 的共轭反对称部分 $X_{op}(k)=0$，

则 $\qquad X(k)=X_{ep}(k)=X_{ep}^*(N-k)=X^*(N-k)$

即实序列的 DFT $X(k)$ 是共轭对称的。

利用 DFT 的共轭对称性，只计算一个 N 点 DFT 可以得到两个不同序列的 N 点 DFT。设 $x_1(n)$ 和 $x_2(n)$ 是两个 N 点实序列，用他们构造一个新的 N 点序列 $x(n)=x_1(n)+\mathrm{j}x_2(n)$，对 $x(n)$ 进行 N 点 DFT，得 $X(k)$。

令 $\qquad X(k)=X_{ep}(k)+X_{op}(k)$

式中

$$X_{ep}(k)=\frac{1}{2}[X(k)+X^*(N-k)]$$

$$X_{op}(k)=\frac{1}{2}[X(k)-X^*(N-k)]$$

由式(3-33)和式(3-34)可得

$$\mathrm{DFT}[x_1(n)] = X_{\mathrm{ep}}(k)$$
$$\mathrm{DFT}[x_2(n)] = -\mathrm{j}X_{\mathrm{op}}(k)$$

表 3-1　离散傅里叶变换的特性

有限长序列 $0\leqslant n\leqslant N-1$	离散傅里叶变换 设 $X(k)=\mathrm{DFT}[x(n)], Y(k)=\mathrm{DFT}[y(n)]$ $0\leqslant k\leqslant N-1$
$ax(n)+by(n)$	$aX(k)+bY(k)$
$x((n+m))_N R_N(n)$	$W_N^{-mk}X(k)$
$W_N^{nl}x(n)$	$X((k+l))_N R_N(k)$
$\sum_{m=0}^{N-1}x(m)y((n-m))_N R_N(n)$	$X(k)Y(k)$
$x(n)y(n)$	$\frac{1}{N}\sum_{l=0}^{N-1}X(l)Y((l-k))_N R_N(k)$
$x^*(n)$	$X^*(N-k)$
$x^*(N-n)$	$X^*(k)$
$\mathrm{Re}[x(n)]$	$X_{\mathrm{ep}}(k)$
$\mathrm{jIm}[x(n)]$	$X_{\mathrm{op}}(k)$
$x_{\mathrm{ep}}(n)$	$\mathrm{Re}[X(k)]$
$x_{\mathrm{op}}(n)$	$\mathrm{jIm}[X(k)]$

3.4 与傅里叶级数的关系

设 $x(n)$ 为长度为 N 的序列，将其周期延拓得 $\tilde{x}(n)$，两者之间有下列关系：

$$\tilde{x}(n) = x((n))_N\text{，}\quad x(n) = \tilde{x}(n)R_N(n)$$

将 $x(n)$ 的离散傅里叶变换 DFT 和 $\tilde{x}(n)$ 的离散傅里叶级数 DFS 的表示式重写如下：

$$X(k) = \mathrm{DFT}[x(n)] = \sum_{n=0}^{N-1}x(n)W_N^{kn},\qquad 0\leqslant k\leqslant N-1 \tag{3-41}$$

$$x(n) = \mathrm{IDFT}[X(k)] = \frac{1}{N}\sum_{k=0}^{N-1}X(k)W_N^{-kn},\qquad 0\leqslant n\leqslant N-1 \tag{3-42}$$

$$\tilde{X}(k) = \mathrm{DFS}[\tilde{x}(n)] = \sum_{n=0}^{N-1}\tilde{x}(n)W_N^{kn},\qquad -\infty\leqslant k\leqslant +\infty \tag{3-43}$$

$$\tilde{x}(n) = \mathrm{IDFT}[\tilde{X}(k)] = \frac{1}{N}\sum_{k=0}^{N-1}\tilde{X}(k)W_N^{-kn},\qquad -\infty\leqslant n\leqslant +\infty \tag{3-44}$$

将 $x(n)=\tilde{x}(n)R_N(n)$ 代入式(3-41)得

$$X(k) = \mathrm{DFT}[x(n)] = \sum_{n=0}^{N-1}\tilde{x}(n)R_N(n)W_N^{kn},\qquad 0\leqslant k\leqslant N-1$$

在区间 $[0, N-1]$ 中 $R_N(n)=1$，所以上式可以写成

$$X(k)=\text{DFT}[x(n)]=\sum_{n=0}^{N-1}\tilde{x}(n)W_N^{kn},\qquad 0\leqslant k\leqslant N-1$$

与式(3-43)比较可以看出，当$0\leqslant k\leqslant N-1$时，$X(k)=\tilde{X}(k)$，即，$X(k)$是$\tilde{X}(k)$的主值序列，$\tilde{X}(k)$是$X(k)$的周期延拓，这就是 DFT 与 DFS 的关系，写成公式为

$$X(k)=\tilde{X}(k)\cdot R_N(k) \tag{3-45}$$

$$\tilde{X}(k)=\sum_{r=-\infty}^{+\infty}X(k+rN)=X((k))_N \tag{3-46}$$

3.5　频域采样理论

由前面介绍的 DFT 与 DTFT 和 Z 变换的关系可以知道，序列$x(n)$的 DFT $X(k)$可由$x(n)$的 DTFT $X(e^{j\omega})$或 Z 变换$X(z)$采样获得，频域采样理论就是当采样点数满足什么条件时，由$X(k)$的 IDFT 得到的时间序列与原序列相同。

1. 频域采样

设任意序列$x(n)$的 Z 变换为

$$X(z)=\text{ZT}[x(n)]=\sum_{n=-\infty}^{+\infty}x(n)z^{-n}$$

并且$X(z)$的收敛域包括单位圆；在单位圆上$0\sim 2\pi$区间内对$X(z)$等间隔采样N点得到

$$X(k)=X(z)\big|_{z=e^{-j\frac{2\pi}{N}k}}=\sum_{n=-\infty}^{+\infty}x(n)e^{-j\frac{2\pi}{N}kn}\qquad 0\leqslant k\leqslant N-1 \tag{3-47}$$

如果不限定在$0\sim 2\pi$区间采样，而是在$-\infty\sim+\infty$间采样，得到的是一个周期序列$\tilde{X}(k)=X((k))_N$。

对$X(k)$作 IDFT 得到一个长度为N的新序列，即$x_N(n)=\text{IDFT}[X(k)]$，下面推导$x_N(n)$与原序列$x(n)$的关系。

由式(3-47)得

$$X(k)=\sum_{n=-\infty}^{+\infty}x(n)e^{-j\frac{2\pi}{N}kn}R_N(k)$$

代入 IDFT 变换式得(为了避免符号混淆上式的n换成m)：

$$x_N(n)=\text{IDFT}[X(k)]=\frac{1}{N}\sum_{k=0}^{N-1}X(k)W_N^{-kn}=\frac{1}{N}\sum_{k=0}^{N-1}\Big[\sum_{m=-\infty}^{+\infty}x(m)e^{-j\frac{2\pi}{N}km}\Big]R_N(k)e^{j\frac{2\pi}{N}kn}\qquad 0\leqslant n\leqslant N-1$$

$$=\frac{1}{N}\sum_{m=-\infty}^{+\infty}\sum_{k=0}^{N-1}x(m)e^{-j\frac{2\pi}{N}km}e^{j\frac{2\pi}{N}kn}=\frac{1}{N}\sum_{m=-\infty}^{+\infty}\sum_{k=0}^{N-1}x(m)e^{-j\frac{2\pi}{N}k(m-n)}$$

利用公式

$$\frac{1}{N}\sum_{k=0}^{N-1}e^{-j\frac{2\pi}{N}k(m-n)}=\delta(m-n-rN)=\begin{cases}1 & m=n+rN\\ 0 & m\neq n+rN\end{cases}\qquad r\text{为整数} \tag{3-48}$$

式中，δ函数的性质$\sum_{m=-\infty}^{+\infty}x(m)\delta(m-m_0)=x(m_0)$，以及$r$的取值是从$-\infty\sim+\infty$，因此，可

以得到，当$0 \leqslant n \leqslant N-1$时，$x_N(n)=\sum_{r=-\infty}^{+\infty} x(n+rN)$，即

$$x_N(n)=\sum_{r=-\infty}^{+\infty} x(n+rN) \cdot R_N(n) \tag{3-49}$$

由此得到结论：$x_N(n)$是$x((n))_N=\sum_{r=-\infty}^{+\infty} x(n+rN)$的主值序列，也就是，在单位圆上$0 \sim 2\pi$区间内对$X(z)$等间隔采样$N$点得到的$X(k)$的 IDFT，是原序列$x(n)$以$N$为周期进行延拓的周期序列的主值序列。

如果原序列$x(n)$的长度为M，由式(3-43)可以知道：只有采样点数N大于或等于M时，才有$x_N(n)$等于原序列$x(n)$，否则会产生时域混叠。这就是频域采样定理的内容。

2. 恢复

将离散的频域序列恢复为连续的复频域或频域函数，需要用内插公式和内插函数，下面推导用$X(k)$表示$X(z)$和$X(e^{j\omega})$的内插公式。

对$X(k)$作逆变换得

$$x(n)=\text{IDFT}[X(k)]=\frac{1}{N}\sum_{k=0}^{N-1} X(k) W_N^{-kn}, \qquad 0 \leqslant n \leqslant N-1 \tag{3-50}$$

作$x(n)$的Z变换 $X(z)=\text{ZT}[x(n)]=\sum_{n=0}^{N-1} x(n) z^{-n}$

$$\begin{aligned}
&=\sum_{n=0}^{N-1}\left[\frac{1}{N}\sum_{k=0}^{N-1} X(k) W_N^{-kn}\right] z^{-n} \\
&=\frac{1}{N}\sum_{k=0}^{N-1} X(k) \sum_{n=0}^{N-1} W_N^{-kn} z^{-n} \\
&=\frac{1}{N}\sum_{k=0}^{N-1} X(k) \frac{1-W_N^{-kN} z^{-N}}{1-W_N^{-k} z^{-1}}
\end{aligned}$$

式中，$W_N^{-kN}=e^{j\frac{2\pi}{N}kN}=1$，所以

$$X(z)=\frac{1}{N}\sum_{k=0}^{N-1} X(k) \frac{1-z^{-N}}{1-W_N^{-k} z^{-1}} \tag{3-51}$$

令

$$\varphi_k(z)=\frac{1}{N} \cdot \frac{1-z^{-N}}{1-W_N^{-k} z^{-1}} \tag{3-52}$$

则

$$X(z)=\sum_{k=0}^{N-1} X(k) \varphi_k(z) \tag{3-53}$$

式(3-52)和式(3-53)分别是用$X(k)$表示$X(z)$的内插函数和内插公式。当$z=e^{j\omega}$时，式(3-52)和式(3-53)分别是用$X(k)$表示$X(e^{j\omega})$的内插函数和内插公式，即

$$\varphi_k(\omega)=\frac{1}{N} \cdot \frac{1-e^{-j\omega N}}{1-W_N^{-k} e^{-j\omega}}=\frac{1}{N} \cdot \frac{1-e^{-j\omega N}}{1-e^{-j(\omega-\frac{2\pi}{N}k)}} \tag{3-54}$$

$$X(e^{j\omega})=\sum_{k=0}^{N-1}X(k)\varphi_k(\omega) \tag{3-55}$$

若令

$$\varphi(\omega)=\frac{1}{N}\cdot\frac{1-e^{-j\omega N}}{1-e^{-j\omega}} \tag{3-56}$$

则
$$\frac{1}{N}\cdot\frac{1-e^{-j\omega N}}{1-e^{-j(\omega-\frac{2\pi}{N}k)}}=\frac{1}{N}\cdot\frac{1-e^{-j(\omega-\frac{2\pi}{N}k)N}}{1-e^{-j(\omega-\frac{2\pi}{N}k)}}=\varphi_k(\omega-\frac{2\pi}{N}k)$$

式(3-55)可以写成

$$X(e^{j\omega})=\sum_{k=0}^{N-1}X(k)\varphi(\omega-\frac{2\pi}{N}k) \tag{3-57}$$

式中

$$\varphi(\omega)=\frac{1}{N}\cdot\frac{1-e^{-j\omega N}}{1-e^{-j\omega}}=\frac{1}{N}\frac{\sin\frac{\omega N}{2}}{\sin\frac{\omega}{2}}e^{-j\omega\frac{N-1}{2}} \tag{3-58}$$

由式(3-58)可以看到，当 $\omega=0$ 时，$\varphi(\omega)=1$;

当 $\omega=\frac{2\pi}{N}i \quad i=1,2,\cdots,N-1 \qquad \varphi(\omega)=0$ 　对 $\varphi(\omega-\frac{2\pi}{N}k)$ 则有

当 $\omega=\frac{2\pi}{N}k$ 时，$\varphi(\omega)=1;\quad \omega=\frac{2\pi}{N}(i-k),i\neq k \quad \varphi(\omega)=0$

也就是说 $\varphi(\omega-\frac{2\pi}{N}k)$ 函数在本采样点上的值为 1，而在其他采样点上为零。因此频率函数 $X(e^{j\omega})$ 的值，在 $\omega=\frac{2\pi}{N}k \quad k=0,1,2,\cdots,N-1$ 这些采样点上就等于 $X(k)$；而在采样点之间 $X(e^{j\omega})$ 的值就由各采样值乘以相应的内插函数叠加而成。

3.6 离散傅里叶变换的应用

由于离散傅里叶变换 DFT 有快速算法，因此信号处理的许多运算都可以用 DFT 实现，本节介绍用 DFT 计算线性卷积，以及用 DFT 对连续信号进行频谱分析这两个基本应用。

3.6.1 用 DFT 计算线性卷积

设 $x_1(n)$ 和 $x_2(n)$ 是两个长度为 L 的序列，它们的圆周卷积为

$$x(n)=[\sum_{m=0}^{L-1}x_1(m)x_2((n-m))_L]R_L(n) \tag{3-59}$$

利用卷积定理可以得到

$$x(n)=\mathrm{IDFT}[X_1(k)\cdot X_2(k)] \tag{3-60}$$

式中
$$X_1(k)=\mathrm{DFT}[x_1(n)]$$
$$X_2(k)=\mathrm{DFT}[x_2(n)]$$

由此可见，圆周卷积可以 DFT 在频域进行，因为 DFT 可以用它的快速算法进行运算，

当 L 较大时，在频域计算较在时域快。图 3.5 给出了在频域运算的框图。

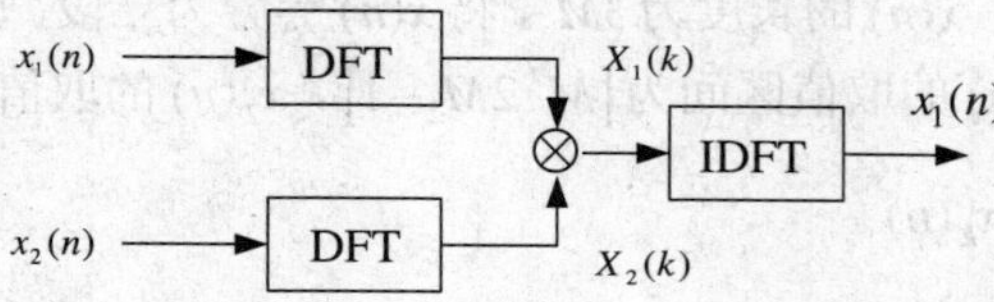

图 3.5 用 DFT 计算循环卷积框图

用 DFT 计算线性卷积，就是在一定条件下用圆周卷积代替线性卷积，设 $h(n)$ 和 $x(n)$ 是有限长序列，长度分别为 N 和 M，它们的线性卷积和圆周卷积的表示式分别为

$$y_1(n)=h(n)*x(n)=\sum_{m=0}^{N-1}h(m)x(n-m) \tag{3-61}$$

$$y_c(n)=h(n)\circledast x(n)=\sum_{m=0}^{L-1}h(m)x((n-m))_L R_L(n) \tag{3-62}$$

其中，$L\geqslant \max[N,M]$，将 $x((n-m))_L=\sum_{r=-\infty}^{+\infty}x(n-m+rL)$ 代入

$$y_c(n)=\sum_{m=0}^{L-1}h(m)\sum_{r=-\infty}^{+\infty}x(n-m+rL)R_L(n)=\sum_{r=-\infty}^{+\infty}\sum_{m=0}^{L-1}h(m)x[(n+rL)-m]R_L(n)$$

在式(3-61)将 n 换成 $n+rL$，可以得到 $\sum_{m=0}^{N-1}h(m)x[(n+rL)-m]=y_1(n+rL)$

代入上式得：

$$y_c(n)=\sum_{r=-\infty}^{+\infty}y_1(n+rL)R_L(n) \tag{3-63}$$

式(3-63)表明，圆周卷积 $y_c(n)$ 等于线性卷积 $y_1(n)$ 以 L 为周期的周期延拓序列的主值序列。线性卷积的结果 $y_1(n)$ 的长度为 $N+M-1$，因此只有当 $L\geqslant N+M-1$，在每个周期内 $y_c(n)$ 才等于 $y_1(n)$，否则将出现混叠现象。由此推出了圆周卷积代替线性卷积的条件：圆周卷积的长度 L 应大于或等于 $N+M-1$。这样，就可以用 DFT 计算线性卷积，框图如图 3.6 所示。图中 $L=N+M-1$，其中的 DFT 和 IDFT 通常用快速算法实现，故称为快速卷积。图 3.7 画出了 $x_1(n)$ 和 $x_2(n)$ 的线性卷积以及 $L=5$，$L=9$ 时的圆周卷积，当 $L=9>N+M-1=7$ 时，$y_c(n)$ 等于 $y_1(n)$。

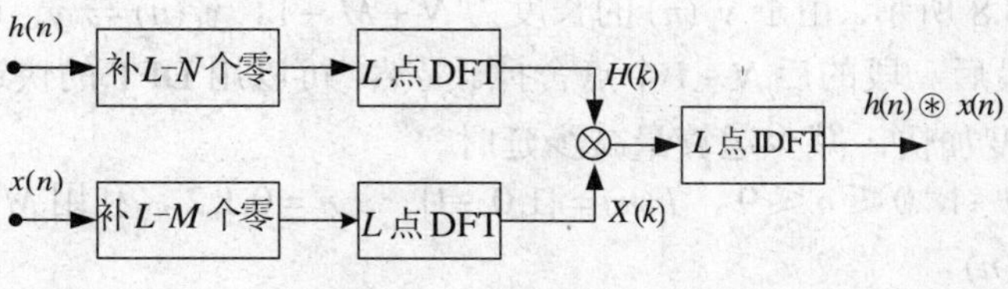

图 3.6 用 DFT 计算线性卷积框图

实际上如果将 $h(n)$ 看作系统，$x(n)$ 看作待处理的信号，那么 $x(n)$ 的长度 M 远大于 $h(n)$ 的长度 N，如果取 $L=N+M-1$，作 L 点 DFT，则 $h(n)$ 需补充很多零，而且 $x(n)$ 必须全部输入，这样存储量大，运算时间长，信号延时大；不能实现实时处理。解决的办法就是将 $x(n)$ 分段，用 $x(n)$ 的每一个子段与 $h(n)$ 进行卷积，最后将结果相加。这种分段处理的方

法有两种，重叠相加法和重叠保留法。在这里介绍只介绍重叠相加法。

设系统 $h(n)$ 的长度为 N ，$x(n)$ 的长度为 $3M$ ，将 $x(n)$ 等分为三段，每段长为 M ，即 $x_0(n)$ 的取值区间为 $[0,M-1]$ ，$x_1(n)$ 的取值区间为 $[M,2M-1]$ ，$x_2(n)$ 的取值区间为 $[2M,3M-1]$ ，写成表示式为　　$x(n)=\sum_{k=0}^{2}x_k(n)$

式中　　$x_k(k)=x(n)\cdot R_M(n-kM)$

于是 $h(n)$ 与 $x(n)$ 的卷积可表示为

$$\begin{aligned} y(n)=h(n)*x(n)&=h(n)*\sum_{k=0}^{2}x_k(n)\\ &=\sum_{k=0}^{2}h(n)*x_k(n)\\ &=\sum_{k=0}^{2}y_k(n) \end{aligned} \tag{3-64}$$

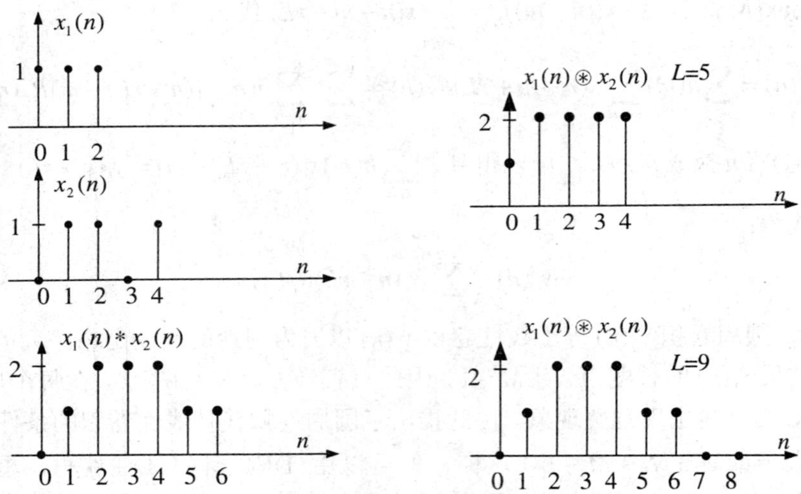

图 3.7　线性卷积与循环卷积

式(3-64)说明，计算 $h(n)$ 与 $x(n)$ 的卷积，可先进行分段线性卷积，然后把分段卷积结果叠加即可。如图 3.8 所示。由于 $y_k(n)$ 的长度为 $N+M-1$ ，$y_k(n)$ 与 $y_{k+1}(n)$ 相加时有 $N-1$ 个点需重叠相加，最后一段的后 $N-1$ 个点舍掉。显然，可以用 DFT 的快速算法计算 $y_k(n)$ ，这样可以使卷积速度加快，减少运算量减少延时。

【例 3.3】　$x(n)=n+1$，$0\leqslant n\leqslant 9$ ，$h(n)=\{1,0,-1\}$，　$n=0,1,2$ ，利用 $M=4$ 分段重叠相加法求线卷积 $x(n)*h(n)$ 。

解　因为 $M=4$，$N=3$，重叠部分为 $N-1=2$ ，所以，分段时每段长 $L=N+M-1=6$ ，分段后

$$\begin{cases} x_1(n)=\{1,2,3,4,0,0\}\\ x_2(n)=\{5,6,7,8,0,0\}\\ x_3(n)=\{9,10,0,0,0,0\} \end{cases}$$

按 $y_i(n)=x_i(n)*h(n),\quad i=1,2,3$ 作圆周卷积后得

$$\begin{cases} y_1(n)=\{1,2,2,2,-3,-4\} \\ y_2(n)=\{5,6,2,2,-7,-8\} \\ y_3(n)=\{9,10,-9,-10,0,0\} \end{cases}$$

最后，将 $y_{i+1}(n)$，$i=1,2$ 的前 $N-1=2$ 个值与 $y_i(n)$，$i=1,2$ 的后 $N-1=2$ 个值相加，$y_3(n)$ 的后两个值去掉，得 $y(n)=\{1,2,2,2,2,2,2,2,2,2,-9,-10\}$。

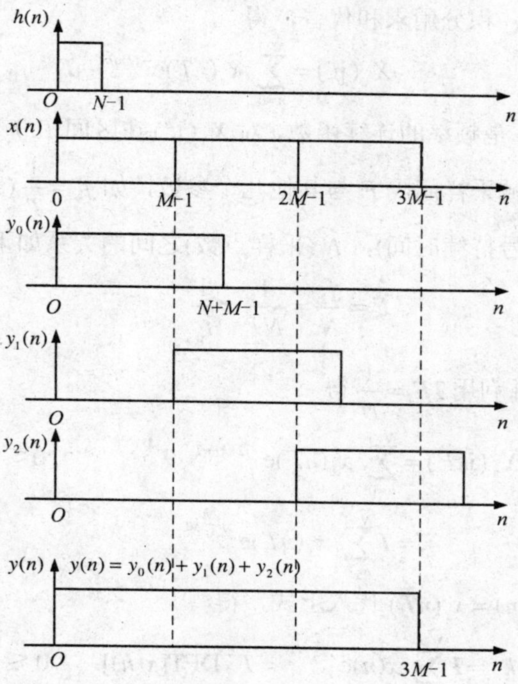

图 3.8　重叠相加法示意图

3.6.2　用 DFT 对连续信号进行谱分析

对连续信号进行谱分析就是用下面的变换将时间信号转变为频率信号，

$$X_a(j\Omega)=\int_{-\infty}^{+\infty}x_a(t)e^{-j\Omega t}dt \tag{3-65}$$

式(3-65)中的 $x_a(t)$ 和 $X_a(j\Omega)$ 都是连续函数，不使用计算机进行运算，必须将其离散化。按照傅里叶变换的理论，若信号的持续时间是有限的，则其频谱无限宽，反之，若信号的频谱有限宽，则其持续时间是无限的。由采样定理，将 $x_a(t)$ 采样时，采样频率应是信号最高频率的两倍以上；那么，当信号持续时间有限时，对它进行采样时就不可能满足采样定理。因此，为了防止时域采样后出现频谱混叠现象，在对连续信号采样前，对它进行预滤波，也就是将幅度较小的高频分量滤出。另一种情况，当连续信号无限长或很长时，采样点数太多以致无法存储和计算；解决的方法就是截取有限长进行 DFT。这两种情况都会导致误差的产生，将在下一节讨论。在下面的讨论中假定 $x_a(t)$ 已经经过预滤波和截断处理，以保证采样时，采样频率满足采样定理，而且采样序列为有限长。

设连续信号 $x_a(t)$ 的持续时间为 t_p，最高频率为 f_c，$x_a(t)$ 的频谱，即 $x_a(t)$ 傅里叶变

换为

$$X_a(jf)=\int_{-\infty}^{+\infty}x_a(t)e^{-j2\pi ft}dt \tag{3-66}$$

对 $x_a(t)$ 等间隔采样，采样频率 $f_s=\frac{1}{T}\geqslant 2f_c$（$T$ 为采样间隔），得到 $x(n)=x_a(nT)$，$x(n)$ 的长度为 $N=\frac{t_p}{T}$。对式(3-66)作零阶近似，令 $t=nT, dt=T$，即，将连续时间离散化，微变量 dt 用时间间隔 T 代替，积分用求和代替，得

$$X_a(jf)=\sum_{n=0}^{N-1}x_a(nT)e^{-j2\pi fnT}\cdot T \tag{3-67}$$

式(3-67)中的 $X_a(jf)$ 是频率的连续函数，对 $X_a(jf)$ 在区间 $[0,f_s]$ 上等间隔采样 N 点，频域采样间隔 $F=\frac{f_s}{N}$。频域采样间隔 F 与其他几个参数，如 $f_s=\frac{1}{T}$（频域采样频率），T（时域采样间隔），$t_p=NT$（信号持续时间），N（采样点数）之间的关系如下：

$$F=\frac{f_s}{N}=\frac{1}{NT}=\frac{1}{t_p} \tag{3-68}$$

将 $f=kF$ 代入式(3-67)并利用 $TF=\frac{1}{N}$ 得

$$\begin{aligned}X_a(jkF)&=\sum_{n=0}^{N-1}x_a(nT)e^{-j2\pi kFnT}\cdot T \qquad 0\leqslant k\leqslant N-1\\&=T\sum_{n=0}^{N-1}x_a(nT)e^{-j\frac{2\pi}{N}kn}\end{aligned}$$

令 $X_a(k)=X_a(jkF)$，$x(n)=x_a(nT)$ 代入上式，得

$$X_a(k)=T\sum_{n=0}^{N-1}x(n)e^{-j\frac{2\pi}{N}kn}=T\cdot \mathrm{DFT}[x(n)] \qquad 0\leqslant k\leqslant N-1 \tag{3-69}$$

式(3-69)表明连续时间信号的频谱可以通过对信号采样并进行 DFT 再乘以 T 近似获得。但由分析结果 $X_a(k)$ 看不到 $X_a(jf)$ 的全部频谱特性，只能看到 N 个离散采样点的频谱特性，这就是所谓的栅栏效应。

3.7 用 DFT 分析连续信号频谱的问题

由傅里叶变换理论知道，持续时间有限的信号，它的频谱一定无限宽，如果用 DFT 分析连续信号的频谱，在对连续信号采样时，无法满足采样定理，那么就会出现频谱混叠现象；另一种情况，当连续信号无限长或很长时，在对连续信号采样时，采样点数太多以致无法存储和计算，需要将信号截断，这样将导致频谱的泄漏现象。另外，用 DFT 计算连续信号的频谱只能得到采样点上的频谱，而不能看到整个频谱，这种现象称为栅栏效应。

1. 混叠现象

频谱混叠现象在前面已经详细讨论过了，避免混叠现象的唯一办法是保证采样频率足够高，这就要求对待分析信号的带宽有所了解。通常是用低通滤波器将连续信号进行预滤

波，滤出幅度较小的高频分量，低通滤波器的通带截止频率就可以认为是此信号的最高频率 f_c。为避免混叠现象要求采样频率满足

$$f_s=\frac{1}{T}\geqslant 2f_c$$

T 为采样间隔。$f_s/2$ 也称折叠频率。

设信号的持续时间(称为记录时间)为 t_p，采样点数为 $N=\frac{t_p}{T}=t_p f_s$。频域采样间隔为

$$F=\frac{f_s}{N}$$

F 也称为频率分辨率，表示谱分析中能够分辨的最小间隔，显然，F 越小，频率分辨率越高，$X(k)$ 越接近 $X_a(\mathrm{j}f)$。

将 $N=\frac{t_p}{T}=t_p f_s$ 代入 $F=\frac{f_s}{N}$ 得：$F=\frac{f_s}{t_p f_s}=\frac{1}{t_p}$ 或 $t_p=\frac{1}{F}$

可见频率分辨率与信号记录时间有关。要提高频率分辨率就要增加信号记录时间，在采样间隔不变的情况下，采样点数就要增加，也就是 DFT 的点数增加，存储量和计算量都会增加。

【例 3.4】 设信号 $x(t)=\cos(2\pi f_1 t)+\cos(2\pi f_2 t)+\sin(2\pi f_3 t)$，用 DFT 对其进行谱分析。试确定信号的最小记录时间 $t_{p\min}$，最大采样间隔 $T_{\max}$，最少采样点数 $N_{\min}$。

已知 $f_1=3\text{kHz}$，$f_2=2.67\text{kHz}$，$f_3=2.68\text{kHz}$。

解　由 $t_p=\frac{1}{F}$ 可知，需要知道频率分辨率，按照频率分辨率的定义并观察三个信号的频率，可以得到频率分辨率 $F\leqslant 10\text{Hz}$，所以 $t_{p\min}=\frac{1}{F}\geqslant\frac{1}{10}=0.1\text{s}=100\text{ms}$

观察三个信号的频率，得 $f_c=4\text{kHz}$，由 $f_s=\frac{1}{T}\geqslant 2f_c$ 得

$$T_{\max}=\frac{1}{2f_c}=\frac{1}{8}\text{ms}=0.125\text{ms}$$

最少采样点数 $N_{\min}=\frac{t_{p\min}}{T_{\max}}=\frac{100\text{ms}}{0.125\text{ms}}=800$ 。

2. 泄漏现象

在实际中，要把观测的信号 $x(n)$ 限制在一定的时间间隔之内，即采取截断数据的过程。时域的截断在数学上的意义为原连续时间信号乘上一个窗函数，使原连续时间函数成为两端突然截断，中间为原信号与窗函数相乘的结果。时域两函数相乘，在频域是信号频谱和窗函数频谱的卷积。由于窗函数不可能取无限宽，即其频谱不可能为一冲激函数，信号的频谱与窗函数的卷积必然产生拖尾现象。造成信号频谱泄漏。泄漏现象的产生是因为时间信号被截断成为有限长信号的原因。

【例 3.5】 设信号为 $x(n)=1/2\pi$ 是一直流信号，经过矩形窗函数截断，求该直流信号经过矩形窗函数前后的频谱函数。

解 设信号经过矩形窗函数后的信号为 $x_1(n)$，其频谱函数为 $X_1(e^{j\omega})$，矩形窗函数为 $w(n)$，其频谱函数为 $W(e^{j\omega})$

$$x_1(n)=x(n)w(n) \qquad \text{时域相乘}$$

$$X_1(e^{j\omega})=X(e^{j\omega})*W(e^{j\omega}) \qquad \text{频域卷积}$$

很明显：$X_1(e^{j\omega})\neq X(e^{j\omega})$；相当于 $X(e^{j\omega})$ 失真，这种失真是由于 $X(e^{j\omega})$ 的频谱泄漏引起，其现象为"拖尾"(扩展现象)，称之频谱泄漏。

因为 $X(e^{j\omega})=\delta(\omega)$，其频谱如图 3.9 所示。

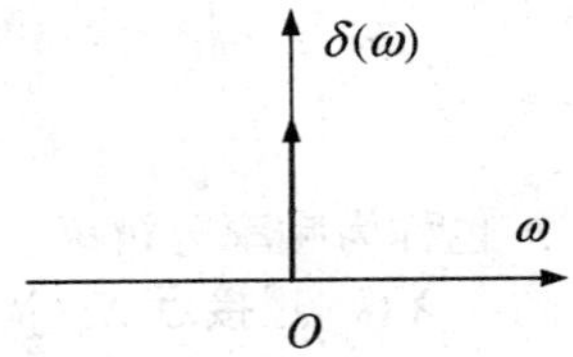

图 3.9 $X(e^{j\omega})$ 的频谱

矩形窗函数 $w(n)$，其频谱函数为

$$W(e^{j\omega})=e^{-j\frac{M-1}{2}\omega}\frac{\sin(M\omega/2)}{\sin(\omega/2)}$$

式中，M 为矩形窗的长度。

经过频域卷积 $X_1(e^{j\omega})=X(e^{j\omega})*W(e^{j\omega})=W(e^{j\omega})$ 可得

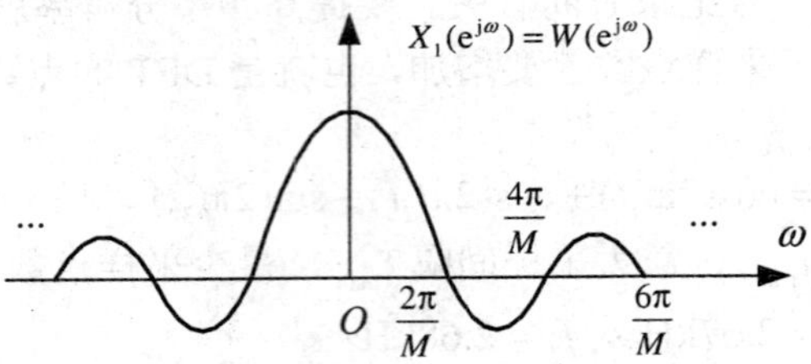

图 3.10 $X_1(e^{j\omega})$ 的频谱

这样由 $X(e^{j\omega})*W(e^{j\omega})$ 看出：$X(e^{j\omega})=\delta(\omega)$ 是以 $\omega=0$ 为中心的一根谱线，变成了 $X_1(e^{j\omega})$ 形状的连续频谱；即频谱成分从 $\omega=0$ 处"泄漏"到其他频率处。

下面以理想低通滤波器为例，进一步讨论频谱的泄漏现象。理想低通滤波器的单位冲激响应 $h_a(t)$ 和频率函数 $H_a(jf)$ 分别为

$$h_a(t)=\frac{\sin 2\pi t f_c}{\pi t}$$

$$H_a(jf)=\begin{cases}1 & -f_c\leqslant f\leqslant f_c\\ 0 & \text{其他 } f\end{cases}$$

取 $f_c=\frac{1}{2}\text{Hz}$，用 DFT 分析 $h_a(t)$ 的频率响应，并与 $H_a(jf)$ 比较。因为 $h_a(t)$ 的持续时间为无限长，因此要截取一段，设截取的信号长为 $t_p=8\text{s}$ ($t=-4\text{s}\sim+4\text{s}$)，采样频率 $f_s=\frac{1}{T}=4\text{Hz}$，采样点数 $N=t_p/T=t_p f_s=32$ ($n=-16\sim15$)，则

$$H_a(k)=T\cdot \text{DFT}[h(n)] \qquad 0\leqslant k\leqslant 15$$

式中

$$h(n)=h_a(nT)\cdot R_{16}(n)$$

单位冲激响应 $h_a(t)$，频率函数 $H_a(jf)$ 以及 $H_a(k)$ 的曲线如图 3.11 所示。

图 3.11(c)中的矩形虚线是理想低通的频率特性，图中黑点是用 DFT 计算的频率特性，连接它们的虚线是用 DFT 计算的频率特性的包络。

由图 3.11(c)可以看到理想低通 $h_a(t)$ 被截断后的频率特性由原来集中在一个有限区域向外扩展开来，这种现象称为泄漏现象。另外也可以看到，DFT 计算的频率特性在通带截止频率($f=0.5\text{Hz}$)附近与理想特性差别很大，而且在整个频响都有波动。在进行 DFT 运算时，时域的截断是必须的，因此泄漏现象是离散傅里叶变换所固有的，无法消除，只能抑制。抑制的方法是改变截断方式，也就是不用矩形函数乘连续信号，而改用其他函数作为窗函数将连续信号截断，从而使波动幅度减小，减少泄漏。进一步的讨论将在后面的章节进行。

3. 栅栏效应

用 DFT 计算的频谱只限制在基频的整数倍处，而没有计算整个频谱，因此能够得到的只有采样点处的频率特性，如图 3.11(c)所示黑点，而不是虚线所示的包络；这就好像是通过一个“栅栏”来观看一个图像，只能看到栅栏处的真实图像，可通过不改变原有的记录长度，对采样序列补零加长，这样通过 DFT 计算的频谱线更密了，即使谱线细化，可以看到更精细的图像，但对采样序列补零加长并未提高频率分辨率。要提高频率分辨率，必须增加采样点数也即增加记录长度，这样同样可以减小“栅栏”的宽度，看到更多真实的频率特性。

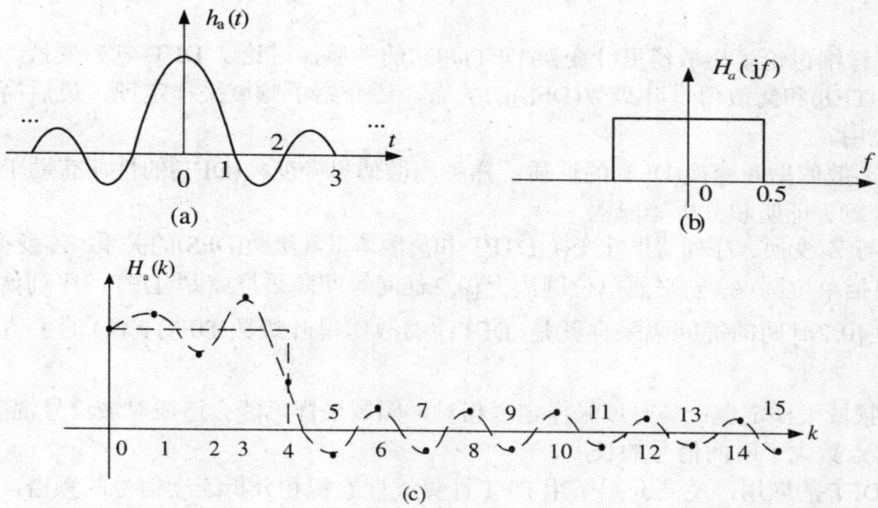

图 3.11　用 DFT 分析理想低通的频率特性

【例 3.6】 对持续 1s，带限 100Hz 的信号采样，求可避免混叠的最小采样频率，若：

(1) 用 DFT 计算

(2) 用基 2-FFT 计算

求频谱间距 $\Delta f \leqslant 0.5\text{Hz}$ 所需要的计算的最小数目 N 。

解　可避免混叠的最小采样频率为

$$f_s = 2f_h = 200\text{Hz}$$

根据采样时间 $T=1\text{s}$，可得信号的频率分辨率为

$$F=\frac{1}{T}=1\text{Hz}$$

实际采样的点数为

$$N_1 = \frac{f_s}{F} = \frac{200}{1} = 200\text{点}$$

即此信号只给出 200 个点采样信号值，

(1) 若使用 DFT，要求频谱间距 $\Delta f \leqslant 0.5\text{Hz}$

所需点数需为

$$N = \frac{f_s}{\Delta f} = 400\text{点}$$

在原先记录长度后补 200 个零点，则满足频谱间距 $\Delta f = 0.5\text{Hz}$

(2) 若使用基 2-FFT，要求频谱间距 $\Delta f \leqslant 0.5\text{Hz}$，基 2 则 N 应为 2 的整数倍，

$$N = 2^9 = 512$$

在原先记录长度后补 312 个零点，此时频谱间距为

$$\Delta f = \frac{f_s}{N} = \frac{200}{512} = 0.39\text{Hz}$$

3.8 小　　结

本章详细讨论了离散傅里叶变换(DFT)和它的性质，讨论了 DFT 与 Z 变换、序列傅里叶变换(DTFT)和离散傅里叶级数(DFS)的关系，还介绍了频域采样定理，最后简单介绍了 DFT 的应用。

(1) 离散傅里叶变换(DFT)的性质：熟悉离散傅里叶变换(DFT)的性质有助于解决有关 DFT 的计算、证明和分析等问题。

(2) 与 Z 变换、序列傅里叶变换(DTFT)和离散傅里叶级数(DFS)的关系：Z 变换 $X(z)$ (收敛域应包括单位圆)在 z 平面单位圆周上 $[0,2\pi]$ 间等间隔采样就是 DFT；序列傅里叶变换 $X(\mathrm{e}^{\mathrm{j}\omega})$ 在 $[0,2\pi]$ 间的等间隔采样就是 DFT；离散傅里叶级数(DFS) $\tilde{X}(k)$ 的主值序列就是 DFT。

(3) 频域采样定理：与时域采样定理相对，频域采样可能会造成时域信号混叠，因此，要求采样点数大于时间信号的长度。

(4) DFT 的应用：主要介绍了用 DFT 计算线性卷积和分析连续信号的频谱，计算线性卷积应注意 DFT 的长度需满足的条件；分析连续信号的频谱应该注意：第一，频谱数值的确定；第二，造成误差的三个现象：混叠现象、泄漏现象和栅栏效应。

3.9 习　　题

1. 计算下列各有限长序列的 N 点离散傅里叶变换。

(1) $x(n) = 1$

(2) $x(n) = \delta(n)$

(3) $x(n) = \delta(n - n_0)$　　　$0 \leqslant n_0 \leqslant N-1$

(4) $x(n) = a^n R_N(n)$

(5) $x(n) = \mathrm{e}^{\mathrm{j}\omega_0 n} R_N(n)$

(6) $x(n)=\cos(\omega_0 n)R_N(n)$

(7) $x(n)=\mathrm{e}^{\mathrm{j}\frac{2\pi}{N}mn}R_N(n)\quad 0\leqslant m\leqslant N-1$

(8) $x(n)=\sin(\frac{2\pi}{N}mn)R_N(n)\qquad 0\leqslant m\leqslant N-1$

2. 有限长序列 $x(n)$ 如题图 3.1 所示，画出序列 $x_1(n)$ 和 $x_2(n)$ 的波形。

$$x_1(n)=x((n-3))_6 R_6(n)$$
$$x_2(n)=x((-n))_5 R_5(n)$$

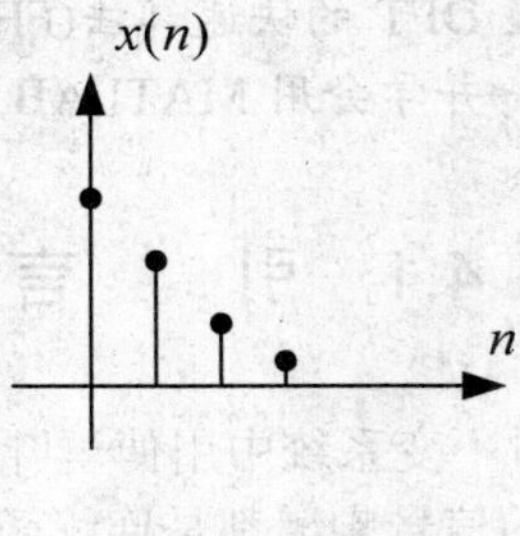

图 3.12　题图 3.1

3. 已知 $X(k)=\begin{cases}1 & k=m,N-m\\ 0 & \text{其他}k\end{cases}$，$0\leqslant k\leqslant N-1$，$0<m<N/2$，

求 $\mathrm{IDFT}[X(k)]$。

4. 已知序列 $x_1(n)$ 和 $x_2(n)$ 分别为 $x_1(n)=\delta(n)+2\delta(n-1)$，$x_2(n)=R_4(n)$，求 $x_1(n)$ 和 $x_2(n)$ 的 6 点圆周卷积。

5. 设 $X(k)=\mathrm{DFT}[x(n)]$，$Y(k)=\mathrm{DFT}[y(n)]$，$0\leqslant k\leqslant N-1$。若 $y(n)=x((n-m))_N R_N(n)$，证明：$Y(k)=\mathrm{e}^{-\mathrm{j}\frac{2\pi}{N}km}X(k)$。

6. 设 $x(n)$ 的长度为 N，其离散傅里叶变换为 $X(k)=\mathrm{DFT}[x(n)]$，$0\leqslant k\leqslant N-1$。若 $y(n)=\begin{cases}x(n) & 0\leqslant n\leqslant N-1\\ 0 & N\leqslant n\leqslant rN-1\end{cases}$，$Y(k)=\mathrm{DFT}[y(n)],0\leqslant k\leqslant rN-1$。

推导 $Y(k)$ 与 $X(k)$ 的关系。

7. 已知序列 $x(n)=a^n u(n)$，$0\leqslant a\leqslant 1$，对 $x(n)$ 作 Z 变换并在单位圆上 $[0,2\pi]$ 范围内等间隔采样 N 点，采样值 $X(k)=X(z)\big|_{z=\mathrm{e}^{\frac{2\pi}{N}k}}$，$0\leqslant k\leqslant N-1$。

求有限长序列 $\mathrm{IDFT}[X(k)]$。

8. 若 $x(n)=R_4(n)$，求 $x(n)$ 的 Z 变换 $X(z)$，频率函数 $X(\mathrm{e}^{\mathrm{j}\omega})$ 和离散傅里叶变换 $X(k)$，并画出频率函数 $X(\mathrm{e}^{\mathrm{j}\omega})$ 和离散傅里叶变换 $X(k)$ 的幅频特性图。

9. 已知 $f(n)=x(n)+\mathrm{j}y(n)$，$x(n)$ 和 $y(n)$ 是长为 N 的实序列，若 $F(k)=\mathrm{DFT}[f(n)]=1+0.5\mathrm{j}$，试求 $X(k)=\mathrm{DFT}[x(n)]$ 和 $Y(k)=\mathrm{DFT}[y(n)]$。

10. 用 DFT 对实信号进行谱分析，要求频率分辨率 $F\leqslant 50\mathrm{Hz}$，信号最高频率为 $f_{\max}=1000\mathrm{Hz}$，试确定以下参数：

(1) 最小记录时间；(2) 最大采样间隔；(3) 最少采样点数；(4) 若要求频率分辨率提高一倍，求最少采样点数。

第 4 章　快速傅里叶变换

教学提示：快速傅里叶变换(FFT)是实现 DFT 的快速运算手段。主要方法有不同基的时域抽取法、频域抽取法。利用 DFT 的运算性质也可实现 DFT 的快速运算。本章将对 DFT 的各种快速算法进行介绍。

教学要求：本章要求学生掌握 DFT 的快速算法(FFT)的基本思想。重点掌握 FFT 基 2 算法过程。了解其他 FFT 的算法。并学会用 MATLAB 实现 FFT 算法。

4.1　引　　言

在前面的章节中讨论了线性时不变系统中用傅里叶变换(FT)、Z 变换(ZT)表示序列并分析系统。但是 FT 和 ZT 所表示的信号频谱都是连续函数，在计算机系统中要实现这些变换是不方便的。所以引入了离散傅里叶变换(Discrete Fourier Transform，DFT)。DFT 在系统分析、设计、数字信号处理中起着重要的作用。最重要的是可以采用高效率的算法来实现 DFT 的快速运算。多年来许多科学家致力于对 DFT 的快速算法的研究，提出了多种 DFT 的快速运算方案。经过不断改进，DFT 的运算效率大大提高。正是由于各种快速算法的推出，使得许多复杂的、实时性要求高的系统实现成为可能，极大推动了处理数字信号处理技术的发展。各种 DFT 的快速算法通称快速傅里叶变换(Fast Fourier Transform，FFT)。

FFT 主要有基 2、基 4、基 8、分裂基等算法。本章中通过对 DFT 的算法特点的分析，来说明改进算法的方法和 FFT 算法的原理。重点以基 2 算法为例进行分析。

4.2　改进 DFT 计算的方法

DFT 运算非常重要，但要想使它的计算法满足实际系统的需要还需对其算法作进一步的研究和改进。下面通过对 DFT 的运算特点的分析，提出各种常用的快速算法。

4.2.1　直接计算 DFT 的特点

根据定义，长度为 N 的有限长序列 $x(n)$ 的 DFT 为

$$X(k)=\sum_{n=0}^{N-1}x(n)W_N^{kn}\qquad k=0,1,\cdots,\ N-1\tag{4-1}$$

由式(4-1)看出 DFT 的计算中只包含乘法和加法运算。如果 $x(n)$ 为复数序列，则根据式(4-1)完成 N 点 $X(k)$ 的运算次数分析如表 4-1 所示。

表 4-1　N 点 DFT 的运算量分析

	一个 k	全部 k
复数乘	N	$N\times N$
复数加	$N-1$	$N(N-1)$

当 $N \gg 1$ 时，加法次数 $(N-1)N \approx N^2$。

所以 N 点 DFT 的乘法和加法次数均与 N^2 成正比。当 N 较大时，计算次数相当可观。比如，$N=1024$ 时，就需要超过 100 万次的复数乘法和加法。

复数运算是由实数运算来完成的，因此式(4-1)可以写成

$$\begin{aligned} X(k) &= \sum_{n=0}^{N-1} x(n) W_N^{nk} = \sum_{n=0}^{N-1} [\operatorname{Re} x(n) + \mathrm{j} \operatorname{Im} x(n)][\operatorname{Re} W_N^{nk} + \mathrm{j} \operatorname{Im} W_N^{nk}] \\ &= \sum_{n=0}^{N-1} [(\operatorname{Re} x(n) \cdot \operatorname{Re} W_N^{nk} - \operatorname{Im} x(n) \cdot \operatorname{Im} W_N^{nk}) \\ &\quad + \mathrm{j}(\operatorname{Re} x(n) \cdot \operatorname{Im} W_N^{nk} + \operatorname{Im} x(n) \cdot \operatorname{Re} W_N^{nk})] \end{aligned} \tag{4-2}$$

可见，一次复数乘法包括了四次实数乘法和二次实数加法；一次复数加法则需要二次实数加法。所以对某一 k 值，计算 $X(k)$ 需要 $4N$ 次实数乘法 $2N+2(2N-1)=2(2N-1)$ 次实数加法。一个完整的 N 点 DFT 运算共需要 $4N^2$ 次实数乘法和 $2N(2N-1)$ 次实数加法。当 N 较大时，计算 DFT 需要消耗大量的机时，很难满足系统的实时性要求。所以改进 DFT 算法，提高运算效率是非常必要的。

4.2.2　减少运算量的方法

根据上述分析，DFT 的运算量与序列长度的平方成正比，所以如果把一个长序列分成若干段短序列进行 DFT 计算，一定可以减小运算次数。快速傅里叶变换 FFT 算法正是基于这种思想发展起来的。

FFT 的算法主要分为两大类，即时间抽取法(Decimation-In-Time，DIT)和频率抽取法(Decimation-In-Frequency，DIF)。根据抽取长度 FFT 又分为基 2、基 4、基 8 等算法，在一个 DFT 运算中还可同时采用不同基的混合基算法，也称为分裂基算法。

仔细观察 DFT 运算可以看出，利用旋转因子 W_N^{nk} 的特点，也可以减少 DFT 的运算次数。W_N^{nk} 有如下特性。

(1) 对称性：

$$(W_N^{nk})^* = W_N^{-nk} = W_N^{(N-n)k} = W_N^{n(N-k)} \qquad (W_N^{-k})^* = W_N^{N-k} \tag{4-3}$$

(2) 周期性：

$$W_N^{nk} = W_N^{(n+N)k} = W_N^{n(k+N)} \tag{4-4}$$

(3) 可约性：

$$\text{当 } N = rM \qquad W_N^r = W_{N/r}^1 = W_M^1 \qquad (r\text{、}M \text{ 为整数}) \tag{4-5}$$

(4) 特殊值：

$$W_N^{k+\frac{N}{2}} = -W_N^k \qquad W_N^0 = 1 \qquad W_N^{\frac{N}{2}} = -1 \qquad W_N^{\frac{N}{4}} = -\mathrm{j}$$

上面这些关系，读者可自行验证。利用这些特性，可以使 DFT 运算中的有些项可以进行合并，在时域抽取法和频域抽取法将长序列进行分段时，正是充分采用 W_N^{nk} 的对称性和周期性，实现了快速运算。

4.3 基 2 快速傅里叶变换算法

4.3.1 时域抽取法(DIT-FFT)(库利-图基算法)

设序列长度为 $N=2^M$ （M 为整数)。如果给定长度不满足这个条件，可以通过补零满足要求。这种长度 N 为 2 的整数幂的FFT，称为基 2-FFT。

将 $N=2^M$ 的序列 $x(n)$，按 n 的奇偶数分为两组，即

$$\left.\begin{aligned} x_1(r)&=x(2r)\\ x_2(r)&=x(2r+1)\end{aligned}\right\} \quad r=0,1,\cdots,\frac{N}{2}-1$$

$$\begin{aligned} X(k)&=\mathrm{DFT}[x(n)]=\sum_{n=0}^{N-1}x(n)W_N^{nk}=\sum_{n=偶}x(n)W_N^{nk}+\sum_{n=奇}x(n)W_N^{nk}\\ &=\sum_{r=0}^{N/2-1}x(2r)W_N^{2rk}+\sum_{r=0}^{N/2-1}x(2r+1)W_N^{(2r+1)k}\\ &=\sum_{r=0}^{N/2-1}x_1(r)(W_N^2)^{rk}+W_N^k\sum_{r=0}^{N/2-1}x_2(r)(W_N^2)^{rk}\end{aligned}$$

由于 $W_N^2=\mathrm{e}^{-\mathrm{j}\frac{2\pi}{N}\cdot 2}=\mathrm{e}^{-\mathrm{j}\frac{2\pi}{N/2}}=W_{N/2}$，所以上式可表示为

$$\begin{aligned} X(k)&=\sum_{r=0}^{N/2-1}x_1(r)W_{N/2}^{rk}+W_N^k\sum_{r=0}^{N/2-1}x_2(r)W_{N/2}^{rk}\\ &=X_1(k)+W_N^kX_2(k) \qquad k=0,1,\cdots,N-1 \end{aligned} \tag{4-6}$$

式中，$X_1(k)$ 和 $X_2(k)$ 分别为 $x_1(r)$ 和 $x_2(r)$ 的 $N/2$ 点 DFT，即

$$X_1(k)=\mathrm{DFT}[x_1(r)]=\sum_{r=0}^{N/2-1}x_1(r)W_{N/2}^{rk}=\sum_{r=0}^{N/2-1}x(2r)W_{N/2}^{rk} \tag{4-7}$$

$$X_2(k)=\mathrm{DFT}[x_2(r)]=\sum_{r=0}^{N/2-1}x_2(r)W_{N/2}^{rk}=\sum_{r=0}^{N/2-1}x(2r+1)W_{N/2}^{rk} \tag{4-8}$$

由式(4-6)看出，一个 N 点 DFT 被分解成了两个 $N/2$ 点的 DFT 的组合。$X_1(k)$ 和 $X_2(k)$ 都以 $N/2$ 为周期。而 $X(k)$ 却是以 N 为周期。所以用式(4-6)计算得到的只是 $X(k)$ 的前一半结果，即 $0\sim N/2$ 点的 $X(k)$。如果要用 $X_1(k)$、$X_2(k)$ 表达全部 $X(k)$ 的话，需要根据旋转因子的周期性即　$W_N^{k+\frac{N}{2}}=-W_N^k$　可得

$$X_1(k+\frac{N}{2})=\sum_{r=0}^{N/2-1}x_1(r)W_{N/2}^{r(k+N/2)}=\sum_{r=0}^{N/2-1}x_1(r)W_{N/2}^{rk}=X_1(k) \tag{4-9}$$

同理

$$X_2(k+\frac{N}{2})=X_2(k) \tag{4-10}$$

式(4-9)和式(4-10)说明，后一半的 k 值($N/2\sim N-1$)对应的 $X_1(k)$、$X_2(k)$ 与前一半 k 值($0\sim N/2-1$)对应的 $X_1(k)$、$X_2(k)$ 值相等。

再考虑到 W_N^k 的对称性

$$W_N^{(N/2+k)}=W_N^{N/2}W_N^k=-W_N^k \tag{4-11}$$

把式(4-9)~式(4-11)代入式(4-6)就可得出前、后两半的 $X(k)$ 如下

$$X(k)=X_1(k)+W_N^k X_2(k)\,,\qquad k=0,1,\cdots,N/2-1 \tag{4-12}$$

$$X(k+\frac{N}{2})=X_1(k)-W_N^k X_2(k)\,,\qquad k=0,1,\cdots,N/2-1 \tag{4-13}$$

这样只要求出区间 $0\sim\frac{N}{2}-1$ 的所有 $X_1(k)$ 和 $X_2(k)$，就可得到 $0\sim N-1$ 区间的全部 $X(k)$ 值。可以证明，这样求得的 $X(k)$ 所用的计算量比直接用定义计算效率要高得多。

式(4-12)和式(4-13)的运算关系可以用图 4.1 所示的信号流图进行表示。根据其形状又称其为蝶形运算符号。当支路上没有标出系数时，认为该支路传输系数为 1。

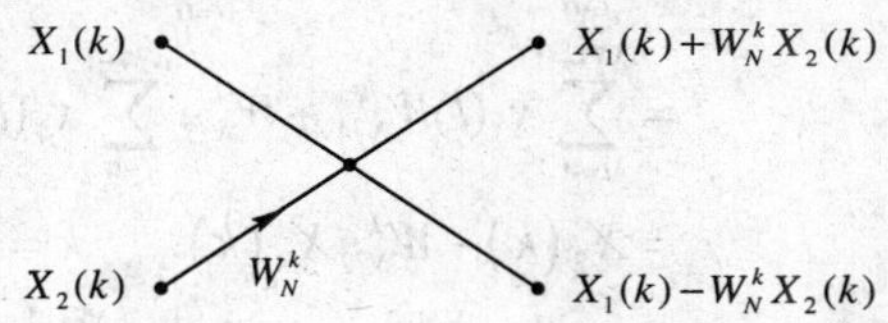

图 4.1　蝶形运算符号

采用这种表示法，可将上述分解运算表示于图 4.2 中。此图表示 $N=8=2^3$ 时的情况，其中输出 $X(0)\sim X(3)$ 由式(4-12)给出，而 $X(4)\sim X(7)$ 则由式(4-13)给出。

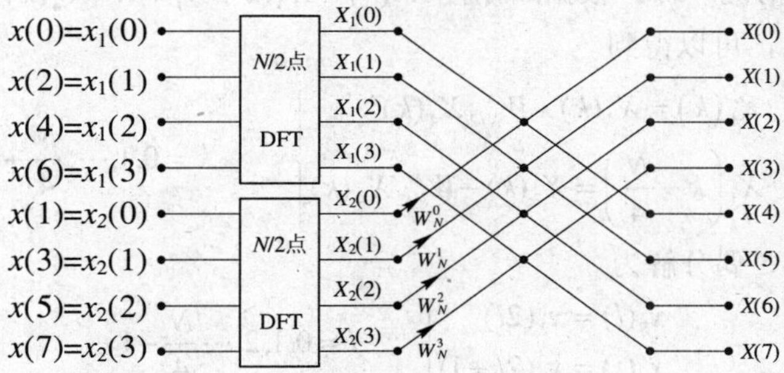

图 4.2　N 点 DFT 的一次时域抽取分解图

由图 4.1 看出，完成一个蝶形运算需要一次复数乘法和两次复数加法。因此，一次分解后，计算一个 N 点 DFT 共需计算两个 $N/2$ 点 DFT 和 $N/2$ 个蝶形运算。所需计算次数如表 4-2 所示。从表中看出，一次分解后，总的复数乘法次数为 $\frac{N}{2}(N+1)\approx\frac{N^2}{2}$，加法为 $\frac{N^2}{2}$ 次，运算工作量减少了几乎 $1/2$。

表 4-2　一次分解后 N 点 DFT 的运算量分析

	$N/2$ 点 DFT 次数	蝶形运算次数	总运算次数
复数乘	$2\times\left(\frac{N}{2}\right)^2=N^2/2$	$\left(\frac{N}{2}\right)\times1=\frac{N}{2}$	$\frac{N^2}{2}+\frac{N}{2}=\frac{N}{2}(N+1)$
复数加	$2\times\frac{N}{2}\left(\frac{N}{2}-1\right)=N\left(\frac{N}{2}-1\right)$	$\left(\frac{N}{2}\right)\times2=N$	$N\left(\frac{N}{2}-1\right)+N=\frac{N^2}{2}$

可见一次分解对减少 DFT 的运算量是十分有效的。可以按照此方法继续对序列进行分解。由于 $N=2^M$，故 $N/2$ 仍为偶数，进一步把 $N/2$ 点子序列再按奇、偶部分分解为两个 $N/4$ 点的子序列，即

$$\left.\begin{aligned} x_3(l) &= x_1(2l) \\ x_4(l) &= x_1(2l+1) \end{aligned}\right\} \quad l=0,1,2,\cdots,\frac{N}{4}-1 \tag{4-14}$$

$$\begin{aligned} X_1(k) &= \mathrm{DFT}[x_1(l)] = \sum_{l=0}^{N/2-1} x_1(l) W_{N/2}^{(2l+1)k} \\ &= \sum_{l=0}^{N/4-1} x_1(2l) W_{N/2}^{2lk} + \sum_{l=0}^{N/4-1} x_1(2l+1) W_{N/2}^{(2l+1)k} \\ &= \sum_{l=0}^{N/4-1} x_3(l) W_{N/4}^{lk} + W_{N/2}^{k} \sum_{l=0}^{N/4-1} x_4(l) W_{N/4}^{lk} \\ &= X_3(k) + W_{N/2}^{k} X_4(k) \qquad k=0,1,\cdots,N/2-1 \end{aligned} \tag{4-15}$$

式中

$$X_3(k) = \mathrm{DFT}[x_3(l)] = \sum_{l=0}^{N/4-1} x_3(l) W_{N/4}^{lk} = \sum_{l=0}^{N/4-1} x_1(2l) W_{N/4}^{lk}$$

$$X_4(k) = \mathrm{DFT}[x_4(l)] = \sum_{l=0}^{N/4-1} x_4(l) W_{N/4}^{lk} = \sum_{l=0}^{N/4-1} x_1(2l+1) W_{N/4}^{lk}$$

同一次分解时情况一样，根据周期性 $X_3(k)=X_3(k+N/4)$ 、 $X_4(k)=X_4(k+N/4)$ 和对称性 $W_{N/2}^{k+N/4}=-W_{N/2}^{k}$ ，可以得到

$$\left.\begin{aligned} X_1(k) &= X_3(k) + W_{N/2}^{k} X_4(k) \\ X_1\left(k+\frac{N}{4}\right) &= X_3(k) - W_{N/2}^{k} X_4(k) \end{aligned}\right\} \quad k=0,1,\cdots,\frac{N}{4}-1 \tag{4-16}$$

同理将 $x_2(l)$ 进行奇、偶分解为

$$\left.\begin{aligned} x_5(l) &= x_2(2l) \\ x_6(l) &= x_2(2l+1) \end{aligned}\right\} \quad l=0,1,2,\cdots\frac{N}{4}-1$$

可得到

$$\left.\begin{aligned} X_2(k) &= X_5(k) + W_{N/2}^{k} X_6(k) \\ X_2\left(k+\frac{N}{4}\right) &= X_5(k) - W_{N/2}^{k} X_6(k) \end{aligned}\right\} \quad k=0,1,\cdots,\frac{N}{4}-1 \tag{4-17}$$

式中

$$X_5(k) = \mathrm{DFT}[x_5(l)] = \sum_{l=0}^{N/4-1} x_5(l) W_{N/4}^{lk} = \sum_{l=0}^{N/4-1} x_2(2l) W_{N/4}^{lk}$$

$$X_6(k) = \mathrm{DFT}[x_6(l)] = \sum_{l=0}^{N/4-1} x_6(l) W_{N/4}^{lk} = \sum_{l=0}^{N/4-1} x_2(2l+1) W_{N/4}^{lk}$$

二次分解后，一个 $N/2$ 点 DFT 分解成了两个 $N/4$ 点 DFT 和 $N/4$ 个蝶形运算，如图 4.3 所示。

这样，一个 N 点 DFT 共需要计算 $N/2$ 个 $N/4$ 点 DFT 和两级蝶形运算共 $2\times N/2$ 个。依次类推，对一个长度为 $N=2^M$ 的序列，经过 $M-1$ 次分解，N 点 DFT 最终可分解为 $N/2$ 个两点 DFT 。当 $N=2^3=8$ 时，二次分解后的信号流图如图 4.4 所示。

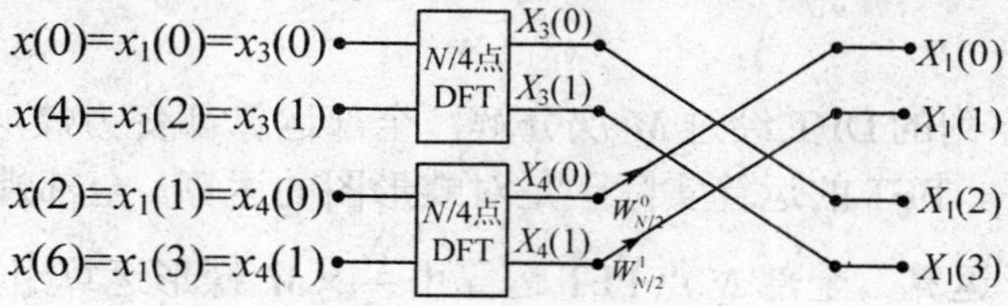

图 4.3 *N*/2 点 DFT 分解为两个 *N*/4 点 DFT

根据式(4-5)可将 $W_{N/2}^0$、$W_{N/2}^1$ 表示为 W_N^0、W_N^2。

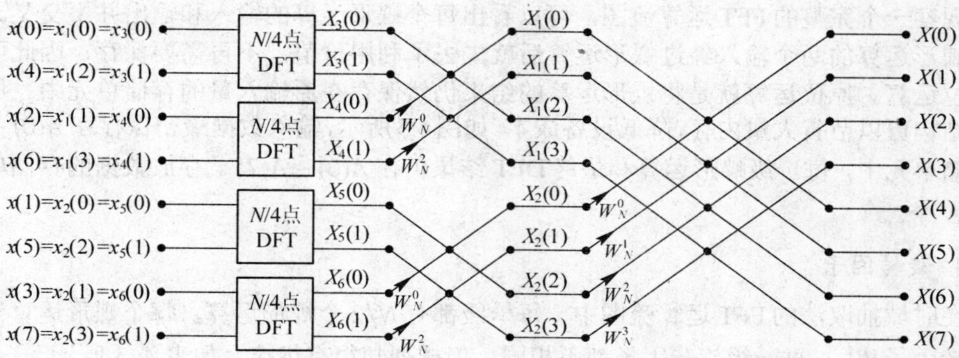

图 4.4 时域抽取法二次分解运算流图(*N*=8)

根据上面的分析可知，二次分解后的运算量比一次分解的运算量又减少了大约1/2。最后，两点 DFT 可表示为一个蝶形运算。例如：

$$X_3(0)=\sum_{l=0}^{1}x_3(l)W_2^{l0}=x_3(0)+x_3(1)=x(0)+W_2^0x(4)$$

$$X_3(1)=\sum_{l=0}^{1}x_3(l)W_2^{l}=x_3(0)+W_2^1x_3(1)=x(0)-W_2^0x(4)$$

图 4.5 给出了一个 8 点 DFT 的全部分解过程的运算流图。

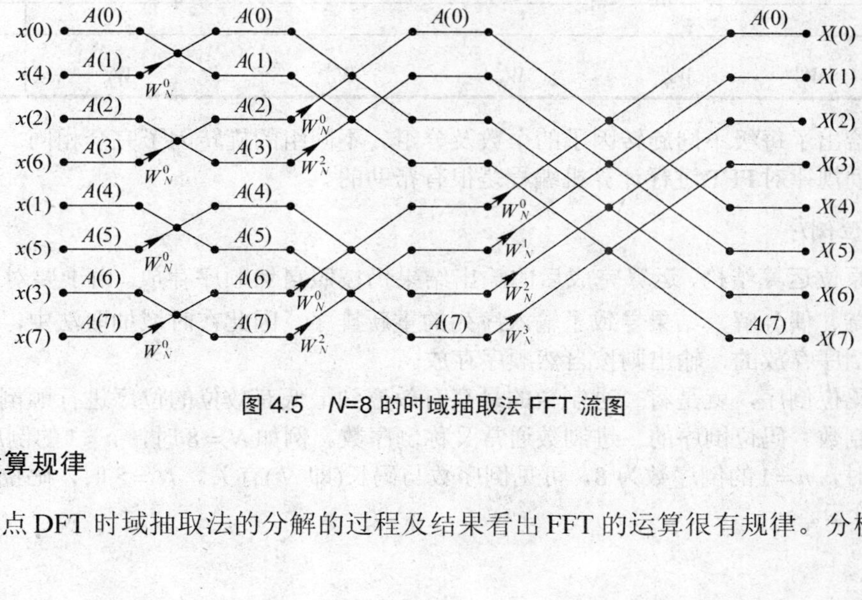

图 4.5 *N*=8 的时域抽取法 FFT 流图

4.3.2 运算规律

从 *N* 点 DFT 时域抽取法的分解的过程及结果看出 FFT 的运算很有规律。分析如下：

1. 蝶形运算

一个 $N=2^M$ 点序列的DFT经过 M 次分解，全部运算都变为蝶形运算。所以说蝶形运算是FFT运算的核心。FFT的运算实际上是对蝶形图的运算。全部蝶形运算分为 M 级。每一级都有 $N/2$ 个蝶形运算。全部 N 点FFT运算由 $\frac{N}{2}\times M$ 蝶形运算组成。在第4.3.4节的分析中将进一步分析FFT的运算工作量。

2. 原位运算

观察一个完整的FFT运算流图，可以看出每个蝶形运算的输入和输出并不交叉。任何一个蝶形运算的两个输入经过蝶形运算后就失去了利用价值，不再需要保存，因此可以实现原位运算。原位运算就是将蝶形运算的结果仍然保存在原输入量的存储单元中。原位运算的结构可以节省大量内存，降低设备成本。如图4.5所示，输入数据最初保存在 $A(0)\sim A(7)$ 的存储单元中，每一级蝶形运算和最终DFT结果仍在 $A(0)\sim A(7)$ 。存放数据的存储单元始终为 N 个。

3. 旋转因子

在时域抽取法的FFT运算流图中，每一级都有 $N/2$ 个蝶形运算，每个蝶形运算都要乘以旋转因子 W_N^k 。每一级旋转因子都不相同，但排列却很有规律，如表4-3所示。

表 4-3　旋转因子规律

分级	旋转因子及等效表示	旋转因子数	分组
第1级	W_N^0	1	$N/2$
第2级	$W_N^0=W_4^0$　$W_N^{\frac{N}{4}}=W_4^1$	2	$N/4$
第3级	$W_N^0=W_8^0$　$W_N^{\frac{N}{8}}=W_4^1$　$W_N^{\frac{2N}{8}}=W_8^1$　$W_N^{\frac{3N}{8}}=W_8^3$	4	$N/8$
第 L 级	$W_N^0=W_{2^L}^0$　$W_N^{\frac{N}{2^L}}=W_{2^L}^1$　$W_N^{\frac{2N}{2^L}}=W_{2^L}^2$　$W_N^{\frac{3N}{2^L}}=W_{2^L}^3\cdots W_N^{\frac{(2^{L-1}-1)N}{2^L}}=W_{2^L}^{2^{L-1}-1}$	2^{L-1}	$N/2^L$
⋮	⋮　⋮　⋮　⋮　…　⋮	⋮	⋮
第 M 级	W_N^0　W_N^1　W_N^2　W_N^3　…　$W_N^{\frac{N}{2}-1}$	$N/2$	1

表中给出了每级不同旋转因子的个数及分组。不同组的旋转因子完全相同。研究旋转因子的排列规律对FFT进行计算机编程是很有帮助的。

4. 码位倒序

对于原位运算结构，运算完成后的输出结果仍按照自然顺序存放。由于要对输入 $x(n)$ 逐次进行奇、偶分解，结果导致了输入序列的重新排序。因此在时域抽取法中，输入序列是按码位倒序存放的，输出则按自然顺序存放。

所谓码位倒序，就是将二进制数的最高有效位到最低有效位的位序进行颠倒排列而得到的二进制数。码位倒序的二进制数通常又称倒序数。例如 $N=8$ 时， $n=1$ 的倒序数为4。而 $N=16$ 时， $n=1$ 的倒序数为8。可见倒序数与码长(即 N)有关。 $N=8$ 时，码位倒序说明如图4.6所示。

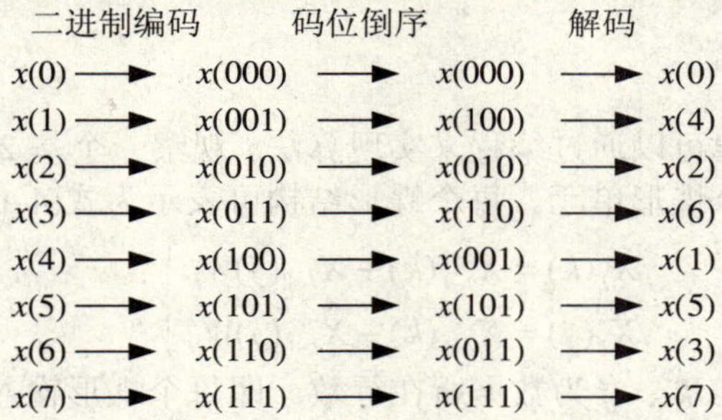

图 4.6　码位倒序说明

输入数据按码位倒序的顺序存放是原位运算结构的时域抽取基 2 算法的必然结果。结合时域抽取的分解过程，可用一个二进制树状图(如图 4.7 所示)来表示序列标号的变化。第一次分解时将序列 $x(n)$ 分成了偶数部分(即上半部分)和奇数部分(即下半部分)如图 4.2 所示。观察序列标号的二进制编码的最低位 n_0，当 $n_0=0$ 时，对应偶数组序列，当 $n_0=1$ 时，对应奇数组序列。第二次分解按次低位 n_1 为 0 或 1 来分偶数、奇数组序列，而不论原序列是偶序列还是奇序列。$n_1=0$ 表示偶数组，$n_1=1$ 表示奇数组。依次类推，继续分解相当于逐位判决。最终按位归类排列就可得到码位倒序的排列顺序。

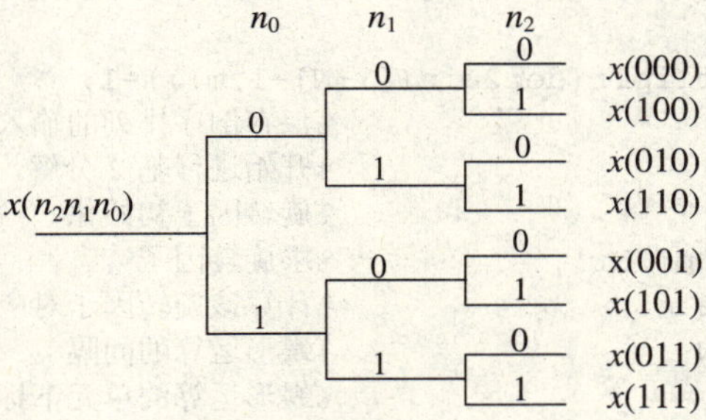

图 4.7　倒序位树状说明

所以要实现 FFT 算法，首先必须把按自然顺序存放的数据 $x(n)$ 变换成按倒序存放。这一过程称为整序。整序的过程如图 4.8 所示。对 $N=8$，原输入数据按自然顺序存放在 $A(0)\sim A(7)$ 的存储单元中，经过整序，使存储单元存入相应的倒序位数据。图 4.7 说明了序列整序的功能要求。

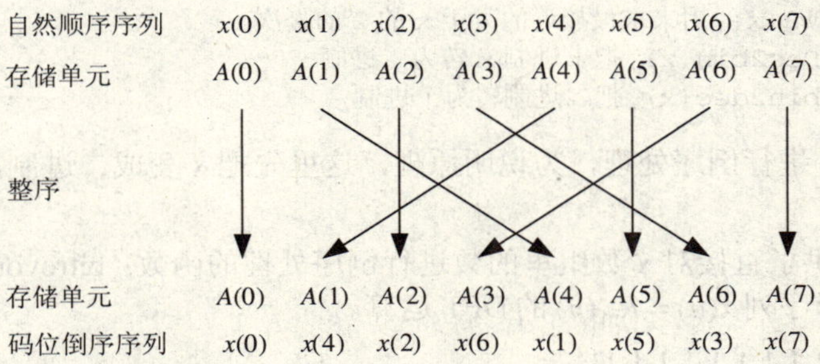

图 4.8　序列的整序说明

4.3.3 编程思路

根据 FFT 的算法规律可以通过编程来实现算法。观察一个基 2 时域抽取流图，共有 M 级蝶形运算，每级 $N/2$ 个蝶形单元。每个蝶形结构可表示为式(4-18)的迭代运算关系。

$$\left.\begin{aligned} X_l(k) = X_{l-1}(k) + X_{l-1}(j)W_N^r \\ X_l(j) = X_{l-1}(k) - X_{l-1}(j)W_N^r \end{aligned}\right\} \tag{4-18}$$

式中，l 表示第 l 列迭代，k 、 j 为数据所在行数。即每个蝶形输入为上一级蝶形输出。

在第 l 列中，每个蝶形单元的两个输入数据(所在行)相差 B=2^{l-1} 个点。比如 $N=8$ 时，第 1 列每个蝶形输入数据相差 1 点，第 2 列相差 2 点，第 3 列相差 4 点。第 l 中，同一旋转因子对应着 2^{M-l} 个蝶形运算，如第 1 列 W_N^0 对应 4 个蝶形，第 2 列 2 个，第 3 列 1 个。所以可以采用逐级计算的方法。首先求出 l ($l=1,2,\cdots,M$)级中每个不同的旋转因子(共 2^{l-1} 个)，然后求出每个旋转因子对应的所有蝶形。

依据上述规律可编写出描述时域抽取法的 MATLAB 函数如下：

```
function [y,N]=ditfft(x)                 %定义函数 ditfft，返回 FFT 结果和序列长度 N
  m=nextpow2(x);N=2^m                    %求与 x 最接近的 2 的幂次，并确定 FFT 长度 N
  if length(x)<N
 x=[x,zeros(1,N-length(x))];             %如果 x 长度不满足 2^m，补零处理
  end
  nd=bin2dec(fliplr(dec2bin([1:N]-1,m)))+1;    %求补零后输入序列的倒序
  y=x(nd);                               %保存倒序排列的输入
  for mm=1:m                             %开始进行基 2 分解，共 m 次
  Nr=2^mm;u=1;                           %旋转因子初始化
  WN=exp(-i*2*pi/Nr);                    %求旋转因子
  for j=1:Nr/2                           %计算该旋转因子对应的各次蝶形运算
  for k=j:Nr:N                           %蝶形运算的间隔
  kp=k+Nr/2;                             %蝶形运算的单元下标
  t=y(kp)*u;                             %蝶形运算的乘积项
  y(kp)=y(k)-t;                          %蝶形运算的相加项
  y(k)=y(k)+t;                           %蝶形运算的相加项
end
 u=u*WN;                                 %修改旋转因子作为下一级运算
end
end
```

程序中 MATLAB 提供的函数说明如下：

```
y=nextpow2(x),用来求最接近的大于 x 的 2 的幂次。
      y=Dec2bin(x),把十进制 x 转为二进制
      y=bin2dec(x),把二进制转为十进制
```

fliplr(x)，对 x 进行倒序处理，为说明原理，这里先把 x 变成二进制，倒序后再变回十进制。

MATLAB 提供了直接对 x 数组里的数进行倒序处理的函数：bitrevorder，可直接调用。

【例 4.1】 求矩形序列 $x(n)=R_{10}(n)$ 的 DFT 运算。

解

```
x=[1,1,1,1,1,1,1,1,1,1,1,1,1];
[y,N]=ditfft(x);
plot([0:N-1],abs(y),'.');
```

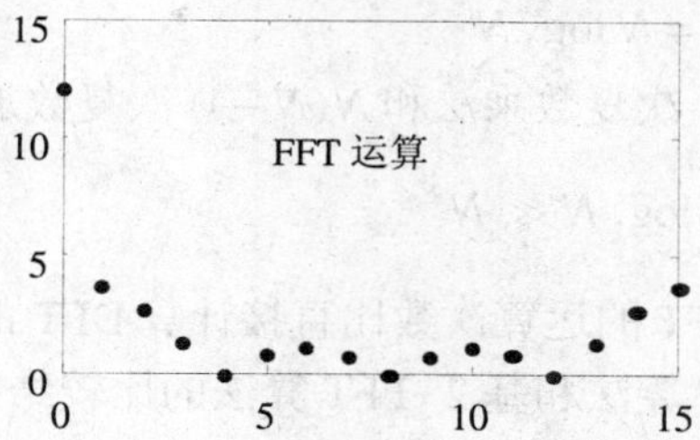

图 4.9　例 4.1 图

实际上 MATLAB 中已经给出了 FFT 的函数运算即：fft(x),fft(x,N),由于这个程序是用机器码写的，无法读出清单，但运行速度很快。为便于比较，可用 DFT 定义直接编写的 MATLAB 程序。首先把定义式(4-1)改写成下面的矩阵形式：

$$\begin{pmatrix} X(0) \\ X(1) \\ X(2) \\ \vdots \\ X(N-1) \end{pmatrix} = \begin{pmatrix} W_N^0 & W_N^0 & W_N^0 & \cdots & W_N^0 \\ W_N^0 & W_N^1 & W_N^2 & \cdots & W_N^{N-1} \\ W_N^0 & W_N^2 & W_N^4 & \cdots & W_N^{2(N-1)} \\ \vdots & \vdots & \vdots & \vdots & \vdots \\ W_N^0 & W_N^{N-1} & W_N^{2(N-1)} & \cdots & W_N^{(N-1)(N-1)} \end{pmatrix} \begin{pmatrix} x(0) \\ x(1) \\ x(2) \\ \vdots \\ x(N-1) \end{pmatrix}$$

利用 MATLAB 的数组计算功能写出 DFT 程序如下：

```
function y=dft(x)                          %定义函数
 N=length(x);;k=0:N-1;n=k;                 %根据序列求长度 N
 WN=exp(-j*2*pi/N);                        %求旋转因子
 nk=n'*k;WNnk=WN.^nk;                      %求全部旋转因子 N 行 N 列
 Xk=x*WNnk;y=Xk;                           %求输入与旋转因子相乘
```

比较 MATLAB 内部函数 FFT 和按算法编写的 DITFFT、DFT 程序的运行时间，程序如下：

```
M=input('M=');                             %输入数据长度的二次幂 M
x=randn(1,2^M);                            %产生向量
tic,x=fft(x);toc                           %测试 FFT 运行时间
tic,x=ditfft(x);toc                        %测试编写的 FFT 程序运行时间
```

tic,x=dft(x);toc%测试直接计算 DFT 的程序运行时间。读者可在计算机上试一下结果。

随着硬件技术的发展提高(如 DSP，FPGA 等芯片)，数字信号处理的算法也越来越多地用于硬件编程，这使得在信号处理技术的实时应用上，掌握各种算法和编程技巧变得越发关键。

4.3.4　与直接计算 DFT 的比较

一个 $N=2^M$ 点序列的 DFT 经过 M 次分解，可以分解成 M 级蝶形运算，每一级都由 $N/2$ 个蝶形运算组成。因此全部 N 点的 FFT 共有 $\dfrac{N}{2}\times M$ 个蝶形运算。每个蝶形运算需要一次复数乘法和二次复数加法运算。所以 N 点的 FFT 所需的运算次数为

复数乘法　　$\dfrac{N}{2}\times M=\dfrac{N}{2}\log_2 N$

复数加法 $NM = N\log_2 N$

而直接计算DFT需要 N^2 次复数乘法和 $N(N-1)$ 次复数加法。

当 $N \gg 1$ $\frac{N}{2}\log_2 N \ll N^2$

可见，采用时域抽取法FFT的运算次数比直接计算DFT的运算次数大大减少。

表4-4中列出了直接DFT算法和基2 FFT算法的比较结果。

表4-4 FFT算法与直接算法比较

运算次数 \ 序列长度 N	DFT		FFT		比较
	乘法 N^2	加法 $N(N-1)$	乘法 $N/2\log_2 N$	加法 $N\log_2 N$	$N^2\Big/\frac{N}{2}\log_2 N$
2	4	2	1	2	4
8	64	56	12	24	5.4
32	1024	992	80	160	12.8
64	4096	4032	192	384	21.3
256	65536	65280	1024	2048	64
1024	1048576	1048576	5120	10240	204.8
2048	4194304	4192256	11264	22528	372.4
2^{20}	$\approx 10^{12}$	$\approx 10^{12}$	$\approx 10^7$	$\approx 2\times 10^7$	$\approx 10^5$

4.3.5 频域抽取法(DIF-FFT)

对于长度为 $N=2^M$ 的序列 $x(n)$，另一种普遍采用的FFT算法是频域抽取法。频域抽取法将 $x(n)$ 按前后对半分解，得到两个子序列。这样可以将 N 点DFT表示成前后两部分。

$$\begin{aligned}
X(k) &= \text{DFT}[x(n)] = \sum_{n=0}^{N-1} x(n)W_N^{kn} \\
&= \sum_{n=0}^{N/2-1} x(n)W_N^{kn} + \sum_{n=N/2}^{N-1} x(n)W_N^{kn} \\
&= \sum_{n=0}^{N/2-1} x(n)W_N^{kn} + \sum_{n=0}^{N/2-1} x\left(n+\frac{N}{2}\right)W_N^{k(n+N/2)} \\
&= \sum_{n=0}^{N/2-1}\left[x(n) + W_N^{kN/2}x\left(n+\frac{N}{2}\right)\right]W_N^{kn} \\
&= \sum_{n=0}^{N/2-1}\left[x(n) + (-1)^k x\left(n+\frac{N}{2}\right)\right]W_N^{kn} \qquad k=0,1,\cdots,N-1
\end{aligned} \tag{4-19}$$

当 $k=$ 偶数时，即 $k=2r$， $r=0,1,\cdots,N/2-1$

$$\begin{aligned}
X(k) = X(2r) &= \sum_{n=0}^{N/2-1}\left[x(n) + x\left(n+\frac{N}{2}\right)\right]W_N^{2rn} \\
&= \sum_{n=0}^{N/2-1}\left[x(n) + x\left(n+\frac{N}{2}\right)\right]W_{N/2}^{rn}
\end{aligned} \tag{4-20}$$

当 $k=$ 奇数时，即 $k=2r+1$，则

$$X(k)=X(2r+1)=\sum_{n=0}^{N/2-1}\left[x(n)-x\left(n+\frac{N}{2}\right)\right]W_N^{(2r+1)n}$$
$$=\sum_{n=0}^{N/2-1}\left[x(n)-x\left(n+\frac{N}{2}\right)\right]W_N^{n}\cdot W_{N/2}^{rn} \tag{4-21}$$

令

$$\begin{cases} x_1(n)=x(n)+x\left(n+\dfrac{N}{2}\right) \\ x_2(n)=\left[x(n)-x\left(n+\dfrac{N}{2}\right)\right]W_N^n \end{cases},\qquad n=0,1,2,\cdots,N/2-1 \tag{4-22}$$

将式(4-22)代入式(4-20)和式(4-21)，可得

$$\begin{cases} X(2r)=\sum\limits_{n=0}^{N/2-1}x_1(n)W_{N/2}^{rn}=X_1(r) \\ X(2r+1)=\sum\limits_{n=0}^{N/2-1}x_2(n)W_{N/2}^{rn}=X_2(r) \end{cases},\qquad r=0,1,2,\cdots,\frac{N}{2} \tag{4-23}$$

$X_1(r)$ 和 $X_2(r)$ 分别是 $x_1(n)$ 和 $x_2(n)$ 的 $N/2$ 点 DFT 。 $X_1(r)$ 和 $X_2(r)$ 分别对应于 N 点 DFT 的偶数部分和奇数部分。因此 N 点 $X(k)$ 按 k 值分为偶、奇两组。偶数组为 $x_1(n)$ 的 DFT，奇数组为 $x_2(n)$ 的 DFT 。而 $x_1(n)$ 和 $x_2(n)$ 为 $N/2$ 点序列，可以通过对前后两半的输入序列按式(4-22)进行组合得到。式(4-22)的运算关系可用图 4.10 所示的蝶形运算来表示。

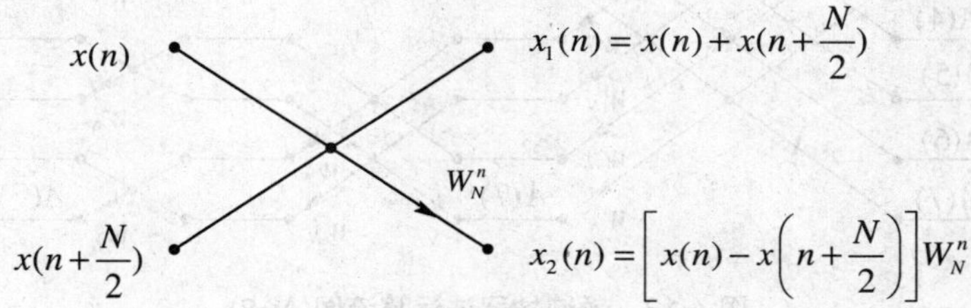

图 4.10　频域抽取法的蝶形运算符号

对 $N=8$ 的序列进行一次分解后的运算流图如图 4.11 所示。

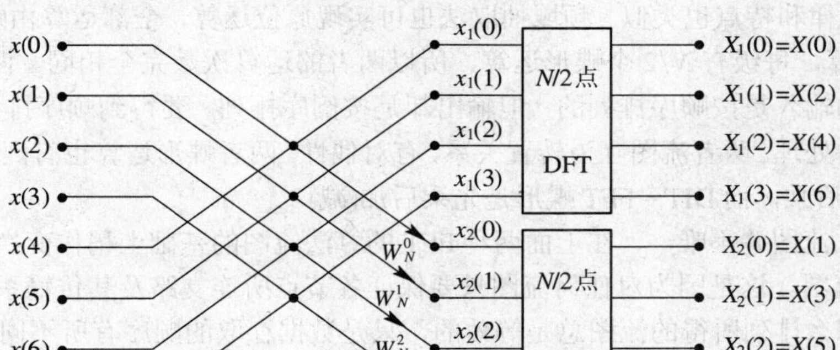

图 4.11　频域抽取法一次分解运算流图

与时域抽取法一样，由于 $N=2^M$，一次分解后，$N/2$ 仍为偶数，因此仍可按上述方法继续分解，直到最后剩下全部是两点 DFT，而两点 DFT 也可用图 4.10 所示的蝶形运算表示。二次分解流图如图 4.12 所示。图 4.13 表示了一个完整的频域抽取法的 FFT (N=8)。

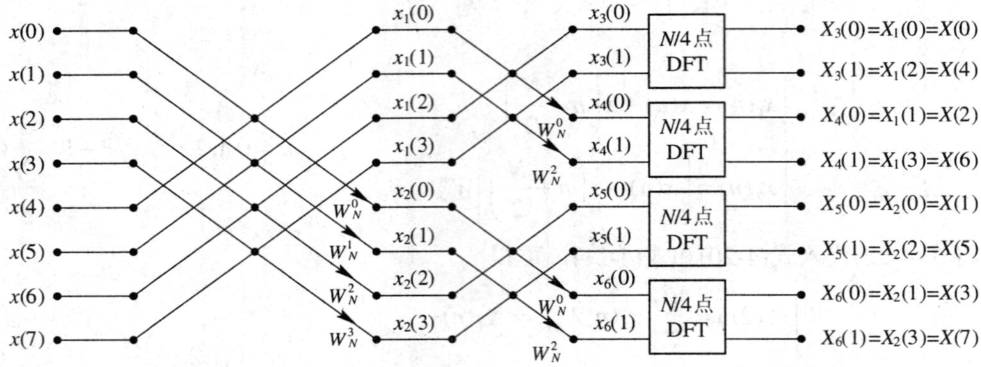

图 4.12　频域抽取法二次分解运算流图(N=8)

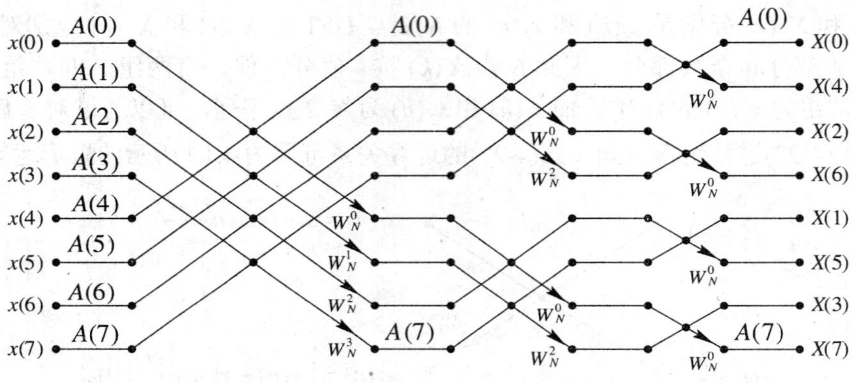

图 4.13　频域抽取法运算流图(N=8)

由于这种算法中每次分解都是对 $X(k)$ 进行奇偶抽取分组，故称之为基 2 频域抽取法。观察图 4.13 和图 4.5，频域抽取法(DIF－FFT)运算结构与时域抽取法(DIT－FFT)结构类似，故运算规律和特点也类似。频域抽取法也可实现原位运算，全部运算由蝶形运算组成，共有 M 级运算，每级有 $N/2$ 个蝶形运算，所以两者的运算次数完全相同。两者区别在于，频域抽取法的输入是按顺序排列的，但输出却是按倒序排列。要得到顺序排列的 $X(k)$，还必须进行整序处理。两者流图互为转置关系，有对偶性。两者蝶形运算也有区别，DIF－FFT 蝶形先加(减)后乘，而 DIT－FFT 蝶形是先乘后加(减)。

FFT 算法流图并不唯一，在上面两种 FFT 的算法流图的基础上稍作变换可以得到其他形式的 FFT 流图。这是因为对任何流图只要保证各节点所连支路及其传输系数不变，则不论节点位置怎么排列所得的流图总是等效的，只是数据存取的顺序有所不同。

下面图 4.14 和图 4.15 给出了几种 FFT 的变形流图。

图 4.14 时 DIT－FFT 算法的一种变形流图。将图 4.5 中与 $x(4)$ 水平相连的所有节点和与 $x(1)$ 水平相连的节点位置对调，同时对调 $x(6)$ 和 $x(3)$ 的相应节点位置就可得到时域抽取法的变形流图 4.14。变形流图的蝶形运算形式不变，运算量也不变。变形后流图的特点为

输入顺序排列，输出倒序排列；旋转因子的顺序不同，如最后一列旋转因子顺序为W_N^0、W_N^2、W_N^1、W_N^3；特别是前一列旋转因子正好是后一列所用旋转因子的前一半，例如第二列旋转因子为W_N^0、W_N^2，而后一列的前一半正好是W_N^0、W_N^2。所以根据最后一列的$N/2$个旋转因子排列就很容易推断前面各列的旋转因子，在计算大型的FFT时，采用这种形式较为方便。

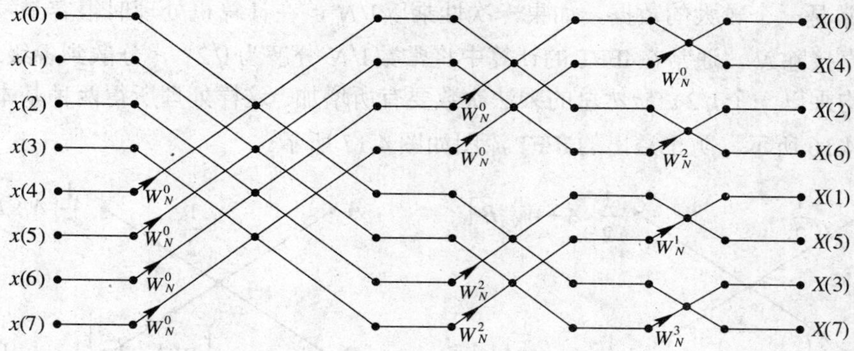

图 4.14　时域抽取输入自然顺序、输出倒序的 FFT 流图

将图 4.14 经过简单变换可得到时域抽取法的另一种变形流图。此流图的特点是输入和输出均为顺序排列，不需要另外的整序处理。但是由于流图中出现了交叉节点，故无法实现原位运算。在内存比较紧张时不宜采用。在专用的硬件处理器中如 DSP 中常采用这种结构。

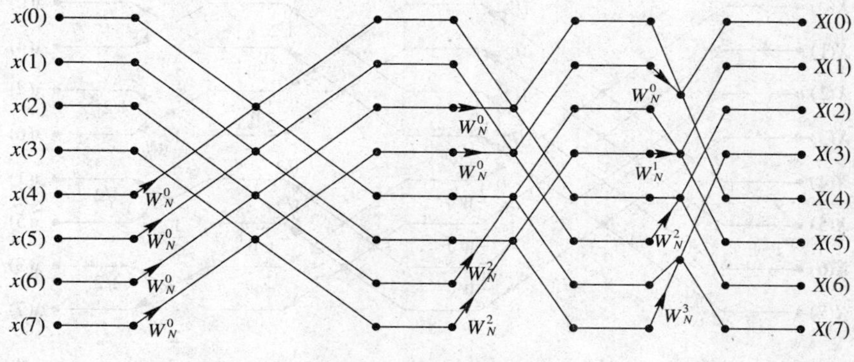

图 4.15　时间抽取输入输出均为自然顺序的 FFT 流图

只要在等效的原则上进行变换，还可以得到其他多种形式的FFT流图。如有兴趣不妨试一试(可以查阅参考文献[10])。

4.3.6　IDFT 快速算法

前面介绍的FFT算法同样可以用于IDFT的运算，简称为IFFT，即快速傅里叶反变换。根据IDFT的定义公式

$$x(n)=\mathrm{IDFT}\left[X(k)\right]=\frac{1}{N}\sum_{k=0}^{N-1}X(k)W_N^{-kn}$$

并比较DFT的公式

$$X(k) = \mathrm{DFT}\left[X(k)\right] = \sum_{n=0}^{N-1} x(n) W_N^{kn}$$

可见，只要把DFT运算中的旋转因子W_N^{kn}改为W_N^{-kn}，并在最后再乘以常数$1/N$，前面讨论的DIT－FFT和DIF－FFT算法就可用来计算IDFT。不过命名要倒过来，即时域抽取的FFT对应为频域抽取的IFFT，而频域抽取的FFT对应为时域抽取的IFFT。

N通常是一个较大的数据，如果一次性乘以$1/N$，在计算机处理时很容易发生溢出。应该避免直接除N。通常在IFFT的计算中将常数$1/N$分解为$1/2^M$，分散到各级运算之中，每级运算均乘以一个$1/2$。显然总的乘法次数要有所增加。这样处理所得两种基本蝶形运算结构如图4.16所示。防止溢出的IFFT流图如图4.17所示。

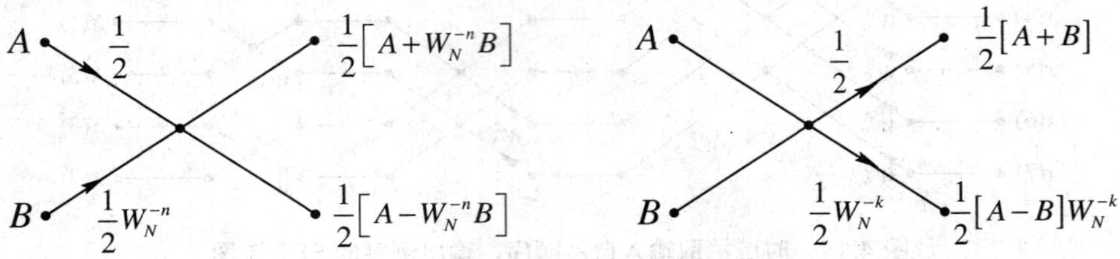

(a) 频域抽取　　(b) 时域抽取

图 4.16　IFFT 的基本蝶形运算

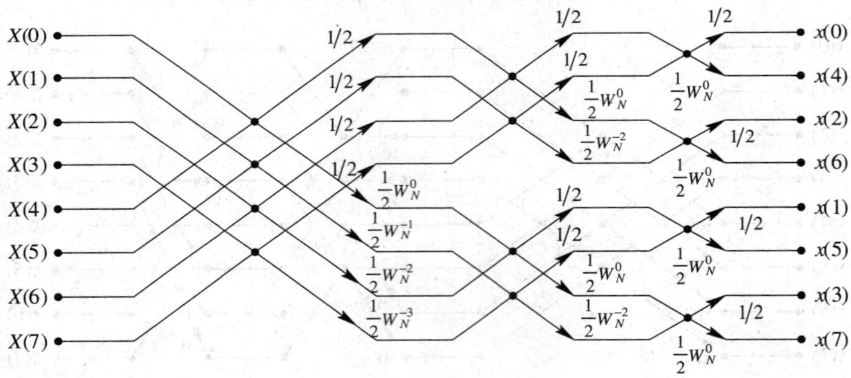

图 4.17　防溢出处理的时域抽取法 IFFT

用上面的方法实现IFFT算法，虽然编程也很方便，但毕竟要另编一个IFFT程序。可以利用已有的FFT程序来实现IFFT运算。算法的思想如下：

由于 $$x(n) = \frac{1}{N}\sum_{k=0}^{N-1} X(k) W_N^{-kn} = \frac{1}{N}\left[\sum_{k=0}^{N-1} X^*(k) W_N^{kn}\right]^* = \frac{1}{N}\left\{\mathrm{DFT}\left[X^*(k)\right]\right\}^*$$

所以，利用FFT程序实现IFFT的过程为

$$X(k) \to X^*(k) \to \mathrm{FFT}\left[X^*(k)\right] \to \left\{\mathrm{FFT}\left[X^*(k)\right]\right\}^* \to \frac{1}{N}\left\{\mathrm{FFT}\left[X^*(k)\right]\right\}^* \to x(n)$$

用下面的方法也可通过FFT实现IFFT，方法如下：

因为 $$x(n)=\frac{1}{N}\sum_{k=0}^{N-1}X(k)W_N^{-kn}=\frac{1}{N}\sum_{k=0}^{N-1}X(k)W_N^{(N-n)k}$$

定义 $$x_1(n)=\mathrm{DFT}\left[X(k)\right]=\sum_{k=0}^{N-1}X(k)W_N^{kn}$$

$$x(n)=\frac{1}{N}x_1(N-n)$$

所以第一步直接对 $X(k)$ 求 FFT，然后将结果顺序倒排(注意不是 FFT 中的倒序)，最后乘以 $1/N$，就可实现 IFFT 运算。

4.4　进一步减少运算量的措施

已经看到，采用基 2 时域抽取法和频域抽取法可以大大减少 DFT 的运算量。但实际应用中，需要最大限度的节约资源，提高效率。故还需挖掘各种潜力，进一步减少运算工作量。下面对进一步减少运算量的各种途径进行研究。

4.4.1　蝶形运算

根据前面分析结果，对于 $N=2^M$ 点 FFT 共需 $M\times\dfrac{N}{2}$ 次复数乘法。但这个结果是对每个蝶形运算都进行一次复数乘法和两次复数加法得到的。仔细观察每一级蝶形运算所乘的旋转因子，很多情况下是不必要进行乘法运算的。比如时域抽取法中第一级蝶形运算中旋转因子都为 $W_N^0=1$，不需要进行乘法运算。实际上旋转因子中所有取值 ±1 和 ±j 的旋转因子都不必进行乘法运算，也就是说这些特殊的旋转因子是无关紧要的。具有这样取值的旋转因子有：$W_N^0=1$、$W_N^{N/2}=-1$、$W_N^{N/4}=-\mathrm{j}$ 等。在一个完整的蝶形运算流图中无关紧要的旋转因子个数见表 4-3。

第一级　$1\times N/2$　个，　(W_N^0)

第二级　$2\times N/4$　个，$(W_N^0$、$W_N^{N/4})$

第三级　$2\times N/8$　个，$(W_N^0$、$W_N^{2N/2^3})$

第 L 级　$2\times$分组数个，即 $N/2^{L-1}$ 个，W_N^0、$W_N^{\frac{2^{L-2}}{2^L}N}=W_N^{\frac{N}{4}}$

所以第一、二级，无关紧要项为：N

从 $L\sim M$ 级共有无关紧要项：

$$\sum_{L=3}^{M}\frac{N}{2^{L-1}}=2N\sum_{L=3}^{M}\left(\frac{1}{2}\right)^L=\frac{N}{2}-2 \tag{4-24}$$

所以去除无关紧要项后，基 2 FFT 的运算次数减少至

$$C=\frac{N}{2}M-N-\frac{N}{2}+2=\frac{N}{2}(M-3)+2$$

除了特殊旋转因子外，还有一些特殊的复数运算也可减少运算次数。通常 2 个复数相乘需要进行 4 个实数乘法和 2 个实数加法。但是对于 $W_N^{N/8}=(1-\mathrm{j})/\sqrt{2}$ 来说，情况有些特殊，说明如下。

设一复数为 $x+\mathrm{j}y$ 与 $W_N^{N/8}$ 相乘

$$\frac{1}{\sqrt{2}}(1-\mathrm{j})(x+\mathrm{j}y)=\frac{1}{\sqrt{2}}[(x+y)-\mathrm{j}(x-y)]=R+\mathrm{j}I$$

式中，$R=\frac{1}{\sqrt{2}}(x+y)$，$I=\frac{1}{\sqrt{2}}(y-x)$。

可见，在这种情况下，只需要进行两次实数乘和两次实数加。所以 $W_N^{N/8}$ 对应的每个蝶形可节省两次实数乘法。在时域抽取法的流图中，从第 $L=3$ 至 $L=M$ 级，每级都有 $W_N^{N/8}$ 项。第 L 级含有 $N/2^L$ 个蝶形运算，可减少实数运算 $2N/2^L$ 个。故从 $L\sim M$ 级减少实数运算的次数与式(4-24)结果相同。对整个算法所需实数运算次数为

$$R=4\left[\frac{N}{2}(M-2)+2\right]-\left(\frac{N}{2}-2\right)=N\left(2M-\frac{13}{2}\right)+10<4\times\frac{N}{2}\times M$$

综上所述，对 FFT 来说，去掉各级蝶形运算中的无关紧要项，并将特殊复数乘法项简化计算，可以减少乘法次数。尤其当 N 较大时，这种减少量相当可观。如果将旋转因子进行分类则可以有以下几种情况。

一类蝶形运算：包含全部旋转因子。

二类蝶形运算：去掉 $W_N^r=\pm1$ 的旋转因子。

三类蝶形运算：再去掉 $W_N^r=\pm\mathrm{j}$ 的旋转因子。

四类蝶形运算：再去掉 $W_N^r=\frac{1}{\sqrt{2}}(1-\mathrm{j})$ 的旋转因子。

对三类蝶形运算来说，当 $N=4096$ 时，相对于一类蝶形运算乘法次数可减少1/4。但是如果用考虑特殊旋转因子来减少运算次数将以编程的复杂程度为代价。考虑的情况越多，程序将越复杂。但由于在 N 较大时能带来运算量的大大减少，如果有必要也是可以考虑的。

4.4.2 旋转因子

在实际的 FFT 运算中，通过计算 $W_N^n=\cos(2\pi n/N)-\mathrm{j}\sin(2\pi n/N)$ 来实现旋转因子。由于计算正弦和余弦函数值的运算量很大，程序运行时，旋转因子的产生将对运算速度产生较大的影响。在对时间要求比较苛刻时，应该对此进行改进。一种有效的方法是查表法。查表法的思想是在进行 FFT 运算前，将所有用到的旋转因子 W_N^n，$n=0,1,\cdots,N/2$ 计算出来，并储存在计算机里，作为旋转因子表。在程序执行时不必再进行计算，而是直接查表得到所需的旋转因子值。这样可使运算速度大大提高，但此法的缺点是占用较多的内存。

4.4.3 实序列

在前面讨论的 FFT 算法，都认为输入 $x(n)$ 是一个复数。但事实上 $x(n)$ 通常都为实数。按照前面的方法计算一个实数的 FFT，只要把 $x(n)$ 看作一个虚部为零的复数就可以了。显然这样处理计算机要消耗额外的机时和内存空间。所以对于实序列的 FFT 要进行特别处理。常用的方法如下：

设 $x(n)$ 为 N 点实序列，按奇偶点分解序列为 2 个 $N/2$ 长的序列，(类似时域抽取)，即

$$\begin{cases} x_1(n) = x(2n) \\ x_2(n) = x(2n+1) \end{cases}, \quad n = 0,1,\cdots,N/2-1$$

把两个 $N/2$ 点序列组成一个复数序列，一个序列为复数的实部，而另一个则作为虚部。即

$$y(n) = x_1(n) + \mathrm{j}x_2(n) \qquad n = 0,1,\cdots,N/2-1$$

对 $y(n)$ 进行 $N/2$ 点 FFT，得到 $Y(k)$ 为

$$Y(k) = Y_{\mathrm{ep}}(k) + Y_{\mathrm{op}}(k)$$

根据 DFT 的共轭对称特性，实部序列的变换具有共轭对称特性，而虚部序列的变换则具有共轭反对称特性。所以

$$\begin{cases} X_1(k) = \mathrm{DFT}[x_1(n)] = Y_{\mathrm{ep}}(k) \\ X_2(k) = \mathrm{DFT}[x_2(n)] = -\mathrm{j}Y_{\mathrm{op}}(k) \end{cases} \qquad k = 0,1,\cdots,N/2-1$$

所以只要从 $Y(k)$ 中求出 $Y_{\mathrm{ep}}(k)$ 和 $Y_{\mathrm{op}}(k)$ 就可以得到 $X_1(k)$ 和 $X_2(k)$，即

$$X_1(k) = Y_{\mathrm{ep}}(k) = \frac{1}{2}\left[Y(k) + Y^*(N-k)\right]$$

$$X_2(k) = -\mathrm{j}Y_{\mathrm{ep}}(k) = -\frac{1}{2}\left[Y(k) - Y^*(N-k)\right]$$

根据时域抽取法的思想

$$X(k) = X_1(k) + W_N^k X_2(k) \qquad k = 0,1,\cdots,N/2-1$$

由于 $x(n)$ 为实序列，根据 $X(k)$ 的共轭对称性可以求出另外 $N/2$ 点的 $X(k)$ 值：

$$X(N-k) = X^*(k) \qquad k = 0,1,\cdots,N/2-1$$

从上述计算过程看出，对长度为 N 的实序列 $x(n)$，可以通过求 $N/2$ 点的 FFT 来求得。但是要增加一些额外运算：如组合新序列、求对称和反对称序列、由 $N/2$ 点序列求得 $X(k)$ 等。但即便如此，运算效率还是会提高的。运算效率 $\eta = 2M/(M+1)$。当 N 较大时，其运算效率可提高 50%。

4.5 基 4 快速傅里叶变换算法

前面讨论的基 2 FFT 算法规律很强，故编程简单、效率高，是使用最多的一种运算。为获取更高的运算效率，人们也尝试着进行其他分解方法的探索。另一种应用较多的算法是以基 4 FFT 算法。可以证明这是一种效率更高的算法。

4.5.1 基本原理

设序列长度满足 $N = 4^M$，将序列分解为 4 个 $N/4$ 点序列。将 n 和表示为

$$\begin{cases} x_1(r) = x(4r) \\ x_2(r) = x(4r+1) \\ x_3(r) = x(4r+2) \\ x_4(r) = x(4r+3) \end{cases} \tag{4-25}$$

$$
\begin{aligned}
X(k) &= \sum_{n=0}^{N-1} x(n) W_N^{kn} \\
&= \sum_{r=0}^{N/4-1} x(4r) W_N^{4kr} + \sum_{r=0}^{N/4-1} x(4r+1) W_N^{(4r+1)k} + \sum_{r=0}^{N/4-1} x(4r+2) W_N^{(4r+2)k} + \sum_{r=0}^{N/4-1} x(4r+3) W_N^{(4r+3)k} \\
&= \sum_{r=0}^{N/4-1} x_1(r) W_{N/4}^{kr} + W_N^k \sum_{r=0}^{N/4-1} x_2(r) W_{N/4}^{rk} + W_N^{2k} \sum_{r=0}^{N/4-1} x_3(r) W_{N/4}^{rk} + W_N^{3k} \sum_{r=0}^{N/4-1} x_4(r) W_{N/4}^{rk} \\
&= X_1(k) + W_N^k X_2(k) + W_N^{2k} X_3(k) + W_N^{3k} X_4(k) \qquad 0 \leqslant k \leqslant N-1
\end{aligned}
\tag{4-26}
$$

式中，$X_1(k) \sim X_4(k)$ 均为 $N/4$ 点 DFT 。

根据其周期性

即

$$
X_i(k) = X_i(k + \frac{N}{4}) \qquad i = 1,2,3,4
$$

可得

$$
\begin{cases}
X(k) = X_1(k) + W_N^k X_2(k) + W_N^{2k} X_3(k) + W_N^{3k} X_4(k) \\
X\left(k + \dfrac{N}{4}\right) = X_1\left(k\right) - \mathrm{j} W_N^k X_2(k) - W_N^{2k} X_3(k) + \mathrm{j} W_N^{3k} X_4(k) \\
X\left(k + \dfrac{N}{2}\right) = X_1\left(k\right) - W_N^k X_2(k) + W_N^{2k} X_3(k) - W_N^{3k} X_4(k) \\
X\left(k + \dfrac{3N}{4}\right) = X_1\left(k\right) + \mathrm{j} W_N^k X_2(k) - W_N^{2k} X_3(k) - \mathrm{j} W_N^{3k} X_4(k)
\end{cases}
\tag{4-27}
$$

表示为矩阵形式

$$
\begin{pmatrix} X(k) \\ X(k+\dfrac{N}{4}) \\ X(k+\dfrac{N}{2}) \\ X(k+\dfrac{3N}{4}) \end{pmatrix}
= \begin{pmatrix} 1 & 1 & 1 & 1 \\ 1 & -\mathrm{j} & -1 & \mathrm{j} \\ 1 & -1 & 1 & -1 \\ 1 & \mathrm{j} & -1 & -\mathrm{j} \end{pmatrix}
\begin{pmatrix} X_1(k) \\ X_2(k) W_N^k \\ X_3(k) W_N^{2k} \\ X_4(k) W_N^{3k} \end{pmatrix}
\tag{4-28}
$$

可将式(4-27)表示成流图形式如图 4.18 所示。为便于画图蝶形图中要交换 $X_2(k)$ 和 $X_3(k)$ 位置。

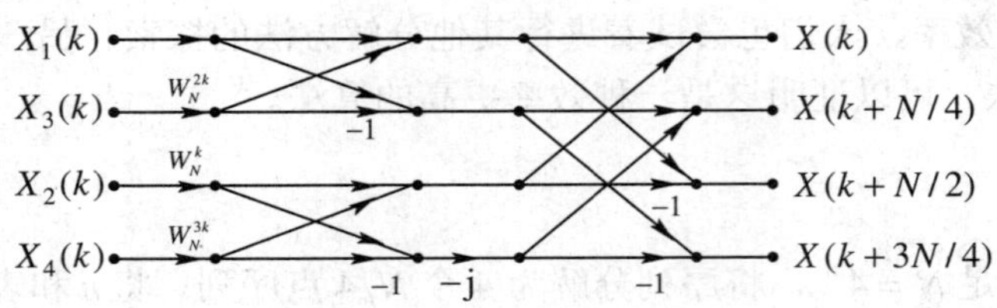

图 4.18　基 4FFT 基本蝶形运算流图

如果一次分解后长度仍满足要求，则可继续分解直至最后为 4 点 DFT，而 4 点 DFT 可用一个基 4 流图进行表示。如图 4.19 中的虚框所示，注意 4 点 DFT 流图中没有乘法运算。

时域抽取的结果导致输入排列为码位倒序，而输出保持自然顺序排列。

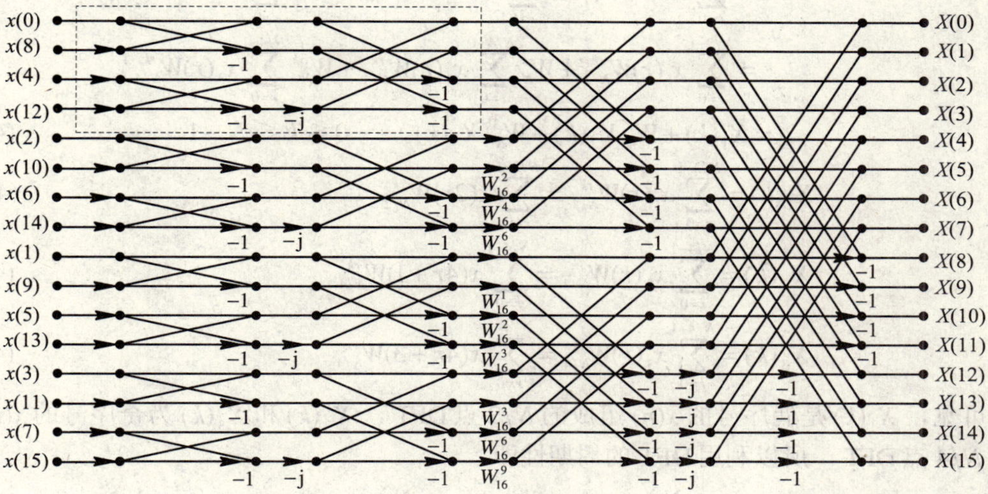

图 4.19　时域抽取法基 4 FFT 运算流图(N=16)

4.5.2　运算量

一个 4 点 FFT 没有乘法运算(除 $W_N^0=1$ 外)。每级有 $N/4$ 个 4 点 FFT，共 M 级($M-1$ 级要乘旋转因子)。

基 4 乘法次数$=3\times\dfrac{N}{4}\times(M-1)\approx\dfrac{3}{8}N\log_2 N$

基 2 乘法次数$=\dfrac{N}{2}\log_2 N$

$$\frac{3N/8\log_2 N}{N/2\log_2 N}=75\%$$

可见，采用基 4 算法可以节省 25%的运算量。所以基 4 算法也是应用较多的一种算法。

4.6　分裂基快速傅里叶变换算法

4.6.1　算法原理

如果对序列 $x(n)$ 的偶序号使用基 2 FFT，对序列 $x(n)$ 的奇序号使用基 4 FFT，称为分裂基 FFT 算法。

设序列长度满足 $N=2^M$，将 $x(n)$ 分为三个序列。即

$$\begin{aligned}&x_1(r)=x(2r) && r=0,1,2\cdots,N/2-1\\&x_2(r)=x(4r+1) && \\&&& r=0,1,2\cdots,N/4-1\\&x_3(r)=x(4r+3) &&\end{aligned}\tag{4-29}$$

$$X(k)=\mathrm{DFT}\left[x(n)\right]=\sum_{n=0}^{N-1}x(n)W_N^{kn}$$

$$
\begin{aligned}
&= \sum_{r=0}^{N/2-1} x(2r)W_N^{2rk} + \sum_{r=0}^{N/4-1} x(4r+1)W_N^{(4r+1)k} + \sum_{r=0}^{N/4-1} x(4r+3)W_N^{(4r+3)k} \\
&= \sum_{r=0}^{N/2-1} x_1(r)W_{N/2}^{rk} + W_N^k \sum_{r=0}^{N/4-1} x_2(r)W_{N/4}^{rk} + W_N^{3k} \sum_{r=0}^{N/4-1} x_3(r)W_{N/4}^{rk} \\
&= X_1(k) + W_N^k X_2(k) + W_N^{3k} X_3(k) \qquad 0 \leqslant k \leqslant N-1
\end{aligned} \tag{4-30}
$$

式中

$$X_1(k) = \sum_{r=0}^{N/2-1} x_1(r)W_{N/2}^{rk} = \sum_{r=0}^{N/2-1} x(2r)W_{N/2}^{rk} \tag{4-31}$$

$$X_2(k) = \sum_{r=0}^{N/4-1} x_2(r)W_{N/4}^{rk} = \sum_{r=0}^{N/4-1} x(4r+1)W_{N/4}^{rk} \tag{4-32}$$

$$X_3(k) = \sum_{r=0}^{N/4-1} x_3(r)W_{N/4}^{rk} = \sum_{r=0}^{N/4-1} x(4r+3)W_{N/4}^{rk} \tag{4-33}$$

可见，$X_1(k)$ 是偶序号的 $x(n)$ 组成的 $N/2$ 点 DFT，$X_2(k)$ 和 $X_3(k)$ 为奇序号的 $x(n)$ 组成的 $N/4$ 点 DFT。所以利用 DFT 的周期性即

可得　$X_1(k) = X_1\left(k+\frac{N}{2}\right)$，$X_2(k) = X_2\left(k+\frac{N}{4}\right)$，$X_3(k) = X_3\left(k+\frac{N}{4}\right)$

$$
\left.
\begin{aligned}
X(k) &= X_1(k) + W_N^k X_2(k) + W_N^{3k} X_3(k) \\
X\left(k+\frac{N}{4}\right) &= x_1\left(k+\frac{N}{4}\right) - \mathrm{j}W_N^k X_2(k) + \mathrm{j}W_N^{3k} X_3(k) \\
X\left(k+\frac{N}{2}\right) &= X_1(k) - W_N^k X_2(k) - W_N^{3k} X_3(k) \\
X\left(k+\frac{3N}{4}\right) &= X_1\left(k+\frac{3N}{4}\right) + \mathrm{j}W_N^k X_2(k) - \mathrm{j}W_N^{3k} X_3(k)
\end{aligned}
\right\} \quad 0 \leqslant k \leqslant N/4-1 \tag{4-34}
$$

式(4-34)所表示的运算关系可用图 4.20 表示，并由此得到分裂基 FFT 算法的基本蝶形运算流图如图 4.21 所示。

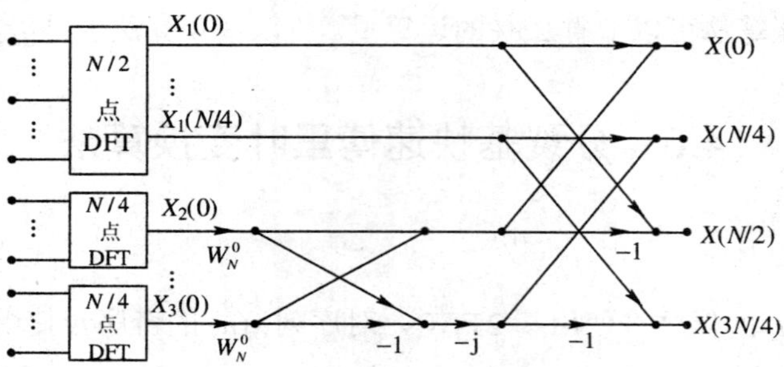

图 4.20　时域抽取法分裂基一次分解流图

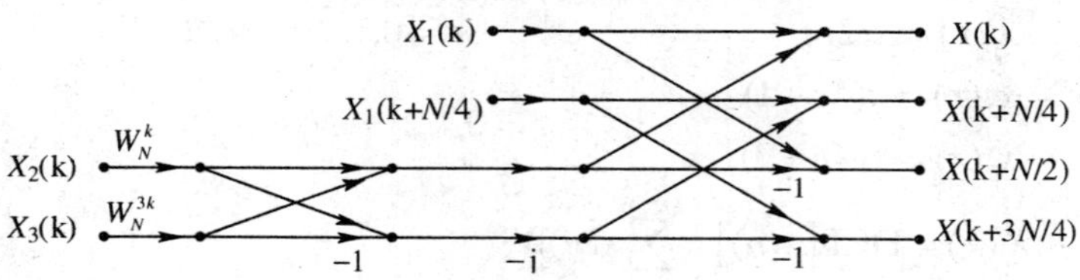

图 4.21　分裂基 FFT 的基本蝶形运算

可见一次分解使整个运算由一个 $N/2$ 点 DFT、2 个 $N/4$ DFT 及 $N/4$ 个分裂基蝶形运算组成。像基 2 算法一样，还可以对序列继续进行分解，即把 $x_1(r)$、$x_2(r)$、$x_3(r)$ 看作输入并按上面的分裂基方法处理。最后一级的运算点如果是 2 点或 4 点就可以直接表示成基 2 或基 4 的基本蝶形运算。比如对 $N=2^M=16$ 点 DFT，$X(k)$ 的第一级可分解为一个 8 点 DFT $X_1(k)$、2 个 4 点 DFT $X_2(k)$ 和 $X_3(k)$ 及 4 个分裂基蝶形运算；对 $X_1(k)$ 进行第二级分解为一个 4 点 DFT、2 个 2 点 DFT 和 2 个分裂基蝶形运算，最后将 2 点 DFT 和 4 点 DFT 直接用蝶形运算表示。得到 $N=16$ 点的分裂基 FFT 流图结构示意图 4.22 及分裂基算法流图如图 4.23 所示。

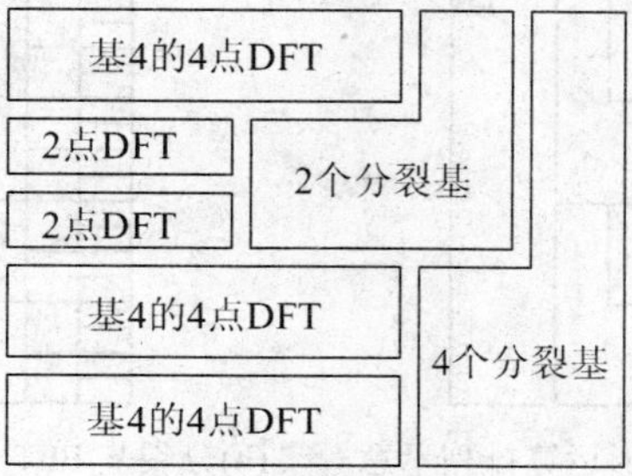

图 4.22　分裂基 FFT 流图结构示意图 N=16

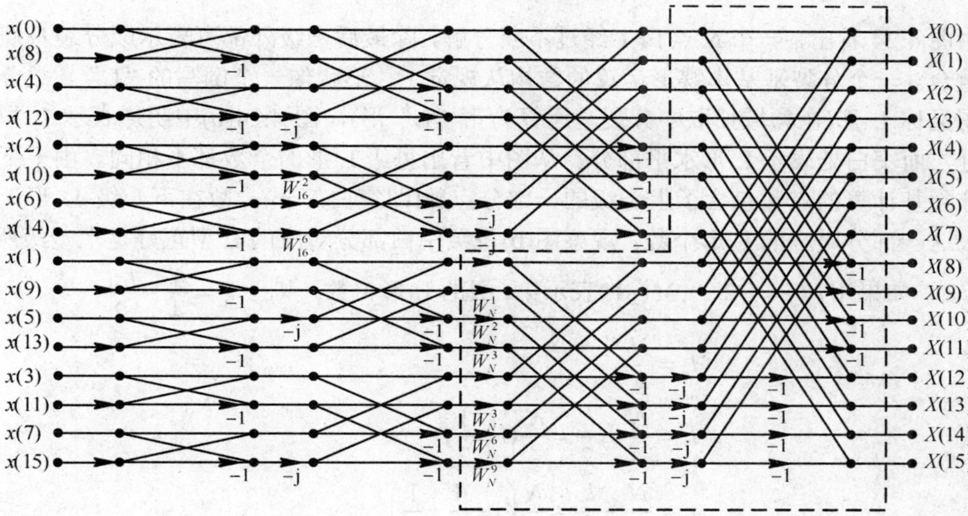

图 4.23　时域抽取法分裂基 FFT 运算流图(N=16)

从图 4.23 看出，时域抽取的分裂基运算的输入为码位倒序排列，输出为自然顺序排列，这是输入按 n 奇偶分组的必然结果。分裂基的流图和基 4 FFT 流图如图 4.19 所示。相比非常相像，不同之处在于旋转因子的个数和位置不同，所以乘法次数不同。基 4　FFT 和分裂基 FFT 也可以用频域抽取法进行计算。

4.6.2　运算量

从分裂基的蝶形基本运算流图 4.21 可知，一个分裂基蝶形运算含有二次复数乘法。各级复数加法次数与基 2 算法相同。所以 FFT 的运算量和分裂基的个数有关。为便于分析在图 4.24 中画出了 N 点分裂基的 FFT 算法结构示意图。

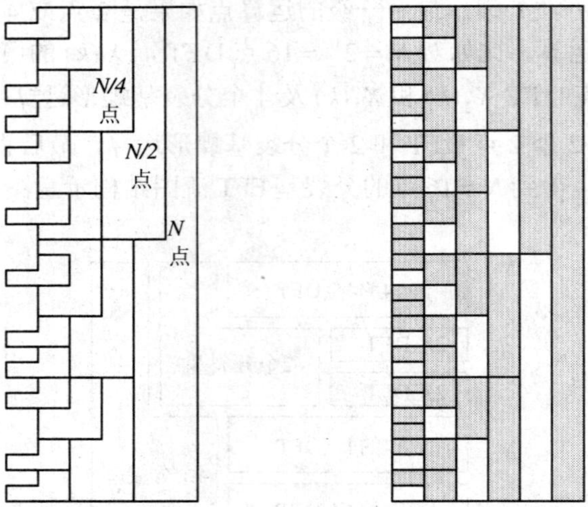

(a)分裂基蝶形运算排列示意　　(b)分裂基 FFT 运算流图结构示意

图 4.24　分裂基 FFT 算法结构示意图

由图 4.24 看出，一个 N 点 FFT 经过不断分解，除最后一级外都可表示成分裂基蝶形运算的组合。一个分裂基基本蝶形运算的结构从视觉上，形状像一个倒写的"L"，故分裂基蝶形图又称 L 形(在频域抽取中分裂基运算为正"L"形)，图 4.24(b)中阴影表示 L 型的垂直部分，而空白处表示 L 形水平部分。从图中看出每级 L 形的个数都不相同。由于下一级进行分裂基计算的点数包含了上一级的一部分点数(即空白部分)，故在下一级 L 形计算中要减去这一部分对应的 L 形个数。观察图(b)每级空白部分对应的 L 型正好是上一级所有 L 形的 1/2。如果用 $l_i\,(i=1,2,\cdots,M-1)$ 表示第 i 级的 L 形个数，则 $l_i=\dfrac{N}{4}-\dfrac{l_{i-1}}{2}$

$$l_1=\frac{N}{4}$$

$$l_2=\frac{N}{4}-\frac{l_1}{2}=\frac{N}{4}(1-\frac{1}{2})$$

$$l_3=\frac{N}{4}-\frac{l_2}{2}=\frac{N}{4}\left(1-\frac{1}{2}+\frac{1}{4}\right)$$

$$l_i=\frac{N}{4}\sum_{j=0}^{i-1}\left(-\frac{1}{2}\right)^j=\frac{N}{6}\left[1-\left(-\frac{1}{2}\right)^i\right]$$

$$C=2\sum_{i=0}^{M-1}l_i=\frac{N}{3}\left[M-\frac{2}{3}+\frac{2}{3}\left(-\frac{1}{2}\right)^M\right]$$

$$=\frac{1}{3}N\log_2 N-\frac{2}{9}\left(N-(-1)^M\right) \tag{4-35}$$

比较基 2 和基 4 复数乘法次数：

基 2 复数乘法次数：　$\frac{N}{2}\log_2 N$

基 4 复数乘法次数：　$\frac{3}{8}N\log_2 N$

只比较第一项，可得分裂基运算量比基 2 算法减少 33%以上，比基 4 算法减少 11%以上。

4.7 其他 FFT 算法

基 2、基 4 和分裂基算法当中，当 N 不满足 2^M 时，必须补零使长度达到基 2 运算要求。但是有时需要补的零太多，结果造成计算量的增加。比如，$N=600$，需要补到 $N=2^{10}=1024$，要补 424 个零值。因此开始人们研究了其他长度的 FFT 算法。这种算法称为混合基 FFT 算法。

如果序列 $x(n)$ 长度为 $N=pq$，p 和 q 为正整数，即 N 为一个复合数。可以将 N 点 DFT 分解为 p 个 q 点 DFT 或者分为 q 个 p 点 DFT，以减少运算量。例如，采用时域抽取法，将序列分解为 p 个长度为 q 点的短序列，即

$$\begin{cases} x_1(r)=x(pr) \\ x_2(r)=x(pr+1) \\ x_3(r)=x(pr+2) \\ \vdots \\ x_p(r)=x(pr+p-1) \end{cases} \qquad r=0,1,2,\cdots,q-1 \tag{4-36}$$

则

$$\begin{aligned} X(k) &= \sum_{n=0}^{N-1} x(n)W_N^{kn} \\ &= \sum_{r=0}^{q-1} x(pr)W_N^{kpr} + \sum_{r=0}^{q-1} x(pr+1)W_N^{k(pr+1)} + \cdots + \sum_{r=0}^{q-1} x(pr+p-1)W_N^{k(pr+p-1)} \\ &= \sum_{r=0}^{q-1} x_1(r)W_N^{kpr} + W_N^k \sum_{r=0}^{q-1} x_2(r)W_N^{kpr} + \cdots + W_N^{k(p-1)} \sum_{r=0}^{q-1} x_p(r)W_N^{kpr} \\ &= \sum_{l=1}^{p} W_N^{(l-1)k} \sum_{r=0}^{q-1} x_l(r)W_N^{kpr} = \sum_{l=1}^{p} W_N^{lk} X_l(k) \end{aligned} \tag{4-37}$$

式中，$X_l(k)=\mathrm{DFT}\{x_l(r)\}=\sum_{r=0}^{q-1} x_l(r)W_N^{prk}$

如果 p 和 q 仍为复合数，仍可继续分解，直到 p 和 q 成为质数为止。显然基 2、基 4 算法应为混合基的特例(因 $N=2^M=\underbrace{2\cdot 2\cdot 2\cdots 2}_{M}$)。

例如，当 $N=6=3\times 2$ ($p=3$，$q=2$)时，由式(4-37)并利用周期性即 $X_l(k)=X_l(k+2)$

$$X(k)=\sum_{l=1}^{3} W_N^{(l-1)k} \sum_{r=0}^{1} x_l(r)W_N^{3kr} = \sum_{l=1}^{3} W_N^{lk} X_l(k)$$

$$X(0)=W_N^0 X_1(0)+W_N^0 X_2(0)+X_N^0 X_3(0)$$

$$X(1)=W_N^0 X_1(1)+W_N^1 X_2(1)+W_N^2 X_3(1)$$

$$X(2)=W_N^0X_1(0)+W_N^2X_2(0)+W_N^4X_3(0)$$
$$X(3)=W_N^0X_1(1)+W_N^3X_2(1)+W_N^6X_3(1)$$
$$X(4)=W_N^0X_1(0)+W_N^4X_2(0)+W_N^8X_3(0)$$
$$X(5)=W_N^0X_1(1)+W_N^5X_2(1)+W_N^{10}X_3(1)$$

图 4.25 中给出了当$N=6=3\times2$的分解流图。为便于看清运算关系，采用直接流图。图中$X_1(k)$、$X_2(k)$、$X_3(k)$为 2 点(q点)DFT，流图中两点DFT蝶形中省略了W_N^0项。从图中结果看出当分解的不同因子越多，流图将越复杂，当然编程也繁琐。所以条件允许应尽量采用前面介绍的规则运算 (更详细的内容可以查阅参考文献[10])。

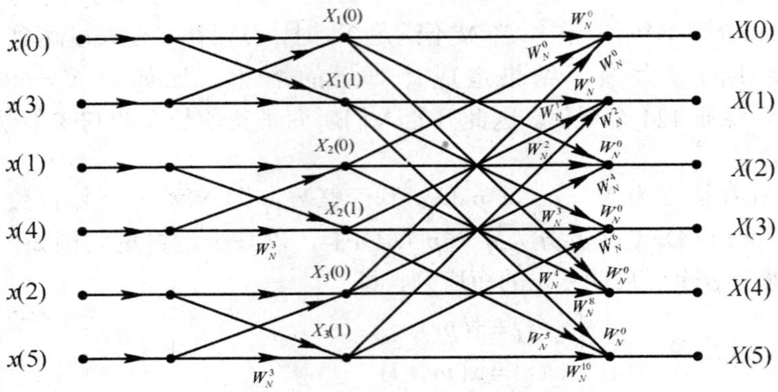

图 4.25　当 N=6=3×2 时混合基 FFT 算法的分解流图

4.8　FFT 应用举例

由于FFT算法发展已经非常成熟，在各种软件应用中都可调用标准的FFT函数。即使在DSP芯片的开发系统中，也有经过优化处理的标准FFT程序模块可供调用。所以对初学者来说，更应该把精力放在如何应用FFT解决实际问题。在第 3 章已经了解了用DFT进行模拟信号频谱分析的方法，但是实际上在计算样点较多的情况下，用一般的算法其工作量是相当可观的，而且也很难实现实时运算。而采用FFT算法，对运算量增加的需求已不是问题了，这样就可以在同样的时间里实现精度要求更高的计算了。

【例 4.2】 已知序列$x(n)=\{3,5,1,5,3\}$，设采样周期$T=0.5\text{s}$。要求用FFT来求其频谱。

解　这是一个求有限长序列的频谱问题，此例序列长度$N=5$。由于给出了采样周期，可以断定所求频谱应为模拟域的频谱$X(\mathrm{e}^{\mathrm{j}\omega})$，根据采样定理在奈奎斯特频率范围内为有界连续函数。而用FFT求出的是$x(n)$的DFT(离散频谱)，即序列频谱的采样值，其对应数字频率

$$\omega_k=k(2\pi/N)=k\mathrm{d}\omega$$

式中，$k=-(N-1)/2:(N-1)/2$　　(4-38)

对应的模拟频率为　$\Omega_k=k(2\pi/NT)=kD$

显然，D 就是模拟域的频率分辨率，且 $D = F_s \mathrm{d}\omega = \mathrm{d}\omega / T$ 。用 FFT 计算的是数字频率，最后可根据对应关系写出模拟频率。用 FFT 可以高效地计算 DFT 。但是在使用 FFT 时，得到的结果为 $k = 0 \sim N-1$ 上取值，如果要求奈奎斯特频率范围内的频谱就需要把这 N 点数据移到式(4-38)决定的频点上。这样就得到了 $-\pi/T \sim \pi/T$ 区间的频谱 $X(e^{j\omega_k})$，如果将样本进行插值，就可得到全部 $X(e^{j\omega})$。给出该例中求频谱的 MATLAB 程序如下：

```
xn=[1,1,1,1,1]; T=0.5;                      %给定原始数据
N=length(xn);
D=2*pi/(N*T);%求序列长及频率分辨率
k=floor((-(N-1)/2):((N-1)/2));              %求对称于零频率的 FFT 位置向量
XK=fftshift(fft(xn,N));                     %求对称零频率的 FFT 序列值
subplot(1,2,1),plot(k*D,abs(XK),'o:');      %画幅频特性
subplot(1,2,2),plot(k*D,angle(XK),'o:');    %画相频特性
```

运行结果如图 4.26 所示。

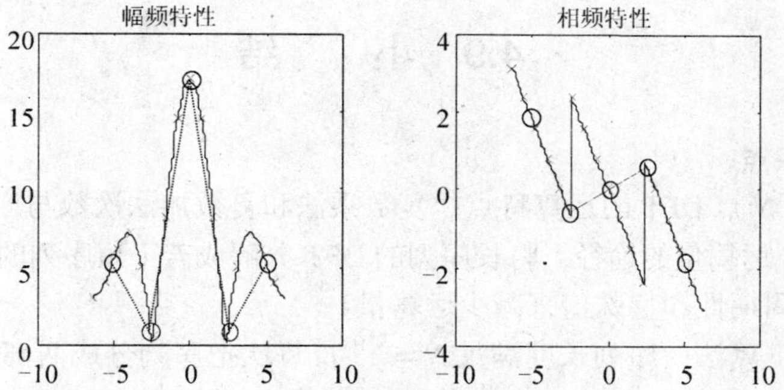

图 4.26 用 FFT 计算例 4.2 结果

○–不补零；×–补 11 个零；实线–补 507 个零

程序中样点之间采用的是直线插值。改变程序中的 N=length(xn)为 16，就可自动在输入序列后补零使总长度为 16。对程序稍作修改就可将补 11 个零和补 507 个零的频谱计算结果画在一张图上。比较三种情况可看出当序列后补零个数不同时，频谱计算结果有很大不同。当 $N = 5$ 时，分辨率 $D = 2\pi / NT = 2.5133\,\mathrm{rad/s}$，分辨率很差，所以频谱样点间的变化根本无法识别。随着分辨率的提高，分辨率与实际频谱越来越接近。当 N 很大时频谱几乎变为连续频谱。但是要注意的是补零只是将频谱画的更密一些，改善的是视觉分辨率。真正频谱的更细节信息应当是用增加有效输入数据来获得。

而对无限长序列来说，由于样点可取无限多，所以分辨率不是问题。但实际上，用计算机进行处理时总是把无限长序列截断为一个有限长序列。而截断会引起泄露和波动。所以截断后的序列只能用来近似表示无限长序列的频谱，这样就产生了误差。

【例 4.3】 给定序列 $x(n) = 0.8^n$，$n \geqslant 0$，采样周期 $T = 0.5\mathrm{s}$，问截取长度 N 为多少时，所计算的误差小于 1%？

解 用解析方法可求出 $x(n)$ 的频谱 $X(\omega) = 1/(1 - 0.8e^{-j0.5\omega})$。要计算误差，可以先取不同的 N，把用 FFT 计算的结果和解析计算的结果进行比较计算就可求出绝对误差和相对误差。

MATLAB 程序如下：

```
 T=0.5;N=32;D=2*pi/(N*T);
n=0:N-1;xn=0.8.^n;k=n;
XK=fft(xn);                            %求出 32 点 DFT 数值
Xt=1.0./(1-0.8*exp(-j*0.5*k*D));       %求出 32 点频谱解析值
e=max(abs(abs(XK)-abs(Xt)))            %求出两者的最大误差
Xm=max(abs(XK))                        %求 FFT 序列的最大值
pe=e/Xm*100                            %求相对误差百分数
```

运行结果为绝对误差 e=0.004，最大频谱幅度 X_m=4.996，相对误差为 0.0793%，所以用 32 点计算这个序列的频谱就足够满足要求了，没必要用更大的 N 值。但是要求出满足指标的最小 N 值，而又不知道序列频谱解析解的情况下，则需要较为复杂的方法进行求解。有兴趣的读者可参考文献[10]。

FFT 计算是数字信号处理中的应用最多的运算之一。除了求各种不同信号的频谱外，FFT 还可用来求解卷积、系统响应等。进一步的应用读者可参考其他资料。

4.9　小　　结

本章主要知识点

(1) 直接计算 N 点 DFT 的运算特点：复数乘法和复数加法次数与序列长度 N^2 成正比。

(2) 减少 DFT 运算量的途径：将长序列的 DFT 分解成若干短序列的 DFT 的组合并利用 DFT 的对称性、周期性和特殊值来减少运算量。

(3) 基 2 FFT 算法：序列长度满足 $N=2^M$，每次把序列分成两部分，可分为 M 级。有两种分法:时域抽取法(DIT− FFT)和频域抽取法(DIF− FFT)。

(4) 时域抽取法：输入按奇偶分组，将 N 点 DFT 分成两个 $N/2$ 点 DFT，然后经蝶形运算求得 $X(k)$。继续分解可分成 M 级蝶形运算。特点为输入码位倒序，输出自然顺序，可进行原位运算，运算流图规则，程序简单。

(5) 频域抽取法：输入按前后分组，蝶形运算后得到按奇偶抽取的 $X(k)$。特点是输入自然顺序，输出码位倒序。频域抽取流图与时域抽取流图为对偶关系。其他特点两者相同。

(6) 基 4 FFT 算法：序列长度满足 $N=4^M$，将 N 点 DFT 分成四个 $N/4$ 点 DFT，经基 4 蝶形运算求得 $X(k)$。基 4 运算复数乘法次数比基 2 次数少。

(7) 分裂基 FFT 算法：序列长度满足 $N=2^M$。分裂基算法由基 2 和基 4 算法结合而成。分裂基蝶形运算流图形状为倒 L 形。复数运算次数比基 2 FFT 和基 4 FFT 都要少。

(8) 混合基 FFT 算法：序列长度满足 $N=pq$，即为复合数。将 N 点 DFT 分成 p 个 q 点 DFT 或 q 个 p 点 DFT。特点是不必对序列长度严格要求，避免补零引起的额外运算。

4.10　习　　题

1. 思考题：

(1) 一个基 2 DIF− FFT 算法的运算特点是什么？

(2) 如果采用基 3 DIT−FFT 运算，输入序列将如何排列？

(3) 求 N 点实序列的 DFT 时，如何有效地减少运算次数？

(4) 如果采用基 3 DIT−FFT 运算，需要多少次复数乘法？

2. 已知 $X(k)$ 和 $Y(k)$ 是两个 N 点实序列 $x(n)$ 和 $y(n)$ 的 DFT，若要从 $X(k)$ 和 $Y(k)$ 求 $x(n)$ 和 $y(n)$，为提高运算效率，试设计用一次 N 点 IFFT 来完成。

3. 设 $x(n)$ 是长度为 $2N$ 的有限长实序列，$X(k)$ 为 $x(n)$ 的 $2N$ 点 DFT。试设计用一次 N 点 DFT 完成计算 $X(k)$ 的高效算法。

4. 若已知 $X(k)$ 是长度为 $2N$ 点实序列 $x(n)$ 的 DFT，试设计用一次 N 点 IFFT 完成计算 $x(n)$ 的高效算法。

5. 设 $x_1(n)$、$x_2(n)$、$x_3(n)$、$x_4(n)$ 是四个 N 点实序列，且 $x_1(n)$ 和 $x_2(n)$ 是偶对称序列，$x_3(n)$ 和 $x_4(n)$ 是奇对称序列，试问如何通过一次 DFT 运算同时计算四个实序列的 DFT。

6. 试画出一个 $N=12$ 点的 FFT 流图，请按 $N=2\cdot2\cdot3$ 分解，问可能有几种形式？

7. 假设一次复数乘法需要 1μs，一次复数加法需要 0.5μs，试计算：

(1) 直接计算一个 1024 点 DFT 需要多少时间？

(2) 计算一个 FFT 需要多少时间？

8. 画出 $N=16$ 时，基 2 按时域抽取法和按频域抽取法的 FFT 流图。

9. 编写一个 MATLAB 程序，完成 N 点实序列基 2 时域抽取法的 FFT 运算。

第 5 章　离散时间系统的网络结构

教学提示：离散时间系统可以用差分方程、系统函数以及单位冲激响应进行描述。对同一系统可以表示成不同的算法结构。不同的算法直接对系统性能产生影响。本章主要对 IIR 和 FIR 系统的各种算法结构和性能进行分析。

教学要求：本章要求学生进一步了解离散时间系统的各种描述方法；掌握不同系统的各种算法结构及信号流图的表示方法；并学会用 MATLAB 实现网络结构。

5.1　引　　言

在前面的章节中，已经介绍了一个一般的时域离散系统可以用不同的方法进行描述，比如：差分方程、系统函数、单位冲激响应和卷积和等。

例如，一个 N 阶系统函数可用式(5-1)进行描述：

$$H(z)=\frac{\sum_{i=0}^{M}b_i z^{-i}}{1-\sum_{i=1}^{N}a_i z^{-i}}=\frac{Y(z)}{X(z)} \tag{5-1}$$

从该系统函数可以很容易得到系统的输入和输出关系，即差分方程如下：

$$y(n)=\sum_{i=1}^{N}a_i y(n-i)+\sum_{i=0}^{M}b_i x(n-i) \tag{5-2}$$

从系统函数还可以得到系统的单位冲激响应：

$$h(n)=ZT^{-1}[H(z)] \tag{5-3}$$

如果用单位冲激响应来表示系统输入和输出关系，则有卷积和形式如下：

$$y(n)=\sum_{m=-\infty}^{\infty}x(m)h(n-m) \tag{5-4}$$

事实上观察式(5-1)、式(5-2)和式(5-4)所表示的系统，发现如果要实现这些被描述的系统，所涉及的运算实际上是非常简单的，只有加法、乘法和单位延时三种基本运算。所以对同一系统还可以通过因式分解或部分分式等方法重新组合表示系统，这样表示的结果只是用不同的算法来实现同一系统。例如下面三个表达式描述的是同一系统：

$$H_1(z)=\frac{1+0.05z^{-1}}{1-0.65z^{-1}+z^{-2}}$$

$$H_2(z)=\frac{3}{1-0.4z^{-1}}-\frac{2}{1-0.25z^{-1}}$$

$$H_3(z)=\frac{1+0.05z^{-1}}{1-0.4z^{-1}}\cdot\frac{1}{1-0.25z^{-1}}$$

很容易证明 $H_1(z)=H_2(z)=H_3(z)$，但算法结构不同。如果实现上述不同算法结构，所产生的误差将不同，同时运算速度及实现的难易程度也不同。故如何选择算法结构对系统性能非常重要。不同算法结构之间可采用 MATLAB 程序进行转换。

根据系统单位冲激响应的特点把系统分为两大类：即无限长单位冲激响应系统(Infinite Impulse Responsed system，IIR)和有限长单位冲激响应系统(Finite Impulse Responsed system，FIR)。用算法结构所描述的系统又称为数字滤波器。

根据系统算法结构的特点，在这一章可以用更直接、更形象的框图或者信号流图来表示不同的算法结构。特别是对复杂系统，这种图示法对分析系统是十分有效的方法。

回顾一下，这种网络结构表示在信号与系统课程中已经用过。所以只要系统可以用微分方程或差分方程进行表示，其运算都可以表示成网络结构形式。也就是说，事实上这种网络结构或者算法结构在系统分析、电路分析中是一回事，都可称为网络分析。

5.2 数字滤波器结构的表示方法

综上所述加法、乘法和单位延时是数字滤波器的基本运算单元。如果用信号流图表示算法，则这三种运算应表示为如图 5.1 形式。

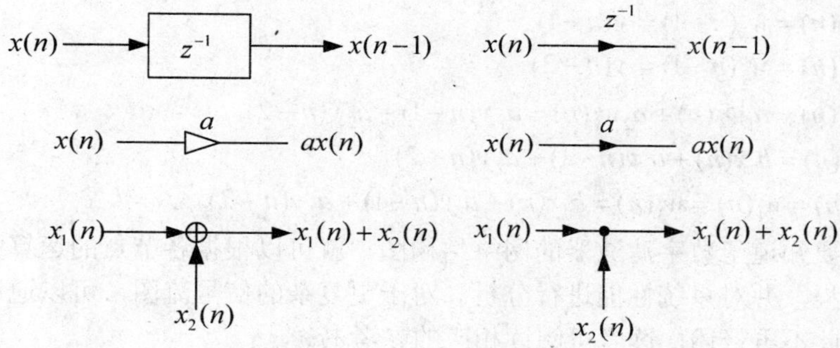

图 5.1 基本运算的框图和流图表示

图中符号说明为

单位延时器：用 z^{-1} 表示。它表示信号经过此环节将延时一次。

支路增益：用箭头旁边标注的 a 表示，a 通常为常数。无标注时，表示增益为 1。箭头表示信号流动方向。

网络节点：用圆点表示，支路信号在网络节点处汇合并流出。流出信号等于流入信号相加。

输入节点：输入信号 $x(n)$ 的节点，又称源节点。源节点没有输入支路。

输出节点：输出信号 $y(n)$ 的节点，又称吸收节点。吸收节点没有输出支路。

节点变量：节点处所标注的变量，如 $x(n)$、$y(n)$。节点变量等于所有输入支路的输出之和，实际上节点可看成一个相加器。

数字滤波器的整个运算结构都是由基本运算单元流图(又称基本流图)组成的。对一个复杂的数字滤波器来讲，每个网络节点都连接着不同流向的信号支路。以如下二阶数字滤波器为例：

画出其框图结构如图 5.2 所示。如果用信号流图表示，则可得结构图如图 5.3 所示。可以看出框图和信号流图表示完全等效，只是符号有所不同。不过信号流图所表示的网络结构更简洁、明了。

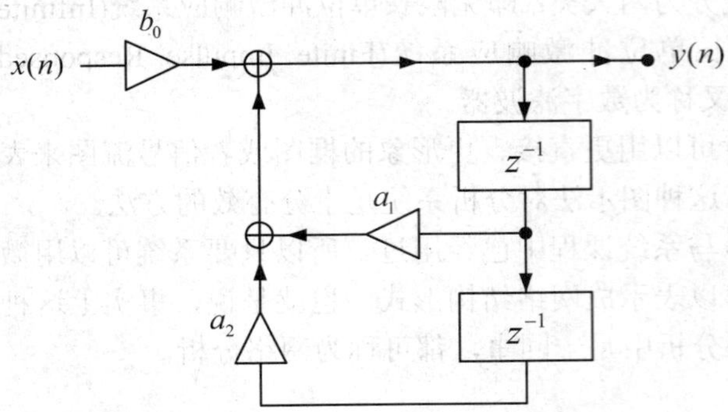

图 5.2 二阶数字滤波器的框图结构

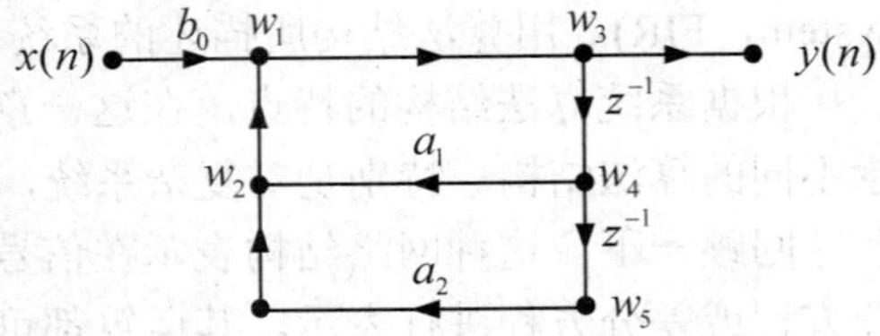

图 5.3 为图 5.2 的等效流图

在图 5.3 中，定义网络节点的节点变量为 $w_1(n) \sim w_5(n)$

从图中可得到节点变量的运算关系为

$$
\begin{aligned}
&w_3(n) = y(n)\\
&w_4(n) = w_3(n-1) = y(n-1)\\
&w_5(n) = w_4(n-1) = y(n-2)\\
&w_2(n) = a_1 w_4(n) + a_2 w_5(n) = a_1 y(n-1) + a_2 y(n-2)\\
&w_1(n) = b_0 x(n) + a_1 y(n-1) + a_2 y(n-2)
\end{aligned}
$$

最终可得 $y(n) = w_1(n) = w_3(n) = b_0 x(n) + a_1 y(n-1) + a_2 y(n-2)$

从上例看出，只要知道了数字滤波器的网络结构图，就可以根据各节点的运算关系求得系统函数或差分方程，并对系统性能进行分析。对于更复杂的信号流图，可以通过用梅森公式进行求解。在此不再赘述，读者可阅读相应的参考书。

下面的讨论中只采用信号流图来分析数字滤波器结构。

系统的网络结构表明了系统的算法结构，不同的算法结构说明运算结构不同。运算结构不同所产生的影响表现在以下 3 点。

系统复杂性：算法不同所需的存储单元多少不同，说明运算的复杂程度不同。

运算速度和精度：算法不同所需的乘法运算次数也不同，这将直接影响运算速度和精度。

系统稳定性：由于用计算机计算存在有限字长的影响，算法不同则导致运算结果的误差不同，甚至改变系统极点分布，直接影响系统的稳定性。

所以，研究数字滤波器的运算结构是非常重要的问题。通过上文已经知道，数字滤波器分为 IIR 数字滤波器和 FIR 数字滤波器。由其各自特点决定，这两种滤波器的网络结构有较大的差异，所以将分别讨论之。

5.3 无限长单位冲激响应(IIR)基本网络结构

无限长单位冲激响应(IIR)滤波器的特点是

系统的单位冲激响应无限长；

信号流图中具有反馈支路，网络中有环路，也称递归结构；

系统函数 $H(z)$ 在 z 平面上存在极点；

IIR 系统的基本网络结构有三种，即直接型、级联型和并联型。

5.3.1 直接型

顾名思义，直接型结构就是根据差分方程或系统函数直接画出网络结构流图。

为进一步说明，重新写出差分方程和系统函数：

$$y(n)=\sum_{i=0}^{M}b_i x(n-i)+\sum_{i=1}^{N}a_i y(n-i)$$

如果假定 $M=N$，利用基本信号流图可画出该差分方程的信号流图如图 5.4 所示。

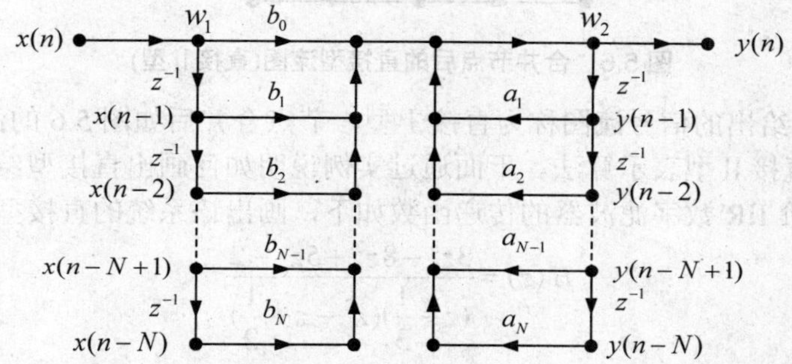

图 5.4　N 阶数字滤波器的直接 I 型网络结构

很显然，信号流图中第一部分由差分方程的第一部分确定，信号流图中第二部分由差分方程第二项得出。

由于
$$H(z)=\frac{\sum_{i=0}^{M}b_i z^{-i}}{1-\sum_{i=1}^{N}a_i z^{-i}}=\frac{Y(z)}{X(z)}=H_1(z)H_2(z)=H_2(z)H_1(z)$$

式中
$$H_1(z)=\sum_{i=0}^{M}b_i z^{-i}\qquad H_2(z)=\frac{1}{1-\sum_{i=1}^{N}a_i z^{-i}}$$

很显然，将图 5.4 中的两部分流图交换位置，其系统函数应当等效，如图 5.5 所示

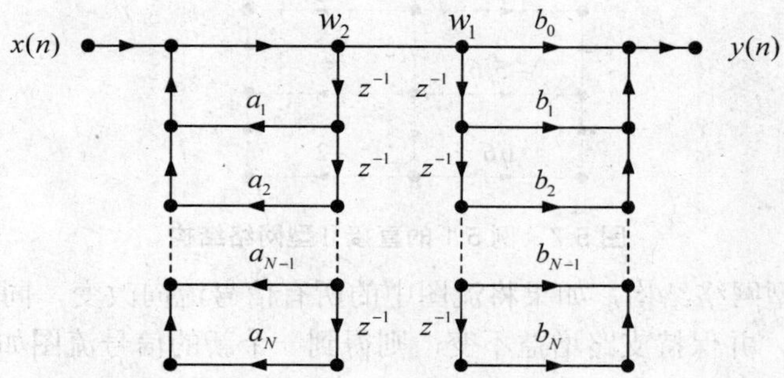

图 5.5　交换图 5.4 中两部分流图

交换前后信号流图中的网络节点位置 w_1 和 w_2 发生了变化。很显然，变化后的流图中 $w_1 = w_2$，所以可以将这两个节点进行合并，不会影响系统分析，如图 5.6 所示。

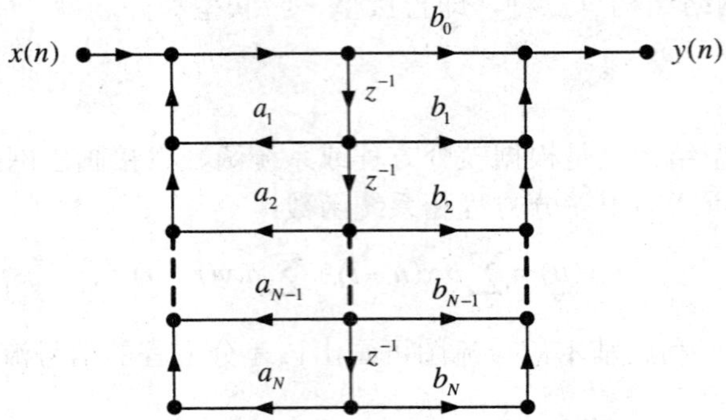

图 5.6　合并节点后的直接型流图(直接Ⅱ型)

通常把图 5.4 给出的信号流图称为直接Ⅰ型，节点合并后如图 5.6 的流图叫直接Ⅱ型。一般直接型都用直接Ⅱ型表示算法。下面通过实例说明如何画出直接型结构的信号流图。

【例 5.1】 设三阶 IIR 数字滤波器的传递函数如下，画出该系统的直接型。

$$H(z)=\frac{3z^3-8z^2+5z-2}{(z-\frac{1}{3})(z^2-z+\frac{1}{2})}$$

解　首先将 $H(z)$ 写成 z^{-1} 的多项式标准形式

$$H(z)=\frac{3-8z^{-1}+5z^{-2}-2z^{-3}}{1-\frac{4}{3}z^{-1}+\frac{5}{6}z^{-2}-\frac{1}{6}z^{-3}}$$

该系统的差分方程形式为

$$y(n)=3x(n)-8x(n-1)+5x(n-2)-2x(n-3)+\frac{4}{3}y(n-1)-\frac{5}{6}y(n-2)+\frac{1}{6}y(n-3)$$

根据上述差分方程或者系统函数 $H(z)$ 都可直接画出该系统的直接Ⅱ型结构如图 5.7 所示。

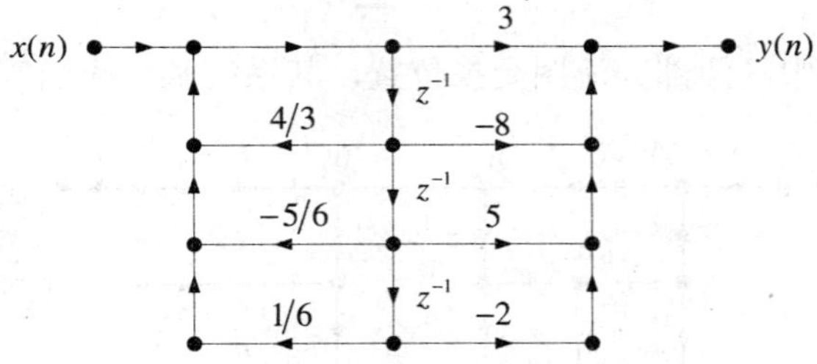

图 5.7　例 5.1 的直接Ⅱ型网络结构

注意观察直接型网络结构，如果将流图中的所有信号流向改变，同时将输入 $x(n)$ 和输出 $y(n)$ 的位置互换，并保持支路增益不变，则得到一个新的信号流图如图 5.8 所示。把这种变化称为信号流图的转置。可以证明经过转置后的信号流图的系统函数不变，与转置前完全相同。

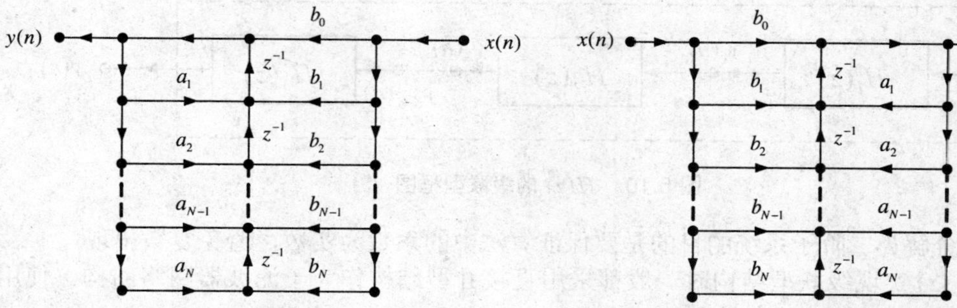

(a) 改变信号流向并交换输入、输出　　　　(b) (a)的等效表示

图 5.8　直接Ⅱ型网络结构的转置

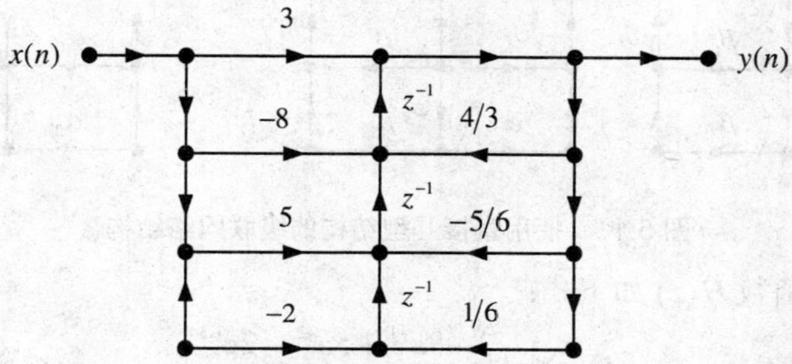

图 5.9　例 5.1 的直接型转置

直接型网络结构的 MATLAB 实现

在 MATLAB 程序中，用向量表示系统函数或差分方程的系数。只要知道系数就可以直接画出直接型网络结构。通常向量为 $a[n]=[a_0,a_1,\cdots,a_N]$，$b[n]=[b_0,b_1,\cdots,b_N]$，信号通过直接型滤波器的输出由 filter 函数进行计算。

Y=filter(b，a，x)

直接型网络结构非常直观的表达了系统函数和差分方程，但是却很难表示系统零极点分布情况，不便分析系统性能。故需要引入新的表示形式。

5.3.2　级联型

级联型网络结构是将系统函数分解为若干个二阶数字滤波器的系统函数的乘积，如式(5-5)所示：

$$H(z)=H_1(z)H_2(z)\cdots H_K(z)=\prod_{i=1}^{K}H_i(z) \tag{5-5}$$

式中，

$$H_i(z)=\frac{\beta_{0i}+\beta_{1i}z^{-1}+\beta_{2i}z^{-2}}{1-\alpha_{1i}z^{-1}-\alpha_{2i}z^{-2}}\qquad i=1,2,\cdots,K \tag{5-6}$$

称为一个二阶节数字滤波器，且分子、分母必须同阶。

$H(z)$ 由 K 个二阶节数字滤波器级联组成，其框图如图 5.10 所示。

$H_i(z)$ 是一阶或二阶系统，$\alpha_{i1},\alpha_{2i},\beta_{0i},\beta_{1i},\beta_{2i}$ 均为实系数。

当 $\alpha_{2i}=\beta_{2i}=0$ 时，$H_i(z)$ 由二阶节数字滤波器系统变成一阶数字滤波器系统。

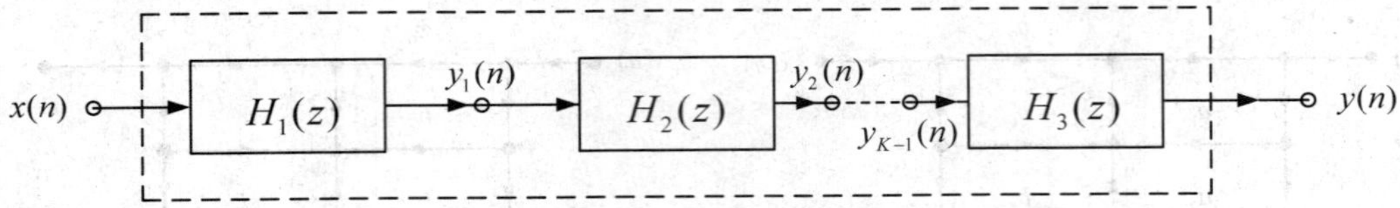

图 5.10 $H(z)$ 的级联型框图

将系统分解为二阶子系统的目的是要保证算法中的系数为实数，避免复数出现。

每个 $H_i(z)$ 实现级联型结构时一般都采用直接Ⅱ型结构作为子滤波器网络结构。使用直接Ⅱ型结构作为子滤波器的网络结构如图 5.11 所示。

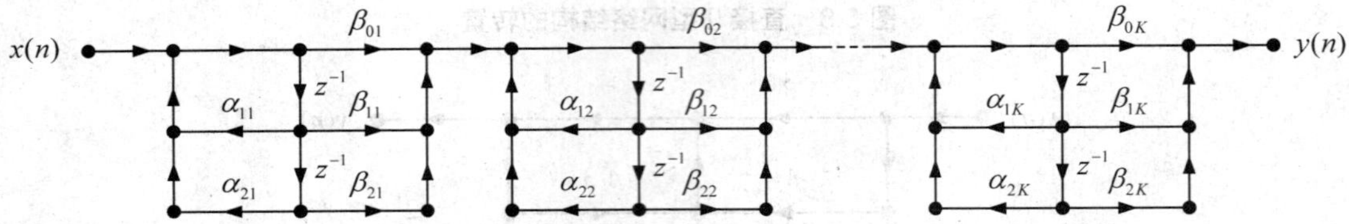

图 5.11 使用直接Ⅱ型结构的级联网络结构

【例 5.2】 设系统函数 $H(z)$ 如下式：

$$H(z)=\frac{3-8z^{-1}+5z^{-2}-2z^{-3}}{1-\frac{4}{3}z^{-1}+\frac{5}{6}z^{-2}-\frac{1}{6}z^{-3}}$$

试画出系统的级联网络型结构流图。

解 将 $H(z)$ 的分子、分母进行因式分解得

$$H(z)=\frac{(1-2z^{-1})(3-2z^{-1}+z^{-2})}{(1-\frac{1}{3}z^{-1})(1-z^{-1}+\frac{1}{2}z^{-2})}$$

将上式不同因式进行组合，可得到不同的网络结构。一般来说把阶数相同的零极点可放在同一子滤波器中，这样可减少单位延迟的数目。这样把单零点和单极点因式放在一个滤波器中，把二阶零点和二阶极点放在一个滤波器中，画出级联结构如图 5.12 所示。

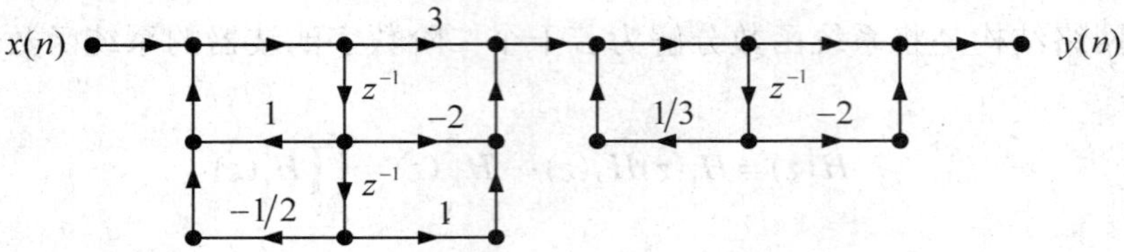

图 5.12 例 5.2 的信号流图

级联型网络结构特点是：

零极点调整方便：级联型结构中每个一阶网络决定一对零极点；每个二阶网络决定两对零极点；调整 β_{0j}、β_{1j} 和 β_{2j} 三个系数可以改变一对零点的位置，调整 α_{1j} 和 α_{2j} 可以改变一对极点的位置。因此，相对直接型结果，调整方便是优点。

运算积累误差较小：级联结构中后面的网络输出不会再流到前面，运算误差的累积相对直接型也小。

在级联实现时，如果考虑零极点配对，即将相近的零极点组合在一个二阶滤波器中，还可以减小有限字长效应的影响。

级联型网络结构的 MATLAB 实现：

当已知数字滤波器的直接型结构时，要想将直接型转换为级联型就必须将系统函数 $H(z)$ 的分子、分母进行因式分解。如果系统阶数很高，则因式分解很难进行，必须借助 MATLAB 工具进行计算。信号处理工具箱中提供了一个函数 tf2sos(transfer function to second-order-section)，即由系统函数转换为二阶环节。调用方式为[sos，G]=tf2sos(b，a)

其中，a，b 为直接型函数的系数向量

$$\mathrm{sos}=\begin{bmatrix} \beta_{01} & \beta_{11} & \beta_{21} & 1 & \alpha_{11} & \alpha_{21} \\ \beta_{02} & \beta_{12} & \beta_{22} & 1 & \alpha_{12} & \alpha_{22} \\ & & \cdots & & & \\ \beta_{0K} & \beta_{1K} & \beta_{2K} & 1 & \alpha_{1K} & \alpha_{2K} \end{bmatrix}$$

每行代表一个二阶环节，前三项为分子系数，后三项为分母系数。G 为整个系统归一化增益。

$$H_i(z)=\frac{\beta_{0i}+\beta_{1i}z^{-1}+\beta_{2i}z^{-2}}{1+\alpha_{1i}z^{-1}+\alpha_{2i}z^{-2}} \qquad i=1,2,\cdots,K$$

系统函数最后形式为　　$H(z)=GH_1(z)H_2(z)\cdots H_K(z)$

【例 5.3】 一个滤波器由下面的系统函数描述，求出它的级联型结构。

$$H(z)=\frac{1-3z^{-1}+11z^{-2}-27z^{-3}+18z^{-4}}{16+12z^{-1}+2z^{-2}-4z^{-3}-z^{-4}}$$

解　MATLAB 程序语句如下：

```
>> a=[16 12 2 -4 -1];
>> b=[1 -3  11 -27 18];
>> [sos, G]=tf2sos(b, a)
 sos =
   1.0000   -3.0000   2.0000   1.0000   -0.2500   -0.1250
   1.0000    0.0000   9.0000   1.0000    1.0000    0.5000
G =0.0625
```

分解后
$$H(z)=\frac{0.0625(1-3z^{-1}+2z^{-1})(1+9z^{-2})}{(1-0.25z^{-1}-0.125z^{-2})(1+z^{-1}+0.5z^{-2})}$$

对例 5.2 运行结果如下

```
>> a=[1 -4/3 5/6 -1/6];
>> b=[3 -8 5 -2];

>> [sos, G]=tf2sos(b, a)
sos =
    1.0000     -2.0000    0           1.0000     -0.3333     0
    1.0000     -0.6667    0.3333      1.0000     -1.0000     0.5000
G = 3
```

所以

$$H(z)=\frac{3(1-2z^{-1})(1-2/3z^{-1}+1/3z^{-2})}{(1-1/3z^{-1})(1-z^{-1}+1/2z^{-2})}$$

5.3.3 并联型

如果把级联形式的 $H(z)$ 表示成若干个子滤波器相加的形式即：

$$H(z)=H_1(z)+H_2(z)+\cdots+H_K(z)=\sum_{i=1}^{K}H_i(z) \tag{5-7}$$

式中，同级联型一样 $H_i(z)$ 为二阶数字滤波器，其网络结构系数均为实数。一般形式为

$$H_i(z)=\frac{\beta_{0i}+\beta_{1i}z^{-1}}{1-\alpha_{1i}z^{-1}-\alpha_{2i}z^{-2}}$$

式中分子比分母少一阶。$\beta_{0i},\beta_{1i},\alpha_{1i},\alpha_{2i}$ 都为实数。

当 $\alpha_{2i}=0$，$\beta_{1i}=0$ 时，$H_i(z)=\dfrac{\beta_{0i}}{1-\alpha_{1i}z^{-1}}$ 则子系统为一阶网络。

当 $\alpha_{1i}=\alpha_{2i}=\beta_{1i}=0$ 时，$H_i(z)=\beta_{0i}=c$ (常数)

如果要实现系统的并联结构，只要将 $H(z)$ 进行部分分式展开成 $H_i(z)$ 的和式形式即可。每个 $H_i(z)$ 都可以用直接II型来表示。这样，一般的 $H(z)$ 的并联网络结构可用图 5.13 表示。

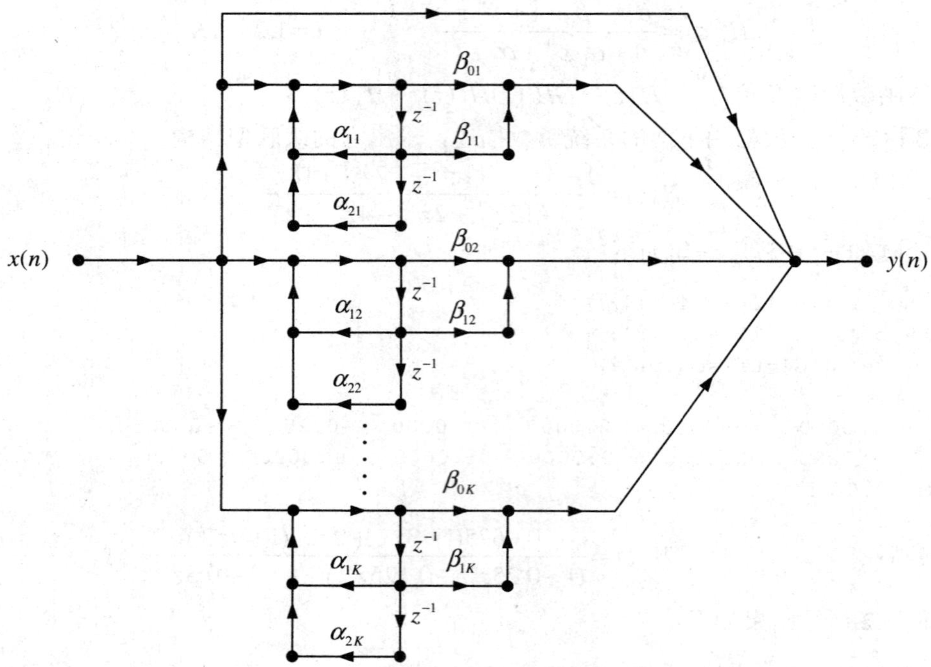

图 5.13　IIR 数字滤波器的并联网络结构

【例 5.4】 设 IIR 数字滤波器的系统函数如下，求该系统的并联型网络结构。

$$H(z)=\frac{(1-2z^{-1})(3-\frac{2}{3}z^{-1}+\frac{1}{3}z^{-2})}{(1-\frac{1}{3}z^{-1})(1-z^{-1}+\frac{1}{2}z^{-2})}$$

解　首先将 $H(z)$ 进行部分分式展开

$$H(z)=\frac{(1-2z^{-1})(3-\frac{2}{3}z^{-1}+\frac{1}{3}z^{-2})}{(1-\frac{1}{3}z^{-1})(1-z^{-1}+\frac{1}{2}z^{-2})}=\frac{A}{1-\frac{1}{3}z^{-1}}+\frac{Bz^{-1}+C}{1-z^{-1}+\frac{1}{2}z^{-2}}+D$$

求出 $A=-12,B=-3,C=3,D=12$，故系统函数可表示为

$$H(z)=12+\frac{-12}{1-\frac{1}{3}z^{-1}}+\frac{-3z^{-1}+3}{1-z^{-1}+\frac{1}{2}z^{-2}}$$

本系统并联型网络结构如图 5.14 所示：

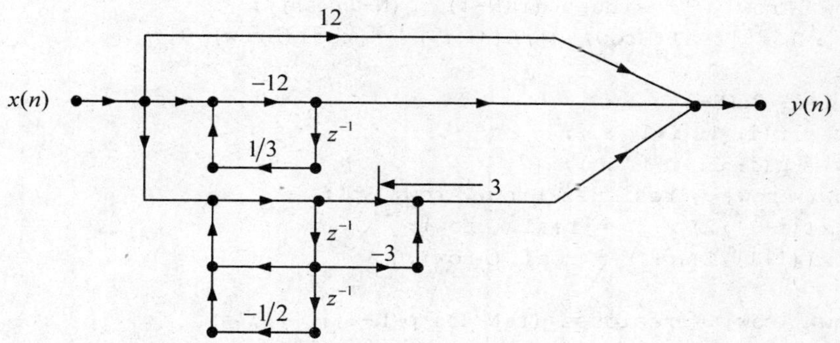

图 5.14　例 5.4 并联结构图

并联网络结构特点是

① 极点调整方便：在并联型结构中，每个一阶网络决定一个实数极点，每个二阶网络决定一对共轭极点，调整极点位置非常方便，但零点调整却不如级联型方便。

② 积累误差小：由于各基本网络是并联的，故各支路产生的运算误差互不影响，所以与直接型和级联型相比，并联型网络积累误差最小。

③ 运算速度快：并联型结构的各支路可同时对输入信号进行运算，故运算速度最高。

并联型网络结构的 MATLAB 实现

用 MATLAB 实现并联型的网络结构的关键问题是，将级联型结构进行部分分式展开，MATLAB 中并未提供把直接型系数 b 和 a 转换成并联结构系数，所以必须进行开发。在资料[14]中提供了子程序 dir2par 完成这一功能。该程序把直接型转换为并联型如下式：

$$H(z)=\frac{b_0+b_1z^{-1}+\cdots+b_Mz^{-M}}{1+a_1z^{-1}+\cdots+a_Nz^{-N}}=\sum_{k=1}^{K}\frac{\beta_{0k}+\beta_{1k}z^{-1}}{1+\alpha_{1k}z^{-1}+\alpha_{2k}z^{-2}}+\sum_{k=0}^{M-N}C_kz^{-k}$$

程序如下：

```
% C 表示当 M ≥ N 时的直接项；
% A 表示各并联项的分母系数 α_ik
% B 表示各并联项的分子系数 β_ik
  function [C, B, A] = dir2par(b, a);
M = length(b); N = length(a);
[r1, p1, C] = residuez(b, a);
p = cplxpair(p1, 1000000*eps);
```

```
I =cplxcomp(p1, p);
r=r1(I);

K = floor(N/2);B = zeros(K, 2);A=zeros(K, 3);
if K*2 ==N;
for i=1: 2: N-2
Brow = r(i: 1: i+1, : );
Arow = p(i: 1: i+1, : );
[Brow, Arow] = residuez(Brow, Arow, []);
B(fix((i+1)/2), : ) = real (Brow);
A(fix((i+1)/2), : ) = real (Arow);
end
[Brow, Arow] = residuez (r(N-1), p(N-1), []);
B(K, : ) = [real(Brow) 0];A(K, : ) = [real(Arow) 0];
else
for i=1: 2: N-1
Brow = r(i: 1: i+1, : );
Arow = p(i: 1: i+1, : );
[Brow, Arow] = residuez(Brow, Arow, []);
B(fix((i+1)/2), : ) = real (Brow);
A(fix((i+1)/2), : ) = real (Arow);
end
[Brow, Arow] = residuez (r(N-1), p(N-1), []);
B(K, : ) = [real(Brow) 0];A(K, : ) = [real(Arow) 0];
End
```

【例 5.5】 求系统 $H(z)=\dfrac{3-8z^{-1}+5z^{-2}-2z^{-3}}{1-\dfrac{4}{3}z^{-1}+\dfrac{5}{6}z^{-2}-\dfrac{1}{6}z^{-3}}$ 的并联结构。

解 调用上述函数结果如下：

```
    >> b=[3, -8, 5, -2];
>> a=[1, -4/3, 5/6, -1/6];
>> [C, B, A]=dir2par(b, a)
   C = 12
   B = 3.0000   -3.0000
        -12.0000          0
    A = 1.0000   -1.0000    0.5000
        1.0000  -0.3333       0
```

分解后 $H(z)=12+\dfrac{3-3z^{-1}}{1-z^{-1}+0.5z^{-2}}+\dfrac{-12}{1-0.3333z^{-1}}$，与原题结果一致。

5.4 有限长单位冲激响应(FIR)基本网络结构

有限长单位冲激响应滤波器(FIR)的主要特征有：

(1) 系统的单位冲激响应 $h(n)$ 为有限长。

(2) 系统函数在 z 平面上除 $z=0$ 点外，只有零点，而无极点；一个 N 点 FIR 系统在 $z=0$ 处，系统有 $N-1$ 阶极点，并有 $N-1$ 个零点位于 z 平面上。所以 FIR 系统是稳定系统。

(3) FIR 系统没有输出至输入的反馈环节，又称非递归结构。

设 FIR 数字滤波器的单位冲激响应的长度为 N，则系统函数 $H(z)$ 和差分方程表示如下：

$$H(z)=\sum_{i=0}^{N-1}h(n)z^{-i} \tag{5-8}$$

$$y(n)=\sum_{m=0}^{N-1}h(m)x(n-m) \tag{5-9}$$

用信号流图表示 FIR 结构，分为直接型、级联型、频率采样型。下面分别予以介绍。

5.4.1　直接型

根据 $H(z)$ 或者其差分方程可直接画出 FIR 的信号流图如图 5.15 所示。

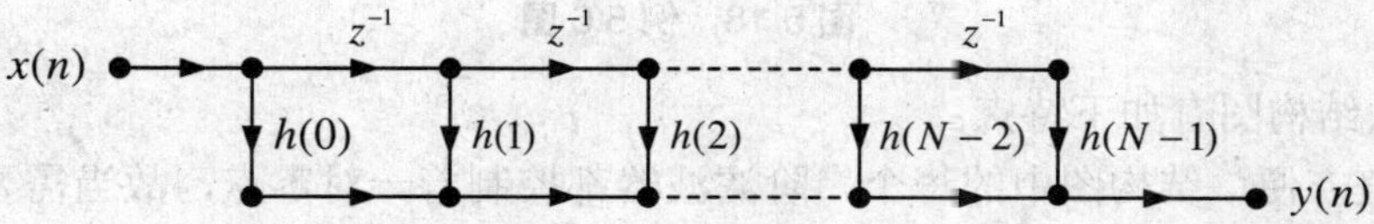

图 5.15　FIR 直接型网络结构

直接型的转置与转置前完全等效如图 5.16 所示。

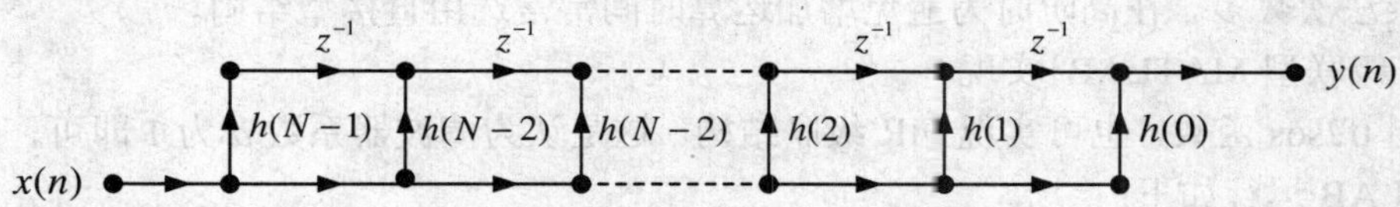

图 5.16　图 5.15 流图的转置

根据直接型差分方程的特点，直接型网络结构又称卷积型结构。

5.4.2　级联型

和 IIR 系统一样，FIR 系统经过因式分解可以表示成若干个一阶或二阶滤波器的乘积。

$$H(z)=\prod_{i=1}^{K}(\beta_{0i}+\beta_{1i}z^{-1}+\beta_{2i}z^{-2}) \tag{5-10}$$

式中，当 N 为偶数时，$K=1,2,\cdots,N/2$；

N 为奇数时，$K=1,2,\cdots,(N-1)/2$。

若 N 为偶数说明系统中有 $N-1$ 个零点，则系统中一定有奇数个实数零点。图 5.17 给出了一般 FIR 系统的级联型结构。

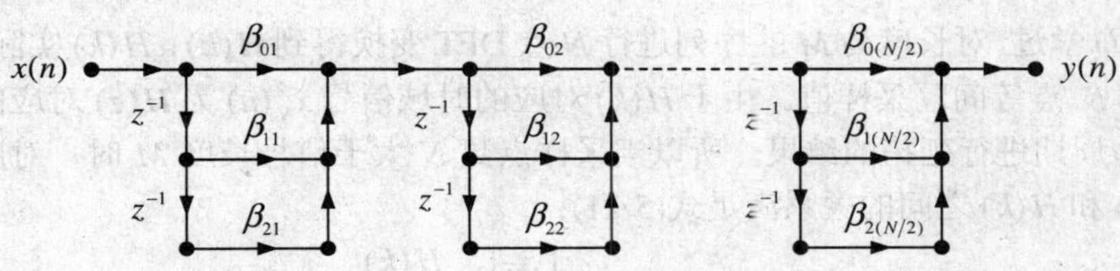

图 5.17　FIR 系统的级联型结构

【例 5.6】 设一个 FIR 系统函数 $H(z)$ 如下式：

$$H(z)=0.55-0.77z^{-1}+2.32z^{-2}-1.4z^{-3}+2.4z^{-4}$$

画出 $H(z)$ 的直接型结构和级联型结构。

解 将 $H(z)$ 进行因式分解得：

$$H(z)=(0.5-0.7z^{-1}+1.2z^{-2})(1.1+2z^{-2})$$

该系统直接型和级联型结构图如图 5.18 所示。

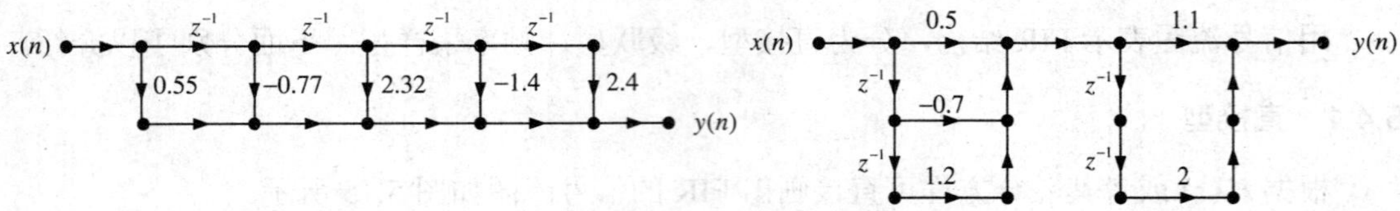

图 5.18　例 5.6 图

FIR 级联结构图有如下特点：

零点调整方便，结构图中的每个二阶滤波器都控制着一对零点，故当需要对系统零点进行控制时可采用级联结构；

$H(z)$ 中系数较直接型增多，如：当 $N=7$ 时，直接型有七个系数，但因式分解后一般会产生三个二阶滤波器，九个系数。而且阶数越高，级联型系数也越多。系数多表明运算所需的乘法次数多。在高阶时为避免增加运算时间常常选用直接型结构。

FIR 级联型 MATLAB 实现

采用 tf2sos 函数，也可实现 FIR 级联结构。这是认为滤波器系数 a 为 1 即可，如例 5.6 用 MATLAB 运行如下：

```
>> a=1;
>> b=[0.55 -0.77 2.32 -1.4 2.4];
>> [sos, G]=tf2sos(b, a)
sos =
Columns 1 through 5
    1.0000   -1.4000    2.4000   1.0000    0  0
    1.0000   -0.0000    1.8182   1.0000    0  0

  G =  0.5500
```

其系统函数可写为：$H(z)=0.55(1-1.4z^{-1}+2.4z^{-2})(1+1.8182z^{-2})$ 只要把例 5.6 结果系数归一化，就可得相同结果。

5.4.3　频率采样型

在第 3 章学过，对长度为 M 的序列进行 N 点 DFT 变换得到 $H(k)$。$H(k)$ 实际上是 $H(z)$ 在频域上的 N 点等间隔采样值。由于 $H(k)$ 对应的时域信号 $x_N(n)$ 为 $H(z)$ 对应的时域信号 $x(n)$ 以 N 为周期进行延拓的结果，所以当采样点数 N 大于信号长度 M 时，对应信号不会失真。$H(z)$ 和 $H(k)$ 之间的关系满足式(5-11)：

$$H(z)=(1-z^{-N})\frac{1}{N}\sum_{k=0}^{N-1}\frac{H(k)}{1-W_N^{-k}z^{-1}} \tag{5-11}$$

式中，

$$H(z)=Z[x(n)]\text{，}\quad H(k)=H(z)\big|_{z=e^{j\frac{2\pi}{N}k}}\text{，}\quad k=0,1,2,\cdots,N-1$$

注意观察式(5-11)，可以把式(5-11)看作是一个梳状滤波器和 N 个并联的一阶滤波器级联而成

即
$$H(z)=\frac{1}{N}H_c(z)\sum_{k=0}^{N-1}H_k(z) \tag{5-12}$$

式中，梳状滤波器为 $H_c(z)=1-z^{-N}$

一阶滤波器为 $H_k(z)=\dfrac{H(k)}{1-W_N^{-k}z^{-1}}$

前面介绍过 FIR 系统是一个稳定系统，只有零点处有极点，而为什么在此处出现了 N 个单位圆上的极点了呢？事实上在单位圆上相同位置处还有 N 个零点存在，故零极点相互抵消，从而保证系统稳定。故频率采样结构仍符合 FIR 滤波器的特征。

由梳状滤波器决定的 N 零点为　$z_k=e^{j\frac{2\pi}{N}k}=W_N^{-k}$，　$k=0,1,2,\cdots,N-1$ 正好与 N 个极点相同。

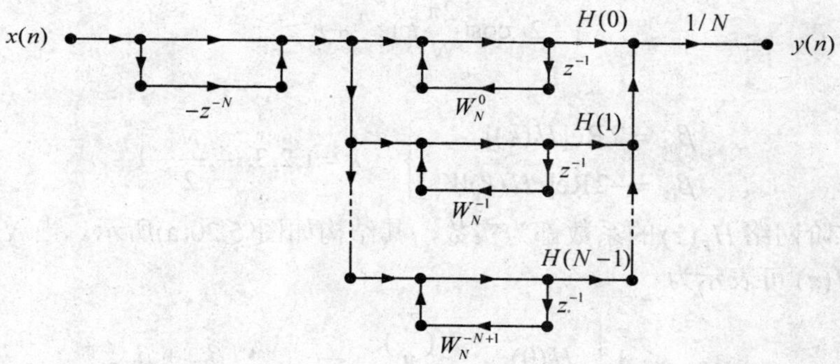

图 5.19　FIR 滤波器的频率采样结构

频率域采样结构的突出优点是

频率响应调整方便：从采样结构来看，系统的频率响应取决于 $H(k)$ 的结果。在频率采样点 ω_k，$H(e^{j\omega_k})=H(k)$，只要调整 $H(k)$ (即一阶网络中 $H_k(z)$ 中乘法器的系数 $H(k)$，就可以有效地调整频响特性，使实际中调整方便。

易于实现模块化、标准化设计：只要 $h(n)$ 长度 N 相同，对于任何频响形状，其梳状滤波器部分和 N 个一阶网络部分结构完全相同，只是各支路增益 $H(k)$ 不同。这样，相同部分便于标准化、模块化。

频率采样结构的主要缺点是

稳定性较差：系统稳定是靠位于单位圆上的 N 个零极点对消来保证的。但是由于有限字长效应的存在，计算误差可能导致零极点不能完全对消，从而影响系统性能甚至是稳定性。

硬件实现复杂：由于频率采样结构中出现了复数 W_N^{-k} 和 $H(k)$，这就要求乘法器完成复数乘法运算，在硬件上实现非常不便。

针对频率采样结构的缺陷，可以进行以下修正。

(1) 将系统零极点进行收缩，使其偏离单位圆以保证稳定性。具体做法是将单位圆上

的零极点向单位圆内收缩一点，收缩到半径为 r 的圆上，取 $r<1$ 且 $r\approx 1$。此时 $H(z)$ 为

$$H_k(z)=(1-r^N z^{-N})\frac{1}{N}\sum_{k=0}^{N-1}\frac{H_r(k)}{1-rW_N^{-k}z^{-1}} \tag{5-13}$$

式中，$H_r(k)$ 是在 r 圆上对 $H(z)$ 的 N 点等间隔采样之值。由于 $r\approx 1$，所以可近似取 $H_r(k)\approx H(k)$。这样一来，零极点均为 $re^{\mathrm{j}\frac{2\pi}{N}k},k=0,1,2,\cdots,N-1$。如果由于某种原因，零极点不能抵消时，极点位置仍在单位圆内，保持系统稳定。

(2) 利用复数的共轭对称特性用实系数替代复数。由 DFT 的共轭对称性可知，如果 $h(n)$ 是实数序列，则其离散傅里叶变换 $H(k)$ 关于 $N/2$ 点共轭对称，即 $H(k)=H^*(N-k)$。而且 $\left(W_N^{-k}\right)^*=W_N^{-(N-k)}$，将 $H_k(z)$ 和 $H_{N-k}(z)$ 合并为一个二阶网络，并记为 $H_k(z)$，则

$$\begin{aligned}H_k(k)&=\frac{H(k)}{1-rW_N^{-k}z^{-1}}+\frac{H(N-k)}{1-rW_N^{-(N-k)}z^{-1}}\\&=\frac{H(k)}{1-rW_N^{-k}z^{-1}}+\frac{H^*(k)}{1-r(W_N^{-k})^*z^{-1}}\\&=\frac{\beta_{0k}+\beta_{1k}z^{-1}}{1-2r\cos(\frac{2\pi}{N}k)z^{-1}+r^2z^{-2}}\end{aligned}$$

式中

$$\left.\begin{aligned}\beta_{0k}&=2\,\mathrm{Re}[H(k)]\\\beta_{1k}&=-2\,\mathrm{Re}[rH(k)W_N^k]\end{aligned}\right\}\quad k=1,2,3,\cdots,\frac{N}{2}-1$$

显然，二阶网络 $H_k(z)$ 的系数都为实数，其结构如图 5.20(a)所示。当 N 不同时表达式有所不同。$H(z)$ 可表示为

$$H(z)=(1-r^N z^{-N})\frac{1}{N}\left[\frac{H(0)}{1-rz^{-1}}+\frac{H(\frac{N}{2})}{1+rz^{-1}}+\sum_{k=1}^{L}\frac{\beta_{0k}+\beta_{1k}z^{-1}}{1-2\cos(\frac{2\pi}{N}k)z^{-1}+r^2z^{-2}}\right] \tag{5-14}$$

式中，$H(0)$ 和 $H(N/2)$ 为实数。当 $N=$ 偶数时，$L=N/2-1$，修正结构由 $N/2-1$ 个二阶网络和两个一阶网络并联构成，$N=$ 奇数时，$L=(N-1)/2$，且 $H(N/2)$ 不存在。修正结构由一个一阶网络和 $(N-1)/2$ 个二阶网络结构构成。

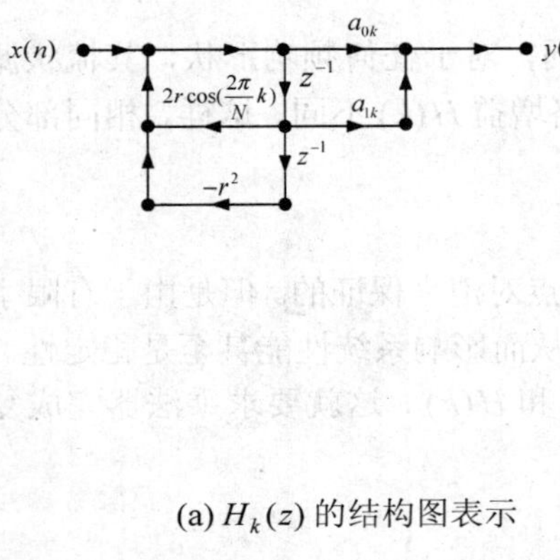

(a) $H_k(z)$ 的结构图表示

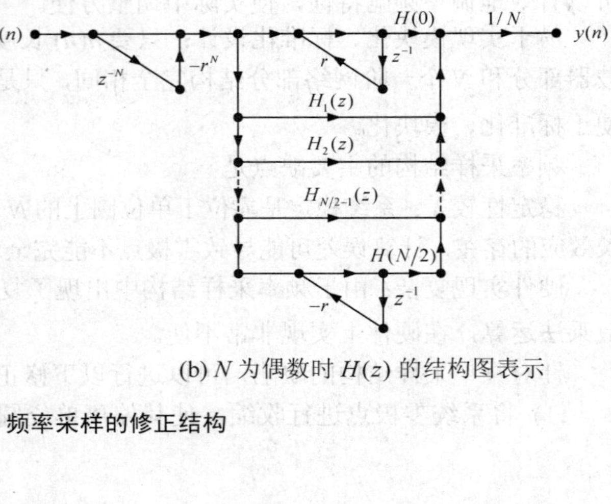

(b) N 为偶数时 $H(z)$ 的结构图表示

图 5.20　频率采样的修正结构

由图 5.20 看出，如果采样点数 N 很大时，网络结构将非常复杂，需要大量的乘法器和延时器。所以这种修正结构适用于 N 点较小时的情形，或者 $H(k)$ 样点中零值较多时，这种情况往往在窄带滤波时出现。所以频率采样结构适用于窄带滤波器。

如果给定系统函数和采样点数 N，要求画出频率采样结构，只要先求出 $H(k)=DFT\left[x(n)\right]$ 然后求出式(5-14)和式(5-15)中的系数即可。求解 FIR 滤波器的频率采样结构往往比较复杂，通常借助 MATLAB 实现频率采样结构。

频率采样结构的 MATLAB 实现

函数 dir2fs 将一个直接型($h(n)$ 的值)转换为频率采样型，把式(5-14)写成下面形式：

$$H(z)=(1-r^{N}z^{-N})\frac{1}{N}\left[\frac{H(0)}{1-rz^{-1}}+\frac{H(\frac{N}{2})}{1+rz^{-1}}+\sum_{k=1}^{L}K_k\frac{\beta_{0k}+\beta_{1k}z^{-1}}{\alpha_{0k}+\alpha_{1k}z^{-1}+\alpha_{2k}z^{-2}}\right] \tag{5-15}$$

```
function [C, B, A] = dir2fs(h)
% C 为各并联部分的增益向量，式(5-14)中的 K_k
% B 为各并联部分的分子系数， β_ik
% A 为各并联部分的分母系数， α_ik
M = length(h);
H = fft(h, M);
magH = abs(H);  phaH = angle(H)';
if (M == 2*floor(M/2))
    L=M/2-1;
   A1 = [1, -1, 0;1, 1, 0];
   C1 = [ real(H(1)), real(H(L+2)) ];
else
   L = (M-1)/2;
   A1 = [1, -1, 0];
   C1 = [real(H(1))];
end
k = [1: L]';
B = zeros(L, 2);  A = ones(L, 3);
A(1: L, 2) = -2*cos(2*pi*k/M);  A = [A;A1];
B(1: L, 1) = cos(phaH(2: L+1));
B(1: L, 2) = -cos(phaH(2: L+1))-(2*pi*k/M);
C = [2*magH(2: L+1), C1]';
```

【例 5.7】 设 $h(n)=1+0.8z^{-1}+0.6z^{-2}+0.8z^{-3}+z^{-4}$ 求出并画出频率采样结构。

解　调用 dir2fs 就可实现，结果如下：

```
>> h=[1, 0.8, 0.3, 0.8, 1];
>> [C, B, A]=dir2fs(h)

C = 1.6472
    0.7528
    3.9000
B = 0.8090   -0.8090
   -0.3090    0.3090
A = 1.0000   -0.6180    1.0000
```

```
1.0000    1.6180    1.0000
1.0000   -1.0000    0
```

$$H(z)=\frac{1-z^{-5}}{5}\left[1.6472\frac{0.8090-0.8090z^{-1}}{1-0.618z^{-1}+z^{-2}}+0.7528\frac{-0.3090+0.3090z^{-1}}{1+1.618z^{-1}+z^{-2}}+\frac{3.9}{1-z^{-1}}\right]$$

其频率采样结构图如图 5.21 所示，$r=1$。

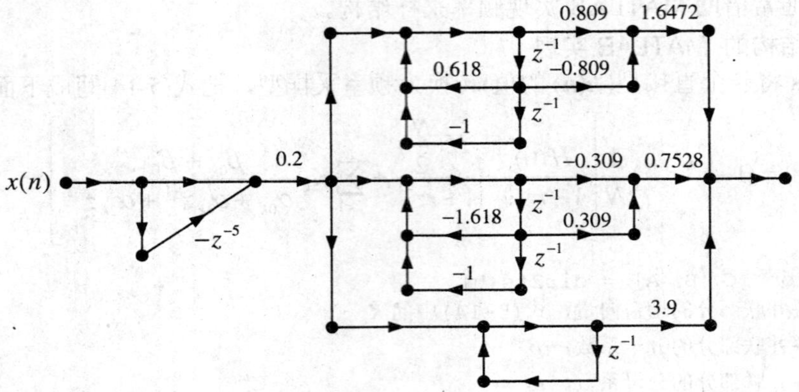

图 5.21　例 5.7 图

5.5　数字滤波器的格型结构

前面介绍了 IIR 和 FIR 数字滤波器系统的直接型、级联型和并联型等网络结构。下面将要介绍的网络结构是格型(Lattice)滤波器，这种滤波器在数字语音处理和自适应滤波等方面比其他 FIR 和 IIR 滤波器结构更优越，并在这些领域得到了广泛的应用。

格型滤波器分为全零点(FIR)格型滤波器和全极点(IIR)格型滤波器。

5.5.1　全零点格型滤波器

一个长度为 $M+1$ (或阶数为 M)的 FIR 滤波器具有 M 级格型结构，如图 5.22 所示。每一级都是由相同结构形式的基本单元级联而成。

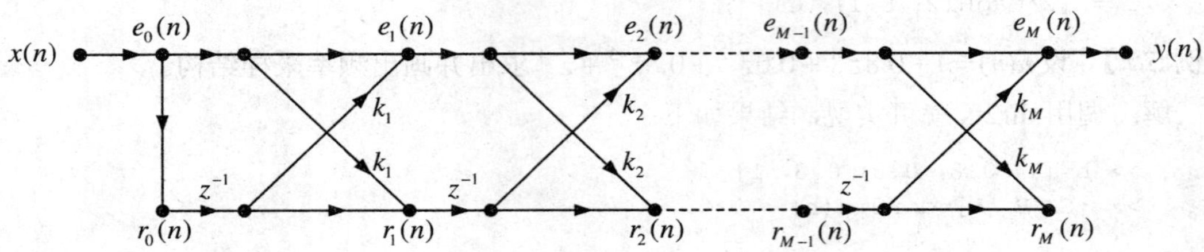

图 5.22　全零点格型滤波器

一个 M 阶 FIR 滤波器的系统函数可写成如下形式：

$$H(z)=\sum_{i=0}^{M}b_i z^{-i}=1+\sum_{i=1}^{M}b_i z^{-i}=B(z) \tag{5-16}$$

图 5.23 为全零点格型结构的基本单元，其输入、输出关系如下：

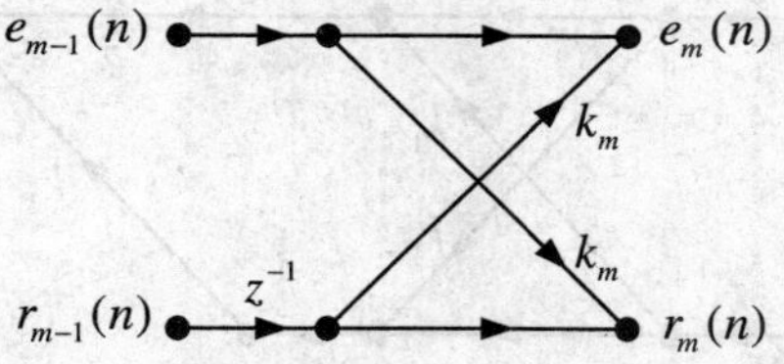

图 5.23　全零点格型结构的基本单元

$$e_m(n)=e_{m-1}(n)+k_m \cdot r_{m-1}(n-1) \qquad m=1,2,\cdots,M \tag{5-17a}$$

$$r_m(n)=k_m \cdot e_{m-1}(n)+r_{m-1}(n-1) \tag{5-17b}$$

式中，$k_m, m=1,2,\cdots,M$，称为反射系数，它们是格型滤波器系数。如果 e_0 和 r_0 与滤波器输入相同则 M 级格型滤波器的输出与 M 阶 FIR 滤波器输出一致，也就是

$$x(n)=e_0(n)=r_0(n) \tag{5-17c}$$

$$y(n)=e_M \tag{5-17d}$$

将式(5-17)两边进行 Z 变换可得

$$E_m(z)=E_{m-1}(z)+k_m z^{-1}R_{m-1}(z) \tag{5-18a}$$

$$R_m(z)=k_m E_{m-1}(z)+z^{-1}R_{m-1}(z) \tag{5-18b}$$

$$X(z)=E_0(z)=R_0(z) \tag{5-18c}$$

$$Y(z)=E_M(z) \tag{5-18d}$$

将上两式用矩阵形式表示得

$$\begin{pmatrix}E_m(z)\\R_m(z)\end{pmatrix}=\begin{pmatrix}1 & k_m z^{-1}\\k_m & z^{-1}\end{pmatrix}\begin{pmatrix}E_{m-1}(z)\\R_{m-1}(z)\end{pmatrix} \tag{5-19}$$

由于整个格型滤波器由 M 级单元格型级联而成，每个网络单元的两个输出为下一级单元的输入，而且输入信号 $x(n)$ 同时为第一级单元的两个输入，整个网络的输出由最后一级的一个输出决定，故：

$$\begin{pmatrix}E_m(z)\\R_m(z)\end{pmatrix}=\begin{pmatrix}1 & k_m z^{-1}\\k_m & z^{-1}\end{pmatrix}\begin{pmatrix}1 & k_{m-1}z^{-1}\\k_{m-1} & z^{-1}\end{pmatrix}\cdots\begin{pmatrix}1 & k_1 z^{-1}\\k_1 & z^{-1}\end{pmatrix}\begin{pmatrix}E_0(z)\\R_0(z)\end{pmatrix} \tag{5-20}$$

$$Y(z)=\begin{pmatrix}1 & 0\end{pmatrix}\begin{pmatrix}E_M(z)\\R_M(z)\end{pmatrix}=\begin{pmatrix}1 & 0\end{pmatrix}\left[\prod_{m=M}^{m=1}\begin{pmatrix}1 & k_m z^{-1}\\k_m & z^{-1}\end{pmatrix}\right]\begin{pmatrix}1\\1\end{pmatrix}X(z) \tag{5-21}$$

由式(5-21)可求出全零点格型网络的系统函数。用式(5-21)求格型滤波器的系数是非常繁琐的。比如当 $M=2$ 时可得

$$Y(z)=\begin{bmatrix}1 & 0\end{bmatrix}\begin{pmatrix}E_2(z)\\R_2(z)\end{pmatrix}=\begin{bmatrix}1 & 0\end{bmatrix}\begin{pmatrix}1 & k_2 z^{-1}\\k_2 & z^{-1}\end{pmatrix}\begin{pmatrix}1 & k_1\\k_1 & z^{-1}\end{pmatrix}\begin{pmatrix}1\\1\end{pmatrix}X(z)$$

展开可得　$Y(z)=\left[1+(k_1+k_1k_2)z^{-1}+k_2 z^{-2}\right]X(z)$

则　$H(z)=1+(k_1+k_1k_2)z^{-1}+k_2 z^{-2}$

令　　与式(5-16)比较得　　　　$b_1 = k_1 + k_1 k_2 \quad b_2 = k_2$

这样就可以求出二阶 FIR 滤波器的格型网络的系数 k_1 和 k_2。如图 5.24 所示。

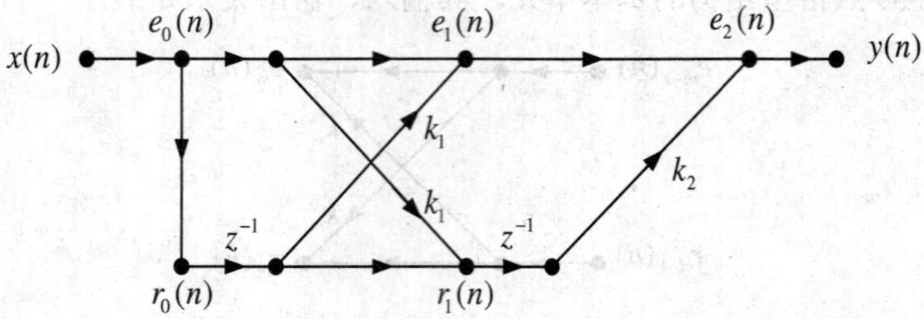

图 5.24　二阶全零点格型网络

格型滤波器的系数还可通过下面的递推公式求得

$$b_m^{(m)} = k_m \tag{5-22a}$$

$$b_m^{(i)} = b_{m-1}^{(i)} + k_m b_{m-1}^{(m-1)} \qquad i = 1, 2, \cdots, (m-1) \tag{5-22b}$$

$$k_m = b_m^{(m)} \qquad m = 1, 2, \cdots, M \tag{5-22c}$$

$$b_{m-1}^{(i)} = \frac{b_m^{(i)} - k_m b_m^{(m-i)}}{1 - k_m^2} \tag{5-22d}$$

式中，$b_m^{(i)}$ 表示 M 阶 FIR 滤波器的第 i 个系数。

从上面的矩阵表示式和递推公式可看出只要任一个 $|k_m| = 1$，则算法就不成立。但是如果 FIR 滤波器为对称滤波器则应有 $b_0 = |b_m| = 1$，则根据上述递推公式一定有 $|K_m| = b_m^m = b_m = 1$，如果 $b_0 = |b_m| \neq 1$，在进行格型运算时，必须对其作归一化处理。故 FIR 滤波器为对称滤波器时不能用格型滤波器实现。

全零点格型滤波器的 MATLAB 实现

用递推公式求解系数也十分繁琐，只有专门研究格型滤波器的人才有必要去掌握它。所幸的是 MATLAB 信号处理工具箱提供了专门的函数可非常容易的求出反射系数。

重要的函数及调用格式。

K=tf2latc(*b*)；已知 FIR 数字滤波器的直接型系数向量 $\boldsymbol{b}$，返回反射系数向量。

这里要求 b_0=1，若 $b_0 \neq 1$ 则必须进行归一化处理。

b=latc2tf(*K*)；已知格型滤波器的反射系数向量 *K*，返回 FIR 滤波器的系数向量 $\boldsymbol{b}$。

y=latcfilt(*K*，*x*)；已知反射系数向量 *K* 和输入信号 *x*，求得系统输出。

【例 5.8】 已知系统单位采样相应为 $h(n) = 1 + 2z^{-1} + 0.6z^{-2} + z^{-3} + 0.25z^{-4}$，求该系统的格型结构。

解　直接调用 MATLAB 函数结果为

```
    >> b=[1, 2, 0.6, 1, 0.25];
>> K=tf2latc(b)
    K =   8.0533
            -0.7205
             0.5333
             0.2500
```

画出直接型和格型结构如图 5.25 所示。

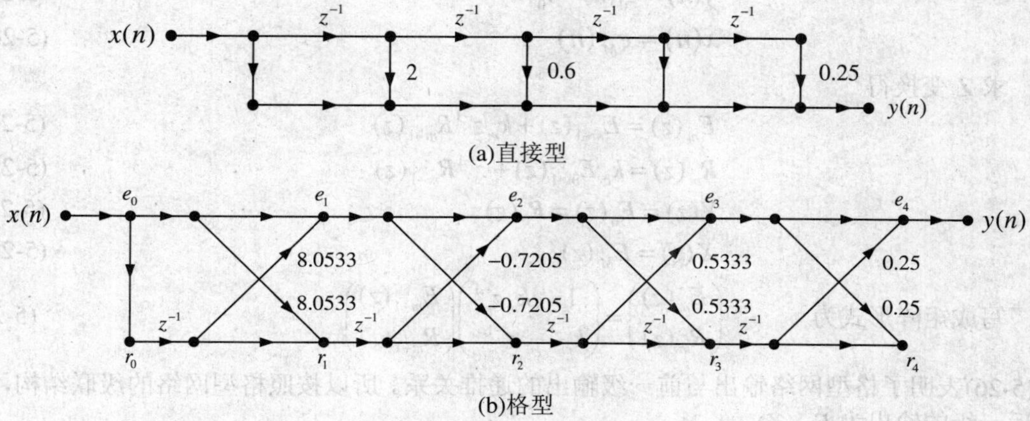

图 5.25　例 5.8 的滤波器结构

5.5.2　全极点格型滤波器

一个全极点型的 IIR 滤波器可用格型网络表示，它可根据 FIR 格型网络变换而来。

设一个全极点系统函数为

$$H(z)=\frac{1}{1+\sum_{i=1}^{M}a_i z^{-i}}=\frac{1}{A(z)} \tag{5-23}$$

与式(5-16)比较看出如果把 FIR 系统的 $B(z)$ 求逆，则形式与全极点形式完全相同。所以全零点的 IIR 系统函数 $H(z)$ 为 M 阶 FIR 格型网络的逆系统，其格型网络可利用 FIR 系统得来。图 5.26 所示为一个 M 阶全极点格型网络，其网络单元如图 5.27 所示。

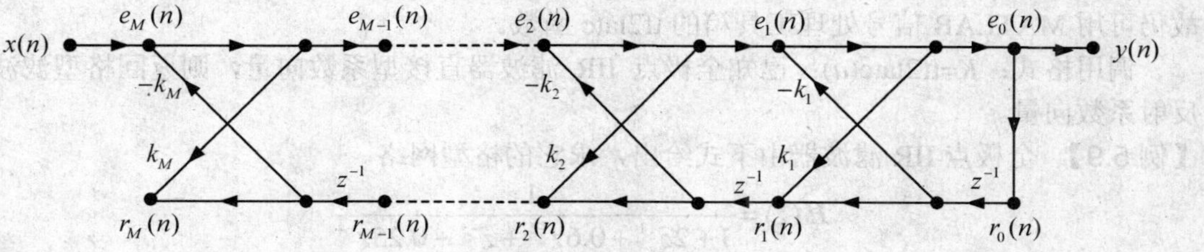

图 5.26　全极点型滤波器的网络格型

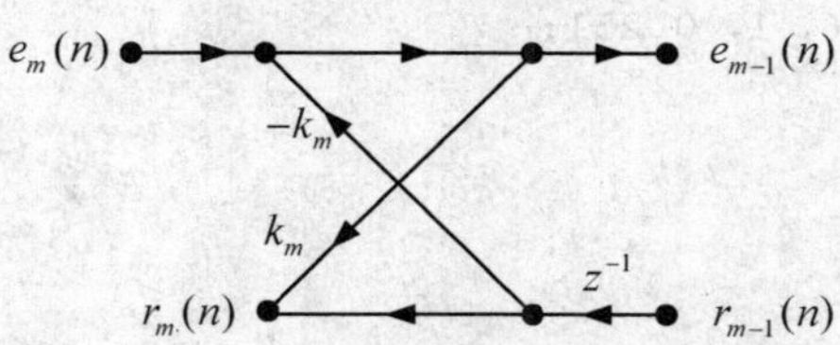

图 5.27　全极点格型网络单元

$$e_m(n)=e_{m-1}(n)+k_m\cdot r_{m-1}(n-1) \qquad m1,2,\cdots,M \tag{5-24a}$$

$$r_m(n)=k_m\cdot e_{m-1}(n)+r_{m-1}(n-1) \tag{5-24b}$$

$$y(n) = e_0(n) = r_0(n) \tag{5-24c}$$

$$x(n) = e_M(n) \tag{5-24d}$$

求 Z 变换得

$$E_m(z) = E_{m-1}(z) + k_m z^{-1} R_{m-1}(z) \tag{5-25a}$$

$$R_m(z) = k_m E_{m-1}(z) + z^{-1} R_{m-1}(z) \tag{5-25b}$$

$$Y(z) = E_0(z) = R_0(z) \tag{5-25c}$$

$$X(z) = E_M(z) \tag{5-25d}$$

写成矩阵形式为

$$\begin{pmatrix} E_m(z) \\ R_m(z) \end{pmatrix} = \begin{pmatrix} 1 & k_m z^{-1} \\ k_m & z^{-1} \end{pmatrix} \begin{pmatrix} E_{m-1}(z) \\ R_{m-1}(z) \end{pmatrix} \tag{5-26}$$

式(5-26)表明了格型网络输出与前一级输出的递推关系。所以按照格型网络的级联结构，若最后一级的输出为 $E_M(Z)$

代入式(5-25d)可得

$$X(z) = (1 \quad 0)\begin{pmatrix} E_M(z) \\ R_M(z) \end{pmatrix} = (1 \quad 0)\left[\prod_{m=M}^{m=1} \begin{pmatrix} 1 & k_m z^{-1} \\ k_m & z^{-1} \end{pmatrix}\right]\begin{pmatrix} 1 \\ 1 \end{pmatrix} Y(z) \tag{5-27}$$

将式(5-27)与式(5-21)比较，两者只有输入 $X(z)$ 和 $Y(z)$ 在公式中互换了位置，由此证明全零点格型网络与全极点格型网络系统函数互为倒数。所以可以按照系统求逆准则从 M 级全零点网络系统 $B_M(z)$ 得到 M 级全极点网络系统 $\dfrac{1}{A_M(z)}$。系统求逆具体步骤为

交换输入和输出的位置；

改变输入至输出的全部无延时支路的信号流向，并把该支路的增益取倒数；

把指向该支路的各节点的其他支路增益乘 -1。

既然与 FIR 格型滤波器相同，IIR 滤波器的系数求法应相同，矩阵法和递推公式也相同。故仍可用 MATLAB 信号处理工具箱的 tf2latc 函数。

调用格式：K=tf2latc(a)；已知全极点 IIR 滤波器直接型系数向量，则返回格型滤波器反射系数向量。

【例 5.9】 全极点 IIR 滤波器由下式给出，求它的格型网络。

$$H(z) = \frac{1}{1 + 2z^{-1} + 0.6z^{-2} + z^{-3} + 0.25z^{-4}}$$

解 MATLAB 程序如下：

```
>> a=[1, 2, 0.6, 1, 0.25];
>> K=tf2latc(a)
   K = 8.0533
       -0.7205
       0.5333
       0.2500
```

对于一般的 IIR 数字滤波器系统函数即含有零点，又有极点。这种滤波器的格型网络可以全极点格型作为基本框架来实现。由于对一个含有零极点的格型网络的分析十分复杂，下面只作简单介绍。

一个一般的 IIR 系统函数可表示为

$$H(z)=\frac{\sum_{i=0}^{M}b_i z^{-i}}{1+\sum_{i=1}^{N}a_i z^{-i}} \qquad N \geqslant M \tag{5-28}$$

首先根据式(5-28)的分母，以系数 k_m 实现全极点格型网络，如图 5.27 所示。然后在该图上增加一个梯形部分，把系统输出看作 $r_m(n)$ 的加权线性组合。

即 $$y(n)=\sum_{i=0}^{M}g_i r_i(n)$$

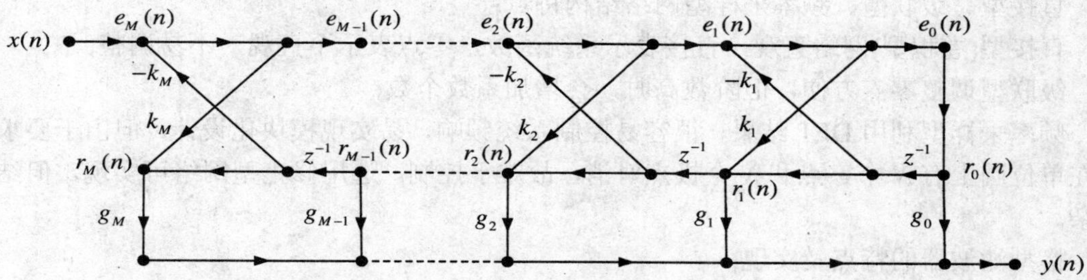

图 5.28　具有零极点的 IIR 滤波器的格型梯形结构

式中，g_i 为梯形系数，g_i 的选取确定 $H(z)$ 的分子部分。

IIR 滤波器格型梯形网络参数可由 MATLAB 函数实现。

仍然调用函数 tf2latc，调用格式为[K，G]=tf2lact(b，a)

【例 5.10】 已知 IIR 滤波器的系统函数为

$$H(z)=\frac{1+2z^{-1}+2z^{-2}+z^{-3}}{1+\frac{13}{24}z^{-1}+\frac{5}{8}z^{-2}+\frac{1}{3}Z^{-4}}$$

求系统的梯形结构。

解　直接调用 MATLAB 函数结果如下：

```
>> b=[1, 2, 2, 1];
>> a=[1, 13/24, 5/8, 1/3];
>> [K, C]=tf2latc(b, a)
   K = 0.2500      C =  -0.2695
        0.5000           0.8281
        0.3333           1.4583
                  1.0000
```

将所得系数填入图 5.28 相应的位置即可。

5.6　小　　结

本章主要知识点：

(1) IIR 数字滤波器系统函数、脉冲响应、网络结构特点；

IIR 数字滤波器具有非零极点，脉冲响应无限长，网络流图有反馈环节。

(2) 直接型、级联型、并联型网络结构特点：

直接型网络直观，直接表示系统函数，但零极点表示不直观，不易调整，不便分析系统；

级联型网络零极点分布明确，积累误差较小，可进行零极点配对组合，减小有限字长影响；

并联型网络极点调整方便，但零点调整不便，积累误差最小，运算速度快。

(3) FIR 数字滤波器系统函数、脉冲响应、网络结构特点；

FIR 数字滤波器只有 $z=0$ 的极点，并有 $N-1$ 个零点，永远稳定。脉冲响应有限长，网络流图只有前向通路。

直接型、级联型、频率采样型网络结构特点；

直接型(卷积型)网络直观，直接表示系统函数，零点表示不直观，不易调整；

级联型调整零点方便，但阶数高时，会增加系数个数；

频率采样型利用 DFT 结果，很容易控制系统频响，易实现模块化设计，但由于要求系统在单位圆上有 N 个零点和 N 个极点对消，故难于控制，选用修正型网络可实现，但结构复杂。

格型滤波器的特点及实现；

格型滤波器用于专门领域如：语音处理、自适应滤波等。特点是受有限字长影响小。

全零点格型网络实现 FIR 滤波器(但不能实现对称结构)，全极点格型网络实现无零点时的 IIR 滤波器，格型滤波器由单元格型级联而成，各级参数由递推公式确定。

各种网络结构的 MATLAB 实现：

充分利用 MATLAB 信号处理工具箱提供的函数功能，可以使设计事半功倍。本章只提到了几种典型情况，在很多情况下，还需要对 MATLAB 进行开发。相关资料很多，可以进行借鉴。

对 MATLAB 程序的运行结果是否正确，需要进行验证。验证的方法一般是将各种网络形式的脉冲相应输出与直接型输出进行比较，如果相应相同则证明网络结构正确。

事实上，要实现同一个系统函数，可以有无数种结构形式。选择哪种结构形式，应根据应用条件，保证系统稳定和参数调整方便。本课程所介绍的是最典型的网络结构，根据设计需要，还可进行各种结构的组合，以便得到理想的结果。

5.7 习 题

1. 思考题：

(1) IIR 网络和 FIR 网络的特点是什么？

(2) 基本网络结构的分类有哪几种？

(3) 频率域采样结构的两个突出优点？

(4) 为什么 IIR 滤波器不采用频率采样型？

(5) 数字信号处理中的信号流图与连续系统中的信号流图有何共同点？有何不同点？

2. 设系统用下面差分方程描述：

$$y(n)-\frac{5}{6}y(n-1)+\frac{1}{6}y(n-2)=x(n)+\frac{1}{4}x(n-1)$$

试画出系统的直接型、级联型和并联型结构。

3. 设数字滤波器的差分方程为

$$y(n)=(a-b)y(n-1)-aby(n-2)+bx(n-2)+(a+b)x(n-1)+abx(n)$$

试画出该滤波器的直接型、级联型和并联型结构。

4. 设系统的系统函数为

$$H(z)=\frac{10(1+0.5z^{-1})(1-1.6z^{-1}+2z^{-2})}{(1-0.5z^{-1})(1+0.6z^{-1}+0.45z^{-2})}$$

试画出各种可能的级联型结构。

5. 求下面的因果无限冲激响应传输函数的两种不同的级联方式：

(1) $$H_1(z)=\frac{(0.3-0.5z^{-1})(2+3.1z^{-1})}{(1+2.1z^{-1}-3z^{-2})(1+0.67z^{-1})}$$

(2) $$H_2(z)=\frac{4.1z(z-\frac{1}{3})(z^2+0.4)}{(z+3)(z-0.5)(z^2-z+0.1)}$$

(3) $$H_3(z)=\frac{(3-2.1z^{-1})(2.7+4.2z^{-1}-5z^{-2})}{(1+0.52z^{-1})(1+z^{-1}-0.34z^{-2})}$$

6. 用并联 I 型和 II 型实现上题的传输函数。

7. 某一线性时不变系统系统，其系统函数为

$$H(z)=\frac{1+\frac{1}{5}z^{-1}}{(1-\frac{1}{2}z^{-1}+\frac{1}{3}z^{-2})(1+\frac{1}{4}z^{-1})}$$

对下面每种形式画出系统实现的信号流图：

(1) 直接 I 型；

(2) 直接 II 型；

(3) 用一阶和二阶直接 II 型结构的级联型；

(4) 用一阶和二阶直接 II 型结构的并联型；

8. 写出下图中各流图的系统函数及差分方程：

9. 已知滤波器的单位脉冲响应为

$$h(n)=0.5^n R_5(n)$$

求出系统函数，并画出其直接型结构。

10. 已知 FIR 滤波器的单位脉冲响应为

$$h(n)=2\delta(n)-\delta(n-1)+3\delta(n-4)$$

试用频率采样结构实现该滤波器。设采样点数 $N=5$，要求画出频率采样网络结构，写出滤波器参数的计算公式。

11. 对于下图所示的三个因果一阶线性时不变离散时间系统的级联：

$$H_1(z)=\frac{2+0.1z^{-1}}{1+0.4z^{-1}},\quad H_2(z)=\frac{3+0.2z^{-1}}{1-0.3z^{-1}},\quad H_3(z)=\frac{1}{1-0.2z^{-1}}$$

(1) 以 z^{-1} 的两个多项式的比的形式来确定整个系统的传输函数。

(2) 确定描述整个系统的差分方程。

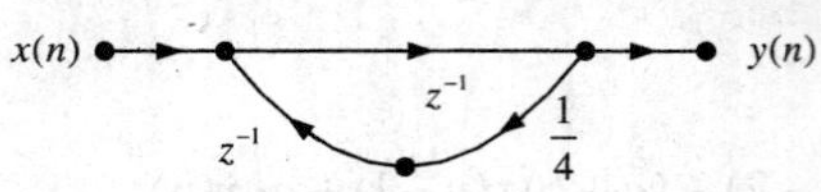

(a)

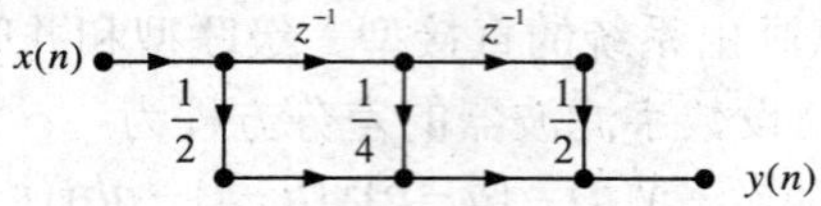

(b)

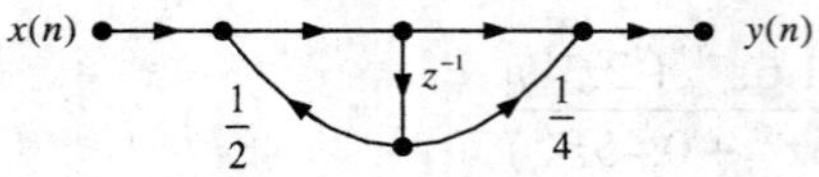

(c)

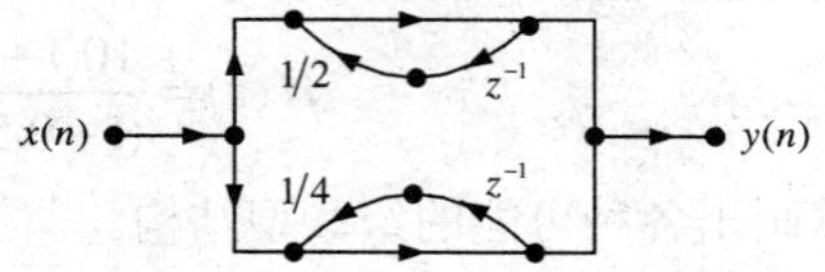

(d)

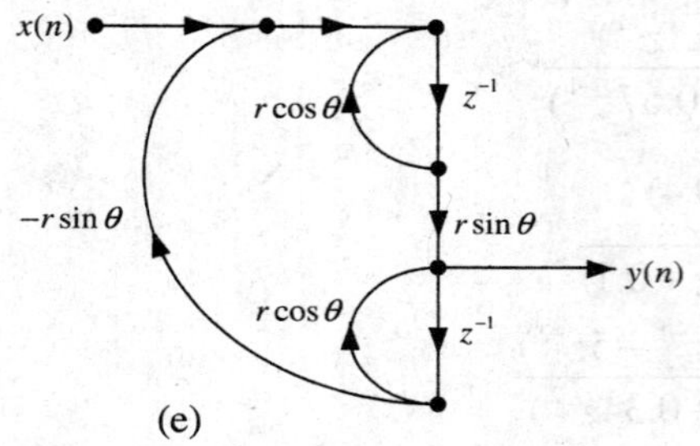

(e)

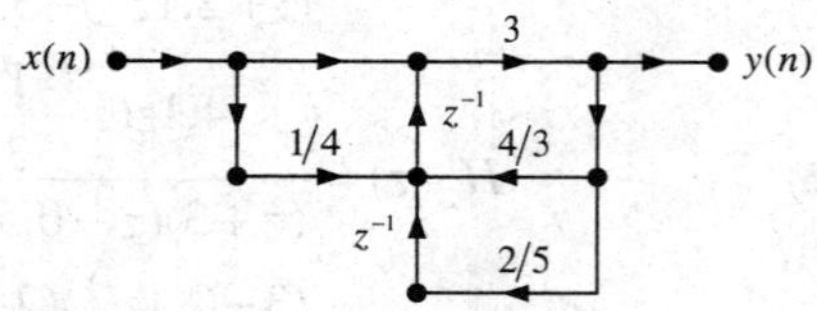

(f)

(3) 若每部分用直接II型的形式，生成整个系统的实现。

(4) 生成整个系统的并联 I 型实现。

(5) 确定整个系统的封闭形式的冲激响应。

12. 已知一个线性时不变系统的系统函数为

$$H(z)=\frac{0.5(1+z^{-1})^6}{1-\frac{3}{2}z^{-1}+\frac{7}{8}z^{-2}-\frac{13}{16}z^{-3}-\frac{1}{8}z^{-4}-\frac{11}{32}z^{-5}+\frac{7}{16}z^{-6}}$$

它由下图所示的信号流图实现。要求：

(1) 填出框中的系数；(2) 请说明此解唯一吗？

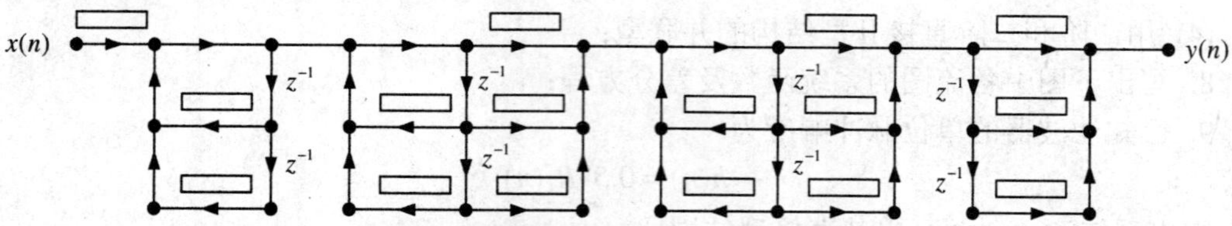

13. 已知一个线性时不变系统的系统函数为

$$H(z)=\frac{8-4z^{-1}+11z^{-2}-2z^{-3}}{1-1.25z^{-1}+0.75z^{-2}-0.125z^{-3}}$$

它由下图所示的信号流图实现。要求填出框中的系数。

14. 用 MATLAB 设计下面的每个线性相位 FIR 传输函数的级联实现：

(1) $H_1(z)=4.5+4.05z^{-1}-35.325z^{-2}-7.6185z^{-3}+63.99z^{-4}-71.6185z^{-5}$
$-35.325z^{-6}+4.05z^{-7}+4.5z^{-8}$

(2) $H_2(z)=6+6z^{-1}-24.66z^{-2}+72.96z^{-3}-88.62z^{-4}+88.62z^{-5}-72.96z^{-6}$
$+24.66z^{-7}-6z^{-8}-6z^{-9}$

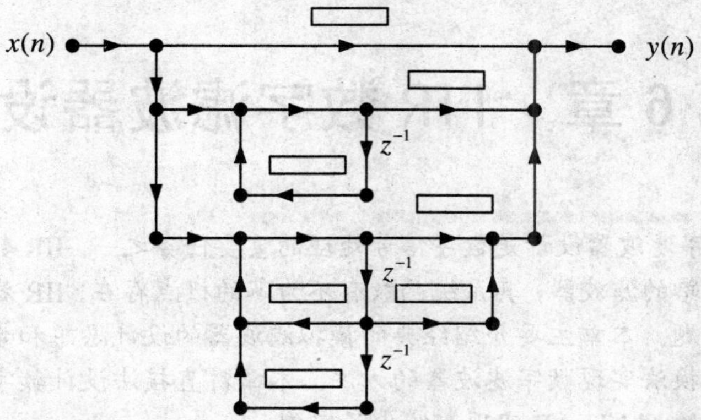

15. 考虑四阶 IIR 传输函数

$$G(z)=\frac{9+33z^{-1}+57z^{-2}+33z^{-3}+12z^{-4}}{6-12z^{-1}+11z^{-2}-5z^{-3}+z^{-4}}$$

(1) 使用 MATLAB 以因式形式表示 $G(z)$。

(2) 设计 $G(z)$ 的两个不同级联实现。

(3) 用两个不同的并联型实现 $G(z)$。用直接 II 型来实现每个二阶部分。

16. 已知 $H(z)=1-0.4z^{-1}-0.8z^{-2}+0.86z^{-3}$，试求该滤波器的格型结构系数，并画出信号流图。

第 6 章　IIR 数字滤波器设计

教学提示：数字滤波器设计是数字信号处理的重要任务之一。IIR 数字滤波器是一种网络结构具有反馈支路的滤波器，其系统函数有不为零的极点存在。IIR 滤波器的设计必须考虑系统的稳定性问题。本章主要介绍经典的模拟滤波器的设计思想和步骤，以及脉冲响应不变法和双线性变换法实现数字滤波器的方法。本章对直接法设计数字滤波器也作了一般介绍。对每个方法的 MATLAB 实现都给出了实例。

教学要求：本章学生应理解数字滤波的概念。掌握模拟滤波器的设计方法以及模拟滤波器转换为数字滤波器的思想和过程，并学会使用 MATLAB 工具进行滤波器的设计。

6.1 引　言

滤波器是一种选频装置，它对某一个或几个频率范围(频带)内的电信号给以很小的衰减，使这部分信号能顺利通过；对其他频带内的电信号则给以很大的衰减，从而尽可能地阻止这部分信号的通过。在更多的情况下，滤波器被狭义地理解为选频系统，如低通、高通、带通、带阻。所谓数字滤波器是指输入、输出均为数字信号，通过一定的运算关系改变输入信号所含频率成分的相对比例或滤除某些频率成分的器件。

数字滤波器可由加法器、乘法器、延时单元、时钟脉冲发生器及逻辑单元等数字电路构成。它是数字信号处理中最重要的组成部分之一，几乎出现在所有的数字信号处理系统中，相对于模拟滤波器，数字滤波器具有以下显著优点。

(1) 精度高：模拟电路中元件精度很难达到 10^{-3} 以上，而数字系统 17 位字长就可以达到 10^{-5} 精度。因此在一些精度要求很高的滤波系统中，就必须采用数字滤波器来实现。

(2) 灵活性大：数字滤波器的性能主要取决于乘法器的各系数，而这些系数是存放在系数存储器中，只要改变存储器中存放的系数，就可以得到不同的系统，这些都比改变模拟滤波器系统的特性要容易和方便的多，因而具有很大的灵活性。

(3) 可靠性高：因为数字系统只有两个电平信号，“1”和“0”，受噪声及环境条件的影响小，而模拟滤波器各个参数都有一定的温度系数，易受温度、振动、电磁感应等影响。并且数字滤波器多采用大规模集成电路，如用 CPLD 或 FPGA 来实现，也可以用专用的 DSP 处理器来实现，这些大规模集成电路的故障率远比众多分立元件构成的模拟系统的故障率低。

(4) 易于大规模集成：因为数字部件具有高度的规范性，便于大规模集成，大规模生产，且数字滤波电路主要工作在截止或饱和状态，对电路参数要求不严格，因此产品的成品率高，价格也日趋降低。相对于模拟滤波器，数字滤波器在体积、重量和性能方面的优势已越来越明显。比如在用一些模拟网络做的低频滤波器中，网络的电感和电容的数值会大到惊人的程度，甚至不能很好地实现，这时候若采用数字滤波器则方便的多。

(5) 并行处理：数字滤波器的另外一个最大优点就是可以实现并行处理，比如数字滤波器可采用 DSP 处理器来实现并行处理。TI 公司的 TMS320C5000 系列的 DSP 芯片采用 8 条指令并行处理的结构，时钟频率为 100MHz 的 DSP 芯片，可高达 800MIPS(即每秒执行百万条指令)。

数字滤波器的这些优势使它的应用越来越广泛，在数字通信、语音图像处理、谱分析、模式识别、自动控制等领域得到了广泛的应用。同时 DSP(Digital Signal Processor)的出现和 FPGA (Field Programmable Gate Array)的迅速发展也促进了数字滤波器的发展，并为数字滤波器的硬件实现提供了更多的选择。

当然，数字滤波器也有其缺点，由于需要采样、量化、编码，以及受时钟频率所限，所能处理的信号最高频率还不够高。另外，由于有限字长效应会造成与设计值的频率偏差、量化和运算噪声及极限环振荡。

数字滤波器总的说来可以分成两大类。一类称为经典滤波器，即一般的滤波器，特点是输入信号中有用的频率成分和希望滤除的频率成分各占有不同的频带，通过一个合适的选频滤波器达到滤波的目的。但对于信号和干扰的频带互相重叠的情况，经典滤波器不能有效的滤除干扰。而另一类为现代滤波器，例如维纳滤波器、卡尔曼滤波器、自适应滤波器等最佳滤波器。这些滤波器可按照随机信号内部的一些统计分布规律，从干扰中最佳地提取信号。本课程仅介绍经典滤波器。

经典滤波器有以下几种分类方法。

(1) 从单位冲激响应上可分为两类：有限长单位冲激响应(FIR)数字滤波器和无限长单位冲激响应(IIR)数字滤波器。FIR 滤波器的单位冲激响应有限长，系统函数为

$$H(z)=\sum_{n=0}^{N-1}h(n)z^{-n} \tag{6-1}$$

IIR 滤波器的单位脉冲相应无限长，系统函数为

$$H(z)=\frac{\sum_{r=0}^{M}b_r z^{-r}}{1+\sum_{k=1}^{N}a_k z^{-k}} \tag{6-2}$$

(2) 从功能上分可分为四类：低通滤波器(LPF)、高通滤波器(HPF)、带通滤波器(BPF)和带阻滤波器(BSF)。它们的理想幅度特性如图 6.1 所示。所谓理想幅度特性是指滤波器的幅频特性的通带部分和阻带部分是突变的，没有过渡。由于数字滤波器的频率特性以 2π 为周期且为偶函数，故图 6.1 中阴影部为各种滤波器幅度特性的分布特点。由于理想滤波器是不可实现的，因为它们的时域响应是非因果性的，也就是说理想滤波器往往对应的是非因果系统。这些理想滤波器可作为逼近的标准用，我们可以按照某些准则设计滤波器，使之尽可能逼近它。

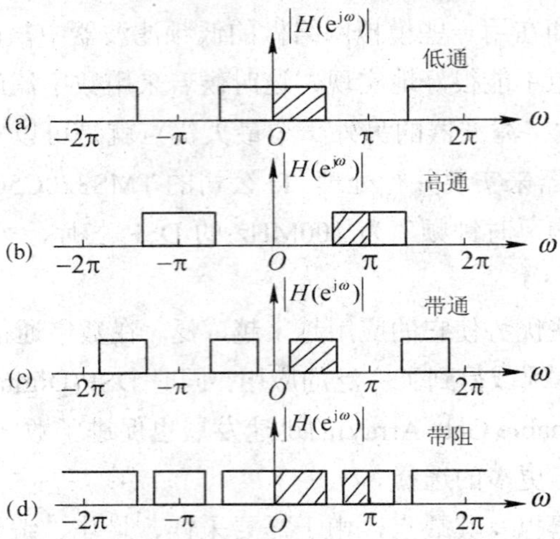

图 6.1 理想低通、高通、带通、带阻滤波器的设计

6.2 数字滤波器设计方法

数字滤波器是一个线性时不变离散时间系统，设计数字滤波器就是根据任务要求，确定滤波器的性能参数，用一个因果稳定的线性时不变离散时间系统的系统函数去逼近这一性能要求。它的实现方法分为两大类：一类是将滤波器所要完成的运算编成程序在计算机上执行，即采用计算机软件实现；另一类是设计专用的数字硬件、专用的数字信号处理器或通用的数字信号处理器来实现。

设计一个数字滤波器大致可分为三步：

(1) 按照实际需要确定滤波器的性能要求，比如确定所要设计的滤波器是低通、高通、带通还是带阻，截止频率是多少，阻带的衰减有多大，通带的波动范围是多少等。

(2) 用一个因果稳定的系统函数去逼近这个性能要求。此系统函数可分为两类，即 IIR 系统函数与 FIR 系统函数。

(3) 用一个有限精度的运算去实现这个系统函数。这里包括选择算法结构，如级联型、并联型、横截型、频率采样型等，还包括选择合适的字长以及选择有效的数字处理方法等。

在本教材中都是在给定的滤波器的性能要求的条件下去考虑数字滤波器的设计问题，所以第(1)步不作讨论；第(3)步关于算法结构已在第 5 章中介绍了，而关于字长的选择等问题将在第 7 章之后介绍；第(2)步内容将在本章和下章中介绍，即这两章分别介绍如何设计 IIR 和 FIR 数字滤波器，使其系统函数逼近已给定的滤波器的性能要求。

前面讲过数字滤波器由 IIR 和 FIR 之分，而 IIR 滤波器和 FIR 滤波器的设计方法很不相同。对于无限长单位冲激响应(IIR)数字滤波器有三种实现方法：

1) 零、极点位置累试法

根据系统函数在单位圆内的极点处出现峰值、在零点处出现谷值的特点来设置其零、极点，以达到简单的性能要求。所谓累试，就是当特性尚未达到要求时，通过多次改变零、极点的位置来达到要求。此法只适用于简单滤波器的设计。

2) 用模拟滤波器的理论来设计数字滤波器

因为 IIR 数字滤波器是无限长单位冲激响应，而所有的模拟滤波器一般都具有无限长的脉冲响应。这是因为模拟滤波器通常由电阻 R、电容 C 和电感 L 元件组成，由于 L、C 元件储能不能突变，故其脉冲响应必然会持续无限长。因此 IIR 数字滤波器与模拟滤波器相匹配。由于长期对模拟滤波器的研究已经形成了很多简单有效的逼近算法和现成的设计公式，而且设计参数已经表格化了，因此这是一个方便准确的设计方法。设计 IIR 数字滤波器可以先设计一个模拟低通滤波器，得到其传输函数 $H_a(s)$，然后将 $H_a(s)$ 按某种方法转换成数字低通滤波器的系统函数 $H_L(z)$，最后通过频带变换而成为其他选频滤波器 $H(z)$。本章主要介绍这一方法。

3) 计算机辅助设计法

这是一种最优化设计法，即从统计的概念出发，对所要提取的有用信号从时域进行估计，在统计指标最优的意义下，使得估计值最优逼近有用信号，减弱或消除噪声。

而 FIR 滤波器不能采用由模拟滤波器的设计进行转换的方法，常用的设计方法有窗函数法、频率采样法和切比雪夫等波纹逼近法。FIR 滤波器的具体设计实现将在第 7 章作详细论述。

设计数字滤波器之前，要先定义一组数字滤波器的技术指标，数字滤波器的指标常常在频域给出，假设数字滤波器的传输函数为 $H(e^{j\omega})$，$H(e^{j\omega})$ 一般为复函数，所以通常表示为

$$H(e^{j\omega}) = \left|H(e^{j\omega})\right| \cdot e^{j\theta(\omega)} \tag{6-3}$$

式中，$\left|H(e^{j\omega})\right|$ 称为幅频特性函数，$\theta(\omega)$ 称为相频特性函数。幅频特性表示信号通过该滤波器后各频率成分的衰减情况，而相频特性反映信号通过该滤波器后各频率在时间上的延时情况。一般对 IIR 数字滤波器，通常只用幅频响应函数来描述设计指标，对相频特性一般不作要求。若所设计的滤波器对相位特性要求较高，则此滤波器一般采用 FIR 数字滤波器设计实现。

信号通过数字滤波器时，无衰减或衰减很小的频带称为通带，衰减超过某一规定值的频带称为阻带。IIR 数字低通滤波器指标参数如图 6.2 所示：

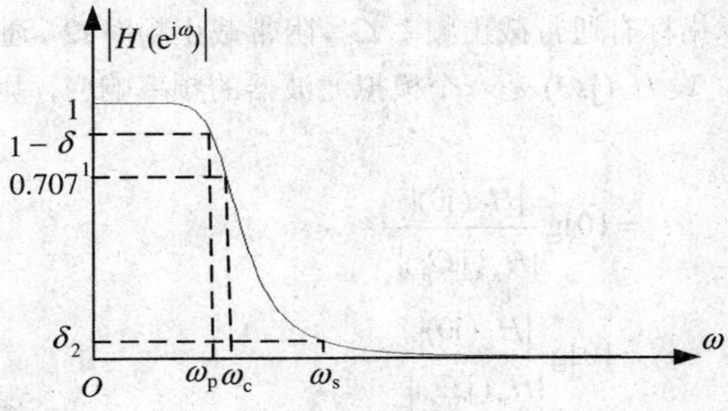

图 6.2 IIR 低通滤波器指标参数

图 6.2 中 ω_p 和 ω_s 分别为通带截止频率和阻带截止频率，δ_1 和 δ_2 分别为通带波纹和阻带波纹。通带频率范围为 $0 \leqslant \omega \leqslant \omega_p$，且 $(1-\delta_1) < \left|H(\mathrm{e}^{\mathrm{j}\omega})\right| \leqslant 1$，阻带频率范围为 $\omega_s \leqslant \omega \leqslant \pi$，且 $\left|H(\mathrm{e}^{\mathrm{j}\omega})\right| \leqslant \delta_2$。在通带和阻带之间 $\omega_p \leqslant \omega \leqslant \omega_s$ 称为过渡带。允许的衰减一般用 dB 数表示，通带内所允许的最大衰减和阻带内允许的最小衰减(dB)分别为和 α_p 和 α_s。α_p 和 α_s 分别定义为

$$\alpha_p = 20\lg\frac{\left|H(\mathrm{e}^{\mathrm{j}0})\right|}{\left|H(\mathrm{e}^{\mathrm{j}\omega_p})\right|} \quad \mathrm{dB} \tag{6-4}$$

$$\alpha_s = 20\lg\frac{\left|H(\mathrm{e}^{\mathrm{j}0})\right|}{\left|H(\mathrm{e}^{\mathrm{j}\omega_s})\right|} \quad \mathrm{dB} \tag{6-5}$$

如将 $\left|H(\mathrm{e}^{\mathrm{j}0})\right|$ 归一化为 1，式(6.4)和式(6.5)则表示成：

$$\alpha_p = -20\lg\left|H(\mathrm{e}^{\mathrm{j}\omega_p})\right| \quad \mathrm{dB} \tag{6-6}$$

$$\alpha_s = -20\lg\left|H(\mathrm{e}^{\mathrm{j}\omega_s})\right| \quad \mathrm{dB} \tag{6-7}$$

当幅度下降到 $1/\sqrt{2} = 0.707$ 时，$\omega = \omega_c$，此时 α_p=3dB，称 ω_c 为 3dB 通带截止频率。ω_p、ω_s、α_p 和 α_s 在数字滤波器的设计中是非常重要的，统称为数字滤波器的技术指标。知道了技术指标之后，就可以设计一个满足这些技术指标的数字滤波器。6.3 节讨论模拟低通滤波器的设计方法。

6.3 模拟滤波器的设计

模拟滤波器的理论和设计方法已相当成熟，典型的模拟滤波器都有严格的设计公式、现成的曲线和图表可供设计人员查阅。实际中有三种广泛应用的滤波器，巴特沃斯(Butterworth)、切比雪夫(Chebyshev)和椭圆滤波器。在本节中，将简要叙述巴特沃斯和切比雪夫低通滤波器的特征及其设计方法。

6.3.1 设计指标

模拟滤波器的技术指标有通带截止频率 Ω_p，阻带截止频率 Ω_s，通带最大衰减系数 α_p 和阻带最小衰减系数 α_s。设 $H_a(\mathrm{j}\Omega)$ 是一个模拟滤波器的频率响应，则对单调下降的幅度特性有

$$\alpha_p = 10\lg\frac{\left|H_a(\mathrm{j}0)\right|^2}{\left|H_a(\mathrm{j}\Omega_p)\right|^2} \tag{6-8}$$

$$\alpha_s = 10\lg\frac{\left|H_a(\mathrm{j}0)\right|^2}{\left|H_a(\mathrm{j}\Omega_s)\right|^2} \tag{6-9}$$

通常把通带最大幅度 $H_a(\mathrm{j}\Omega)$，即 $\left|H_a(\mathrm{j}0)\right|$ 归一化为 1，则 α_p 和 α_s 分别为

$$\alpha_p = -10\lg\left|H_a(\mathrm{j}\Omega_p)\right|^2 = -20\lg\left|H_a(\mathrm{j}\Omega_p)\right| \tag{6-10}$$

$$\alpha_s = -10\lg\left|H_a(j\Omega_s)\right|^2 = -20\lg\left|H_a(j\Omega_s)\right| \tag{6-11}$$

以上技术指标如图 6.3 所示。其中 Ω_c 为 3dB 通带截止频率。

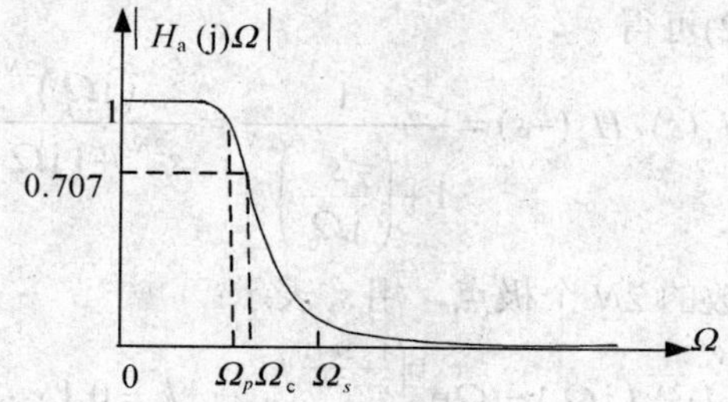

图 6.3　低通滤波器的幅频特性

在 6.2 节提到要实现 IIR 数字滤波器有三种方法，其中第二种方法是先设计一个模拟低通滤波器，得到其传输函数 $H_a(s)$。通过上文可知一个平方幅度函数 $\left|H_a(j\Omega)\right|^2$，应满足下式：

$$\left|H_a(j\Omega)\right|^2 = H_a(j\Omega)H_a^*(j\Omega) = H_a(j\Omega)H_a(-j\Omega) = H_a(s)H_a(-s)\Big|_{s=j\Omega} \tag{6-12}$$

而对于典型的模拟滤波器，其幅度平方函数都有自己的表达式，可以直接应用。所以只要由 $\left|H_a(j\Omega)\right|^2$ 和指标求出传输函数 $H_a(s)$，就实现了模拟滤波器的设计。下面将推导如何从 $\left|H_a(j\Omega)\right|^2$ 和指标求出传输函数 $H_a(s)$。

6.3.2　巴特沃斯模滤波器

这种滤波器的特征是其通带和阻带都有平坦的幅度响应。N 阶低通滤波器的幅度平方函数(也称之为原型滤波器) $\left|H_a(j\Omega)\right|^2$ 的表达式为

$$\left|H_a(j\Omega)\right|^2 = \frac{1}{1+\left(\dfrac{\Omega}{\Omega_c}\right)^{2N}} \tag{6-13}$$

式中 N 为滤波器的阶数，N 越大，滤波器幅度下降的速度越快，过渡带越窄。图 6.4 示出了 N=2，4，8 的巴特沃斯低通滤波器的幅度平方特性，它们都是单调递减的。

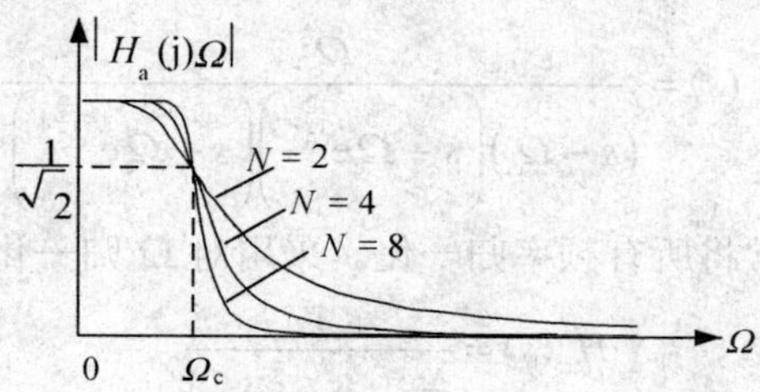

图 6.4　巴特沃斯幅度特性和 N 的关系

巴特沃斯原形滤波器具有如下特征：

当 Ω=0 时，$\left|H_a(j\Omega)\right|^2$=1；

当 $\Omega=\Omega_c$ 时，$\left|H_a(j\Omega)\right|^2=1/2$，$\Omega_c$ 是 3dB 的截止频率；

当 $\Omega\to\infty$ 时，$\left|H_a(j\Omega)\right|^2=0$；

将式(6-13)代入式(6-12)可得

$$H_a(s)\cdot H_a(-s)=\frac{1}{1+\left(\dfrac{s}{j\Omega_c}\right)^{2N}}=\frac{\left(j\Omega_c\right)^{2N}}{s^{2N}+\left(j\Omega_c\right)^{2N}} \tag{6-14}$$

即可求出幅度平方函数的 $2N$ 个极点，用 s_k 表示：

$$s_k=(-1)^{\frac{1}{2N}}\left(j\Omega_c\right)=\Omega_c e^{j\pi\left(\frac{1}{2}+\frac{2k+1}{2N}\right)}\qquad k=0,1,\cdots,(2N-1) \tag{6-15}$$

这 $2N$ 个极点等间隔分布在半径为 Ω_c (巴特沃斯圆)的圆上，间隔为 $\dfrac{\pi}{N}$ rad。

为形成稳定的模拟滤波器，只取左半平面的 N 个极点构成 $H_a(s)$，其余右半平面的 N 个极点构成 $H_a(-s)$，$H_a(s)$ 的表示式为

$$H_a(s)=\frac{\Omega_c^N}{\prod\limits_{k=0}^{N-1}\left(s-s_k\right)} \tag{6-16}$$

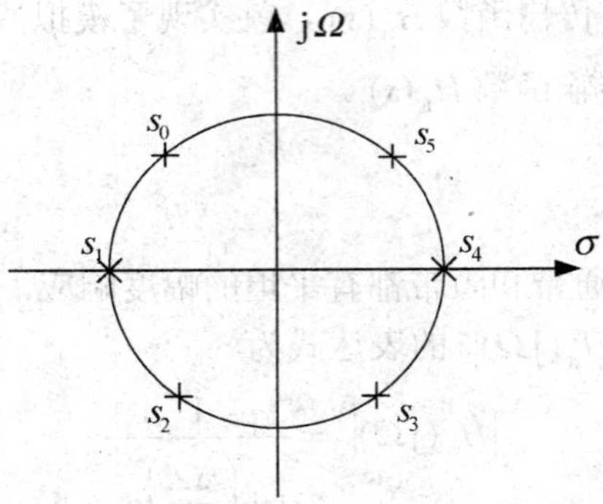

图 6.5　三阶巴特沃斯滤波器极点分布

图 6.5 给出了 N=3 的巴特沃斯滤波器的幅度平方特性的极点分布图。取左半平面的三个极点组成 $H_a(s)$，表达式为

$$H_a(s)=\frac{\Omega_c^3}{\left(s-\Omega_c\right)\left(s-\Omega_c e^{j\frac{2}{3}\pi}\right)\left(s-\Omega_c e^{-j\frac{2}{3}\pi}\right)} \tag{6-17}$$

为了使设计统一，通常将所有频率归一化。采用对 Ω_c 归一化后，

$$H_a(s)=\frac{1}{\prod\limits_{k=0}^{N-1}\left(\dfrac{s}{\Omega_c}-\dfrac{s_k}{\Omega_c}\right)} \tag{6-18}$$

令 λ 为归一化频率，$\lambda=\dfrac{\Omega}{\Omega_c}$；$p$ 为归一化复变量，$p=j\lambda$。则 $\dfrac{s}{\Omega_c}=\dfrac{j\Omega}{\Omega_c}=j\lambda$，

这样可得归一化后的传输函数为

$$H_a(p)=\frac{1}{\prod_{k=0}^{N-1}(p-p_k)} \tag{6-19}$$

归一化极点 p_k 为

$$p_k=e^{j\pi\left(\frac{1}{2}+\frac{2k+1}{2N}\right)},\qquad k=0,1,\cdots,(N-1) \tag{6-20}$$

将 p_k 代入式(6-19)，可得到 $H_a(p)$ 的另一种表示：

$$H_a(p)=\frac{1}{b_0+b_1p+\cdots+b_{N-1}p^{N-1}+p^N} \tag{6-21}$$

从式(6-20)中，可以看出，只要通过技术指标求出 N，就可以得到归一化极点 p_k，然后代入式(6-19)得到归一化传输函数 $H_a(p)$，如果确定 Ω_c，再去归一化，即 $H_a(s)=H_a(p)|_{p=\frac{s}{\Omega_c}}$，就可以得到实际的传输函数 $H_a(s)$。归一化极点以及 $H_a(p)$ 的系数 $b_k,k=0,1,\cdots,N-1$，也可以通过查表直接得到，省去了很多计算工作。模拟低通滤波器的参数如表 6-1 所示。

表 6-1　巴特沃斯归一化低通滤波器参数

极点位置 / 阶数 N	$P_{0,N-1}$	$P_{1,N-2}$	$P_{2,N-3}$	$P_{3,N-4}$	P_4
1	−1.0000				
2	−0.7071 ± j0.7071				
3	−0.5000 ± j0.8660	−1.0000			
4	−0.3827 ± j0.9239	− 0.9239 ± j0.3827			
5	−0.3090 ± j0.9511	− 0.8090 ± j0.5878	−1.0000		
6	−0.2588 ± j0.9659	− 0.7071 ± j0.7071	− 0.9659 ± j0.2588		
7	−0.2225 ± j0.9749	− 0.6235 ± j0.7818	− 0.9010 ± j0.4339	−1.0000	
8	0.1951 ± j0.9808	0.5556 ± j0.8315	− 0.8315 ± j0.5556	− 0.9808 ± j0.1951	
9	−0.1736 ± j0.9848	− 0.5000 ± j0.8660	− 0.7660 ± j0.6428	− 0.9397 ± j0.3420	−1.0000

分母多项式 / 系数阶数 N	b_0	b_1	b_2	b_3	b_4	b_5	b_6	b_7	b_8
	$B(p)=P^N+b_{N-1}P^{N-1}+b_{N-2}P^{N-2}+\cdots+b_1p+b_0$								
1	1.0000								
2	1.0000	1.4142							
3	1.0000	2.0000	2.0000						
4	1.0000	2.6131	3.4142	2.613					
5	1.0000	3.2361	5.2361	5.2361	3.2361				
6	1.0000	3.8637	7.4641	9.1416	7.4641	3.8637			
7	1.0000	4.4940	10.0978	14.5918	14.5918	10.0978	4.4940		
8	1.0000	5.1258	13.1371	21.8462	25.6884	21.8642	13.1371	5.1258	
9	1.0000	5.7588	16.5817	31.1634	41.9864	41.9864	31.1634	16.5817	5.7588

续表

分母多项式 系数阶数 N	$B(p)=B_1(p)B_2(p)B_3(p)B_4(p)B_5(p)$ $B(p)$
1	$(p+1)$
2	$(p^2+1.4142p+1)$
3	$(p^2+p+1)(p+1)$
4	$(p^2+0.7654p+1)(p^2+1.8478p+1)$
5	$(p^2+0.6180p+1)(p^2+1.6180p+1)(p+1)$
6	$(p^2+0.5176p+1)(p^2+1.4142p+1)(p^2+1.9319p+1)$
7	$(p^2+0.4450p+1)(p^2+1.2470p+1)(p^2+1.8019p+1)(p+1)$
8	$(p^2+0.3902p+1)(p^2+1.1111p+1)(p^2+1.6629p+1)(p^2+1.9616p+1)$
9	$(p^2+0.3473p+1)(p^2+p+1)(p^2+1.5321p+1)(p^2+1.8794p+1)(p+1)$

下面来推导如何由技术指标来求阶数 N 和 Ω_c，将 Ω_p (为通带的截止频率但不一定为 3dB 点处)和 Ω_s 分别代入式(6-13)，得到

$$\left|H_a(j\Omega_p)\right|^2=\frac{1}{1+\left(\dfrac{\Omega_p}{\Omega_c}\right)^{2N}} \tag{6-22}$$

$$\left|H_a(j\Omega_s)\right|^2=\frac{1}{1+\left(\dfrac{\Omega_s}{\Omega_c}\right)^{2N}} \tag{6-23}$$

再将式(6-22)和式(6-23)分别代入式(6-10)和式(6-11)得

$$1+\left(\frac{\Omega_p}{\Omega_c}\right)^{2N}=10^{\alpha_p/10} \tag{6-24}$$

$$1+\left(\frac{\Omega_s}{\Omega_c}\right)^{2N}=10^{\alpha_s/10} \tag{6-25}$$

由式(6-24)和式(6-25)得

$$\left(\frac{\Omega_p}{\Omega_s}\right)^N=\sqrt{\frac{10^{\alpha_p/10}-1}{10^{\alpha_s/10}-1}} \tag{6-26}$$

令 $\lambda_{sp}=\Omega_s/\Omega_p$，$k_{sp}=\sqrt{\dfrac{10^{\alpha_p/10}-1}{10^{\alpha_s/10}-1}}$，由式(6-26)可得

$$N=-\frac{\lg k_{sp}}{\lg \lambda_{sp}} \tag{6-27}$$

求出的结果取大于等于 N 的最小整数。Ω_c 可按照式(6-24)或式(6-25)求出，由于选择的 N 比所需要的略大，如果按照式(6-24)计算，在 Ω_p 处满足指标，则阻带指标有富裕量，得

$$\Omega_c=\Omega_p(10^{0.1\alpha_p}-1)^{-\frac{1}{2N}} \tag{6-28}$$

如果按照式(6-25)计算，在 Ω_s 处满足指标，则通带指标有富裕量，得

$$\Omega_c = \Omega_s (10^{0.1\alpha_p} - 1)^{-\frac{1}{2N}} \tag{6-29}$$

低通巴特沃斯滤波器的设计步骤：

(1) 由技术指标 $\Omega_p, \alpha_p, \Omega_s, \alpha_s$ 代入式(6-27)求阶数 N；

(2) 根据阶数 N 查表 6-1 得到极点 p_k 或归一化传输函数 $H_a(p)$；

(3) 若已知 Ω_c，直接到(4)。若 Ω_c 未知，根据式(6-28)或式(6-29)求出；

(4) 将 $H_a(p)$ 去归一化，$H_a(s) = H_a(p)|_{p=\frac{s}{\Omega_c}}$，得到实际的滤波器的传输函数。

【例 6.1】 设通带边界频率 $f_p = 5\text{kHz}$，通带最大衰减 α_p 是 1dB，阻带边界频率 $f_s = 12\text{kHz}$，阻带最大衰减 α_s 是 30dB，要求设计巴特沃斯低通滤波器。

解 (1) 求阶数 N。

$$k_{sp} = \sqrt{\frac{10^{\alpha_p/10} - 1}{10^{\alpha_s/10} - 1}} = 0.016$$

$$\lambda_{sp} = \frac{\Omega_s}{\Omega_p} = \frac{2\pi f_s}{2\pi f_p} = 2.4$$

$$N = -\frac{\lg k_{sp}}{\lg \lambda_{sp}} = -\frac{\lg 0.016}{\lg 2.4} = 4.72 \text{ 取 } N = 5$$

(2) 根据阶数 N 查表 6-1 得到极点 p_k 或归一化传输函数 $H_a(p)$

极点：$-0.3090 \pm \text{j}0.9511, -0.8090 \pm \text{j}0.5878, -1.0000$

归一化传输函数 $H_a(p) = \dfrac{1}{p^5 + b_4 p^4 + b_3 p^3 + b_2 p^2 + b_1 p + b_0}$

(式中 $b_0 = 1.0000, b_1 = 3.2361, b_2 = 5.2361, b_3 = 5.2361, b_4 = 3.2361$)

或 $H_a(p) = \dfrac{1}{(p^2 + 0.6180p + 1)(p^2 + 1.6180p + 1)(p + 1)}$

(3) 求 3dB 截止频率 Ω_c

根据式(6-28)求得 $\Omega_c = \Omega_p (10^{0.1\alpha_p} - 1)^{-\frac{1}{2N}} = 35961$，此时阻带指标有余量；

根据式(6-29)求得 $\Omega_c = \Omega_s (10^{0.1\alpha_p} - 1)^{-\frac{1}{2N}} = 37792$，此时通带指标有余量。

(4) 将 $H_a(p)$ 去归一化

本题选 $\Omega_c = 35961$，将 $p = \dfrac{s}{\Omega_c}$ 代入 $H_a(p)$ 得

$$H_a(s) = \frac{1}{\left(\frac{s}{35961}\right)^5 + 3.2361\left(\frac{s}{35961}\right)^4 + 5.2361\left(\frac{s}{35961}\right)^3 + 5.2361\left(\frac{s}{35961}\right)^2 + 3.2361\left(\frac{s}{35961}\right) + 1}$$

(5) 求 $H_a(s)$ 的频率响应。

MATLAB 提供了函数 buttap 用于设计巴特沃斯模拟滤波器，其调用格式 [Z,P,K]=buttap(N)，该函数设计一个 N 阶归一化 buttap 沃斯滤波器并返回零点向量 $\boldsymbol{Z}$、极点极点向量 $\boldsymbol{P}$ 和增益系数 K。用该函数求出滤波器后需要进行去归一化处理，即用 Ω_c 乘 $\boldsymbol{P}$，

用 Ω_c^N 乘以 K。用该函数编程时必须先求出阶数 N，把求 N 和 Ω_{c0} 公式重写如下：

$$N=-\frac{\lg\left(\dfrac{10^{\alpha_p/10}-1}{10^{\alpha_s/10}-1}\right)}{2\lg\dfrac{\Omega_s}{\Omega_p}}$$

由于 MATLAB 中无法用字符 α，故程序中一律用 Rp 表示 α_p，用 As 表示 α_s。以后相同。

例 6.1 的 MATLAB 程序如下：

```
fp = 5000; fs = 12000; Rp=1; As=30; Omegap = fp*2*pi; Omegas = fs*2*pi;
                              %给出设计指标
N=ceil((log10((10.^(0.1*Rp)-1)/(10.^(0.1*As)-1)))/(2*log10(Omegap/Omeg
as)))                         %求滤波器阶数
OmegaC=Omegap*(10^(0.1*Rp)-1)^(-1/(2*N))
                              %求 3dB 通带截止频率,见式(6-28)和式(6-29)
[Z1,P1,K1]=buttap(N);         %确定巴特沃斯滤波器左半面极点
b0=K1*real(poly(Z1))
a0=real(poly(P1))             %求归一化滤波器系数
p=P1*OmegaC;z=Z1*OmegaC;      %求非归一化零极点
K=K1*OmegaC^N
b=b0*K
a=real(poly(p))               %求非归一化滤波器系数
```

运行结果如下：

```
N =  5
OmegaC = 3.5961e+004
b0 =  1
a0 = 1.0000    3.2361    5.2361    5.2361    3.2361    1.0000
K =  6.0140e+022
b =1
a = 1.0e+022 *[ 0.0000    0.0000    0.0000    0.0000    0.0005    6.0140]
```

由于 Ω_c 太大，去归一化后分子乘以 Ω_c^N 达10^{22} 数量级，导致分母系数太小无法显示，所以最好用归一化系数表示滤波器，把变量 s 用($p=s/\Omega_c$)替代，这样就得到

$$H_a(s)=\frac{1}{\left(\dfrac{s}{35961}\right)^5+3.2361\left(\dfrac{s}{35961}\right)^4+5.2361\left(\dfrac{s}{35961}\right)^3+5.2361\left(\dfrac{s}{35961}\right)^2+3.2361\left(\dfrac{s}{35961}\right)+1}$$

与手算结果相同。

滤波器的阶数和 Ω_c 可通过调用函数求出，非常方便。函数如下：

```
[N, OmegaC]=buttord(Omegap,Omegas,Rp,As,'s')
```

滤波器求出后，需要对其指标进行验证。求模拟滤波器的频率特性的典型函数有：

H=freqs(b,a,w)　%b=滤波器分子系数向量；a=滤波器分母系数向量；w 为频率向量，至少两个频点，求频点对应的频响。

[H,w]=freqs(b,a)　%默认求 200 个频点的频率响应。

用下面语句可以画出其频率特性。

```
w1=[Omegap,Omegas]/OmegaC;%选择频率归一化向量
H1=freqs(b0,a0,w1); %求给定频点的频率响应(归一化结果)
dBH1=-20*log10(abs(H1))%求给定频点的频响 dB 值。
freqs(b,a)  %画出实际频率特性的波特图
```

结果如下：

```
H1 =  -0.8827 + 0.1232i   0.0247 + 0.0006i
dBH1 = 1.0000   32.1555
```

dBH1 为对应 Ω_p 和 Ω_s 点的幅值即 α_p 和 α_s，可见设计完全满足指标。

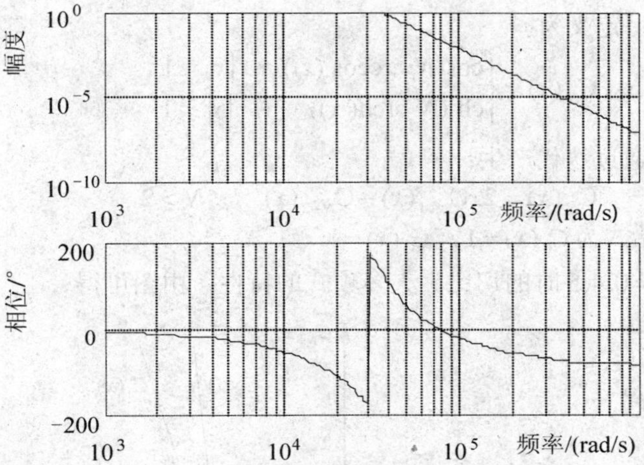

图 6.6　例 6.1 的滤波器对数频率特性

6.3.3　切比雪夫滤波器

巴特沃斯滤波器的频率特性是，无论在通带还是在阻带幅值都随频率而单调变化。因而如果在通带边缘满足指标，则在通带内肯定会有富裕量，也就是会超过指标的要求，所以并不经济，更有效的办法是将指标的精度要求均匀地分布在通带内，或均匀分布在阻带内，或同时均匀分布在通带与阻带内，这时就可设计出阶数较低的滤波器。这种精度均匀分布的办法可以通过选择具有等波纹特性的逼近函数来完成。

切比雪夫滤波器的幅度特性就是在一个频带中(通带或阻带)具有这种等波纹特性，一种是在通带中是等波纹的，在阻带中是单调的，称为切比雪夫 I 型；一种是在通带内是单调的，在阻带内是等波纹的，称为切比雪夫 II 型，如果通带和阻带都是等波纹，则为椭圆滤波器，如图 6.7 所示。

在这节中，只介绍切比雪夫 I 型滤波器的设计方法。切比雪夫 I 型滤波器是一个全极点滤波器，其幅度平方函数为

$$A^2(\Omega)=\left|H_{\mathrm{a}}(\mathrm{j}\Omega)\right|^2=\frac{1}{1+\varepsilon^2 C_N{}^2(\Omega/\Omega_p)} \tag{6-30}$$

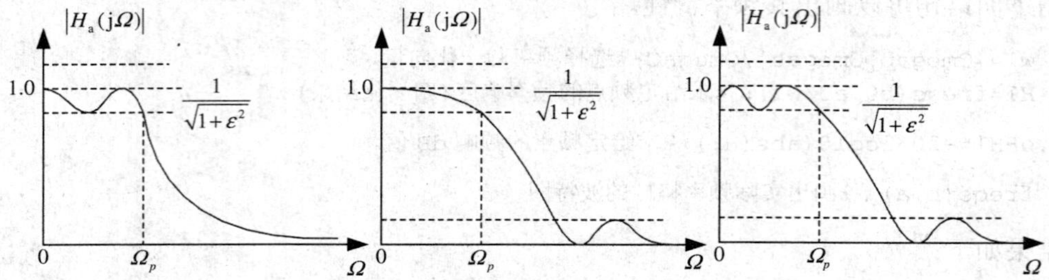

图 6.7 切比雪夫和椭圆滤波器特性

式中，N 为滤波器的阶数，ε 为通带波动系数，它是小于 1 的正数，与 α_p 有关，$C_N(x)$ 是 N 阶切比雪夫多项式，定义为

$$C_N(x)=\begin{cases}\cos(N\arccos(x)) & |x|\leqslant 1\\ \mathrm{ch}(N\,\mathrm{arch}(x)) & |x|\geqslant 1\end{cases} \tag{6-31}$$

这些多项式可以通过迭代产生：

$$\mathrm{C}_N(x)=2x\mathrm{C}_{N-1}(x)-\mathrm{C}_{N-2}(x) \qquad N>2 \tag{6-32}$$

当 $N<2$ 时的初始式为 $C_0(x)=1$，$\mathrm{C}_1(x)=x$

图 6.8 示出了 $N=0,4,5$ 时的切比雪夫多项式的特性，由图可得

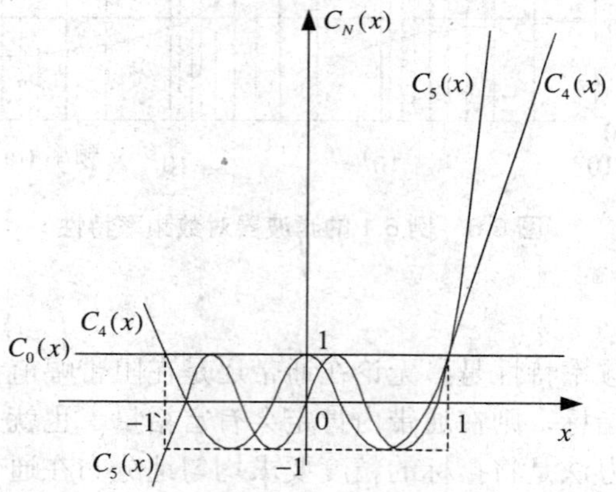

图 6.8 N=0，4，5 时的切比雪夫多项式曲线

(1) $|x|\leqslant 1$ 时，$|C_N(x)|\leqslant 1$，函数值在+1 和−1 之间来回振荡；

(2) $|x|>1$ 时，$C_N(x)$ 是双曲余弦函数，随 x 单调上升；

(3) 当 N 为偶数时，X=0 处的 $C_N^2(0)=1$；

当 N 为奇数时，X=0 处的 $C_N^2(x)$ =0。

且阶数 N 等于通带内最大值与最小值的总个数。

图 6.9 分别画出了 N 为偶数和奇数时，切比雪夫 I 型低通滤波器的幅频特性，其中频率对 Ω_p 作了归一化，$\lambda=\dfrac{\Omega}{\Omega_p}$，从图中可以归纳出切比雪夫 I 型低通滤波器的主要特性：

(1) 当 $\Omega=0$，N 为偶数时，$\left|H_a(j0)\right|=\dfrac{1}{\sqrt{\varepsilon^2+1}}$；$N$ 为奇数时，$\left|H_a(j0)\right|=1$；

(2) 截止频率 Ω_p 一定小于等于 3dB 的截止频率 Ω_c，且在截止频率 Ω_p 处时，$\left|H_a(j\Omega)\right|=\dfrac{1}{\sqrt{\varepsilon^2+1}}$，所有幅度函数曲线都通过 $\dfrac{1}{\sqrt{\varepsilon^2+1}}$ 点；

(3) 通带在 $\left[0,\Omega_p\right]$ 之间，幅度在 $\left[0,\dfrac{1}{\sqrt{\varepsilon^2+1}}\right]$ 上有波动，最大值为 1，最小值为 $\dfrac{1}{\sqrt{\varepsilon^2+1}}$；

(4) $\Omega>1$ 时，$A^2(\Omega)$ 随 Ω 加大单调衰减，且很快接近于零。

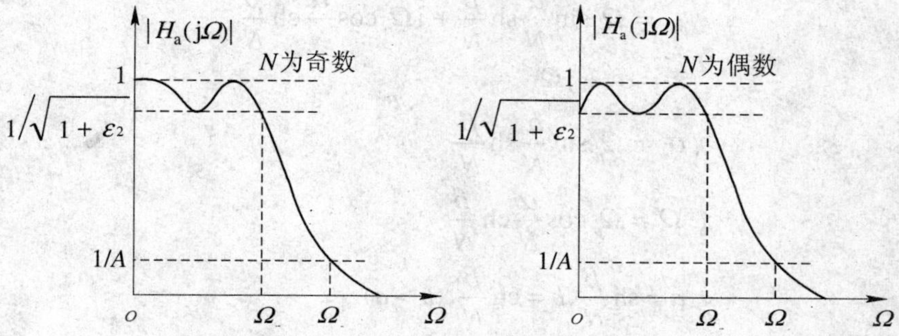

图 6.9　切比雪夫 I 型滤波器的幅频特性

为了确定一个因果稳定的 $H_a(s)$，必须找出 $H_a(s)\cdot H_a(-s)$ 的极点，即求：$A^2(\Omega)=\left|H_a(j\Omega)\right|^2=\dfrac{1}{1+\varepsilon^2C_N{}^2(\Omega/\Omega_p)}$ 的根。令

$$1+\varepsilon^2C_N{}^2(s/j\Omega_p)=0$$

$$C_N^2(\frac{s}{j\Omega_p})=-\frac{1}{\varepsilon^2},\qquad C_N(\frac{s}{j\Omega_p})=\pm j\frac{1}{\varepsilon} \tag{6-33}$$

因为在通带内：

$$\cos\left[N\arccos(\frac{s}{j\Omega_p})\right]=\pm j\frac{1}{\varepsilon}$$

令：

$$\begin{cases} N\arccos(\dfrac{s}{j\Omega_p})=\alpha+j\beta \Rightarrow \arccos(\dfrac{s}{j\Omega_p})=\dfrac{\alpha}{N}+j\dfrac{\beta}{N} \\ \cos(\alpha+j\beta)=\pm j\dfrac{1}{\varepsilon} \end{cases} \tag{6-34}$$

根据欧拉公式：

$$\cos(\alpha+j\beta)=\cos\alpha\,\mathrm{ch}\beta-j\sin\alpha\,\mathrm{sh}\beta$$

则：

$$\cos\alpha\,\mathrm{ch}\beta-j\sin\alpha\,\mathrm{sh}\beta=\pm j\frac{1}{\varepsilon}$$

由虚部、实部得知：

$$\begin{cases} \cos\alpha\,\mathrm{ch}\beta=0 \\ \sin\alpha\,\mathrm{sh}\beta=\pm\dfrac{1}{\varepsilon} \end{cases}$$

又：　　$\mathrm{ch}\beta\neq0$　　所以：$\cos\alpha=0$

且：

$$\sin\alpha = \pm 1, \alpha = \frac{(2\mathrm{i}-1)\pi}{2}$$

$$\mathrm{sh}\beta = \frac{1}{\varepsilon} \Rightarrow \beta = \mathrm{arsh}\frac{1}{\varepsilon}$$

将所求得到α、β代入式(6-34)，得

$$\begin{aligned} s_i &= \mathrm{j}\Omega_p \cos\left[\frac{\alpha}{N} + \mathrm{j}\frac{\beta}{N}\right] \\ &= \mathrm{j}\Omega_p\left[\cos\frac{\alpha}{N}\mathrm{ch}\frac{\beta}{N} - \mathrm{j}\sin\frac{\alpha}{N}\mathrm{sh}\frac{\beta}{N}\right] \\ &= \Omega_p \sin\frac{\alpha}{N}\mathrm{sh}\frac{\beta}{N} + \mathrm{j}\Omega_p\cos\frac{\alpha}{N}\mathrm{ch}\frac{\beta}{N} \end{aligned} \tag{6-35}$$

$$s_i = \sigma_i + \mathrm{j}\Omega_i$$

然后令：

$$\sigma_i = \Omega_p \sin\frac{\alpha}{N}\mathrm{sh}\frac{\beta}{N}$$

$$\Omega_i = \Omega_p \cos\frac{\alpha}{N}\mathrm{ch}\frac{\beta}{N}$$

又令：

$$a = \mathrm{sh}\frac{\beta}{N}, b = \mathrm{ch}\frac{\beta}{N}, (b > a)$$

则可得

$$\left(\frac{\sigma_i}{\Omega_p a}\right)^2 + \left(\frac{\Omega_i}{\Omega_p b}\right)^2 = 1 \tag{6-36}$$

⇓ 短轴　⇓ 长轴

设N=3，幅度平方函数的极点分布如图 6.10 所示。

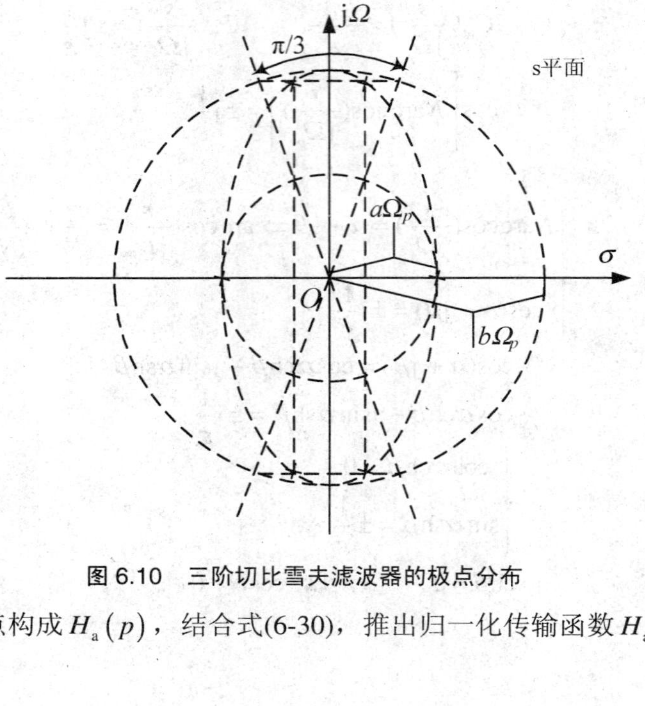

图 6.10　三阶切比雪夫滤波器的极点分布

左半平面的极点构成$H_a(p)$，结合式(6-30)，推出归一化传输函数$H_a(p)$：

$$H_{\rm a}(p)=\frac{1}{\varepsilon\cdot 2^{N-1}\prod_{i=1}^{N}(p-p_i)} \tag{6-37}$$

归一化后的实际传输函数为

$$H_{\rm a}(s)=\frac{\Omega_p^{\ N}}{\varepsilon\cdot 2^{N-1}\prod_{i=1}^{N}(s-p_i\Omega_p)} \tag{6-38}$$

从上面的分析可以看到：只要求出ε和N，就可以求出极点p_i和传输函数，实现滤波器的设计。下面就简要说明ε和N的求解方法。

$$\alpha_p=10\frac{\lg\left|A(\mathrm{j}0)\right|^2}{\lg\left|A(\mathrm{j}\Omega_p)\right|^2} \tag{6-39}$$

式中，$\left|A(\mathrm{j}0)\right|^2=1$；$\left|A(\mathrm{j}\Omega_p)\right|^2=\dfrac{1}{1+\varepsilon^2}$

因此，$\alpha_p=10\ \lg(1+\varepsilon^2)$，$\varepsilon^2=10^{0.1\alpha_p}-1$，由指标$\alpha_p$即可求出参数$\varepsilon$。

再由式(6-30)可推导出：

$$N=\frac{Arch\ (k_1^{-1})}{Arch(\lambda_S)} \tag{6-40}$$

式中，$\lambda_s=\dfrac{\Omega_s}{\Omega_p}$；$k_1^{-1}=\sqrt{\dfrac{10^{0.1\alpha_s}-1}{10^{0.1\alpha_p}-1}}$

$$\Omega_{\rm c}=\Omega_p\mathrm{ch}\left[\frac{1}{N}Arch\left(\frac{1}{\varepsilon}\right)\right] \tag{6-41}$$

下面介绍切比雪夫 I 型滤波器的设计步骤：

(1) 确定技术指标：Ω_p，Ω_s，α_p，α_s；

(2) 由指标求滤波器的阶数N和参数ε；

$N=\dfrac{Arch(k_1^{-1})}{Arch(\lambda_S)}$，式中，$\lambda_s=\dfrac{\Omega_s}{\Omega_p}$；$k_1^{-1}=\sqrt{\dfrac{10^{0.1\alpha_s}-1}{10^{0.1\alpha_p}-1}}$

$\varepsilon=\sqrt{10^{0.1\alpha_p}-1}$

(3) 求归一化传输函数$H_{\rm a}(p)$；

$H_{\rm a}(p)=\dfrac{1}{\varepsilon\cdot 2^{N-1}\prod_{i=1}^{N}(p-p_i)}$，阶数$N$和参数$\varepsilon$已由第二步求出，$p_k$由下式求得

$$p_k=-\mathrm{ch}\xi\sin\left[\frac{(2k-1)\pi}{2N}\right]+\mathrm{jch}\xi\cos\left[\frac{(2k-1)\pi}{2N}\right] \tag{6-42}$$

(4) 将$H_{\rm a}(p)$去归一化得到实际的传输函数。

$$H_{\rm a}(s)=H_{\rm a}(p)|_{p=\frac{s}{\Omega_p}}$$

【例 6.2】 设通带边界频率$f_p=5\mathrm{kHz}$，通带最大衰减α_p是 1dB，阻带边界频率$f_s=12\mathrm{kHz}$，阻带最大衰减α_s是 30dB，要求设计切比雪夫 I 型低通模拟滤波器。

解　设计过程与巴特沃斯滤波器过程类似。

先根据式(6.39) ~ 式(6.41)计算阶数 N、ε、Ω_c，查表求归一化滤波器，最后去归一化。但是切比雪夫滤波器的公式比较繁琐。所以在此只介绍 MATLAB 实现方法。

编程过程与上例相同。MATLAB 程序如下：

```
fp = 5000; fs = 12000; Rp=1; As=30; Omegap = fp*2*pi; Omegas = fs*2*pi;
                                    %给出设计指标
[N,OmegaC]=cheb1ord(Omegap,Omegas,Rp,As,'s')
                                    %求切比雪夫 I 型的阶数和 3dB 截止频率
[Z1,P1,K1]=cheb1ap(N,Rp);           %确定切比雪夫 I 型滤波器左半面零极点
b0=K1*real(poly(Z1))                %求归一化滤波器 b0 系数
a0=real(poly(P1))                   %求归一化滤波器 a0 系数
执行结果：
N = 4     ;                         %阶数
OmegaC =3.1416e+004 ; Ωc
b0 = 0.2457                         %归一化分子
a0 = 1.0000   0.9528   1.4539   0.7426   0.2756 ;          %归一化分母
P1 = -0.1395 + 0.9834i   -0.3369 + 0.4073i                  %归一化极点
-0.1395 - 0.9834i  -0.3369 - 0.4073i
 Z1 =[];                            %归一化零点，此例无零点
```

写出切比雪夫 I 型模拟滤波器的系统函数如下：

$$H_a(s)=\frac{0.2457}{\left(\dfrac{s}{31416}\right)^4+0.9528\left(\dfrac{s}{31416}\right)^3+1.4539\left(\dfrac{s}{31416}\right)^2+0.7426\left(\dfrac{s}{31416}\right)+0.2756}$$

下面语句可求出 R_p 和 A_s

```
w1=[Omegap,Omegas]/OmegaC; H1=freqs(b0,a0,w1); dBH1=-20*log10(abs(H1))
[Ha,W]=freqs(b0,a0);
semilogx(W*OmegaC,20*log10(abs(Ha)/max(abs(Ha))));grid;axis([0,10^6,
-100,10])
H1 = -0.5765 + 0.6797i   0.0081 + 0.0037i
dBH1 = 1.0000  `40.9940 ;   Rp=1, As=41dB;
```

从半对数图也可以看出。通带波动约为 1dB 左右，在 $\Omega_s=2\pi f_s\approx 75400$ 处的阻带衰减为 41dB。

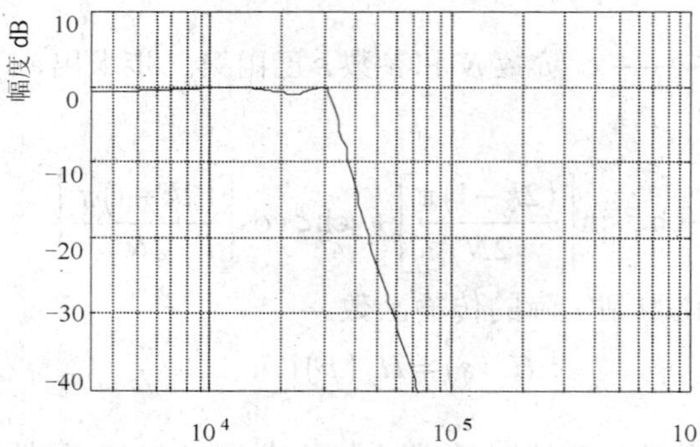

图 6.11　例 6.2 例中切比雪夫滤波器的幅频特性

对比例 6.1 和例 6.2，看出同样指标的滤波器用切比雪夫 I 型设计比巴特沃斯阶数要低。

常用的原型模拟滤波器类型还有切比雪夫 II 型低通滤波器，它的通带是单调的，而阻带是等波动的。还有椭圆滤波器，它的幅频特性在通带和阻带都具有等波动性质。每种原型滤波器都有自己的平方幅度函数，它们的设计方法与巴特沃斯和切比雪夫都类似。但是它们涉及的函数更为复杂。求阶数和 Ω_c 的计算用手工比较困难。幸好 MATLAB 提供了直接进行这些计算的函数，只要会调用就可以了。常见的函数有：

```
[N，OmegaC]=Buttord(Omegap，Omegas,Rp,As,'s')     %求巴特沃斯阶数
[N，OmegaC]=cheb1ord(Omegap，Omegas,Rp,As,'s')   %求切比雪夫 I 型阶数
[N，OmegaC]=cheb2ord(Omegap，Omegas,Rp,As,'s')   %求切比雪夫 II 型阶数
[N，OmegaC]=ellipord(Omegap，Omegas,Rp,As,'s')   %求椭圆型阶数
[Z,P,K]=buttap(N);          %设计 N 阶一个巴特沃斯低通滤波器，返回零点、极点和增益
[Z,P,K]=cheb1ap(N，Rp);     %设计 N 阶且通带衰减为 Rp 的切比雪夫 I 型低通滤波器
[Z,P,K]=cheb2ap(N，As);     %设计 N 阶且阻带衰减为 As 的切比雪夫 II 型低通滤波器
[Z,P,K]=ellipap(N,Rp,As);  %设计 N 阶椭圆型低通滤波器，通带和阻带衰减为 Rp 和 As
```

6.4　用冲激不变法设计 IIR 数字滤波器

在本章开始已经提到过设计数字滤波器可以按照技术要求先设计一个模拟低通滤波器，得到模拟低通滤波器的传输函数 $H_a(s)$，再按一定的转换关系将 $H_a(s)$ 转换成数字低通滤波器的系统函数 $H(z)$。其设计流程如图所示 6.12 所示。

利用模拟滤波器的设计结果来求相应的数字滤波器，可以用映射的方法来实现，把 s 平面映射到 z 平面。这种由复变量 s 到复变量 z 之间的映射关系，必须满足三点要求：

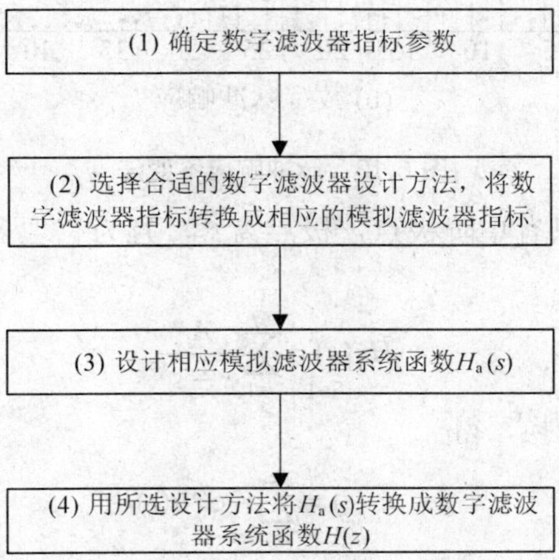

图 6.12　从模拟滤波器设计数字滤波器流程图

因果稳定的 $H_a(s)$ 映射成因果稳定的 $H(z)$，即 s 平面的左半平面必须映射到 z 平面单位圆的内部。

$H(z)$ 的频率响应能模仿 $H_a(s)$ 的频率响应，即 s 平面的虚轴必须映射到 z 平面的单位圆上。变换前后的滤波器在时域或频域的主要特征(频率响应或单位冲激响应等)应尽可能

相同或接近。

将传输函数 $H_a(s)$ 从 s 平面转换到 z 平面的方法有多种，主要有冲激不变法和双线性变换法。在本节里主要讲述冲激不变法的主要思想，双线性变换法将在下一节讲述。

冲激不变法的主要思想如下：

设得到的模拟滤波器的传输函数 $H_a(s)$ 对应的单位冲击响应为 $h_a(t)$，即

$$H_a(s) = LT\left[h_a(t)\right] \tag{6-43}$$

对 $h_a(t)$ 进行间隔为 T 的等间隔采样，采到的值形成序列 $h(n)$，即

$$h(n) = h_a(nT) = h_a(t)|_{t=nT}$$

把 $h(n)$ 作为数字滤波器的单位脉冲相应，如图 6.13 所示，对其作 Z 变换，就是数字滤波器的系统函数 $H(z)$。

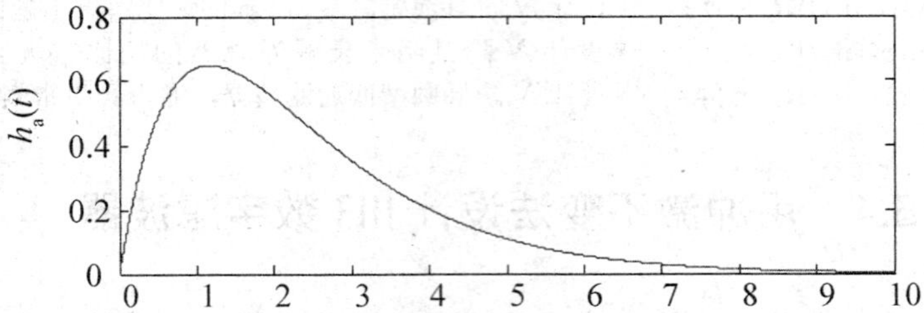

(a) 模拟脉冲响应

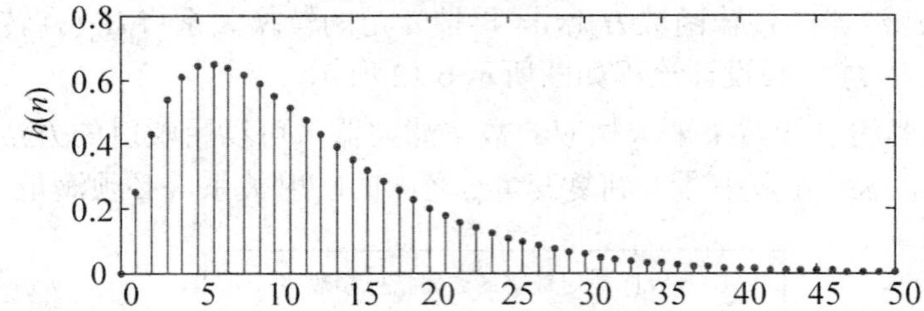

(b) 数字脉冲响应

图 6.13　脉冲响应不变法

设模拟滤波器 $H_a(s)$ 只有单阶极点，极点为 s_i，且为有理多项式，则可以将 $H_a(s)$ 表示为

$$H_a(s) = \sum_{i=1}^{N} \frac{A_i}{s - s_i} \tag{6-44}$$

将 $H_a(s)$ 进行拉氏逆变换，得

$$h_a(t) = \sum_{i=1}^{N} A_i e^{s_i t} u(t) \tag{6-45}$$

对 $h_a(t)$ 进行采样，采样间隔是 T，得

$$h(n) = h_a(nT) = \sum_{i=1}^{N} A_i e^{s_i nT} u(nT) \tag{6-46}$$

再对 $h(n)$ 进行 Z 变换，就得到了数字滤波器的传输函数

$$H(z) = \sum_{i=1}^{N} \frac{A_i}{1 - e^{s_i T} z^{-1}} \tag{6-47}$$

对比式(6.44)和式(6.45)可知在 s 平面上的极点 s_i 映射到 z 平面上，变成极点 e^{s_iT}，系数 A_i 不变。即

$$H_{\mathrm{a}}(s)=\sum_{i=1}^{N}\frac{A_i}{s-s_i}\rightarrow H(z)=\sum_{i=1}^{N}\frac{A_i}{1-\mathrm{e}^{s_iT}z^{-1}}$$

下面推导 s 平面和 z 平面之间的关系：

对单位冲激响应 $h_{\mathrm{a}}(t)$ 采样，得到采样信号 $\hat{h}_{\mathrm{a}}(t)$

$$\hat{h}_{\mathrm{a}}(t)=\sum_{n=-\infty}^{+\infty}h_{\mathrm{a}}(t)\delta(t-nT)$$

对 $\hat{h}_{\mathrm{a}}(t)$ 进行拉氏变换得

$$\begin{aligned}\hat{H}_{\mathrm{a}}(s)&=\int_{-\infty}^{+\infty}\hat{h}_{\mathrm{a}}(t)\mathrm{e}^{-st}\mathrm{d}t=\int_{-\infty}^{+\infty}\left[\sum_{n}h_{\mathrm{a}}(t)\delta(t-nT)\right]\mathrm{e}^{-st}\mathrm{d}t\\&=\sum_{n}h_{\mathrm{a}}(nT)\mathrm{e}^{-snT}\end{aligned}$$

因为 $h(n)=h_{\mathrm{a}}(nT)$，所以

$$\hat{H}_{\mathrm{a}}(s)=\sum_{n}h(n)\mathrm{e}^{-snT}=\sum_{n}h(n)z^{-n}\big|_{z=\mathrm{e}^{sT}}=H(z)\big|_{z=\mathrm{e}^{sT}} \tag{6-48}$$

可得采样信号的拉氏变换与相应序列的 Z 变换之间的映射关系，即标准映射关系为

$$z=\mathrm{e}^{sT} \tag{6-49}$$

由采样定理可知

$$\hat{H}_{\mathrm{a}}(\mathrm{j}\Omega)=\frac{1}{T}\sum_{k=-\infty}^{+\infty}H_{\mathrm{a}}(\mathrm{j}\Omega-\mathrm{j}k\Omega_s) \tag{6-50}$$

将 $s=\mathrm{j}\Omega$ 代入，得

$$\hat{H}_{\mathrm{a}}(s)=\frac{1}{T}\sum_{k=-\infty}^{+\infty}H_{\mathrm{a}}(s-\mathrm{j}k\Omega_s) \tag{6-51}$$

由式(6.48)和式(6.51)可知

$$H(z)\big|_{z=\mathrm{e}^{sT}}=\frac{1}{T}\sum_{k=-\infty}^{+\infty}H_{\mathrm{a}}(s-\mathrm{j}k\Omega_s) \tag{6-52}$$

此式表明将模拟信号 $h_{\mathrm{a}}(t)$ 的拉氏变换 $H_{\mathrm{a}}(s)$ 以 Ω_s 为周期进行周期延拓，再按照 $z=\mathrm{e}^{sT}$ 的映射关系映射到 z 平面，就得到了 $H(z)$。只有当模拟滤波器是带限时，即当 $|\Omega|\geqslant\dfrac{\pi}{T}$ 时的 $H_{\mathrm{a}}(\mathrm{j}\Omega)$ 为 0 时，才有

$$H(z)\big|_{z=\mathrm{e}^{sT}}=\frac{1}{T}\sum_{k=-\infty}^{\infty}H_{\mathrm{a}}(s-\mathrm{j}k\Omega_s)=\frac{1}{T}H_{\mathrm{a}}(s) \tag{6-53}$$

下面来具体分析 $z=\mathrm{e}^{sT}$ 映射关系：

设 $s=\sigma+\mathrm{j}\Omega$，$z=r\mathrm{e}^{\mathrm{j}\omega}$

按标准映射关系有：$r\mathrm{e}^{\mathrm{j}\omega}=\mathrm{e}^{\sigma T}\mathrm{e}^{\mathrm{j}\Omega T}$，得

$$\begin{cases}r=\mathrm{e}^{\sigma T}\\ \omega=\Omega T\end{cases} \tag{6-54}$$

由式(6-54)可得

$$\sigma = 0, r = 1$$
$$\sigma < 0, r < 1$$
$$\sigma > 0, r > 1$$

这个映射关系说明了 s 平面虚轴映射 z 平面单位圆，s 平面左半平面映射 z 平面单位圆内部，s 平面右半平面映射 z 平面单位圆外部，映射后因果稳定性不变。且

$$z = e^{sT} = e^{\sigma T} e^{j\Omega T} = e^{\sigma T} e^{j(\Omega + \frac{2\pi}{T} M)T}，M \text{ 为任意整数} \tag{6-55}$$

可得当 σ 不变时，将 s 平面沿着 $j\Omega$ 轴分割成一条条宽为 $\frac{2\pi}{T}$ 的水平带，每条水平带都按照标准映射关系对应着整个 z 平面。因此脉冲响应不变法所得到的数字滤波器的频率响应，不是简单的重现模拟滤波器的频率响应，而是模拟滤波器频率 s 平面与 z 平面之间的映射关系如图 6.14 所示。

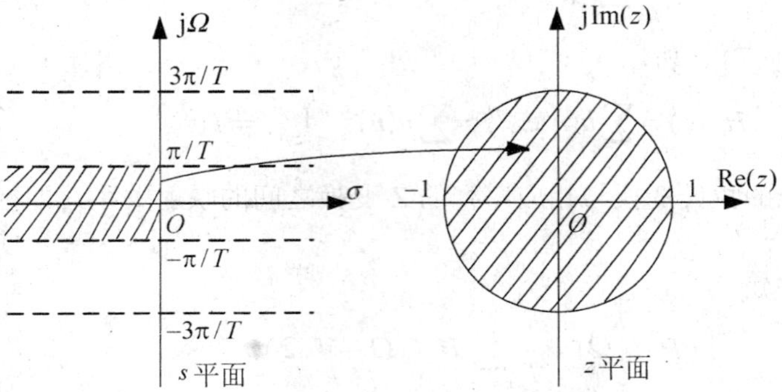

图 6.14　s 平面与 z 平面的关系

脉冲响应不变法所得到的数字滤波器的频率响应，不是简单的重现模拟滤波器的频率响应，而是模拟滤波器频率频率响应的周期延拓。具体的说，对 $h_a(t)$ 在时域上进行采样，采样信号的频谱 $\hat{H}_a(s)$ 是原信号频谱 $H_a(s)$ 以 Ω_s 为周期进行的周期延拓。所以如果原信号频带不是限于 $\pm\frac{\pi}{T}$ 之间，则 $\hat{H}_a(s)$ 的频谱会在 $\pm\frac{\pi}{T}$ 的奇数倍附近产生频谱混叠，从而映射到 z 平面在 $\omega = \pm\pi$ 的奇数倍附近产生频谱混叠。混叠现象如图 6.15 所示。所以希望所设计的滤波器是带限的，否则频率混叠现象会使设计出的数字滤波器在 $\omega = \pm\pi$ 附近的频率特性严重的偏离模拟滤波器在 $\pm\frac{\pi}{T}$ 处的频率特性，严重时使数字滤波器的指标得不到满足。

综上所述脉冲响应不变法的优缺点如下。

优点：频率坐标变换是线性的，即 $\omega = \Omega T$。如果不考虑混叠现象，这种方法实现的数字滤波器会很好地重现原模拟滤波器的频率特性。而且数字滤波器的单位脉冲响应完全模仿模拟滤波器的单位冲击响应，时域特性逼近好。

缺点：如果原模拟信号的频带不是限制在 $\pm\pi/T$ 之间，映射到 z 平面上，在 $\pm\pi$ 附近会产生频率混叠。所以只适合低通、带通滤波器的设计，不适合高通、带阻滤波器的设计。

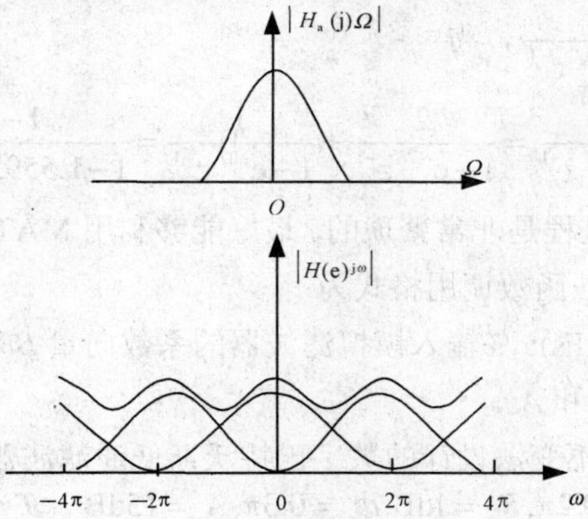

图 6.15　脉冲响应不变法的频率混叠现象

为了减少脉冲响应不变法的混叠效应，一般应选较高的采样频率，即采样周期取得较小。由式(6-52)可知，这使滤波器的增益过高。所以将式(6-47)修正为

$$H(z)=\sum_{i=1}^{N}\frac{TA_i}{1-\mathrm{e}^{s_iT}z^{-1}}\text{，即相当于 } h(n)=Th_{\mathrm{a}}(nT)$$

一般 $H_{\mathrm{a}}(s)$ 的极点 s_i 是一个复数，且以共轭成对的形式出现，将式 $H_{\mathrm{a}}(s)=\sum\limits_{i=1}^{N}\frac{A_i}{s-s_i}$ 中一对复数共轭极点放在一起，形成一个二阶基本节。如果模拟滤波器的二阶基本节的形式为

$$H(s)=\frac{s+\sigma_1}{(s+\sigma_1)^2+\Omega_1^2}\quad \text{极点为 } -\sigma_1\pm\mathrm{j}\Omega_1 \tag{6-56}$$

可推导出相应的数字滤波器二阶基本节的形式为

$$H(z)=\frac{1-z^{-1}\mathrm{e}^{-\sigma_1T}\cos\Omega_1T}{1-2z^{-1}\mathrm{e}^{-\sigma_1T}\cos\Omega_1T+z^{-2}\mathrm{e}^{-2\sigma_1T}} \tag{6-57}$$

如果模拟滤波器的二阶基本节的形式为

$$H(s)=\frac{\Omega_1}{(s+\sigma_1)^2+\Omega_1^2}\quad \text{极点为 } -\sigma_1\pm\mathrm{j}\Omega_1 \tag{6-58}$$

则相应的数字滤波器二阶基本节的形式为

$$H(z)=\frac{z^{-1}\mathrm{e}^{-\sigma_1T}\sin\Omega_1T}{1-2z^{-1}\mathrm{e}^{-\sigma_1T}\cos\Omega_1T+z^{-2}\mathrm{e}^{-2\sigma_1T}} \tag{6-59}$$

如果将 $H_{\mathrm{a}}(s)$ 写成二阶基本节的形式，可以直接代入式(6-57)和式(6-59)得到结果。

【例 6.3】 利用脉冲响应不变法，把 $H_{\mathrm{a}}(s)=\frac{s+1}{s^2+5s+6}$ 转换成等价的数字滤波器 $H(z)$，其中 $T=0.1\mathrm{s}$。

解　首先，用部分分式展开 $H_{\mathrm{a}}(s)$，得

$$H_{\mathrm{a}}(s)=\frac{s+1}{s^2+5s+6}=\frac{2}{s+3}+\frac{1}{s+2}$$

极点为 $s_1=-3$，$s_2=-2$ 转化到 z 平面变为 $z_1=\mathrm{e}^{-3T}$，$z_2=\mathrm{e}^{-2T}$，

代入式 $H(z)=\sum_{i=1}^{N}\frac{A_i}{1-e^{s_iT}z^{-1}}$，得

$$H(z)=\sum_{i=1}^{N}\frac{A_i}{1-e^{s_iT}z^{-1}}=\frac{2}{1-e^{-3T}z^{-1}}+\frac{1}{1-e^{-2T}z^{-1}}=\frac{1-0.8966z^{-1}}{1-1.5595z^{-1}+0.6065z^{-2}}$$

当阶数较高时，计算过程是非常繁琐的。最好能够利用 MATLAB 进行计算，MATLAB 提供了一个脉冲响应不变法函数调用格式为

[Bz,Az]=impinvar(B,A,Fs); %输入模拟滤波器的系数向量 B 和 A 以及采样频率 Fs 并返回数字滤波器系数向量 Bz 和 Az。

【例 6.4】 利用脉冲响应不变法设计的数字巴特沃斯低通滤波器，满足下面要求：

$$\omega_p=0.2\pi, R_p=1\text{dB}, \omega_s=0.3\pi, A_s=15\text{dB}，\ T=1\text{s}。$$

解 用下面的 MATLAB 语句描述这个设计过程：

```
wp = 0.2*pi; ws = 0.3*pi; Rp = 1; As = 15; Ts = 0.001;
                                    %给定数字指标
Omegap = wp / Ts; Omegas = ws / Ts;
                                    %将数字低通滤波器的指标转化为模拟低通滤波器的指标
[N,OmegaC]=buttord(Omegap,Omegas,Rp,As,'s') %求阶数
[Z,P,K]=buttap(N);                  %模拟巴特沃斯低通滤波器的设计
p=P*OmegaC;z=Z*OmegaC;k=K*OmegaC^N;  %求非归一化零极点和增益
B=k*real(poly(z));                  %求分子系数
A=real(poly(p));                    %求分母系数
[b,a] = impinvar(B,A,1/Ts) %用脉冲响应法将系数从模拟域转化到数字域
[C1,B1,A1]=dir2par(b,a);            %将直接型转换成并联型
[db,mag,pha,grd,w] = freqz_m(b,a);    %计算频率响应，绘出图形
subplot(2,2,1);plot(w/pi,mag);grid; subplot(2,2,2);plot(w/pi,db); grid
subplot(2,2,3);plot(w/pi,pha);grid; subplot(2,2,4);plot(w/pi,grd);grid
```

运行结果：

```
N = 6   OmegaC = 708.6537
b = -0.0000   0.0007   0.0105  0.0167   0.0042  0.0001
a = 1.0000    -3.3443   5.0183  -4.2190   2.0725  -0.5600 0.0647
C1 = []
B1 =1.8701    -0.6294
    -2.1594   1.1475
   0.2893   -0.4503
A1 = 1.0000    -0.9918     0.2544
     1.0000    -1.0628     0.3671
     1.0000    -1.2898     0.6929
```

向量 a 和 b 为直接型系数，$B1$ 和 $A1$ 为并联型系数

系统函数 $H(z)$以并联型给出为

$$H(z)=\frac{1.8587-0.6294z^{-1}}{1-0.9918z^{-1}+0.2544z^{-2}}+\frac{-2.1594+1.1475z^{-1}}{1-1.0628z^{-1}+0.3671z^{-2}}+\frac{0.2893-0.45z^{-1}}{1-1.2898z^{-1}+0.6929z^{-2}}$$

程序中调用的函数 freqz_m 如下：用于求取数字滤波器的对数特性、绝对值特性、相位特性和群延时。

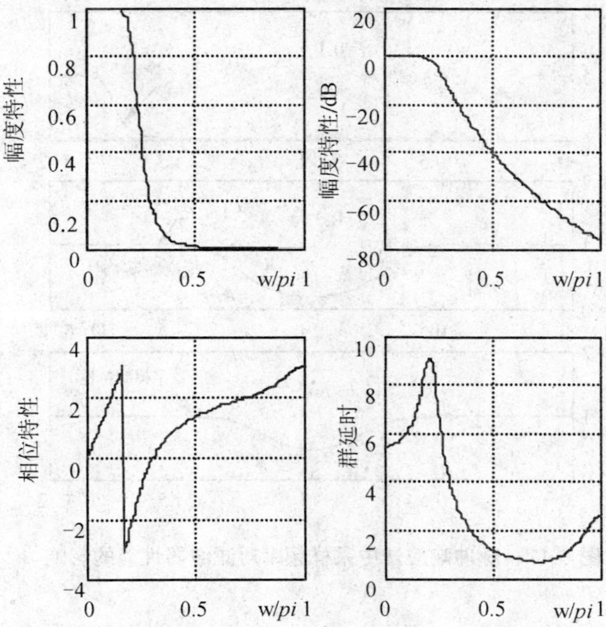

图 6.16　利用脉冲响应不变法设计的数字巴特沃斯低通滤波器

```
function [db,mag,pha,grd,W]=freqz_m(b,a);
N=1000;[H,W]=freqz(b,a,N,'whole');
                    %用单位圆上 N 点采样值求频率响应并返回复数频率特性 H 和相应频率点
H=(H(1: 1: 501))';W=(W(1: 1: 501))';     %取 501 个样点,并转置成列向量
mag=abs(H);                                %取幅频特性
db=20*log10((mag+eps)/max(mag));           %求对数并归一化
pha=angle(H);                              %求相位特性
grd=grpdelay(b,a,W);                       %求群延时
```

如果想要看出脉冲响应不变法中采样频率对滤波器的影响，可将不同采样频率下的幅频特性画在一起进行比较。

完成图 6.17 的 MATLAB 程序如下：

程序中模拟滤波器系数 A，B 由例 6.4 产生。

```
w= 0: pi/100: 2*pi;                  %指定数字频率范围
T1=0.35;Fs1=1/T1;                    %给定采样频率
Ha=freqs(B,A,w/T1);                  %求模拟频率响应，模拟频率满足 Ω=ω/T
H=freqz(b,a,w);                      %求上例中数字频率响应
[b1,a1] = impinvar(B,A,Fs1);         %新的采样频率下用脉冲响应不变法求新的数字滤波器
H1=freqz(b1,a1,w);                   %求新数字滤波器的频率响应
subplot(3,1,3);plot(w/pi,abs(H1),w/pi,abs(Ha),'--');
```

图中将模拟滤波器幅频特性和用脉冲响应不变法得到的数字滤波器幅频特性画在一幅图里。模拟频率横轴为 $\Omega=\omega/T$，所以如果数字滤波器频率轴不变时，改变 T，Ω 就会变化。采样周期 T=0.1s 时，两者幅频特性重合的很好；当 T=0.3 时，在 $\omega=\pi$ 处，由于模拟滤波器的尾巴拖的比较长，通过脉冲响应不变法产生的数字滤波器在此处产生了混叠；当 T=0.35s 时，混叠更为严重，只有低频段重合较好，所以它不适合进行高通和带阻滤波器设计。

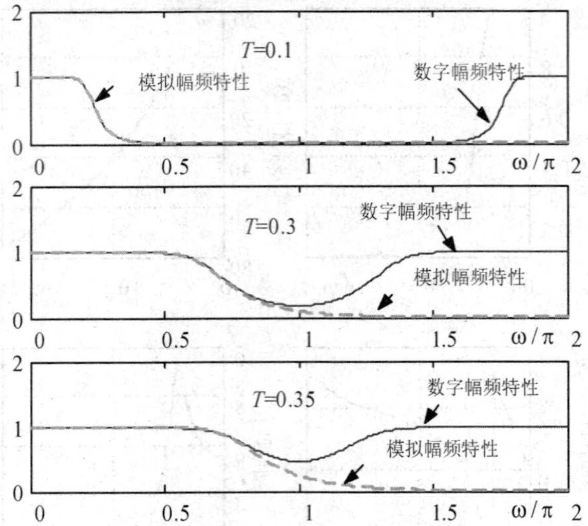

图 6.17 脉冲响应法中采样频率对滤波器性能的影响

6.5 用双线性变换法设计 IIR 数字低通滤波器

6.4 节所讲的脉冲响应不变法，由于从 s 平面到 z 平面的的变换式 $z=\mathrm{e}^{sT}$ 的多值映射，会导致数字滤波器频率响应出现混叠现象。为了克服多值对应，本节提出了双线性变换法，它是通过两次映射来实现的，第一次映射，先将整个 s 平面压缩到 s_1 平面中的($-\dfrac{\pi}{T}\leqslant \Omega_1 \leqslant \dfrac{\pi}{T}$)一条横带内。然后再通过第二次映射，将($-\dfrac{\pi}{T}\leqslant \Omega_1 \leqslant \dfrac{\pi}{T}$)横带映射到 z 平面上去，这种映射法能保证使 s 平面与 z 平面建立单值对应，从而消除混叠现象，该过程如图 6.18 所示。

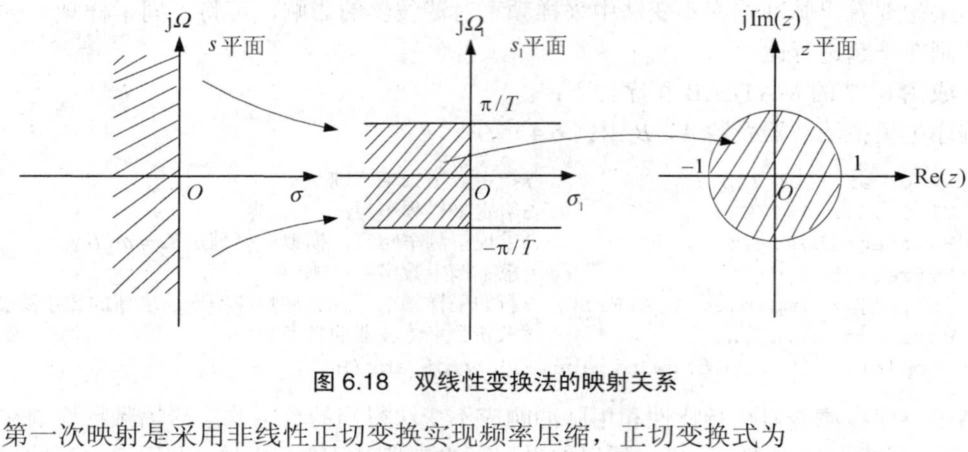

图 6.18 双线性变换法的映射关系

第一次映射是采用非线性正切变换实现频率压缩，正切变换式为

$$\Omega=\frac{2}{T}\tan\left(\frac{1}{2}\Omega_1 T\right) \tag{6-60}$$

式中，T 为采样周期，由此式可以看出当 Ω_1 从 $-\dfrac{\pi}{T}$ 经过 0 变化到 $\dfrac{\pi}{T}$ 时，Ω 则由 $-\infty$ 经过 0

变化到 $+\infty$，从而实现了 s 平面整个虚轴完全压缩到 s_1 平面上虚轴的 $\pm\frac{\pi}{T}$ 之间。对式(6-60)作进一步推导，有

$$s = \mathrm{j}\Omega = \mathrm{j}\frac{2}{T}\tan(\frac{1}{2}\Omega_1 T) = \frac{2}{T}\frac{\mathrm{j}\sin(\frac{1}{2}\Omega_1 T)}{\cos(\frac{1}{2}\Omega_1 T)}$$

$$= \frac{2}{T}\frac{\mathrm{e}^{\mathrm{j}\frac{1}{2}\Omega_1 T} - \mathrm{e}^{-\mathrm{j}\frac{1}{2}\Omega_1 T}}{\mathrm{e}^{\mathrm{j}\frac{1}{2}\Omega_1 T} + \mathrm{e}^{-\mathrm{j}\frac{1}{2}\Omega_1 T}} = \frac{2}{T}\frac{1-\mathrm{e}^{-\mathrm{j}\Omega_1 T}}{1+\mathrm{e}^{-\mathrm{j}\Omega_1 T}} = \frac{2}{T}\frac{1-\mathrm{e}^{-s_1 T}}{1+\mathrm{e}^{-s_1 T}}$$

再进行第二次映射，将 s_1 平面映射成 z 平面，即代入 $z = \mathrm{e}^{sT}$，得到

$$s = \frac{2}{T}\frac{1-z^{-1}}{1+z^{-1}} \tag{6-61}$$

式(6-61)就体现了 s 平面和 z 平面的单值映射关系。由上面分析可知，双线性变换法不可能产生频率混叠现象。从 s_1 平面映射到 z 平面，仍然采用标准映射关系，所以转换得到的数字滤波器的因果稳定性不变。

在工程设计上，双线性变换法比脉冲响应不变法直接且简单。在设计好模拟滤波器的系统函数 $H_\mathrm{a}(s)$ 之后，可以直接用变量代换来得到数字滤波器的系统函数 $H(z)$，即

$$H(z) = H_\mathrm{a}(s)\Big|_{s=\frac{2}{T}\frac{1-z^{-1}}{1+z^{-1}}} \tag{6-62}$$

将 $s = \mathrm{j}\Omega$，$z = \mathrm{e}^{\mathrm{j}\omega}$ 代入式(6-61)得 $\mathrm{j}\Omega = \frac{2}{T}\frac{1-\mathrm{e}^{-\mathrm{j}\omega}}{1+\mathrm{e}^{-\mathrm{j}\omega}}$

故得

$$\Omega = \frac{2}{T}\tan\frac{\omega}{2} \tag{6-63}$$

式(6-63)表明 s 平面的 Ω 与 z 平面的 ω 成非线性正切关系。正是因为如此，双线性变换法消除了频率混叠现象。但与此同时也直接影响数字滤波器频响逼真的模仿模拟滤波器的频响。双线性变换法将模拟滤波器转换为数字滤波器后，其幅度特性和相位特性失真情况，如图 6.19 所示。

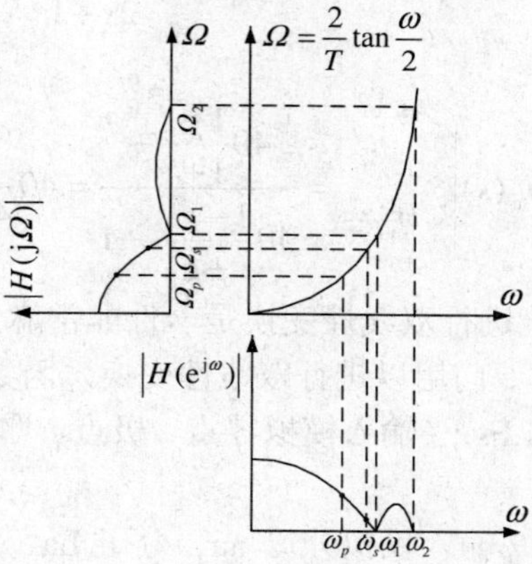

图 6.19　双线性变换法的幅度和相位特性的非线性映射

从图中可以看出，在零频率附近，式(6-63)的频带变换关系还比较接近线性关系；当ω增加时，频率Ω与ω之间出现了严重的非线性关系。这种频率之间的非线性变换关系带来了以下两个问题：

(1) 一个线性相位的模拟滤波器经双线性变换后得到非线性相位的数字滤波器；

(2) 如果模拟滤波器的频响具有片断常数特性，则转换到z平面上，数字滤波器仍具有片断常数特性，但特性转折点频率值与模拟滤波器特性转折点频率值成非线性关系。

这种频率的畸变，可通过对频率进行预修正来予以校正。具体是将滤波器的边界频率事先进行修正，使它变换后正好映射到所需频率。比如

$$\Omega_s=\frac{2}{T}\tan\left(\frac{\omega_s}{2}\right),\quad \Omega_p=\frac{2}{T}\tan\left(\frac{\omega_p}{2}\right) \tag{6-64}$$

就是在进行数字指标转换为模拟指标时对边界频率进行预修正，等双线性变换$\omega=2\tan^{-1}(\Omega T/2)$后，保证边界频率还是$\omega_p$和$\omega_s$。

经过上述分析，可以得出双线性变换法优缺点：

优点是避免了频率混叠，可以直接由$H_a(s)$变换到$H(z)$，$H(z)=H_a(s)\big|_{s=\frac{2}{T}\frac{1-z^{-1}}{1+z^{-1}}}$，计算简单；缺点是频率非线性压缩引起固有的频率失真，只适合片段常数特性的滤波器设计。

用双线性变化法设计 IIR 数字低通滤波器的步骤是：

给定数字滤波器指标ω_p，ω_s，α_p和α_s；确定采样频率T，T=1(T的选择无严格要求，通常为$\Omega_c T=1$，太大或太小会影响计算精度)

对边界频率进行预修正，求出相应模拟滤波器指标即

$$\Omega_s=\frac{2}{T}\tan\left(\frac{\omega_s}{2}\right),\quad \Omega_p=\frac{2}{T}\tan\left(\frac{\omega_p}{2}\right),\quad \alpha_p \text{和} \alpha_s \text{不变；}$$

根据Ω_p，Ω_s，α_p，α_s设计模拟滤波器；

用双线性变换求$H(z)$即$H(z)=H_a(s)\Big|_{s=\frac{2}{T}\frac{1-z^{-1}}{1+z^{-1}}}$

【例 6.5】 试用双线性变化法将模拟滤波器$H_a(s)=\dfrac{2s}{2s+1}$转换成数字滤波器，设T=0.1s。

解 根据式(6.62)，得

$$H(z)=H_a(s)\Bigg|_{s=20\frac{1-z^{-1}}{1+z^{-1}}}=\frac{40\dfrac{1-z^{-1}}{1+z^{-1}}}{40\dfrac{1-z^{-1}}{1+z^{-1}}+1}=40\frac{1-z^{-1}}{41-39z^{-1}}$$

对于阶数较高的模拟系统进行双线性变换是一件非常麻烦的事。同脉冲响应不变法一样 MATLAB 提供了一个函数专门用以进行双线性变换，函数名为 bilinear，调用格式为

[Zd,Pd,Kd]=bilinear(Z,P,K,Fs);%输入模拟零点、极点、增益和采样频率，输出数字零极点和增益。

[bd,ad]=bilinear(ba,aa,Fs);%输入模拟分母 aa、分子 ba、向量及采样频率，输出数字分母 ad、分子 bd。

【例 6.6】 设计一个数字巴特沃斯滤波器，要求用双线性变换实现模拟滤波器转换成数字滤波器。数字指标是：$\omega_p = 0.2\pi, R_p = 1\text{dB}, \omega_s = 0.3\pi, A_s = 15\text{dB}$，T=0.001。

解　完成题目要求的 MATLAB 程序如下：

```
wp = 0.2*pi; ws = 0.3*pi; Rp = 1; As = 15; T=0.001;Fs=1/T;
                                           %给定数字指标
Omegap = (2/T)*tan(wp/2); Omegas = (2/T)*tan(ws/2);
                                           %将数字低通指标转化为模拟低通指标
[N,OmegaC]=buttord(Omegap,Omegas,Rp,As,'s'), [Z,P,K]=buttap(N);
                                           %模拟低通滤波器的设计
p=P*OmegaC,z=Z*OmegaC,k=K*OmegaC^N         %零极点去归一化
B=k*real(poly(z));A=real(poly(p));         %求分子分母系数
[b,a] = bilinear(B,A,Fs)                   %用双线性变换将系数从模拟域转化到数字域
[sos,G]=tf2sos(b,a)                        %转换成级联形式
[db,mag,pha,grd,w] = freqz_m(b,a);         %计算频率响应，绘出图形
subplot(2,2,1);plot(w/pi,mag);grid; subplot(2,2,3);plot(w/pi,pha);grid
subplot(2,2,2);plot(w/pi,db); grid; subplot(2,2,4); zplane(b,a)
```

运行结果如下：

```
N = 6   OmegaC = 766.2294    ;             %阶数 N 和 Ωc
b = 0.0007  0.0044  0.0111  0.0148  0.0111  0.0044  0.0007;   %数字分子系数
a = 1.0000  -3.1836  4.6222  -3.7795  1.8136  -0.4800  0.0544; %数字分母系数
sos =  1.0000    2.0004    1.0000    1.0000   -0.9044    0.2155
       1.0000    2.0190    1.0194    1.0000   -1.0106    0.3583
       1.0000    1.9806    0.9810    1.0000   -1.2686    0.7051
G =  7.3782e-004
```

从结果图中可看到该滤波器在 $z = -1$ 处有六重零点存在。但是由于 MATLAB 计算精度有限，所以从级联矩阵 sos 的前三列分子级联系数可以看出存在有误差，需要稍作修正。得到结果如图 6.20 所示。

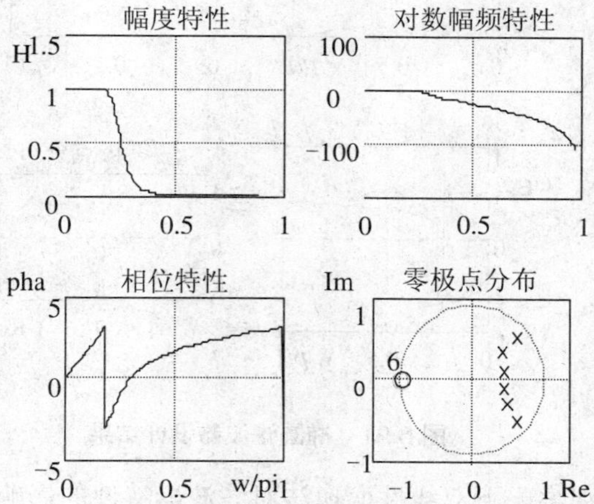

图 6.20　利用双线性变换设计的数字巴特沃斯低通滤波器

$$H(z) = \frac{0.7378 \times 10^{-4}(1+z^{-1})^6}{(1-0.9044z^{-1}+0.2155z^{-2})(1-1.0106z^{-1}+0.3583z^{-2})(1-1.2686z^{-1}+0.7051z^{-2})}$$

【例 6.7】 设计数字滤波器，指标同例 6.6。要求用椭圆滤波器作为原型滤波器。

解　完成题目的 MATLAB 程序如下：

```
wp = 0.2*pi; ws = 0.3*pi; Rp = 1; As = 15; T=0.001;Fs=1/T;
                                                    %给定数字指标
Omegap = (2/T)*tan(wp/2); Omegas = (2/T)*tan(ws/2);
                                                    %将数字指标转化为模拟指标
                                                    %模拟椭圆低通滤波器的设计
[N,OmegaC]=ellipord(Omegap,Omegas,Rp,As,'s');[Z,P,K]=ellipap(N,Rp,As);
p=P*OmegaC,z=Z*OmegaC,k=K*OmegaC^N
B=k*real(poly(z)); A=real(poly(p))
[b,a] = bilinear(B,A,Fs) ; [sos,G]=tf2sos(b,a)    %以下是画图程序同前例
```

运行结果如下：

```
N =3        OmegaC = 649.8394
sos =  1.0000    1.0000         0    1.0000   -0.6183         0
       1.0000   -1.4211    1.0000    1.0000   -1.4928    0.8612
G = 5.1282e+004
```

写出系统函数为

$$H(z)=\frac{5.1282\times10^{4}(1+z^{-1})(1-1.4211z^{-1}+z^{-2})}{(1-0.6183z^{-1})(1-1.4928z^{-1}+0.8612z^{-2})}$$

对同一技术指标，用巴特沃斯滤波器需要六阶系统实现，而用椭圆滤波器则只需三阶系统就能实现。所以用椭圆滤波器设计效率最高，设计结果如图 6.21 所示。

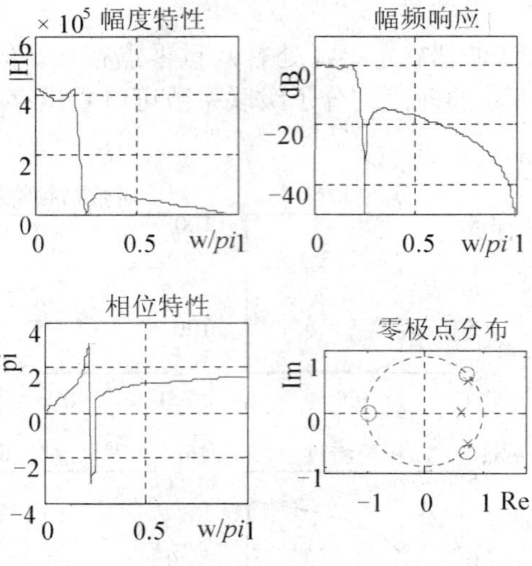

图 6.21　椭圆滤波器设计结果

以例 6.6 为例，观察一下双线性变换法对滤波器特性的影响。为了比较模拟滤波器和双线性变换后的数字滤波器的幅频特性，需要把变换前后的幅频特性画在一张图上。下面是 MATLAB 程序，程序中的模拟滤波器采用例 6.6 中的模拟滤波器系数 A 和 B，设计结果如图 6.22 所示。

```
T1=0.1;Fs1=1/T1; w=(0: 0.02*pi: pi)*10;          %设定采样频率和频率范围
 [b,a] = bilinear(B,A,Fs1) Ha=freqs(B,A,w); H=freqz(b,a,w/10);
                                                  %求模拟与数字幅度特性
plot(w/pi,20*log10(abs(H)),w/pi,20*log10(abs(Ha)),'--');grid %画图
```

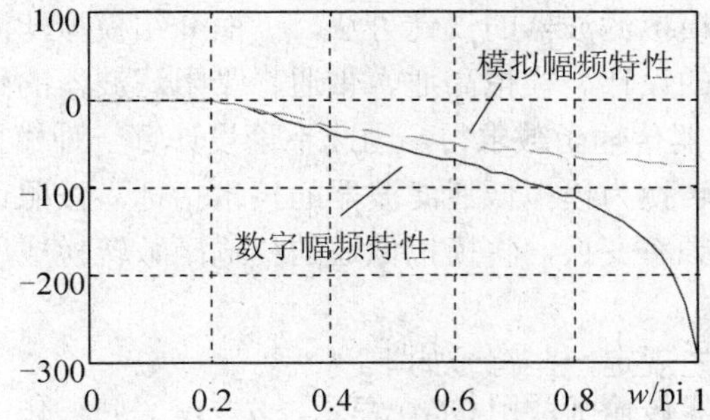

图 6.22　双线性变换前后幅频特性比较

由于例 6.6 中的滤波器为六阶，幅度特性绝对值比较平坦，差别用线性坐标观察不明显，故采用对数幅频特性比较。可以看出在低频段两者非常重合，但是在频率较高时，曲线由于非线性频率变换频率特性发生畸变，并且数字幅频特性在 $\omega=\pi$ 处，衰减为 $-\infty$。说明幅度绝对值在 $\omega=\pi$ 处为零。而模拟频率可以延伸到 $+\infty$ 远处。这样不论模拟滤波器幅频特性持续多长，经双线性变换后都将转换为 $0\sim\pi$ 内的数字滤波器幅频特性，故不会产生任何频率混叠。这正是双线性变换法的优点所在。

6.6　设计 IIR 数字滤波器的频率变换法

前面只介绍了 IIR 低通数字滤波器的设计方法，但是在工程上常常要设计各种截止频率的低通、高通、带通和带阻数字滤波器，这些数字滤波器的设计方法通常是在设计一个低通滤波器的基础上采用频率变换法把低通滤波器转换成所要求的滤波器。这种转换方法可以在模拟域进行，也可以在数字域完成。用两种变换方法进行各种频率范围的数字滤波器的设计过程可表示如下：

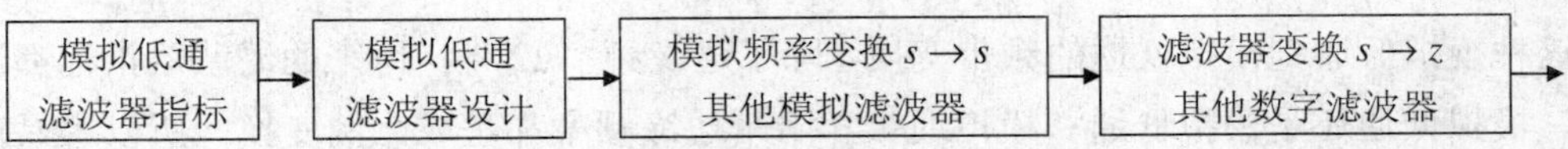

(a) 模拟频率变换法设计流程

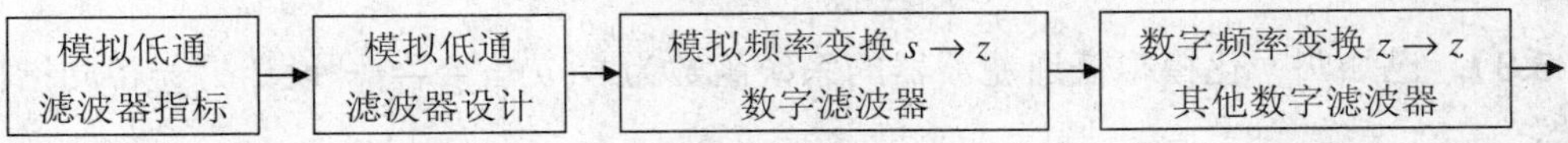

(b) 数字频率变换法设计流程

图 6.23　频率变换法设计数字滤波器流程

上面两种方法中模拟低通滤波器的技术指标可根据所设计的技术指标转换获得。也可给定一组相应指标进行设计，然后以此滤波器为基础进行各种变换。设计好的滤波器必须

求其频率特性，进行指标验证。如果不满足给定数字滤波器指标，则需要修改模拟指标重新设计。下面分别介绍如何用两种频率变换法进行其他数字滤波器的设计方法。

6.6.1 模拟域频带变换法

前面已经学习了几种模拟滤波器的设计方法，下面介绍模拟滤波器的频率变换—模拟高通、带通、带阻滤波器的设计。模拟高通、带通、带阻滤波器的传输函数可以通过频率变换,分别由模拟低通滤波器传输函数求得，因此不论设计哪一种模拟滤波器，都可以先将该模拟滤波器的技术指标转换为模拟低通滤波器的技术指标，按照该技术指标先设计模拟低通滤波器，再通过模拟频率变换，将模拟低通的传输函数转换成所需类型的模拟滤波器传输函数。

为了防止符号混淆，先规定一些符号如下：

原有的模拟低通滤波器传输函数用$G(p)$表示，$p=\mathrm{j}\lambda$，归一化的模拟低通滤波器传输函数为$G(\overline{p})$表示，$\overline{p}=\mathrm{j}\overline{\lambda}$，归一化频率用$\overline{\lambda}$表示，$\overline{p}$称为归一化拉氏复变量；所需变换后模拟滤波器类型(例如高通)的传递函数用$H(s)$表示，$s=\mathrm{j}\Omega$，归一化的所需变换后模拟滤波器传输函数为$H(\overline{s})$表示，归一化频率用$\overline{s}$表示，令$\overline{s}=\mathrm{j}\overline{\Omega}$。

1. 模拟低通到模拟低通的频带变换

为了完整，把低通到另一低通的变换也放在这里归类。如果已经有了一个设计好的边缘频率为$\overline{\lambda}=1$的归一化低通滤波器$G(\overline{p})$，现在要得到另一个边缘频率为Ω_c而其他技术指标相同的滤波器s，那就可以不必从头设计，只要把原来的滤波器进行频带变换，使

$$\overline{p}=\overline{s}$$

将频带变换后的模拟低通滤波器去归一化

$$\overline{s}=\frac{s}{\Omega_c} \tag{6-65}$$

即实现了模拟低通到模拟低通的频带变换。其实在模拟滤波器设计中已经这样做过，先设计了归一化的模拟滤波器，然后把它的拉普拉斯变量转换成$\overline{s}=s/\Omega_c$，就得到了边缘频率为Ω_c的滤波器。概括来说，如果归一化模拟低通传递函数为$G(\overline{p})$，则去归一化模拟低通滤波器的传递函数$H(s)$用式(6-66)转换

$$H(s)=G(\overline{p})|_{\overline{p}=s/\Omega_c} \tag{6-66}$$

这种模拟低通到模拟低通的频带变换，除了边缘频率Ω_c外，原来的滤波器指标都没有变换，模拟低通还是模拟低通。模拟通带和阻带边缘频率都是成比例变换，所以容易理解和接受。

【例 6.8】 已知归一化模拟低通滤波器的系统函数为$G(\overline{p})=\dfrac{1}{\overline{p}+1}$，设计另一相同指标的模拟低通滤波器，要求其边缘频率$\Omega_c=1.5\pi$。

解 由式(6-66)可以直接得到所求模拟低通滤波器的传输函数为

$$H(s)=G(\overline{p})|_{\overline{p}=\frac{s}{\Omega_c}}=\frac{\Omega_c}{s+\Omega_c}$$

可见，将模拟低通变成另一模拟低通滤波器还是比较容易的。下面要讨论的是把模拟

低通变成别的特性的模拟滤波器，这时对模拟频率轴要做的是非线性的变换，因而就需要绕一些弯子了。

2. 模拟低通到模拟高通的频带变换

模拟低通滤波器 $G(p)$ 和模拟高通滤波器 $H(s)$ 的幅频特性是相反的。要由前者变换成后者，就要把模拟通带从低频区换到高频区，把阻带由高频区换到低频区，见表 6-2。图中 $\bar{\lambda}_p$、$\bar{\lambda}_s$ 分别称为低通的归一化通带截止频率和归一化阻带截止频率，$\bar{\Omega}_p$ 和 $\bar{\Omega}_s$ 分别称为高通的归一化通带下限频率和归一化阻带上限频率。通过 $\bar{\lambda}$ 和 $\bar{\Omega}$ 的对应关系，推出其模拟频率变换。由于 $|G(\bar{p})|$ 和 $|H(\bar{s})|$ 都是频率的偶函数，可以把 $|G(\bar{p})|$ 右边曲线和 $|H(\bar{s})|$ 曲线对应起来(见表 6-5 表示)，低通的 $\bar{\lambda}$ 从 $+\infty$ 经过 $\bar{\lambda}_s$ 和 $\bar{\lambda}_p$ 到 0 时，高通的 $\bar{\Omega}$ 则从 0 经过 $\bar{\Omega}_s$ 和 $\bar{\Omega}_p$ 到 $+\infty$。

表 6-2　归一化模拟高通滤波器和归一化模拟低通滤波器的频率对应关系

$\bar{\lambda}$	0	$\bar{\lambda}_p$	$\bar{\lambda}_s$	$+\infty$
$\bar{\Omega}$	$+\infty$	$\bar{\Omega}_p$	$\bar{\Omega}_s$	0

因此 $\bar{\lambda}$ 和 $\bar{\Omega}$ 的关系为

$$\bar{\lambda} = \frac{1}{\bar{\Omega}} \tag{6-67}$$

式(6-67)即是归一化模拟低通到归一化模拟高通的频率变换公式，如果已知低通 $G(\bar{p})$，高通 $H(\bar{s})$ 则用式(6-68)转换

$$H(\bar{s}) = G(\bar{p})\big|_{\bar{p}=\frac{1}{\bar{s}}} \tag{6-68}$$

归一化低通和高通的边界频率用式(6-67)转换。

模拟高通滤波器的设计步骤如下：

(1) 确定模拟高通滤波器的技术指标：通带下限频率 Ω_p，阻带上限频率 Ω_s，通带最大衰减 α_p，阻带最小衰减 α_s。

(2) 确定归一化模拟高通滤波器的技术指标：通带下限频率 $\bar{\Omega}_p = \dfrac{\Omega_p}{\Omega_c}$，阻带上限频率 $\bar{\Omega}_s = \dfrac{\Omega_s}{\Omega_c}$，通带最大衰减 α_p，阻带最小衰减 α_s。

(3) 确定相应归一化低通滤波器的设计指标：按照式(6-67)，将高通滤波器的边界频率转换成低通滤波器的边界频率，各项设计指标为

① 低通滤波器通带截止频率 $\bar{\lambda}_p = \dfrac{1}{\bar{\Omega}_p}$；

② 低通滤波器阻带截止频率 $\bar{\lambda}_s = \dfrac{1}{\bar{\Omega}_s}$；

③ 通带最大衰减仍为 α_p，阻带最小衰减仍为 α_s。

(4) 设计归一化低通滤波器 $G(\bar{p})$；

(5) 求模拟高通的 $H(s)$。将 $G(\overline{p})$ 按照式(6-68)，转换成归一化高通 $H(\overline{s})$，去归一化，将 $\overline{s}=s/\Omega_c$ 代入 $H(\overline{s})$ 中，得

$$H(s)=G(\overline{p})|_{\overline{p}=\frac{\Omega_c}{s}} \tag{6-69}$$

式(6-69)就是由模拟归一化低通直接转换成模拟高通的转换公式。根据上述步骤解下面的例题。

【例 6.9】 设计一个高通数字滤波器，要求截止频率 $\omega_p=0.8\pi\,\text{rad}$，通带衰减不大于 3dB，阻带截止频率 $\omega_s=0.44\pi\ \ \text{rad}$，阻带衰减不小于 15dB。希望采用巴特沃斯型滤波器。

解

(1) 数字高通的技术指标为

$$\omega_p=0.8\pi\,\text{rad},\alpha_p=3\,\text{dB}$$

$$\omega_s=0.44\pi\,\text{rad},\alpha_s=15\,\text{dB}$$

(2) 用双线性变换法求模拟高通的技术指标为

令 T=1,按 $\Omega=\dfrac{2}{T}\tan\dfrac{1}{2}\omega$ 计算如下：

$$\Omega_p=2\tan\frac{1}{2}\omega_p=6.155\text{rad/s},\qquad \alpha_p=3\text{dB}$$

$$\Omega_s=2\tan\frac{1}{2}\omega_s=1.655\text{rad/s},\qquad \alpha_s=15\text{dB}$$

(3) 相对应的模拟低通滤波器的技术指标计算如下：

$$\lambda_p=\frac{1}{6.155}=0.163\text{rad/s},\qquad \alpha_p=3\text{dB}$$

$$\lambda_s=\frac{1}{1.655}=0.604\text{rad/s},\qquad \alpha_s=15\text{dB}$$

(4) 将 λ_p 和 λ_s 对 3dB 截止频率 λ_c 归一化,这里 $\lambda_c=\lambda_p$，

$$\overline{\lambda}_p=\frac{\lambda_p}{\lambda_c}=1,\overline{\lambda}_s=\frac{\lambda_s}{\lambda_c}=3.71$$

设计归一化模拟低通滤波器 $G(\overline{p})$。模拟低通滤波器的阶数 N 计算如下：

$$N=-\frac{\lg k_{sp}}{\lg\lambda_{sp}}$$

$$k_{sp}=\sqrt{\frac{10^{0.1\alpha_p}-1}{10^{0.1\alpha_s}-1}}=0.1803$$

$$\overline{\lambda}_{sp}=\frac{\overline{\lambda}_s}{\overline{\lambda}_p}=3.71$$

$$N=1.31,\text{取}N=2$$

查表 6-1，可得归一化模拟低通传输函数 $G(\overline{p})$ 为

$$G(\overline{p})=\frac{1}{\overline{p}^2+\sqrt{2}\,\overline{p}+1}$$

将归一化模拟低通转换成模拟高通，将上式中 $G(\overline{p})$ 的变量换成 $\overline{p}=\dfrac{s}{\Omega_c}$，得到模拟高通 $H(s)$

$$H(s)=G(\overline{p})\Big|_{\overline{p}=\frac{\Omega_c}{s}}=\frac{s^2}{s^2+\sqrt{2}\Omega_c s+\Omega_c^2}$$

用双线性变换法将模拟高通 $H(s)$ 转换成数字高通 $H(z)$

$$H(z)=H(s)\Big|_{s=2\frac{1-z^{-1}}{1+z^{-1}}}$$

$$=\frac{0.106(1-z^{-1})^2}{1.624+1.947z^{-1}+0.566z^{-2}}=\frac{0.0653(1-z^{-1})^2}{1+1.199z^{-1}+0.349z^{-2}}$$

3. 模拟低通到模拟带通的频率变换

归一化模拟低通与归一化模拟带通滤波器的幅度特性见表 6-5。归一化低通与高通滤波器的频率对应关系见表 6-3。表中 $\Omega_{\rm ph}$，Ω_{pl} 和 $\Omega_{\rm sl}$，$\Omega_{\rm sh}$ 分别称为模拟带通滤波器的通带上、下限频率和阻带下限频率；模拟带通滤波器一般用通带中心频率 Ω_0（$\Omega_0^2=\Omega_{ph}\Omega_{pl}$）和通带带宽 $B=\Omega_{\rm ph}-\Omega_{\rm pl}$ 两个参数来表征。B 通常为作为归一化的参考频率，因为它和低通滤波器的通带边缘频率意义相当。这两个参数的计算式以及归一化边界频率的公式分析如下。(在表 6-5 中汇总了全部的计算公式)。

现在需要寻找一种变换，使得归一化模拟低通滤波器频率轴上 $\overline{\lambda}=0$ 的点变为归一化带通滤波器的两个中心频率 $\overline{\Omega}_0$，而 $\overline{\lambda}_p$ 的点分别变为带通滤波器正负两个通带的上下边频 $\overline{\Omega}_{\rm pl}$ 和 $\overline{\Omega}_{\rm ph}$，并保证其带宽为 B。

且有：

$$\overline{\Omega}_{\rm pl}=\frac{\Omega_{\rm pl}}{B},\quad \overline{\Omega}_{ph}=\frac{\Omega_{ph}}{B},\quad \overline{\Omega}_{\rm sl}=\frac{\Omega_{\rm sl}}{B},\quad \overline{\Omega}_{\rm sh}=\frac{\Omega_{\rm sh}}{B},\quad \overline{\Omega}_0^2=\overline{\Omega}_{ph}\overline{\Omega}_{pl}=\frac{\Omega_0^2}{B^2}$$

表 6-3 归一化模拟带通滤波器与归一化模拟低通滤波器频率对应关系

$\overline{\lambda}$	$-\infty$	$-\overline{\lambda}_s$	$-\overline{\lambda}_p$	0	$\overline{\lambda}_p$	$\overline{\lambda}_s$	$+\infty$
$\overline{\Omega}$	0	$\overline{\Omega}_{\rm sl}$	$\overline{\Omega}_{\rm pl}$	$\overline{\Omega}_0$	$\overline{\Omega}_{ph}$	$\overline{\Omega}_{\rm sh}$	$+\infty$

现在将带通和低通的幅度特性对应起来，得到

$$\overline{\lambda}=\frac{\overline{\Omega}^2-\overline{\Omega}_0^2}{\overline{\Omega}} \tag{6-70}$$

由表 6.3 知 $\overline{\lambda}_p$ 对应 $\overline{\Omega}_{\rm h}$，以及 $\overline{\Omega}_0^2=\overline{\Omega}_{ph}\overline{\Omega}_{pl}$，代入式(6-70)中，有

$$\overline{\lambda}_p=\frac{\overline{\Omega}_{\rm ph}^2-\overline{\Omega}_0^2}{\overline{\Omega}_{\rm ph}}=\overline{\Omega}_{\rm ph}-\overline{\Omega}_{\rm pl}=1$$

式(6-70)称为归一化低通到归一化带通的频率变换公式。利用该式将带通的边界频率转换成低通的边界频率。下面推导由归一化低通到带通的转换公式。归一化低通滤波器有

$$\overline{p}={\rm j}\overline{\lambda}$$

将式(6.70)代入上式，得到

$$\bar{p} = \mathrm{j}\frac{\bar{\Omega}^2 - \bar{\Omega}_0^2}{\bar{\Omega}}$$

将 $\bar{s} = \mathrm{j}\bar{\Omega}$ 代入上式，得到

$$\bar{p} = \frac{\bar{s}^2 + \bar{\Omega}_0^2}{\bar{s}}$$

去归一化，将 $\bar{s} = s/B$，$\bar{\Omega}_0^2 = \Omega_0^2/B^2$ 代入上式，得到

$$\bar{p} = \frac{s^2 + \Omega_0^2}{Bs} \tag{6-71}$$

因此

$$H(s) = G(\bar{p})\Big|_{\bar{p}=\frac{s^2+\Omega_0^2}{Bs}} \tag{6-72}$$

式(6-72)就是由归一化低通直接转换成带通的计算公式。从式中看出：若原型低通滤波器为 k 阶，那么设计出的带通滤波器为 $2k$ 阶。

下面总结模拟带通的设计步骤。

(1) 确定模拟带通滤波器的技术指标，即：带通上限频率 Ω_{ph}，带通下限频率 Ω_{pl}，下阻带上限频率 Ω_{sl}，上阻带下限频率 Ω_{sh} 通带中心频率 $\Omega_0^2 = \Omega_{pl}\Omega_{ph}$，通带宽度 $B = \Omega_{ph} - \Omega_{pl}$。

通带最大衰减 α_p，阻带最小衰减 α_s。

(2) 确定模拟归一化带通滤波器的技术指标，即：

$$\bar{\Omega}_{pl} = \frac{\Omega_{pl}}{B},\quad \bar{\Omega}_{ph} = \frac{\Omega_{ph}}{B},\quad \bar{\Omega}_{sl} = \frac{\Omega_{sl}}{B},\quad \bar{\Omega}_{sh} = \frac{\Omega_{sh}}{B},$$

$$\bar{\Omega}_0^2 = \bar{\Omega}_{ph}\bar{\Omega}_{pl} = \frac{\Omega_0^2}{B^2}$$

通带最大衰减 α_p，阻带最小衰减 α_s。

(3) 确定归一化低通技术指标要求：

$$\bar{\lambda}_p = 1,\qquad \bar{\lambda}_s = \frac{\bar{\Omega}_{sh}^2 - \bar{\Omega}_0^2}{\bar{\Omega}_{sh}},\qquad -\bar{\lambda}_s = \frac{\bar{\Omega}_{sl}^2 - \bar{\Omega}_0^2}{\bar{\Omega}_{sl}}$$

$\bar{\lambda}_s$ 与 $-\bar{\lambda}_s$ 的绝对值可能不相等，一般取绝对值小的 $\bar{\lambda}_s$，这样保证在较大的 $\bar{\lambda}_s$ 处更能满足要求。

通带最大衰减仍为 α_p，阻带最小衰减亦为 α_s。

(4) 设计归一化低通 $G(\bar{p})$。

(5) 由式(6.72)直接将 $G(\bar{p})$ 转换成带通 $H(s)$。

数字带通滤波器的设计只需最后对模拟带通滤波器做双线性变换即可得到,同例 6.9。下一节还将详细介绍。这里着重讲述模拟滤波器的设计过程。根据上述步骤设计下面模拟带通滤波器。

【例 6.10】 设计模拟带通滤波器,通带带宽 B=0.434rad/s，中心频率 Ω_0=1.127，通带内最大衰减 α_p=3dB，阻带 Ω_{sl}=0.650 rad/s，Ω_{sh}=2 rad/s，阻带最小衰减 α_s=18 dB。

解 (1) 模拟带通的技术要求：

$$\Omega_0 = 1.127\text{rad/s}, \qquad \alpha_p = 3\text{dB}$$

$$\Omega_{sl} = 0.650\text{rad/s}, \Omega_{sh} = 2\text{rad/s}, \qquad \alpha_s = 18\text{dB}$$

$$B = 0.434\text{rad/s}$$

将以上边界频率对带宽 B 归一化，得到

$$\bar{\Omega}_{sh} = 4.608, \bar{\Omega}_{sl} = 1.498, \bar{\Omega}_0 = 2.804$$

(2) 模拟归一化低通技术要求：

归一化阻带截止频率

$$\bar{\lambda}_s = \frac{\bar{\Omega}_{sh}^2 - \bar{\Omega}_0^2}{\bar{\Omega}_{sh}} = 2.902，\ -\bar{\lambda}_s = \frac{\bar{\Omega}_{sl}^2 - \bar{\Omega}_0^2}{\bar{\Omega}_{sl}} = -3.751$$

取 $\bar{\lambda}_s = 2.902$

归一化通带截止频率

$$\bar{\lambda}_p = 1$$

$$\alpha_p = 3\text{dB}, \alpha_s = 18\text{dB}$$

(3) 设计模拟低通滤波：

$$k_{sp} = \sqrt{\frac{10^{0.1\alpha_p} - 1}{10^{0.1\alpha_s} - 1}} = 0.127$$

$$\bar{\lambda}_{sp} = \frac{\bar{\lambda}_s}{\bar{\lambda}_p} = 2.902$$

$$N = -\frac{\lg 0.127}{\lg 2.902} = 1.940$$

取 $N = 2$。

于是归一化低通传输函数 $G(\bar{p})$：

$$G(\bar{p}) = \frac{1}{\bar{p}^2 + \sqrt{2}\bar{p} + 1}$$

(4) 将归一化的模拟低通转换成模拟带通：

$$H(s) = G(\bar{p})\Big|_{\bar{p} = \frac{s^2 + \Omega_0^2}{Bs}}$$

$$H(s) = s^2 B^2 [s^4 + \sqrt{2}Bs^3 + (2\Omega_0^2 + B^2)s^2 + \sqrt{2}B\Omega_0^2 s + \Omega_0^4]^{-1}$$

4. 低通到带阻的频率变换

表 6-4　归一化模拟带阻滤波器与归一化模拟低通滤波器频率对应关系

$\bar{\lambda}$	$-\infty$	$-\bar{\lambda}_s$	$-\bar{\lambda}_p$	0	$\bar{\lambda}_p$	$\bar{\lambda}_s$	$+\infty$
$\bar{\Omega}$	$\bar{\Omega}_0$	$\bar{\Omega}_{pl}$	$\bar{\Omega}_{sl}$	$+\infty$	$\bar{\Omega}_{sh}$	$\bar{\Omega}_{ph}$	$\bar{\Omega}_0$

表中，Ω_{pl} 和 Ω_{ph} 分别是下通带截止频率和上通带截止频率，Ω_{sl} 和 Ω_{sh} 分别为阻带的下限频率和上限频率，Ω_0 为阻带中心频率，$\Omega_0^2 = \Omega_{ph}\Omega_{pl}$，阻带带宽 $B = \Omega_{ph} - \Omega_{pl}$，$B$ 作为归一化参考频率。相应的归一化边界频率为

$$\bar{\Omega}_{ph}=\Omega_{ph}/B,\quad \bar{\Omega}_{pl}=\Omega_{pl}/B,\quad \bar{\Omega}_{sl}=\Omega_{sl}/B,\quad \bar{\Omega}_{sh}=\Omega_{sh}/B$$

$$\bar{\Omega}_0^2=\bar{\Omega}_{ph}\bar{\Omega}_{pl}=\Omega_0^2/B^2$$

将带阻滤波器和低通滤波器的幅度特性对应起来，根据$\bar{\Omega}$与$\bar{\lambda}$的对应关系，可得到

$$\bar{\lambda}=\frac{\bar{\Omega}}{\bar{\Omega}^2-\bar{\Omega}_0^2} \tag{6-73}$$

且$\Omega_{ph}-\Omega_{pl}=1,\bar{\lambda}_p=1$，式(6-73)称为低通到带阻的频率变换公式。将式(6-73)代入$\bar{p}=\mathrm{j}\bar{\lambda}$，并去归一化，可得

$$\bar{p}=\frac{sB}{s^2+\Omega_0^2}=\frac{s(\Omega_{ph}-\Omega_{pl})}{s^2+\Omega_{ph}\Omega_{pl}} \tag{6-74}$$

式(6-74)就是直接由归一化低通转换成带阻的频率变换公式

$$H(s)=G(\bar{p})\big|_{\bar{p}=\frac{sB}{s^2+\Omega_0^2}} \tag{6-75}$$

下面总结设计带阻滤波器的步骤：

(1) 确定模拟带阻滤波器的技术要求，即：下通带截止频率Ω_{pl}，上通带截止频率Ω_{ph}阻带下限频率Ω_{sl}，阻带上限频率Ω_{sh}阻带中心频率$\Omega_0^2=\Omega_{ph}\Omega_{pl}$，阻带宽度$B=\Omega_{ph}-\Omega_{pl}$。它们相应的归一化边界频率为

$$\bar{\Omega}_{ph}=\Omega_{ph}/B,\quad \bar{\Omega}_{pl}=\Omega_{pl}/B,\quad \bar{\Omega}_{sl}=\Omega_{sl}/B,\quad \bar{\Omega}_{sh}=\Omega_{sh}/B$$

$$\bar{\Omega}_0^2=\bar{\Omega}_{ph}\bar{\Omega}_{pl}=\Omega_0^2/B^2$$

以及通带最大衰减α_p和阻带最大衰减α_s。

(2) 确定归一化模拟低通技术要求，即

$$\bar{\lambda}_p=1,\bar{\lambda}_s=\frac{\bar{\Omega}_{sl}}{\bar{\Omega}_{sl}^2-\bar{\Omega}_0^2},-\lambda_s=\frac{\bar{\Omega}_{sh}}{\bar{\Omega}_{sh}^2-\bar{\Omega}_0^2} \tag{6-76}$$

通带最大衰减为α_p，阻带最大衰减为α_s。

(3) 设计归一化模拟低通$G(\bar{p})$。

(4) 按照式(6-75)

$$H(s)=G(\bar{p})\big|_{\bar{p}=\frac{sB}{s^2+\Omega_0^2}}$$

直接将$G(\bar{p})$转换成带阻滤波器$H(s)$。

【例 6.11】 设计模拟带阻滤波器，其技术要求为$\Omega_{pl}=0.615\text{rad/s}$，$\Omega_{ph}=0.685\text{rad/s}$，$\Omega_{sl}=0.643\text{rad/s}$，$\Omega_{sh}=0.657\text{rad/s}$，$\alpha_p=3\text{dB},\alpha_s=13\text{dB}$。采用巴特沃斯型。

解 (1) 模拟带阻滤波器的技术指标：

$$\Omega_{pl}=0.615\text{rad/s},\Omega_{ph}=0.658\text{rad/s}$$

$$\Omega_{sl}=0.643\text{rad/s},\Omega_{sh}=0.657\text{rad/s}$$

阻带中心频率平方为　$\Omega_0^2=\Omega_{ph}\Omega_{pl}=0.421$

阻带带宽为　$B=\Omega_{ph}-\Omega_{pl}=0.07\text{rad/s}$

将以上边界频率对 B 归一化：

$$\bar{\Omega}_{pl}=8.786,\bar{\Omega}_{ph}=9.786,\bar{\Omega}_{sl}=9.186,\bar{\Omega}_{sh}=9.386$$

$$\bar{\Omega}_0^2=\bar{\Omega}_{pl}\bar{\Omega}_{ph}=85.98$$

(2) 模拟归一化低通滤波器的技术指标：

按照(6-76)式，有

$$\bar{\lambda}_p=1,\quad \alpha_p=3\text{dB}$$

$$\bar{\lambda}_s=\frac{\bar{\Omega}_{sl}}{\bar{\Omega}_{sl}^2-\bar{\Omega}_0^2}=5.751,\quad -\bar{\lambda}_s=\frac{\bar{\Omega}_{sh}}{\bar{\Omega}_{sh}^2-\bar{\Omega}_0^2}=4.434,\quad \alpha_s=13\text{dB}$$

取 $\bar{\lambda}_s=4.434$

(3) 设计模拟低通滤波器：

$$k_{sp}=\sqrt{\frac{10^{0.1\alpha_p}-1}{10^{0.1\alpha_s}-1}}=0.229$$

$$\lambda_{sp}=\frac{\lambda_s}{\lambda_p}=4.434$$

$$N=-\frac{\lg 0.229}{0.434}=0.99$$

取 $N=1$。

于是得到归一化模拟低通传输函数：

$$G(\bar{p})=\frac{1}{\bar{p}+1}$$

(4) 按照(6-75)式将 $G(\bar{p})$ 转换成模拟阻带滤波器 $H(s)$：

$$H(s)=G(\bar{p})\big|_{\bar{p}=\frac{sB}{s^2+\Omega_0^2}}=\frac{1}{\dfrac{sB}{s^2+\Omega_0^2}+1}=\frac{s^2+\Omega_0^2}{sB+s^2+\Omega_0^2}=\frac{s^2+0.177}{s^2+0.07s+0.177}$$

各种模拟滤波器频带转换关系见表 6-5。

表 6-5 模拟频带转换关系及公式一览表

$G(\mathrm{j}\bar{\lambda})$ 和 $H(\mathrm{j}\bar{\Omega})$	变换关系	与实际频率关系
低通 ⟶ 低通 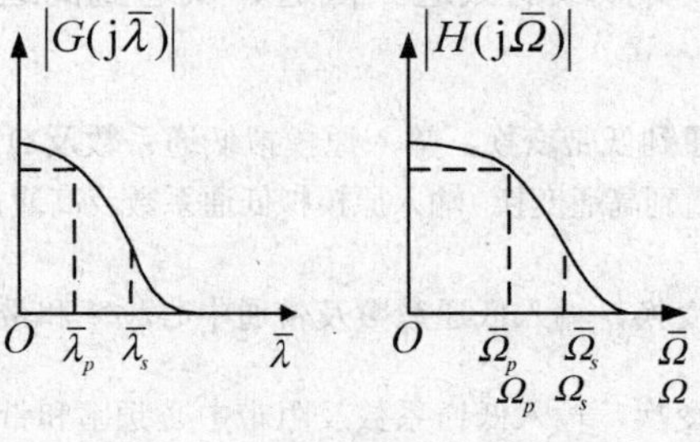	$\bar{\lambda}=A\bar{\Omega}$ 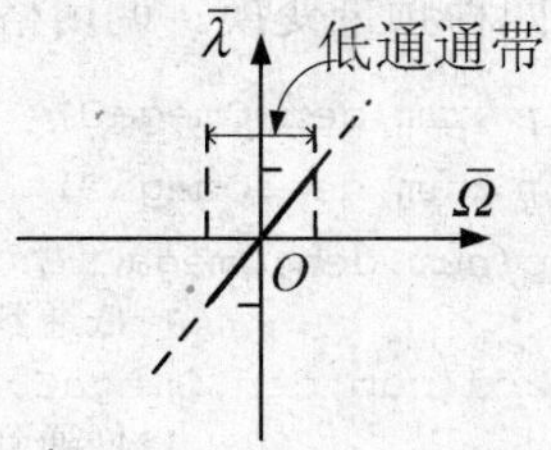	$\bar{\Omega}_p=\dfrac{\Omega_p}{\Omega_c}$ $\bar{\Omega}_s=\dfrac{\Omega_s}{\Omega_c}$ $A=$常数 去归一化 $\bar{p}=\mathrm{j}\bar{\lambda}$ $H(s)=G(\bar{p})\big\|_{\bar{p}=A\Omega_c s}$

续表

$G(j\bar{\lambda})$ 和 $H(j\bar{\Omega})$	变换关系	与实际频率关系
低通 ——→ 高通 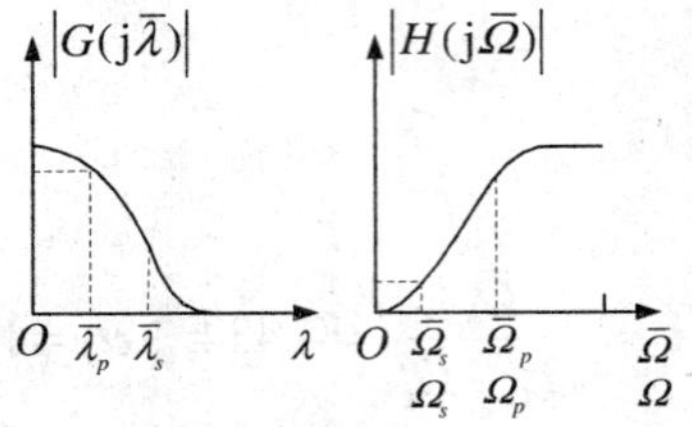	$\bar{\lambda}=\dfrac{1}{\bar{\Omega}}$ 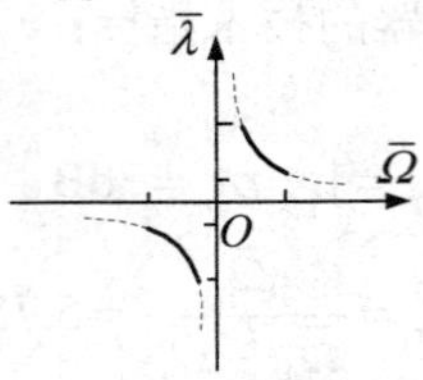	$\bar{\Omega}_p=\dfrac{\Omega_p}{\Omega_c}$ $\bar{\Omega}_s=\dfrac{\Omega_s}{\Omega_c}$ 去归一化 $\bar{p}=j\bar{\lambda}$ $H(s)=G(\bar{p})\big\vert_{\bar{p}=\frac{\Omega_c}{s}}$
低通 ——→ 带通 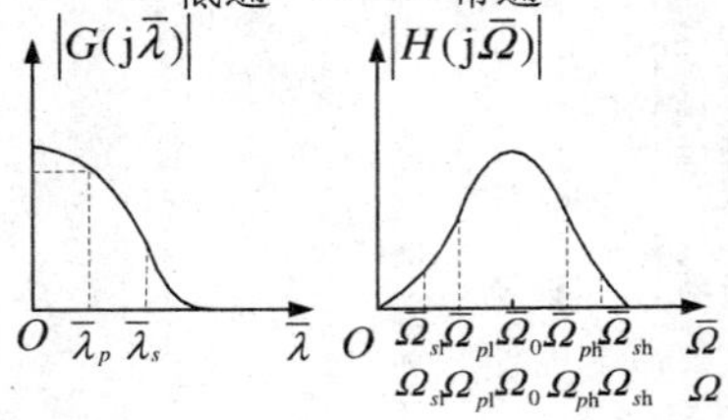	$\bar{\lambda}=\dfrac{\bar{\Omega}^2-\bar{\Omega}_0^2}{\bar{\Omega}}$ $\bar{\lambda}_p=1$ 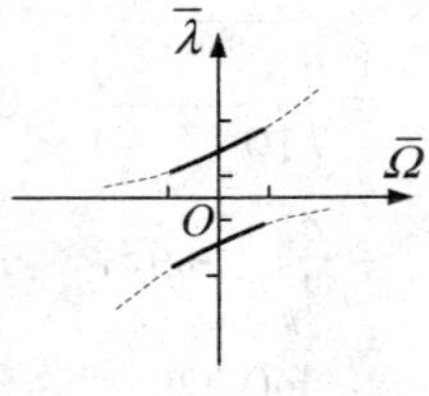	$\bar{\Omega}_{sl}=\dfrac{\Omega_{sl}}{B}$ $\bar{\Omega}_{sh}=\dfrac{\Omega_{sh}}{B}$ $\bar{\Omega}_{pl}=\dfrac{\Omega_{pl}}{B}$ $\bar{\Omega}_{ph}=\dfrac{\Omega_{ph}}{B}$ $\bar{\Omega}_0^2=\bar{\Omega}_{ph}\bar{\Omega}_{pl}$ $\Omega_0^2=\Omega_{ph}\Omega_{pl}$ $B=\Omega_{ph}-\Omega_{pl}$
低通 ——→ 带阻 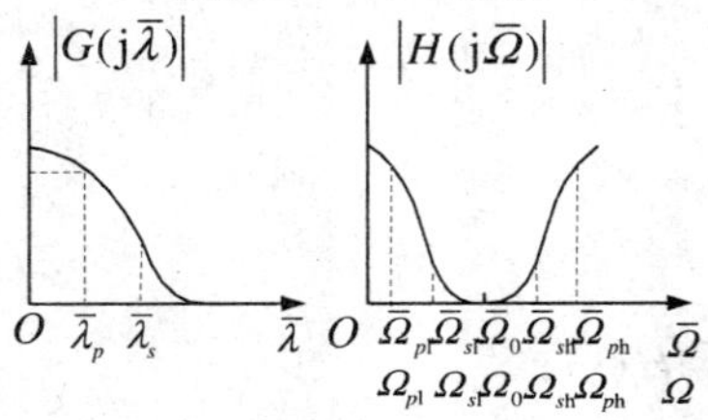	$\bar{\lambda}=\dfrac{\bar{\Omega}}{\bar{\Omega}^2-\bar{\Omega}_0^2}$ $\bar{\lambda}_p=1$ 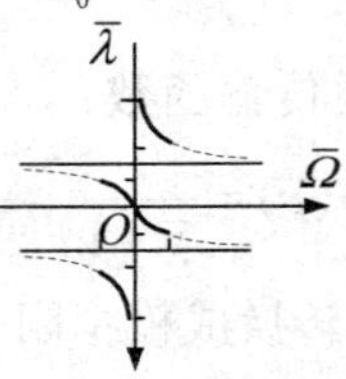	去归一化 $\bar{p}=j\bar{\lambda}$ 带通 $H(s)=G(\bar{p})\big\vert_{\bar{p}=\frac{s^2+\Omega_{pl}\Omega_{ph}}{s(\Omega_{ph}-\Omega_{pl})}}$ 带阻 $H(s)=G(\bar{p})\big\vert_{p=\frac{s(\Omega_{ph}-\Omega_{pl})}{s^2+\Omega_{pl}\Omega_{ph}}}$

5. 模拟滤波器的 MATLAB 实现

通过频率变换设计模拟低通、高通、带通和带阻滤波器可以按照上面的步骤分别求得。但用手工计算非常麻烦，MATLAB 信号处理工具箱提供了从归一化低通滤波器到低通、高通、带通和带阻滤波器的变换函数。只要做到了上面各滤波器设计的第(1)和第(2)两步，已经设计好了的归一化模拟低通滤波器，知道了它们的分子分母系数向量 num，den，第(3)步就可以直接调用这些函数来求出变换后滤波器的分子分母系数向量 numT,denT。这些函数有四个：lp2lp，lp2hp，lp2bp 和 lp2bs，分别对应于模拟域的低通到低通、低通到高通、低通到带通和低通到带阻四种频带变换。调用格式为

```
[numT,denT]=lp2lp(num,den,OmegaC)      %低通到低带变换，输入原模拟低通系数及Ωc
[numT,denT]=lp2hp(num,den,OmegaC)      %低通到高通变换，输入原模拟低通系数及高通Ωc
[numT,denT]=lp2bp(num,den,OmegaC,B)
                                        %低通到带通变换，输入低通系数及带通中心频率和带宽
  [numT,denT]=lp2bs(num,den,OmegaC,B)
                                        %低通到带阻变换，输入低通系数及阻带中心频率和带宽
```

应用举例如下：

【例 6.12】 已知三阶模拟低通滤波器的传输函数为$G(s)=\dfrac{1}{s^3+2s^2+2s+1}$，试设计：

(1) 通带为 10Hz 的模拟低通滤波器；(2) 通带下边频为 10Hz 的模拟高通滤波器；(3) 中心频率为 10Hz，阻带带宽为 2Hz 的模拟带通滤波器；(4) 中心频率为 10Hz，阻带带宽为 2Hz 的模拟带阻滤波器。

解 MATLAB 程序如下：

```
num=1;den=[1,2,2,1];
OmegaC=10*2*pi;B=2*2*pi;
[numT1,denT1]=lp2lp(num,den,OmegaC)          % 变换为模拟低通滤波器
[numT2,denT2]=lp2hp(num,den,OmegaC)          % 变换为模拟高通滤波器
[numT3,denT3]=lp2bp(num,den,OmegaC,B)        % 变换为模拟带通滤波器
[numT4,denT4]=lp2hs(num,den,OmegaC,B)        % 变换为模拟带阻滤波器
```

程序段运行的结果如下：

```
numT1=2.4805+005
denT1= 1  125.66  7.8957e+003  2.4805e+005
numT2= 1.0000 -0.0000  0.0000  0.0000
denT2= 1  125.66  7.8957e+003  2.4805e+005
numT3= 1.9844e+003
denT3= 1 25.13 12159 2.00420 4.8003e+007 3.9171e+008 6.1529e+010
numT4= 1 0 11844 0 4.6756e+007 2.3468e-007 6.1529e+010
denT4= 1 25.13 12159 2.00420 4.8003e+007 3.9171e+008 6.1529e+010
```

因此四个滤波器的传递函数依次为

模拟低通滤波器：$H_1(s)=\dfrac{2.4805\times10^5}{s^3+125.7s^2+7.896\times10^3s+2.4805\times10^5}$

模拟高通滤波器：$H_2(s)=\dfrac{s^3}{s^3+125.7s^2+7.896\times10^3s+2.4805\times10^5}$

模拟带通滤波器器：

$$H_3(s)=\frac{1.9844\times10^3}{s^6+25.1s^5+12159s^4+200420s^3+4.8\times10^7s^2+3.92\times10^8s+6.15\times10^{10}}$$

模拟带阻滤波器：

$$H_4(s)=\frac{s^6+11844s^4+4.676\times10^7s^2+6.15\times10^{10}}{s^6+25.1s^5+12159s^4+200420s^3+4.8\times10^7s^2+3.92\times10^8s+6.15\times10^{10}}$$

在上面程序中若加上以下语句，就可以得到这四种情况的幅频特性，如图 6.24 所示。

```
[Ha1,Omega1]=freqs(numT1,denT1);
[Ha2,Omega2]=freqs(numT2,denT2);
[Ha3,Omega3]=freqs(numT3,denT3);
[Ha4,Omega4]=freqs(numT4,denT4);
subplot(2,2,1),plot(Omega1,abs(Ha1)),axis([0,100,0,1.1])
subplot(2,2,2),plot(Omega2,abs(Ha2)),axis([0,100,0,1.1])
subplot(2,2,3),plot(Omega3,abs(Ha3)),axis([0,100,0,1.1])
subplot(2,2,4),plot(Omega4,abs(Ha4)),axis([0,100,0,1.1])
```

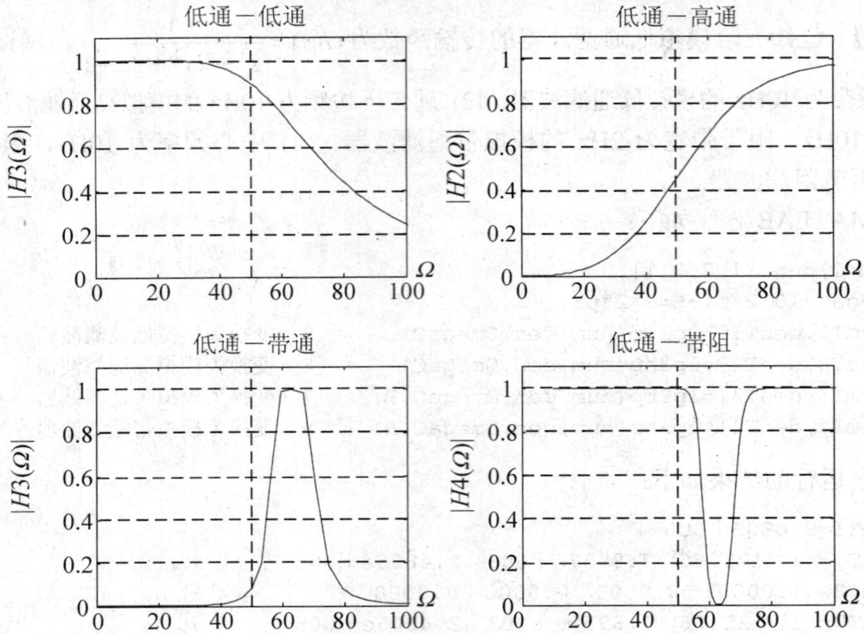

图 6.24　用频率变换设计的低通、高通、带通和带阻模拟滤波器的幅频特性

6.6.2　数字域频带变换法

频率变换不但可以在模拟域进行，也可以在数字域进行。数字域频率变换的原理如下：

设 $H_L(z_L)$ 为给定的低通数字滤波器原型，且为稳定的因果系统，$H(z_d)$ 为希望设计的数字滤波器。为避免混淆，用 z_L 和 z_d 表示两个复平面。在 z_L 和 z_d 平面上的单位圆分别定义为

$$z_L = e^{j\omega}, \qquad z_d = e^{j\theta} \tag{6-77}$$

设从 z_L 平面到 z_d 平面的映射关系为

$$z_L^{-1} = G(z_d^{-1}) \tag{6-78}$$

则低通滤波器原型 $H_L(z_L)$ 经过这一映射得到的新系统函数为

$$H(z_d) = H_L(z_L)\big|_{z_L^{-1}=G(z_d^{-1})} \tag{6.79}$$

下面要求出映射关系 $G(z_d)$，根据系统因果稳定的要求，$G(z_d)$ 应满足下面的条件：

(1) 必须是 z_d^{-1} 的有理函数，这样 $H(z_d)$ 才可实现；

(2) z_L 平面上的单位圆必须映射到 z_d 平面的单位圆上；

(3) z_L 平面上的单位圆内部必须映射 z_d 平面的单位圆内部，以确保滤波器的稳定。

设 ω 和 θ 分别为 z_L 和 z_d 平面上的频率变量，根据上述条件，则式(6-80)应该成立，即

$$\left|z_L^{-1}\right| = \left|G(z_d^{-1})\right| = \left|G(e^{-j\theta})\right| = 1 \tag{6-80}$$

该式说明 $\left|G(e^{j\theta})\right|$ 对所有频率都为 1，所以它是一个全通滤波器，其频率特性可表示为

$$z_L^{-1} = G(z_d^{-1}) = \prod_{k=1}^{n} \frac{z_d^{-1} - \alpha_k}{1 - \alpha_k z_d^{-1}} \tag{6-81}$$

其相位关系为

$$e^{-j\omega}=\left|G(e^{-j\theta})\right|e^{\angle G(j\theta)}=e^{\angle G(j\theta)} \tag{6-82}$$

对条件(3)应有$|\alpha_k|<1$。

对低通和高通滤波器取$n=1$，对带通和带阻取$n=2$，适当选择系数α_k，就可满足映射对边界频率的要求。表 6-6 给出了四种映射关系及其参数计算公式。从表中可以看出，两个数字频率ω和θ之间为非线性关系，所以转换前后频率特性会发生畸变，畸变的程度与α有关。

表 6-6　各种数字频率转换关系及转换公式一览表

$H(e^{j\omega})$ 和 $H(e^{j\theta})$	变换关系	参数公式
低通 ⟶ 低通 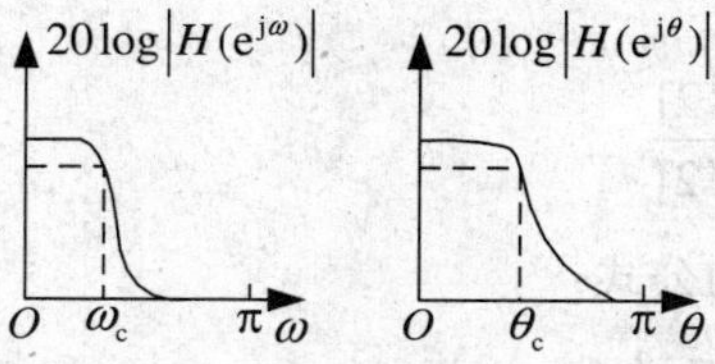	$Z_L^{-1}=\dfrac{z_d^{-1}-\alpha}{1-\alpha z_d^{-1}}$ 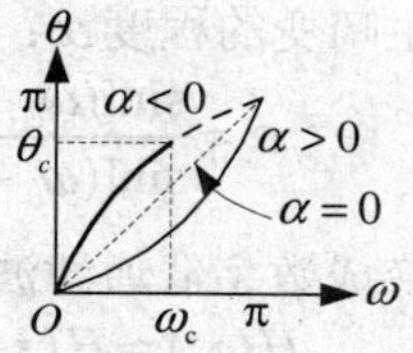	$\alpha=\dfrac{\sin[(\omega_c-\theta_c)/2]}{\sin[(\omega_c+\theta_c)/2]}$ $\theta_c=$ 要求的低通截止频率
低通 ⟶ 高通 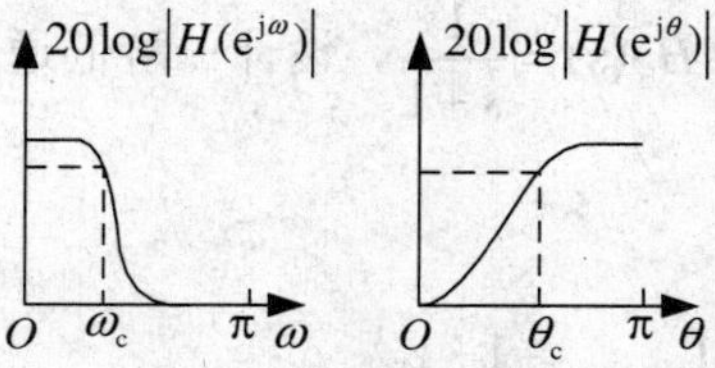	$Z_L^{-1}=-\dfrac{z_d^{-1}+\alpha}{1+\alpha z_d^{-1}}$ 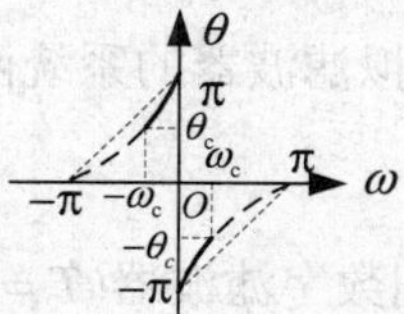	$\alpha=-\dfrac{\cos[(\theta_c+\omega_c)/2]}{\cos[(\theta_c-\omega_c)/2]}$ $\theta_c=$ 要求的高通截止频率
低通 ⟶ 带通 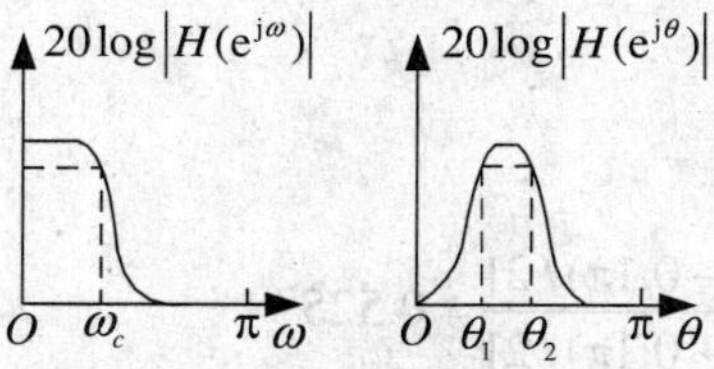	$Z_L^{-1}=\dfrac{z_d^{-2}-\dfrac{2\alpha k}{k+1}z_d^{-1}+\dfrac{k-1}{k+1}}{\dfrac{k-1}{k+1}z_d^{-2}-\dfrac{2\alpha k}{k+1}z_d^{-1}+1}$ 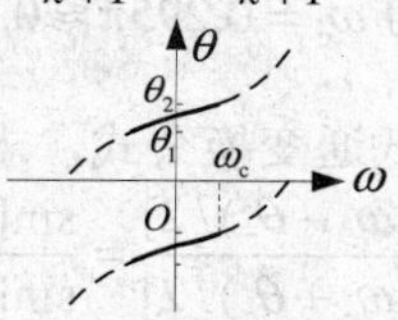	$\alpha=\dfrac{\cos[(\theta_2+\omega_1)/2]}{\cos[(\theta_2-\omega_1)/2]}$ $k=\cot[(\theta_2-\theta_1)/2]\cdot A$ $A=\tan(\omega_c/2)$ $\theta_2,\theta_1=$要求的上、下截止频率
低通 ⟶ 带阻 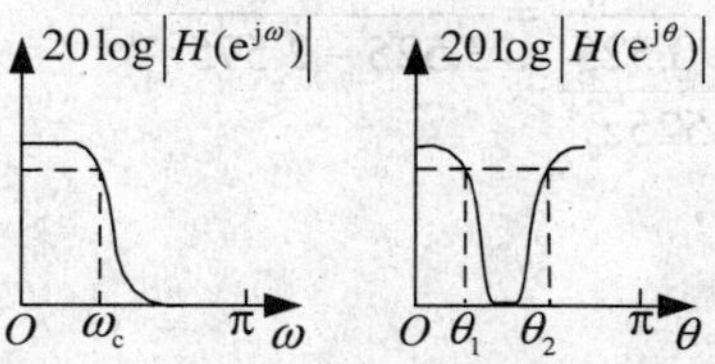	$Z_L^{-1}=\dfrac{z_d^{-2}-\dfrac{2\alpha k}{k+1}z_d^{-1}+\dfrac{1-k}{1+k}}{\dfrac{1-k}{1+k}z_d^{-2}-\dfrac{2\alpha k}{k+1}z_d^{-1}+1}$ 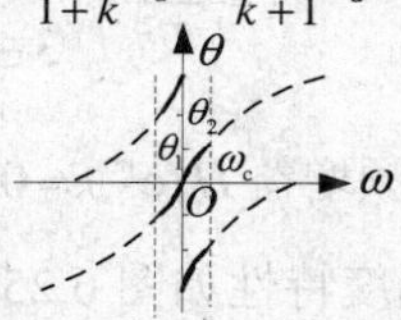	$\alpha=\dfrac{\cos[(\theta_2+\omega_1)/2]}{\cos[(\theta_2-\omega_1)/2]}$ $k=\tan[(\theta_2-\theta_1)/2]\cdot A$ $A=\tan(\omega_c/2)$ $\theta_2,\theta_1=$要求的上、下截止频率

由式(6-82)可以确定两个数字频率ω和θ的转换关系。例如对低通到高通变换：

$$\mathrm{e}^{-\mathrm{j}\omega}=-\frac{\mathrm{e}^{-\mathrm{j}\theta}+\alpha}{1+\alpha\mathrm{e}^{-\mathrm{j}\theta}}\qquad -\omega=\angle\mathrm{e}^{-\mathrm{j}\omega}=\arg\left(-\frac{\mathrm{e}^{-\mathrm{j}\theta}+\alpha}{1+\alpha\mathrm{e}^{-\mathrm{j}\theta}}\right)$$

用 MATLAB 很容易画出$\omega\sim\theta$关系：设$\alpha=0.3$

```
theta=linspace(-pi,pi); alpha=0.3;
w=-angle(-(exp(-j*theta)+alpha)./(1+alpha*exp(-j*theta)));
plot(w,theta);grid
```

各种频率转换关系及转换公式见表 6-6。

1. 数字低通滤波器变换成数字低通滤波器

设$H_{\mathrm{L}}(z_{\mathrm{L}})$为给定的低通数字滤波器原型，$H(z_{\mathrm{d}})$为希望设计的数字低通滤波器，$\omega_{\mathrm{c}}$和$\theta_{\mathrm{c}}$分别为$z_{\mathrm{L}}$和$z_{\mathrm{d}}$平面上的截止频率变量。

(1) 求转换后频率特性发生畸变的程度α：

$$\alpha=\frac{\sin[(\omega_{\mathrm{c}}-\theta_{\mathrm{c}})/2]}{\sin[(\omega_{\mathrm{c}}+\theta_{\mathrm{c}})/2]}$$

(2) 将α代入数字低通变换成数字低通滤波器的公式：

$$H(z_{\mathrm{d}})=H(z_{\mathrm{L}})\Big|_{z_{\mathrm{L}}^{-1}=\frac{z_{\mathrm{d}}^{-1}-\alpha}{1-\alpha z_{\mathrm{d}}^{-1}}}$$

根据上面分析对实例进行设计。

【例 6.13】 已知一阶低通模拟滤波器的系统函数为$H_{\mathrm{a}}(s)=\dfrac{1}{s+1}$，设计一阶低通数字滤波器，其截止频率$\theta_{\mathrm{c}}=0.1\pi$。

解 用双线性变换法得到数字滤波器($T=1$)：

$$H_{\mathrm{L}}(z_{\mathrm{L}})=H_{\mathrm{a}}(s)\Big|_{s=2\frac{1-z_{\mathrm{L}}^{-1}}{1+z_{\mathrm{L}}^{-1}}}=\frac{1}{\dfrac{2-2z_{\mathrm{L}}^{-1}}{1+z_{\mathrm{L}}^{-1}}+1}=\frac{1+z_{\mathrm{L}}^{-1}}{3-z_{\mathrm{L}}^{-1}}$$

当$\left|H(\mathrm{e}^{\mathrm{j}\omega_{\mathrm{c}}})\right|=\dfrac{1}{\sqrt{2}}$时可求得$\omega_{\mathrm{c}}=0.295\pi\approx0.3\pi$

利用查表 6-6 得低通$\rightarrow$低通变换公式，求得

$$\alpha=\frac{\sin[(\omega_{\mathrm{c}}-\theta_{\mathrm{c}})/2]}{\sin[(\omega_{\mathrm{c}}+\theta_{\mathrm{c}})/2]}=\frac{\sin[(0.3\pi-0.1\pi)/2]}{\sin[(0.3\pi+0.1\pi)/2]}=0.525$$

所以，

$$H(z_{\mathrm{d}})=H(z_{\mathrm{L}})\Big|_{z_{\mathrm{L}}^{-1}=\frac{z_{\mathrm{d}}^{-1}-\alpha}{1-\alpha z_{\mathrm{d}}^{-1}}}=\frac{1+\dfrac{z_{\mathrm{d}}^{-1}-0.525}{3-0.525z_{\mathrm{d}}^{-1}}}{3-\dfrac{z_{\mathrm{d}}^{-1}-0.525}{3-0.525z_{\mathrm{d}}^{-1}}}=\frac{0.475+0.475z_{\mathrm{d}}^{-1}}{3.525-2.575z_{\mathrm{d}}^{-1}}$$

直流增益$\left|H(\mathrm{e}^{\mathrm{j}0})\right|=1$，高频增益$H(\mathrm{e}^{\mathrm{j}\pi})=0$

所求低通零极点分布及幅度特性如图 6.25 所示。

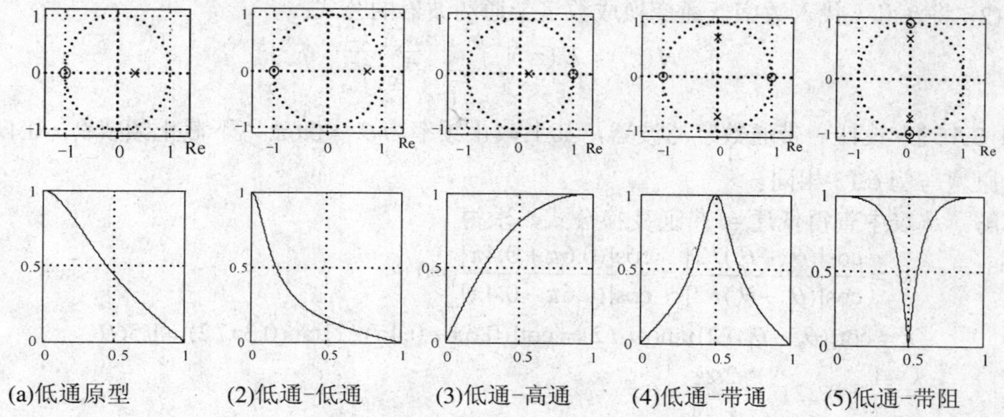

图 6.25　频率变换法例题零极点分布及幅度特性

2. 数字低通滤波器变换成数字高通滤波器

设 $H_L(z_L)$ 为给定的低通数字滤波器原型，$H(z_d)$ 为希望设计的数字高通滤波器，ω_c 和 θ_c 分别为 z_L 和 z_d 平面上的截止频率变量。

(1) 求转换后频率特性发生畸变的程度 α：

$$\alpha=-\frac{\cos[(\theta_c+\omega_c)/2]}{\cos[(\theta_c-\omega_c)/2]}$$

(2) 将 α 代入数字低通变换成数字高通滤波器的公式：

$$H(z_d)=H(z_L)\Big|_{z_L^{-1}=-\frac{z_d^{-1}+\alpha}{1+\alpha z_d^{-1}}}$$

【例 6.14】　设计一阶高通滤波器，截止频率 $\theta_c=0.4\pi$。低通原型滤波器同例 6.13。

解　从查表 6-6 得低通 → 高通变换公式，求得

$$\alpha=-\frac{\cos[(\theta_c+\omega_c)/2]}{\cos[(\theta_c-\omega_c)/2]}=-\frac{\cos[(0.4\pi+0.1\pi]}{\cos[(0.4\pi-0.1\pi]}=-0.46$$

所以，

$$H(z_d)=H(z_L)\Big|_{z_L^{-1}=-\frac{z_d^{-1}+\alpha}{1+\alpha z_d^{-1}}}=\frac{1-\dfrac{z_d^{-1}-0.46}{1-0.46z_d^{-1}}}{3+\dfrac{z_d^{-1}-0.46}{1-0.46z_d^{-1}}}=\frac{1.46-1.46z_d^{-1}}{2.54-0.38z_d^{-1}}$$

直流增益 $\left|H(\mathrm{e}^{\mathrm{j}0})\right|=0$，高频增益 $\left|H(\mathrm{e}^{\mathrm{j}\pi})\right|=1$

所求低通零极点分布及幅度特性如图 6.25 所示。

3. 数字低通滤波器变换成数字带通滤波器

设 $H_L(z_L)$ 为给定的低通数字滤波器原型，$H(z_d)$ 为希望设计的数字带通滤波器，ω_c 为 z_L 平面截止频率变量，θ_2、θ_1 分别为 z_d 平面上下截止频率变量。

(1) 求转换后频率特性发生畸变的程度 α 和 k：

$$\alpha=\frac{\cos[(\theta_2+\theta_1)/2]}{\cos[(\theta_2-\theta_1)/2]}$$

$$k=\cot[(\theta_2-\theta_1)/2]\tan(\omega_c/2)$$

(2) 将α和k代入数字低通变换成数字带通滤波器的公式：

$$H(z_d)=H(z_L)\Big|_{Z_L^{-1}=\frac{z_d^{-2}-\frac{2\alpha k}{k+1}z_d^{-1}+\frac{k-1}{k+1}}{\frac{k-1}{k+1}z_d^{-2}-\frac{2\alpha k}{k+1}z_d^{-1}+1}}$$

【例 6.15】 设计一带通数字滤波器，其上截止频率为$\theta_2=0.6\pi$，下截止频率$\theta_1=0.4\pi$。低通原型与例 6.13 相同。

解 从表中查得低通→带通变换公式，求得

$$\alpha=\frac{\cos[(\theta_2+\theta_1)/2]}{\cos[(\theta_2-\theta_1)/2]}=\frac{\cos[(0.6\pi+0.4\pi]}{\cos[(0.6\pi-0.4\pi]}=0$$

$$k=\cot[(\theta_2-\theta_1)/2]\tan(\omega_c/2)=\cot[(0.6\pi-0.4\pi)/2]\tan(0.3\pi/2)=1.569$$

$$\frac{k-1}{k+1}=0.221，\ \frac{2\alpha k}{k+1}=0$$

$$H(z_d)=H(z_L)\Big|_{z_L^{-1}=-\frac{z_d^{-2}+\frac{k-1}{k+1}}{\frac{k-1}{k+1}z_d^{-2}+1}}=\frac{1-\dfrac{z_d^{-2}+0.221}{0.221z_d^{-2}+1}}{3+\dfrac{z_d^{-2}+0.221}{0.221z_d^{-2}+1}}=\frac{-0.779z_d^{-2}+0.779}{1.663z_d^{-2}+3.221}$$

直流增益$\left|H(e^{j0})\right|=\left|H(e^{j\pi})\right|=0$，中心频率$\left|H(e^{j0.5\pi})\right|=1$

所求低通零极点分布及幅度特性如图 6.25 所示。

4. 数字低通滤波器变换成数字带阻滤波器

设$H_L(z_L)$为给定的低通数字滤波器原型，$H(z_d)$为希望设计的数字带阻滤波器，ω_c为z_L平面截止频率变量，θ_2、θ_1分别为z_d平面上、下截止频率变量。

(1) 求转换后频率特性发生畸变的程度α和k：

$$\alpha=\frac{\cos[(\theta_2+\theta_1)/2]}{\cos[(\theta_2-\theta_1)/2]}$$

$$k=\tan[(\theta_2-\theta_1)/2]\tan(\omega_c/2)$$

(2) 将α和k代入数字低通变换成数字带阻滤波器的公式：

$$H(z_d)=H(z_L)\Big|_{Z_l^{-1}=\frac{z_d^{-2}-\frac{2\alpha k}{k+1}z_d^{-1}+\frac{1-k}{1+k}}{\frac{1-k}{1+k}z_d^{-2}-\frac{2\alpha k}{k+1}z_d^{-1}+1}}$$

【例 6.16】 设计一个带阻滤波器，上下截止频率分别为$\theta_2=0.6\pi$，$\theta_1=0.4\pi$，低通原型滤波器同例 6.13。

解 查表 6-6 得低通→带阻变换公式，求得

$$\alpha=0，\ k=\tan[(\theta_2-\theta_1)/2]\tan(\omega_c/2)=\tan(0.1\pi)\tan(0.15\pi)=0.166，\ \frac{1-k}{1+k}=0.715$$

$$H(z_d)=H(z_L)\Big|_{z_L^{-1}=-\frac{z_d^{-2}-\frac{1-k}{1+k}}{\frac{1-k}{1+k}z_d^{-2}+1}}=\frac{1+\dfrac{z_d^{-2}+0.715}{0.715z_d^{-2}+1}}{3+\dfrac{z_d^{-2}+0.715}{0.715z_d^{-2}+1}}=\frac{1.715z_d^{-2}+1.715}{1.145z_d^{-2}+2.285}$$

直流增益$\left|H(e^{j0})\right|=\left|H(e^{j\pi})\right|=1$，中心频率$\left|H(e^{j0.5\pi})\right|=0$

所求低通零极点分布及幅度特性如图 6.25 所示。

5. 其他数字滤波器的 MATLAB 实现

从前面的例子看出，为了实现频率转换，用手工完成是非常麻烦的。可以用 MATLAB 进行编程实现。MATLAB 信号处理工具箱提供了直接进行数字高通、带通、带阻滤波器的设计函数，使用非常方便。MATLAB 将 IIR 各种数字滤波器的设计综合起来，构成了 butter、cheby1、cheby2 和 ellip 四个函数，在知道滤波器的阶数后，就可调用这些函数来直接设计数字高通、带通以及带阻滤波器。这些函数中的频带变换在 *s* 平面完成后采用双线性变换法转换为数字滤波器。下面以 butter(巴特沃斯)函数为例说明使用方法，其它函数情况类似，可用 help 命令参考使用。

调用形式如下：

```
[b,a]=butter(N,wc,'high'):
                    %N 阶，高通滤波器，wc 为 3dB 截止频率，0≤w≤1，单位为π
[b,a]=butter(N,wc):
                    %2N 阶带通滤波器，wc=[w1, w2], 3dB 通带宽 w1≤w≤w2,单位为π
[b,a]=butter(N,wc,'stop'):
                    %2N 阶带阻滤波器，wc=[w1, w2], 3dB 阻带宽度 w1≤w≤w2,单位为π
```

若在函数输入变量中加‘s’则表示设计的是模拟滤波器，如：

```
[b,a]=butter[N,wc,'high','s']
```

输入变量中的阶数 *N* 和 3dB 截止频率可根据给定指标调用 buttord 函数计算。

已知滤波器指标 ω_p，ω_s，α_p，α_s，调用格式[N,wc]=buttord(wp,ws,Rp,As)，其中变量 α_p 和 α_s 用 R_p 和 A_s 表示。

滤波器类型不同，边界频率 ω_p 和 ω_s 限制不同。对低通 $\omega_p < \omega_s$，对高通 $w_p > w_s$，对带通 $\omega_{s1} < \omega_{p1} < \omega_{p2} < \omega_{s2}$，对带阻 $\omega_{p1} < \omega_{s1} < \omega_{s2} < \omega_{p2}$。

设计中要特别注意频率单位，对数字频率单位有π和弧度，模拟频率有 Hz 和 rad/s。

【例 6.17】 设计一个切比雪夫 I 型带通滤波器，指标为

$$\omega_{s1} = 0.25\pi \quad \omega_{p1} = 0.4\pi \quad \omega_{p2} = 0.7\pi \quad \omega_{s2} = 0.8\pi \quad \alpha_s = 40 \quad \alpha_p = 1$$

解 由于 MATLAB 输入字符限制，程序中变量 α_p 和 α_s 用 *Rp* 和 *As* 表示，以后相同。

```
ws=[0.25*pi,0.8*pi];wp=[0.4*pi,0.7*pi];Rp=1;As=40;    %给定数字滤波器指标
[N,wn]=cheb1ord(wp/pi,ws/pi,Rp,As);   %求滤波器阶数，注意单位应为 pi
[b,a]=cheby1(N,Rp,wn);                %求切比雪夫 I 型滤波器系数
[sos,G]=tf2sos(b,a);                  %输出级联形式
[H,W]=freqz(b,a);plot(W,abs(H));grid  %画出频率特性
```

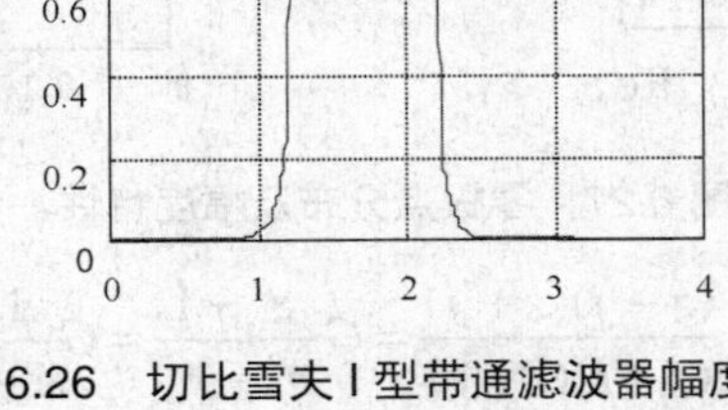

图 6.26 切比雪夫 I 型带通滤波器幅度特性

6.7 直接设计法

以上部分介绍了通过模拟滤波器设计 IIR 数字滤波器的方法，这种方法在工程上应用很广泛，但是它也有一定的局限性。

(1) 这种方法只适合于设计幅频特性为分段常数的滤波器如低通、高通、带通、带阻，设计时眼光只是放在某些特征频率点上。对于特殊指标的滤波器比如多带的，任意给定幅频曲线的滤波器则无能为力。

(2) 它只是一种可行可用的方法，未必就是最优的方法。

本节介绍在数字域直接设计 IIR 滤波器的设计方法，其特点是适合设计任意幅度特性的滤波器。

6.7.1 零极点累试法

由前面所学的知识，可知系统极点位置主要影响系统幅度特性峰值位置及尖锐程度，零点位置主要影响系统幅度特性的谷值位置及其凹下的程度；通过零极点分析的几何作图法可以定性的画出其幅度特性。这就提供了一种直接设计滤波器的方法。这种设计方法是根据其幅频特性先确定零极点位置，再按照零极点写出其系统函数，画出其幅度特性，并与希望的进行比较，如不满足要求，可通过移动零极点位置或增加(减少)极零点，进行修正。由于这种修正是多次的，因此称为极零点累试法。

确定零极点位置时要注意两点：

(1) 极点必须位于 z 平面单位圆内，保证数字滤波器因果稳定；

(2) 复数零极点必须共轭成对，保证系统函数有理式的系数是实的。

下面举一个例子来说明零极点累试法。

【例 6.18】 设计带阻滤波器，阻带中心频率为 $\omega_0 = \pi/2$ 。

解 根据题目已知条件确定零点位置 $z_{1,2} = \pm j$，极点 $z_{3,4} = \pm r$，零极点分布图如图 6.27 所示，得到 $H(z)$ 的表达式如下：

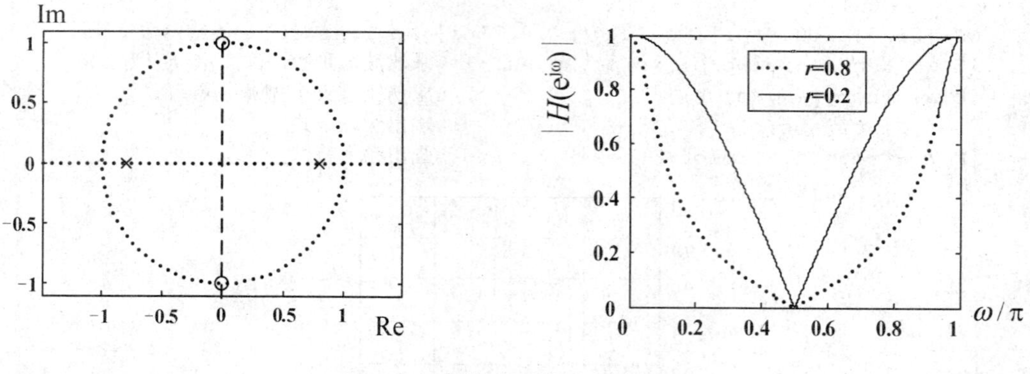

图 6.27 零极点分布及幅度特性

$$H(z) = G\frac{(z-j)(z+j)}{(z-r)(z+r)} = G\frac{z^2+1}{z^2-r^2} = G\frac{1+z^{-2}}{1-r^2z^{-2}}$$

上式中系数 G 为增益系数，可用来对频率响应进行归一化处理。设 r=0.2，0.8，分别画出其幅度特性如图 6.27 所示。从图中可以看出，极点越靠近单位圆，通带特性越尖锐，阻带范围越宽。

6.7.2 时域直接设计法

设希望设计的 IIR 数字滤波器的单位脉冲响应为 $h_d(n)$，要求设计一个单位脉冲响应 $h(n)$ 充分逼近 $h_{\mathrm{d}}(n)$。这种方法的主要思想如下：

设滤波器是因果的，系统函数为

$$H(z)=\frac{\sum_{i=0}^{M}b_i z^{-i}}{\sum_{i=0}^{N}a_i z^{-i}}=\sum_{k=0}^{+\infty}h(k)z^{-k} \tag{6-83}$$

式中，$a_0=1$，未知系数 a_i 和 b_i 共有 $M+N+1$ 个，取 $h(n)$ 的一段，$0\leqslant n\leqslant p-1$，使其充分逼近 $h_{\mathrm{d}}(n)$，用此原则求解 $M+N+1$ 个系数。将式(6.83)改写为

$$\sum_{k=0}^{p-1}h(k)z^{-k}\sum_{i=0}^{N}a_i z^{-i}=\sum_{i=0}^{M}b_i z^{-i}$$

令 $p=M+N+1$，则

$$\sum_{k=0}^{M+N}h(k)z^{-k}\sum_{i=0}^{N}a_i z^{-i}=\sum_{i=0}^{M}b_i z^{-i} \tag{6-84}$$

令上面等式两边 z 的同幂次项的系数相等，可得到 $M+N+1$ 个方程：

$$\begin{aligned}
&h(0)=b_0\\
&h(0)a_1+h(1)=b_1\\
&h(0)a_2+h(1)a_1+h(2)=b_2\\
&\mathrm{M}
\end{aligned}$$

上式表明 $h(n)$ 是系数 a_i 和 b_i 的非线性函数，考虑到 $i>M$ 时，$b_i=0$，一般表达式为

$$\sum_{j=0}^{k}a_j h(k-j)=b_k,\qquad 0\leqslant k\leqslant M \tag{6-85}$$

$$\sum_{j=0}^{k}a_j h(k-j)=0,\qquad M\leqslant k\leqslant M+N \tag{6-86}$$

由于希望 $h(k)$ 充分逼近 $h_{\mathrm{d}}(k)$，因此上面两式中的 $h(k)$ 用 $h_{\mathrm{d}}(k)$ 代替，即令 $h(k)=h_{\mathrm{d}}(k)$，$k=0,1,2,\mathrm{K},M+N$，这样求解式(6-85)和式(6-86)，得到 N 个 a_i 和 $M+1$ 个 b_i。

但对于无限长脉冲响应 $h(n)$，这种方法只是取前 $M+N+1$ 项，令其等于所要求的 $h_{\mathrm{d}}(n)$，而 $M+N+1$ 以后的项不考虑。这种时域逼近法限制 $h_{\mathrm{d}}(n)$ 的长度等于 a_i 和 b_i 数目的总和，使得滤波器的选择性受到限制，如果滤波器阻带衰减要求很高，则不适合用这种方法。但用此法得到的系数，可作为其他更好的优化算法的初始估计值。

实际中，有时要求给定一定的输入信号波形，滤波器的输出为希望的波形。这种滤波器称为波形形成滤波器，也属于这种时域的直接设计法。其设计思想也是用最小均方误差求得最佳解。

设 $x(n)$ 为长度为 M 的给定信号，$y_d(n)$ 是希望的输出信号，长度为 N，实际滤波器输

出用 $y(n)$，考虑理想输出与实际输出之间的误差 E 则

$$E=\sum_{n=0}^{N-1}[y(n)-y_d(n)]^2=\sum_{n=0}^{N-1}[\sum_{m=0}^{n}h(m)x(n-m)-y_d(n)]^2 \tag{6-87}$$

如果选择 $h(n)$ 使 E 最小，则输出 $y(n)$ 就是对理想输出 $y_d(n)$ 的最佳逼近。

只要满足下式 $\dfrac{\partial E}{\partial h(i)}=0,\qquad i=0,1,2,\cdots,N-1$

就可使 E 最小。由式(6-85)得

$$\sum_{n=0}^{N-1}2[\sum_{m=0}^{n}h(m)x(n-m)-y_d(n)]x(n-i)=0$$

$$\sum_{n=0}^{N-1}\sum_{m=0}^{n}h(m)x(n-m)x(n-i)=\sum_{n=0}^{N-1}y_d(n)x(n-i) \tag{6-88}$$

该方程有 N 个待定参数 $h(n)$，输入与理想输出为已知，故可以唯一确定一组 $h(n)$，然后再利用式(6-85)和式(6-86)就可求出 $H(z)$ 的 N 个 a_i 和 $M+1$ 个 b_i。

具体思想和解法请参考有关文献。

6.7.3 频域直接设计

设 IIR 数字滤波器由 K 个二级网络级联而成，系统函数用 $H(z)$ 表示

$$H(z)=A\prod_{i=1}^{k}\frac{1+a_iz^{-1}+b_iz^{-2}}{1+c_iz^{-1}+d_iz^{-2}} \tag{6-89}$$

式中，A 是常数；a_i,b_i,c_i,d_i 是待求的系数；$H_d(\mathrm{e}^{\mathrm{j}\omega})$ 是希望设计的滤波器频响。如果在(0，π)区间取 N 点数字频率 ω_i，i=1,2,K ,N，在这 N 点频率上，比较 $\left|H_\mathrm{d}(\mathrm{e}^{\mathrm{j}\omega})\right|$ 和 $\left|H(\mathrm{e}^{\mathrm{j}\omega})\right|$，写出两者的幅度平方误差 E 为

$$E=\sum_{i=1}^{N}\left[\left|H(\mathrm{e}^{\mathrm{j}\omega_i})\right|-\left|H_\mathrm{d}(\mathrm{e}^{\mathrm{j}\omega_i})\right|\right]^2 \tag{6-90}$$

而在式(6-89)中共有($4k+1$)个待定系数，求它们的原则是使 E 最小。下面来讨论如何求出($4k+1$)个系数。

按照式(6-90)，E 是($4k+1$)个未知数的函数，用下式表示：

$$E=E(\theta,A)$$

$$\theta=[a_1b_1c_1d_1,a_2b_2c_2d_2,\mathrm{K}\ ,a_kb_kc_kd_k]^\mathrm{T}$$

上式 θ 表示 4K 个系数组成的系数向量。为推导公式方便，令

$$H_i=\frac{H(\mathrm{e}^{\mathrm{j}\omega_i})}{A},H_d=H_d(\mathrm{e}^{\mathrm{j}\omega_i})$$

那么

$$E(\theta,A)=\sum_{i=1}^{N}\left[|A||H_i|-|H_d|\right]^2 \tag{6-91}$$

为选择 A 使 E 最小，令 $\dfrac{\partial E(\theta,A)}{\partial|A|}=0$

$$\sum_{i=1}^{N}\left[2|A||H_i|-2|H_i||H_d|\right]=0$$

$$|A|=\frac{\sum_{i=1}^{N}|H_i||H_d|}{\sum_{i=1}^{N}|H_i|^2}=A_g \tag{6-92}$$

将 A_g 作为常数代入式(6-91)中，然后将 $E(\theta,A)$ 对 $4k$ 个系数分别求偏导，令其等于零，共有 $4K$ 个方程，可以解 $4k$ 个未知数。这些偏导数的求解算法，均编在计算机程序里，开始假设一组初始值 θ，按照公式(6-92)确定 A_g，进而求偏导得到使 $E(\theta,A_g)$ 最小的 θ，然后继续这样迭代，直至 E 达到预定的要求时停止迭代。此时求得的系数一定满足平方误差最小的原则。这种方法实际上就是一种计算机的优化设计方法，优化的原则是幅度平方误差最小。由于需要通过计算机编程并进行迭代求滤波器的系数。这种方法也称为计算机辅助设计法。

在设计过程中，对系统函数零、极点位置未给任何约束，零、极点可能在单位圆内，也可能在单位圆外。这里主要问题是如果极点在单位圆外，则会造成滤波器不是因果稳定的，因此需要对这些单位圆外的极点进行修正。设极点 z_1 处于单位圆外，如果用其倒数进行代换，变成 z_1^{-1}，这样极点一定搬到单位圆内，但幅度特性会受到影响。具体分析请有兴趣的读者参考有关文献。

6.8 小　结

本章主要知识点：

(1) 数字滤波器的基本概念：数字滤波器用于频率选择，它可以实现模拟滤波器无法实现的特殊滤波功能，数字滤波器通常是一种算法，可方便的在计算机上实现。数字滤波器从单位冲激响应可分为无限长单位冲激响应 IIR 和有限长单位冲激响应 FIR 两大类。

(2) IIR 数字滤波器的特点：单位冲激响应无限长，其差分方程为递归结构，即系统有反馈环节。一个稳定的 IIR 滤波器必须保证其全部极点位于单位圆内。

(3) IIR 数字滤波器的设计方法：分为直接法和间接法。间接法中根据给定的指标 ω_p、ω_s、α_p、α_s，先设计相应的模拟低通滤波器，然后将模拟低通滤波器转换成数字滤波器。

(4) 模拟低通滤波器的设计：首先提出一个原型滤波器的平方幅度函数，根据技术指标确定滤波器的阶数并求出该原型滤波器的全部极点，取位于 s 平面左半平面的极点构成所求滤波器的幅度函数。常见的原型滤波器有：巴特沃斯、切比雪夫 I 型、切比雪夫 II 型、椭圆型等，其设计过程都有严格的公式和图表参考。

(5) 模拟低通滤波器转换为数字低通滤波器的方法：

冲激不变法的思想是把模拟滤波器的单位冲激响应经过采样作为相应数字滤波器的单位冲激响应。其 s 平面和 z 平面的映射关系为：$z_i=\mathrm{e}^{s_iT}$。冲激不变法的优点是数字频率和模拟频率为线性关系即：$\omega=\Omega T$。缺点是会产生频率混叠，适用低通设计。

双线性变换法是为克服频率混叠现象提出的，其思想是将 s 平面上的点经过和二次映射到 z 平面，关系为：$s=\dfrac{2}{T}\dfrac{1-z^{-1}}{1+z^{-1}}$。双线性变换法的优点是不会产生频率混叠，但却引入频率的非线性失真，即数字频率和模拟频率的关系为非线性关系即：$\Omega=\frac{2}{T}\tan\frac{\omega}{2}$。

(6) 其他类型数字滤波器的设计：通过频域变换法可将低通滤波器转换成低通、高通、带通、带阻滤波器。变换方法可采用模拟频域变换法或数字频域变换法。因为数字滤波器设计都是从低通滤波器开始的，所以其他类型滤波器的设计都要把给定的技术指标转换成相应的模拟低通滤波器指标进行设计，然后再转换成相应的数字滤波器指标。

(7) IIR 数字滤波器的直接设计法：零极点累试法是根据 z 平面上零极点位置与频率响应的关系，通过不断尝试设计零极点的个数和位置来获取希望的频率响应。

直接设计法还可在频域和时域上根据待设计滤波器与希望的理想滤波器之间的传输函数之差最小(频域)或单位冲激响应之差最小的原则，计算出滤波器的频域或时域系数。优点是可设计出任意幅度特性的滤波器，但需要计算机运算。

(8) 利用 MATLAB 工具可方便地进行 IIR 数字滤波器的设计。

6.9 习　题

1. 思考题：

(1) 数字滤波器的分类及特点？

(2) 数字滤波器设计与模拟滤波器设计比较及各自的优缺点？

(3) 分别描述用脉冲响应不变法和双线性变换法设计 IIR 数字滤波器的过程？

(4) 用脉冲响应不变法和双线性变换法设计 IIR 数字滤波器的各自优缺点？

2. 设计一个巴特沃斯低通滤波器，要求通带截止频率 $f_p=6\,\text{kHz}$，通带最大衰减 α_p=3dB，阻带截止频率 f_s=12kHz，阻带最小衰减 α_s=25dB。求出滤波器规一化传输函数 $H_a(p)$ 以及实际的 $H_a(s)$。

3. 设计一个切比雪夫低通滤波器，要求通带截止频率 $f_p=3\text{kHz}$，通带最大衰减 $\alpha_p=0.2\text{dB}$，阻带截止频率 $f_s=12\text{kHz}$，阻带最小衰减 $\alpha_s=50\text{dB}$。求出归一化传输函数 $H_a(p)$ 以及实际的 $H_a(s)$。

4. 设计一个巴特沃斯高通滤波器，要求通带截止频率 f_p=20kHz，阻带截止频率 f_s=10kHz，f_p 处最大衰减为 3dB，阻带最小衰减 α_s=15dB。求出该高通滤波器的传输函数 $H(s)$。

5. 已知某滤波器的系统函数为 $H(z)=\frac{1}{1-0.5z^{-6}}$，求该滤波器的滤波特性。

6. 已知模拟滤波器的传输函数 $H_a(s)$ 为

(1) $H_a(s)=\frac{s+a}{(s+a)^2+b^2}$

(2) $H_a(s)=\frac{b}{(s+a)^2+b^2}$

式中，a，b 为常数，设 $H_a(s)$ 因果稳定，试采用脉冲响应不变法，分别将其转换成数字滤波器 $H(z)$。

7. 已知模拟滤波器的传输函数为

(1) $H_a(s)=\dfrac{1}{s^2+s+1}$

(2) $H_a(s)=\dfrac{1}{2s^2+3s+1}$

(3) $H_a(s)=\dfrac{16(s+2)}{(s+3)(s^2+2s+5)}$

(4) $H_a(s)=\dfrac{4s^2+10s+8}{(s^2+2s+3)(s+1)}$

试采用脉冲响应不变法和双线性变换法分别将其转换为数字滤波器，设T=2s。

8. 在T=0.5ms 时，利用脉冲响应不变法，通过对一个通带截止频率 f_p 为 2kHz 的模拟低通滤波器进行变换，设计一个 IIR 数字低通滤波器。如果没有混叠，数字滤波器的归一化通带截止频率 ω_p 是什么？如果对于T=0.5ms 使用双线性变换，数字滤波器的归一化通带截止频率 ω_p 是什么？

9. 一个 IIR 低通数字滤波器具有归一化的通带截止频率 $\omega_p=0.3\pi$。如果在T=0.1ms 时，利用脉冲响应不变法来设计数字滤波器，那么原型模拟低通滤波器的通带截止频率是什么？如果在T=0.1ms 时，利用双线性变换法来设计数字滤波器，那么模拟低通原型滤波器的通带截止频率是什么？

10. 设 $h_a(t)$ 表示一模拟滤波器的单位冲激响应，

$$h_a(t)=\begin{cases}e^{-0.9t} & t\geqslant 0\\ 0 & t\geqslant 0\end{cases}$$

用脉冲响应不变法，将此模拟滤波器转换成数字滤波器。用 $h(n)$ 表示单位采样响应，即 $h(n)=h_a(nT)$。确定系统函数 $H(z)$，并把T作为参数。试证明：T为任何值时，数字滤波器是稳定的，并说明数字滤波器近似为低通滤波器还是高通滤波器。

11. 假设某模拟滤波器 $H_a(s)$ 是一个低通滤波器，又知 $H(z)=H_a(s)\Big|_{s=\frac{z+1}{z-1}}$，数字滤波器 $H(z)$ 的通带中心位于下面那种情况？并说明原因。

(1) $\omega=0$ (低通)。

(2) $\omega=\pi$ (高通)。

(3) 除 0 或 π 以外的某一频率(带通)。

12. 图示是由 R、C 组成的模拟滤波器，写出其传输函数 $H_a(s)$，并选用一种合适的转换方法，将 $H_a(s)$ 转换成数字滤波器 $H(z)$，最后画出网络结构图。

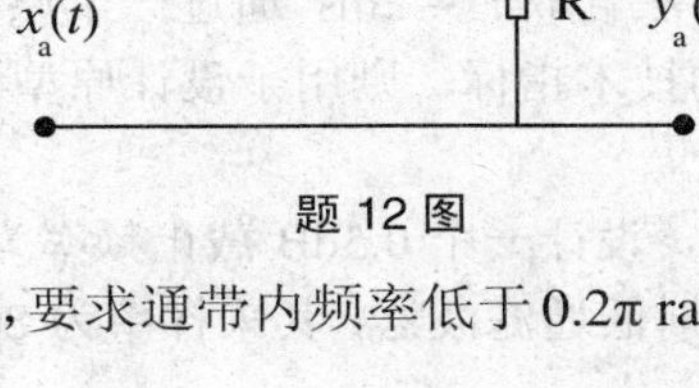

题 12 图

13. 设计低通数字滤波器，要求通带内频率低于 0.2π rad 时，容许幅度误差在 1dB 之内；

频率在 $0.3\pi\sim\pi$ 之间的阻带衰减大于 10dB；试采用巴特沃斯型模拟滤波器进行设计，分别用脉冲响应不变法和双线性变换法进行转换，采用间隔 $T=1\text{ms}$。

14. 设计一个数字高通滤波器，要求通带截止频率 $\omega_p=0.8\pi\,\text{rad}$，通带衰减不大于 3dB，阻带截止频率 $\omega_s=0.5\pi\,\text{rad}$，阻带衰减不小于 18dB，希望采用巴特沃斯型滤波器。

15. 设计一个数字带通滤波器，通带范围为 $0.25\pi\,\text{rad}$ 到 $0.45\pi\,\text{rad}$，通带内最大衰减为 3dB，$0.15\pi\,\text{rad}$ 以下和 $0.55\pi\,\text{rad}$ 以上为阻带，阻带内最小衰减为 15dB，试采用巴特沃斯型模拟低通滤波器设计。

16. 某一离散时间系统的系统函数为

$$H(z)=\frac{2}{1-\mathrm{e}^{-0.2}z^{-1}}-\frac{1}{1-\mathrm{e}^{-0.4}z^{-1}}$$

(1) 假设这个离散时间系统是用取 $T_{\mathrm{d}}=2$ 的脉冲响应不变法来设计的，即 $h[n]=2h_{\mathrm{c}}(2n)$，其中 $h_{\mathrm{c}}(t)$ 为实数。求出一个连续时间滤波器的系统函数 $H_{\mathrm{c}}(s)$，它可以作为设计的基础。你的答案是唯一的吗？如果不是，则求出另一个系统函数 $H_{\mathrm{c}}(s)$。

(2) 假设 $H(z)$ 可用取 $T_{\mathrm{d}}=2$ 的双线性变换法得出。求可以作为设计基础的 $H_{\mathrm{c}}(s)$。答案是唯一的吗？如果不是，则求出另一个系统函数 $H_{\mathrm{c}}(s)$。

17. 说明如何利用混叠来实现感兴趣的频率响应特性。理想因果模拟低通滤波器的脉冲响应 $h_{\mathrm{a}}(t)$ 的频率响应是

$$H_{\mathrm{a}}(\mathrm{j}\Omega)=\begin{cases}1 & |\Omega|<\Omega_{\mathrm{c}}\\ 0 & \text{其他}\end{cases}$$

设 $H_1(\mathrm{e}^{\mathrm{j}\omega})$ 和 $H_2(\mathrm{e}^{\mathrm{j}\omega})$ 是在 $t=nT$ 时通过对 $h_{\mathrm{a}}(t)$ 采样得到的数字滤波器的频率响应，其中，T 分别等于 $3\pi/2\Omega_{\mathrm{c}}$ 和 π/Ω_{c}。再假设传输函数被归一化，以使 $H_1(\mathrm{e}^{\mathrm{j}0})=H_2(\mathrm{e}^{\mathrm{j}0})=1$。

(1) 画出下图中的两个数字滤波器的频率响应 $G_1(\mathrm{e}^{\mathrm{j}\omega})$ 和 $G_2(\mathrm{e}^{\mathrm{j}\omega})$。

(2) $G_1(z)$ 和 $G_2(z)$ 是哪种类型的滤波器(低通、高通等)？

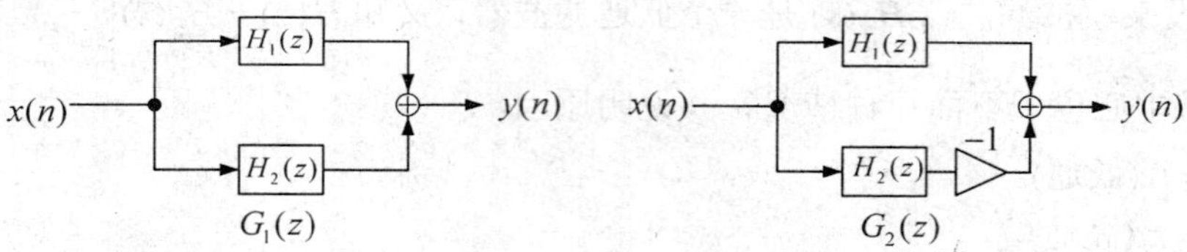

题 17 图

18. 假设要设计一个高通滤波器，满足下列技术指标：

$$-0.04<\left|H(\mathrm{e}^{\mathrm{j}\omega})\right|<0.04,\qquad 0\leqslant|\omega|\leqslant 0.2\pi$$
$$0.995<\left|H(\mathrm{e}^{\mathrm{j}\omega})\right|<1.005,\qquad 0.3\pi\leqslant|\omega|\leqslant\pi$$

该滤波器是利用双线性变换法且取 $T=2\text{ms}$ 通过一个原型连续时间滤波器来设计的。为了保证满足离散时间滤波器的技术指标，则用于设计原型连续时间滤波器的技术指标是什么？

19. 利用双线性变换的方法，设计一个 0.5dB 截止频率为 4kHz，且在 20kHz 处有最小阻带衰减为 45dB 的数字巴特沃斯低通滤波器，其采样率为 80kHz。利用公式求解原型模拟

滤波器的阶数，再利用 MATLAB 的 M 文件 buttap 设计模拟低通原型滤波器。用 M 文件 bilinear 将模拟滤波器传输函数变换成要求的数字传输函数。用 MATLAB 画出其增益和相位相应，并显示设计的全部步骤。

20. 利用冲激响应不变法和双线性变换的方法，分别设计一个通带截止频率为 4kHz、通带波纹为 0.5dB 以及在 20kHz 处有一个最小阻带衰减为 45dB 的数字巴特沃斯低通滤波器，其采样率为 80kHz。原型模拟滤波器的阶数由公式确定，再用 MATLAB 的 M 文件 cheblap 设计模拟低通原型滤波器。用 M 文件 bilinear 将模拟滤波器传输函数变换成所需的数字传输函数。用 MATLAB 画出增益和相位响应，并显示设计的全部步骤。

第 7 章 FIR 数字滤波器设计

教学提示：FIR 数字滤波器的最大特点是可实现严格的线性相位特性，而且无稳定性问题。本章主要分析具有线性相位特性的 FIR 数字滤波器的条件和特点，重点介绍 FIR 数字滤波器的窗函数设计和频率采样设计方法的思想和步骤，并对一些特殊滤波器的设计进行一般性介绍。本章给出了用 MATLAB 进行 FIR 数字滤波器的设计实例。

教学要求：本章的教学应该使学生理解 FIR 数字滤波器的特点和基本设计方法，学会用 MATLAB 进行 FIR 数字滤波器设计。应使学生理解 IIR 和 FIR 数字滤波器的主要区别以及 FIR 数字滤波器的用途。

7.1 引言

尽管 IIR 数字滤波器的设计理论已经非常成熟、经典，但是在 IIR 滤波器的设计过程中，只是对滤波器的幅频特性进行了研究，并获得了良好的幅度频率特性。而对相频特性却没有考虑，所以 IIR 数字滤波器的相位特性通常是非线性的。所以 IIR 数字滤波器适合用于在对系统相位特性要求不严格的场合。由于一个具有线性相位特性的滤波器可以保证在滤波器通带内信号传输不失真，所以在许多领域需要滤波器具有严格的线性相位特性，比如图像处理及数据传输等。但是如果要用 IIR 滤波器实现线性的相位特性，则必须对其相位特性用全通滤波器进行校正，其结果使得滤波器设计变得复杂，实现困难，成本提高。所以要实现具有线性相位的数字滤波器，必须另寻途径。

本章中介绍的 FIR 数字滤波器在一定条件下可以实现理想的线性相位特性。因此如何保证线性相位、如何实现指标要求的线性相位滤波器特性是本章的主要内容。

FIR 滤波器的特点：设 FIR 滤波器的单位脉冲响应 $h(n)$ 长度为 N，其系统函数为

$$H(z)=\sum_{n=0}^{N-1}h(n)z^{-n}$$

可见 $H(z)$ 为 z^{-1} 的 $N-1$ 阶多项式，它在 z 平面上有 $N-1$ 个零点并在原点 $z=0$ 处有 $N-1$ 重极点。故 $H(z)$ 永远为稳定系统。所以 FIR 滤波器有如下特点：

(1) 给 $h(n)$ 附加一定条件就可实现严格的线性相位特性；

(2) FIR 滤波器的稳定性，在设计过程中不必考虑系统的稳定性问题；

(3) 由于 $h(n)$ 为有限长，便于采用 FFT 进行系统运算，运算效率高；

(4) FIR 滤波器的阶数由 $h(n)$ 的长度决定，所以一个具有良好的幅频特性的 FIR 滤波器的阶数往往都比较高。

FIR 滤波器的设计方法：使用 FIR 滤波器可以实现严格的线性相位特性，但其幅频特性的设计方法与 IIR 滤波器完全不同。FIR 滤波器的主要设计方法有：窗函数法、频率采样法、切比雪夫等波纹逼近法等。FIR 滤波器的设计思想是：在保证线性相位条件的前提下，

选择合适的 $h(n)$ 长度 N，使其传输函数 $H(\mathrm{e}^{\mathrm{j}\omega})$ 满足技术指标要求。

MATLAB 信号处理工具箱为 FIR 滤波器的设计提供了丰富的函数。在对设计理论进行完整的了解后，本章将对相应的函数和使用进行介绍。

7.2　线性相位数字滤波器的条件与特点

如果一个 FIR 滤波器具有线性相位特性，它的单位脉冲响应 $h(n)$ 应具有一定特征，下面对其进行分析。

7.2.1　线性相位条件

设 FIR 单位脉冲响应 $h(n)$ 长度为 N，其传输函数为

$$H(\mathrm{e}^{\mathrm{j}\omega}) = \sum_{n=0}^{N-1} h(n)\mathrm{e}^{-\mathrm{j}\omega n} \tag{7-1}$$

或表示为

$$H(\mathrm{e}^{\mathrm{j}\omega}) = H_g(\omega)\mathrm{e}^{\mathrm{j}\theta(\omega)} \tag{7-2}$$

式中，$H_g(\omega)$ 称为幅度特性；$\theta(\omega)$ 称为相位特性。$H_g(\omega)$ 为 ω 的实函数，可能取负值，这一点与 $\left|H(\mathrm{e}^{\mathrm{j}\omega})\right|$ 不同，$\left|H(\mathrm{e}^{\mathrm{j}\omega})\right|$ 只能取正值。具有线性相位的 $H(\mathrm{e}^{\mathrm{j}\omega})$ 是指 $\theta(\omega)$ 是 ω 的线性函数，即

$$\theta(\omega) = -\tau\omega\text{，}\ \tau \text{ 为常数} \tag{7-3}$$

如果 $\theta(\omega)$ 满足式(7-4)：

$$\theta(\omega) = \theta_0 - \tau\omega\text{，}\ \theta_0 \text{ 是起始相位} \tag{7-4}$$

严格地说，此时 $\theta(\omega)$ 不具有线性相位，但以上两种情况都满足群延时是一个常数，即

$$\frac{\mathrm{d}\theta(\omega)}{\mathrm{d}\omega} = -\tau$$

也称这种情况为线性相位。一般称满足式(7-3)是第一类线性相位；满足式(7-4)为第二类线性相位。对这两种情况的线性相位条件分析如下：

1. 第一类线性相位条件

将式(7-1)用欧拉公式展开得

$$H(\mathrm{e}^{\mathrm{j}\omega}) = \sum_{n=0}^{N-1} h(n)\cos(\omega n) - \mathrm{j}\sum_{n=0}^{N-1} h(n)\sin(\omega n)$$

如果 $h(n)$ 为实序列，则可得其相频特性如下：

$$\theta(\omega) = \arctan\frac{-\sum\limits_{n=0}^{N-1} h(n)\sin(\omega n)}{\sum\limits_{n=0}^{N-1} h(n)\cos(\omega n)} = -\tau\omega\text{，满足线性相位条件}$$

由上式可得　$$\tan(\omega\tau) = \frac{\sin(\omega\tau)}{\cos(\omega\tau)} = \frac{\sum\limits_{n=0}^{N-1} h(n)\sin(\omega n)}{\sum\limits_{n=0}^{N-1} h(n)\cos(\omega n)}$$

所以 $\sum_{n=0}^{N-1} h(n)\sin(\omega\tau)\cos(\omega n)-\sum_{n=0}^{N-1} h(n)\cos(\omega\tau)\sin(\omega n)=0$ 即

$$\sum_{n=0}^{N-1} h(n)\sin\left[(\tau-n)\omega\right]=0 \tag{7-5}$$

式中，$\sin\left[(\tau-n)\omega\right]$关于$n=\tau$点为奇对称。在$0\sim N-1$区间内，选择序列中点为$\tau$，即$\tau=\dfrac{N-1}{2}$。这样$\sin\left[(\tau-n)\omega\right]$关于$\tau=\dfrac{N-1}{2}$为奇对称，要保证和式为零，$h(n)$必须关于$\tau=\dfrac{N-1}{2}$点偶对称。也就是说应满足

$$h(n)=h(N-1-n) \qquad 0\leqslant n\leqslant N-1 \tag{7-6}$$

$$\tau=\frac{N-1}{2} \tag{7-7}$$

$$\theta(\omega)=-\frac{N-1}{2}\omega \tag{7-8}$$

式(7-6)为 FIR 滤波器具有线性相位的充要条件。也就是说，第一类线性相位 FIR 滤波器要求$h(n)$必须关于$n=\dfrac{N-1}{2}$处为偶对称，此时信号通过滤波器所产生的延时$\tau=\dfrac{N-1}{2}$个采样周期。 其相频特性如图 7.1 所示。

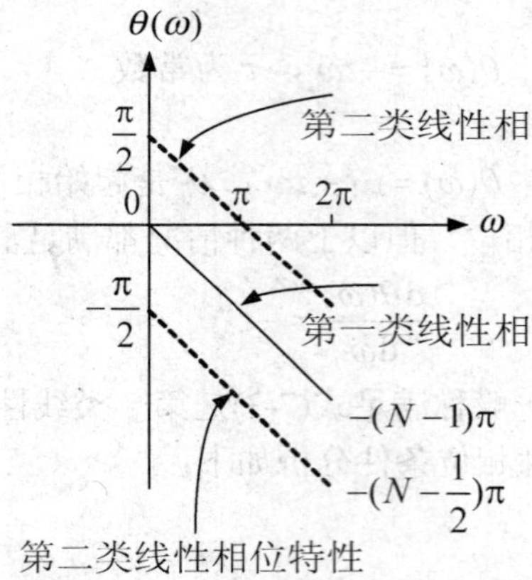

图 7.1　两类线性相位特性

2. 第二类线性相位条件

在作如上类似推导后，可得在第二类线性相位情况下必须要求

$$\sum_{n=0}^{N-1} h(n)\sin\left[(\tau-n)\omega-\theta_0\right]=0 \tag{7-9}$$

要使式(7-9)成立，应满足下列关系：

$$h(n)=-h(N-1-n) \qquad 0\leqslant n\leqslant N-1 \tag{7-10}$$

$$\tau=\frac{N-1}{2} \tag{7-11}$$

$$\theta(\omega)=\pm\frac{\pi}{2}-\frac{N-1}{2}\omega \tag{7-12}$$

$$\theta_0 = \pm\frac{\pi}{2} \tag{7-13}$$

式(7-10)为第二类线性相位的充要条件。也就是说，第二类线性相位 FIR 滤波器要求 $h(n)$ 必须关于 $n=\frac{N-1}{2}$ 处为奇对称，此时信号通过滤波器所产生的延时同样为 $\tau=\frac{N-1}{2}$ 个采样周期。与第一类线性相位条件的区别是，它除了产生相位外，还有 $\pm\frac{\pi}{2}$ 的固定相移。其相频特性如图(7.1)所示。

由于 $h(n)$ 长度有奇、偶之分，对称性也有奇、偶两种，所以 $h(n)$ 的对称性具有四种情况，如图 7.2 和图 7.3 所示。

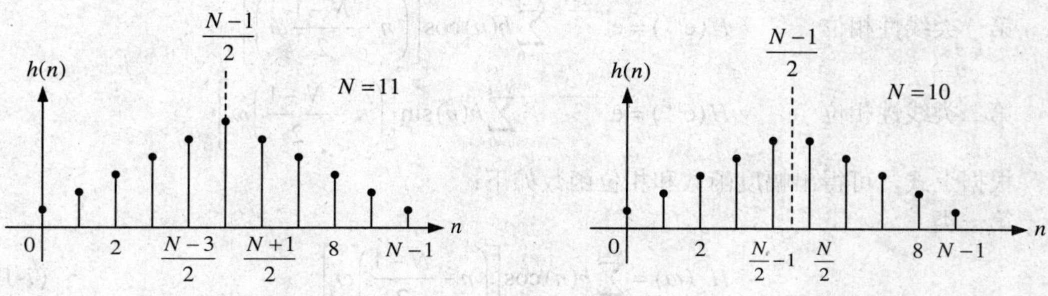

(a) N 为奇数　　　(b) N 为偶数

图 7.2　$h(n)$ 为偶对称

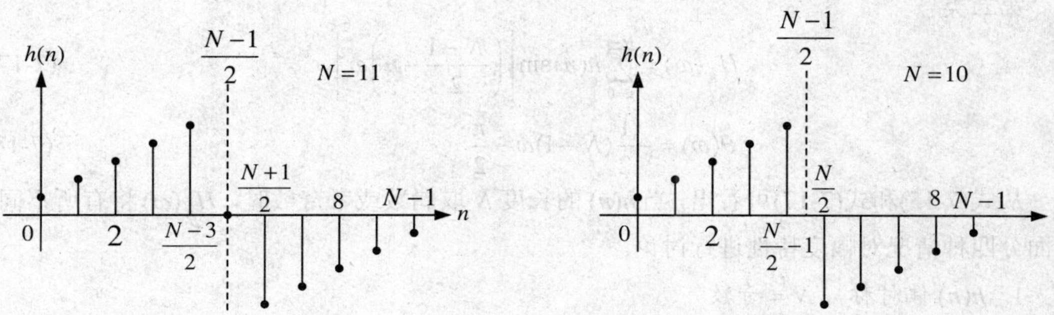

(a) N 为奇数　　　(b) N 为偶数

图 7.3　$h(n)$ 为奇对称

7.2.2　幅度特性分析

两类线性相位条件可写为　　$h(n)=\pm h(N-n-1)$

其系统函数为　　$H(z)=\sum_{n=0}^{N-1}h(n)z^{-n}$

将线性相位条件代入

$$H(z)=\sum_{n=0}^{N-1}\pm h(N-n-1)z^{-n}$$

令 $m=N-n-1$，则有

$$H(z)=\pm\sum_{m=0}^{N-1}h(m)z^{-(N-m-1)}=\pm z^{-(N-1)}\sum_{m=0}^{N-1}h(m)z^{m}$$

上式可写为

$$H(z)=\pm z^{-(N-1)}H(z^{-1}) \tag{7-14}$$

根据式(7-14) $H(z)$ 可表示为

$$H(z)=\frac{1}{2}\left[H(z)\pm z^{-(N-1)}H(z^{-1})\right]=\frac{1}{2}\sum_{n=0}^{N-1}h(n)\left[z^{-n}\pm z^{-(N-1)}z^{n}\right]$$

$$=z^{-\left(\frac{N-1}{2}\right)}\sum_{n=0}^{N-1}h(n)\left[\frac{1}{2}[z^{-\left(n-\frac{N-1}{2}\right)}\pm z^{n-\frac{N-1}{2}}]\right]$$

将 $z=\mathrm{e}^{\mathrm{j}\omega}$ 代入上式可求出传输函数 $H(\mathrm{e}^{\mathrm{j}\omega})$

第一类线性相位　　$H(\mathrm{e}^{\mathrm{j}\omega})=\mathrm{e}^{-\mathrm{j}\frac{N-1}{2}\omega}\sum_{n=0}^{N-1}h(n)\cos\left[\left(n-\frac{N-1}{2}\omega\right)\right]$

第二类线性相位　　$H(\mathrm{e}^{\mathrm{j}\omega})=\mathrm{e}^{-\mathrm{j}\frac{N-1}{2}\omega-\mathrm{j}\frac{\pi}{2}}\sum_{n=0}^{N-1}h(n)\sin\left[\left(n-\frac{N-1}{2}\right)\omega\right]$

根据上式，可得出幅度函数和相位函数如下：

第一类

$$H_g(\omega)=\sum_{n=0}^{N-1}h(n)\cos\left[\left(n-\frac{N-1}{2}\right)\omega\right] \tag{7-15}$$

$$\theta(\omega)=-\frac{1}{2}(N-1)\omega \tag{7-16}$$

第二类

$$H_g(\omega)=\sum_{n=0}^{N-1}h(n)\sin\left[\left(\frac{N-1}{2}-n\right)\omega\right] \tag{7-17}$$

$$\theta(\omega)=-\frac{1}{2}(N-1)\omega-\frac{\pi}{2} \tag{7-18}$$

从式(7-15)和式(7-17)可看出，当 $h(n)$ 的长度 N 取偶数或者奇数时，$H_g(\omega)$ 将有所不同。下面分四种情况对幅度特性进行讨论。

1．$h(n)$ 偶对称，$N=$ 奇数

这是第一类线性相位　$H_g(\omega)=\sum_{n=0}^{N-1}h(n)\cos\left[\left(n-\frac{N-1}{2}\right)\omega\right]$

式中，$h(n)$ 和余弦项都关于 $(N-1)/2$ 为偶对称，把序列中心两边相等的项进行合并，由于 N 为奇数，中间项 $n=(N-1)/2$ 为独立项，见图 7.2。所以幅度函数可表示为

$$H_g(\omega)=h\left(\frac{N-1}{2}\right)+\sum_{n=0}^{(N-3)/2}2h(n)\cos\left[\left(n-\frac{N-1}{2}\right)\omega\right]$$

令 $m=\frac{N-1}{2}-n$，则有

$$H_g(\omega)=h\left(\frac{N-1}{2}\right)+\sum_{m=1}^{(N-1)/2}2h\left(\frac{N-1}{2}-m\right)\cos m\omega$$

可写成

$$H_g(\omega)=\sum_{n=0}^{(N-1)/2}a(n)\cos n\omega \tag{7-19}$$

式中

$$\begin{cases}a(0)=h\left(\dfrac{N-1}{2}\right)\\ a(n)=2h\left(\dfrac{N-1}{2}-n\right),\end{cases}\quad n=1,2,\cdots,\frac{N-1}{2} \tag{7-20}$$

式(7-19)中，由于 $\cos n\omega$ 项对 $\omega=0,\pi,2\pi$ 偶对称，所以 $H_g(\omega)$ 也关于 $\omega=0,\pi,2\pi$ 偶对称，即

$$H_g(\omega)=H_g(2\pi-\omega)$$

这种情况可实现低通、高通、带通、带阻等各种滤波器。

2. $h(n)$ 偶对称，$N=$偶数

与情况 1 不同，由于 $N=$偶数，$H_g(\omega)$ 中没有单独项，把相等项进行合并成 $N/2$ 项。参考图 7.2

$$H_g(\omega)=\sum_{n=0}^{N-1}h(n)\cos\left[\left(n-\frac{N-1}{2}\right)\omega\right]$$

$$=\sum_{n=0}^{N/2}2h(n)\cos\left[\left(\frac{N-1}{2}-n\right)\omega\right]$$

令 $m=N/2-n$，则有

$$H_g(\omega)=\sum_{m=1}^{N/2}2h\left(\frac{N}{2}-m\right)\cos\left[\left(m-\frac{1}{2}\right)\omega\right]$$

可写成

$$H_g(\omega)=\sum_{n=1}^{N/2}b(n)\cos\left[\left(n-\frac{1}{2}\right)\omega\right] \tag{7-21}$$

式中，

$$b(n)=2h\left(\frac{N}{2}-n\right),\quad n=1,2,\cdots,\frac{N}{2} \tag{7-22}$$

式(7-21)中，当 $\omega=\pi$ 时，$\cos\left[\left(n-\dfrac{1}{2}\right)\omega\right]=0$，且关于 $\omega=\pi$ 为奇对称，即

$$H_g(\omega)=-H_g(2\pi-\omega)$$

$$H_g(\pi)=0$$

这种情况只适合实现低通、带通，不能用于高通、带阻和点阻滤波器。

3. $h(n)$ 奇对称，$N=$奇数

这是第二种线性相位，$H_g(\omega)=\sum_{n=0}^{N-1}h(n)\sin\left[\left(\dfrac{N-1}{2}-n\right)\omega\right]$

由于 $h(n)=-h(N-n-1)$，当 $N=(N-1)/2$ 时

$$h\left(\frac{N-1}{2}\right)=-h\left(\frac{N-1}{2}\right)=0$$

所以 $h(n)$ 奇对称时，中间项为零。$H_g(\omega)$ 中正弦项也关于 $(N-1)/2$ 奇对称，所以 $\sum$ 中的第 n 项和第 $(N-n-1)$ 项相等，合并中点两边的项，参考图 7.3，可得 $(N-1)/2$ 项。即

$$H_g(\omega)=\sum_{n=0}^{(N-3)/2}2h(n)\sin\left[\left(\frac{N-1}{2}-n\right)\omega\right]$$

令 $m=(N-1)/2-n$，则有

$$H_g(\omega)=\sum_{m=1}^{(N-1)/2}2h\left(\frac{N-1}{2}-m\right)\sin m\omega$$

可写成
$$H_g(\omega)=\sum_{n=1}^{(N-1)/2}c(n)\sin n\omega \tag{7-23}$$

式中，
$$c(n)=2h\left(\frac{N-1}{2}-n\right),\qquad n=1,2\cdots\frac{N-1}{2} \tag{7-24}$$

式(7-23)在 $\omega=0,\pi,2\pi$ 时，正弦项为零，所以 $H_g(0)=H_g(\pi)=H_g(2\pi)=0$，且 $H_g(\omega)$ 关于 $\omega=0,\pi,2\pi$ 点呈奇对称形式，即

$$H_g(\omega)=-H_g(2\pi-\omega)\text{。}$$

这种情况只适合实现带通滤波器，其他类型均不适用。

4. $h(n)$ 奇对称，$N=$ 偶数

与情况 3 类似并参考图 7.3，$H_g(\omega)=\sum_{n=0}^{N-1}h(n)\sin\left[\left(\frac{N-1}{2}-n\right)\omega\right]$

$$=\sum_{n=0}^{N/2-1}2h(n)\sin\left[\left(\frac{N-1}{2}-n\right)\omega\right]$$

令 $m=N/2-n$，则有

$$H_g(\omega)=\sum_{m=1}^{N/2}2h\left(\frac{N}{2}-m\right)\sin\left[\left(m-\frac{1}{2}\right)\omega\right]$$

可写成

$$H_g(\omega)=\sum_{n=1}^{N/2}d(n)\sin\left[\left(n-\frac{1}{2}\right)\omega\right] \tag{7-25}$$

式中

$$d(n)=2h\left(\frac{N}{2}-n\right),\qquad n=1,2,\cdots,\frac{N}{2} \tag{7-26}$$

式(7-25)中，正弦项在 $\omega=0,2\pi$ 处为零，所以有 $H_g(0)=H_g(2\pi)=0$。而且 $H_g(\omega)$ 关于 $\omega=0,2\pi$ 奇对称，并关于 $\omega=\pi$ 点呈偶对称，即 $H_g(\omega)=H(2\pi-\omega)$。这种情况适合实现高通或带通滤波器，不能用于低通滤波器的设计。

上面分析了四种情况下的线性 FIR 滤波器的幅度特性，其结果汇总于表 7-1 所示。由于滤波器的幅度特性与 $h(n)$ 的奇、偶性关系密切，在进行滤波器设计时，必须首先确定 $h(n)$ 的对称形式和 $h(n)$ 长度的奇偶性。否则可能无法设计出所需的滤波器。比如要设计高通滤波器，只能选情况 1 和情况 4，设计低通滤波器则只能选情况 1 和情况 2。

表 7-1　线性相位 FIR 滤波器幅度特性与相位特性一览表

	相位响应	单位脉冲响应	幅度特性
偶对称单位脉冲响应 $h(n)=h(N-1-n)$			
情况 1	相位响应 $\theta(\omega)=-\omega\left(\frac{N-1}{2}\right)$ 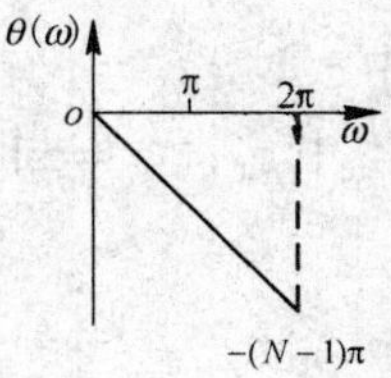	N 为奇数 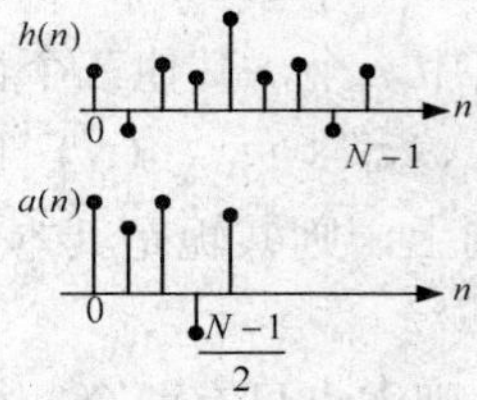	$H_g(\omega)=\sum_{n=0}^{(N-1)/2}a(n)\cos n\omega$ 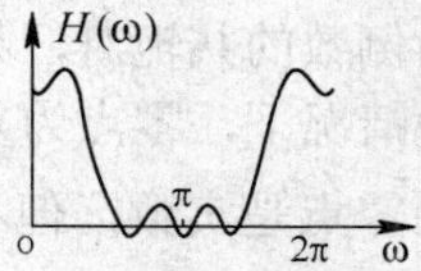
情况 2		N 为偶数 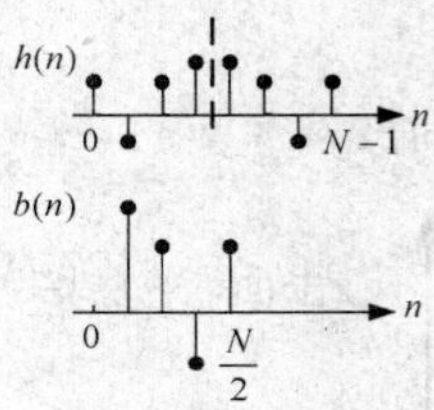	$H_g(\omega)=\sum_{n=1}^{N/2}b(n)\cos\left[\left(n-\frac{1}{2}\right)\omega\right]$ 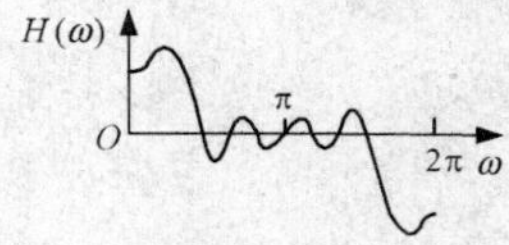
奇对称单位脉冲响应 $h(n)=-h(N-1-n)$			
情况 3	相位响应 $\theta(\omega)=-\omega\left(\frac{N-1}{2}\right)+\frac{\pi}{2}$ 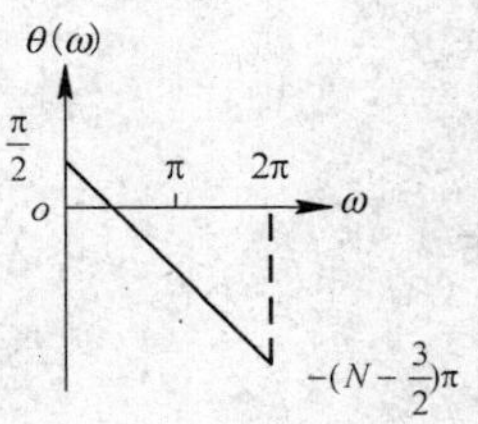	N 为奇数 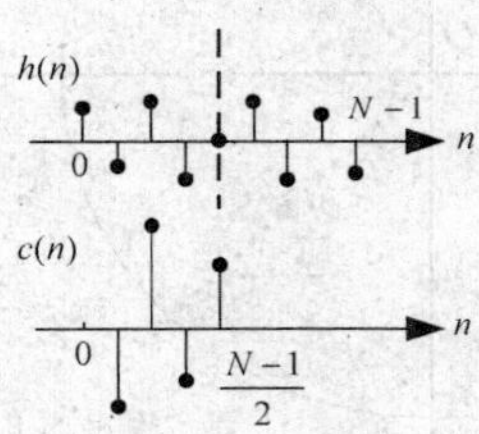	$H_g(\omega)=\sum_{n=1}^{(N-1)/2}c(n)\sin(n\omega)$ 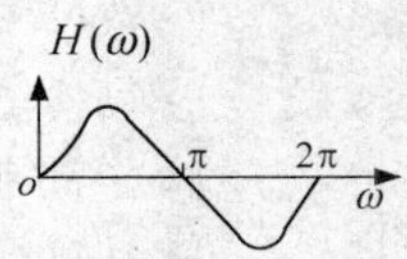
情况 4		N 为偶数 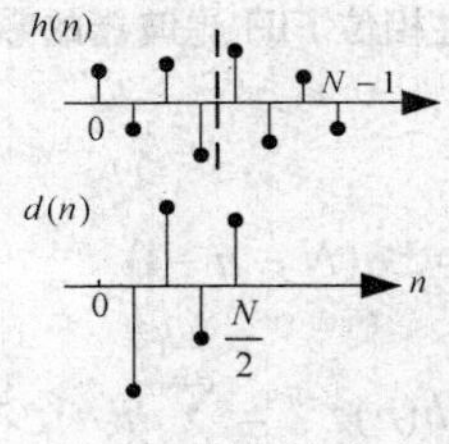	$H_g(\omega)=\sum_{n=1}^{N/2}d(n)\sin\left[\omega\left(n-\frac{1}{2}\right)\right]$ 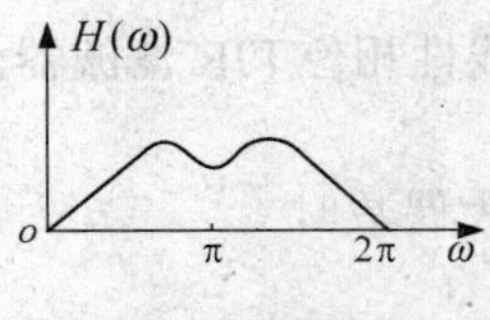

7.2.3　零点分布特点

根据 FIR 滤波器的系统函数可知，在 $z=0$ 点有 $N-1$ 个极点，还有 $N-1$ 个零点，其系统特性完全由这些零点分布确定。由于线性相位滤波器 $h(n)$ 的对称性，$H(z)$ 在 z 平面上的零点分布也具有其特点。

由式(7-14)可知线性相位 FIR 滤波器的 $H(z)$ 满足关系：

$$H(z) = \pm z^{-(N-1)} H(z^{-1}) \tag{7-27}$$

从式 7-27 看出线性相位 FIR 滤波器的系统函数的零点分布具有如下特点：如果 $z = z_i$ 是 $H(z)$ 的零点，其倒数 z_i^{-1} 也必然是其零点；因为 $h(n)$ 是实序列，故 $H(z)$ 的零点也必定共轭成对，所以 z_i^* 和 $(z_i^{-1})^*$ 也是其零点。因此，线性相位 FIR 滤波器零点分布的特点是零点必须是互为倒数的共轭对，只要知道其中一个，其他三个也就确定了。

一般情况下，零点为复数，则 z_1、z_1^{-1}、z_1^*、$(z_1^*)^{-1}$ 同时出现，如图 7.4 所示。

如果零点是实数，但不在单位圆上，则共轭是其本身，所以只有两个零点。如图 7.4 中的 z_2、z_2^{-1}。

如果零点为复数且在单位圆上，则零点只有两个，如图 7.4 中 z_3、z_3^*。

如果零点为实数，且在单位圆上，则零点只有一个，如图 7.4 中 z_4；$z_i = \pm 1$ 时均为单零点。

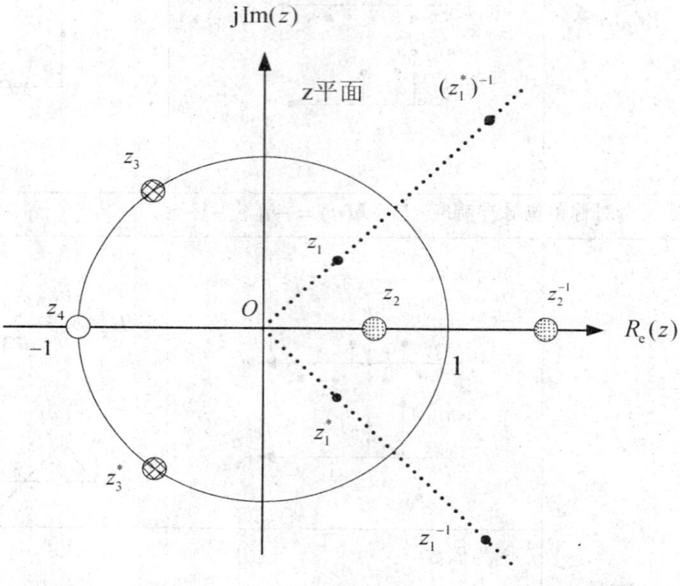

图 7.4　线性相位 FIR 滤波器的零点分布

7.2.4　线性相位网络结构

线性相位 FIR 滤波器满足　$h(n) = \pm h(N-n-1)$

当 N 为偶数时

$$H(z) = \sum_{n=0}^{N-1} h(n) z^{-n} = \sum_{n=0}^{\frac{N}{2}-1} h(n) z^{-n} + \sum_{n=\frac{N}{2}}^{N-1} h(n) z^{-n}$$

令 $m = N-n-1$，则有

$$H(z) = \sum_{n=0}^{\frac{N}{2}-1} h(n) z^{-n} + \sum_{m=0}^{\frac{N}{2}-1} h(N-m-1) z^{-(N-m-1)}$$

代入线性相位条件
$$H(z)=\sum_{n=0}^{\frac{N}{2}-1}h(n)[z^{-n}\pm z^{-(N-n-1)}] \tag{7-28}$$

当 N 为奇数时
$$H(z)=\sum_{n=0}^{\left(\frac{N-1}{2}\right)-1}h(n)[z^{-n}\pm z^{-(N-n-1)}]+h\left(\frac{N-1}{2}\right)z^{-\frac{N-1}{2}} \tag{7-29}$$

式中，取“+”时为第一类线性相位特性，取“−”时为第二类线性相位特性。

根据式(7-28)和式(7-29)式可画出各种情况时的线性相位网络结构如图 7.5 和图 7.6 所示。和 FIR 直接型网络结构相比，线性相位网络结构具有较高的运算效率。直接型中 $h(n)$ 长度为 N 时，需要 N 个乘法器，但对线性相位滤波器，N 为偶数需要 $N/2$ 个乘法器。当 N 为奇数时，需要 $(N+1)/2$ 个乘法器。乘法器减少几乎一半。

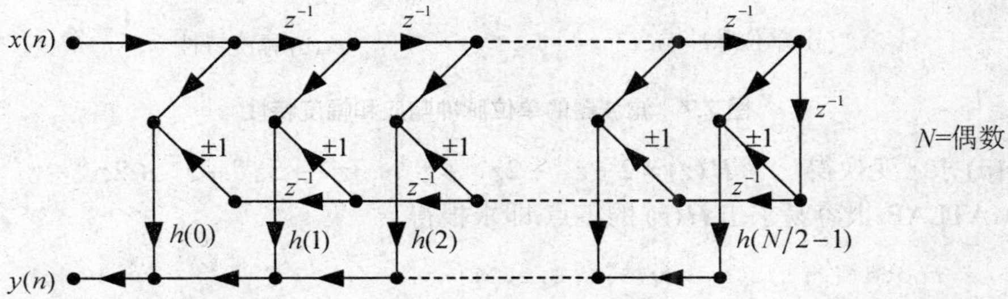

图 7.5　$N=$偶数时线性相位网络结构(第二类线性相位取“−1”)

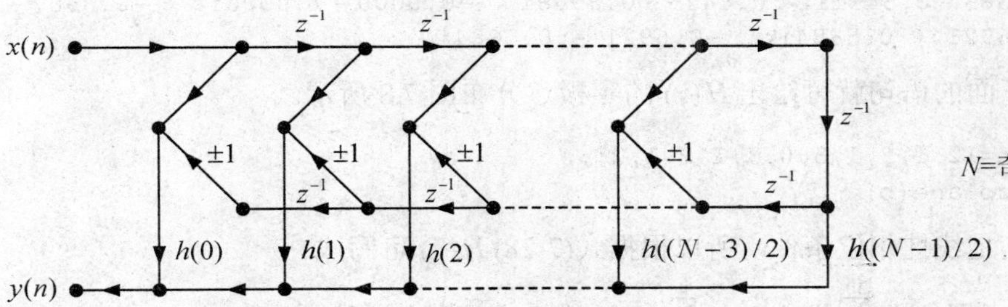

图 7.6　$N=$奇数时线性相位网络结构(第二类线性相位取“−1”)

在第 5 章已经讨论过，FIR 也称为全零点滤波器，这种具有对称性的滤波器不能用全零点格型网络实现。一个 FIR 滤波器的计算实例如下。

【例 7.1】 已知 FIR 滤波器的单位脉冲如下：

$$h(0)=-h(10)=2,\quad h(1)=-h(9)=1,\quad h(2)=-h(8)=2$$
$$h(3)=-h(7)=1,\quad h(4)=-h(6)=3,\quad h(5)=0$$

(1) 画出滤波器的幅度特性和零极点分布；(2) 画出该滤波器的线性相位结构。

解　根据已知条件可知 $N=11$，且 $h(n)=-h(N-1-n)$

根据表 7-1，该滤波器属第三种情况，第二类线性相位，N 为奇数，$\dfrac{N-1}{2}=5$

由式(7-24)可求得 $c(1)=2h(5-1)=6$，$c(2)=2h(5-2)=2$，$c(3)=2h(5-3)=4$

$$c(4)=2h(5-4)=2,\quad c(5)=2h(5-5)=4$$

其幅度特性可按式(7-23)求得

$$H_g(\omega)=c(1)\sin\omega+c(2)\sin 2\omega+c(3)\sin 3\omega+c(4)\sin 4\omega+c(5)\sin 5\omega$$
$$=6\sin\omega+2\sin 2\omega+4\sin 3\omega+2\sin 4\omega+4\sin 5\omega$$

画出频率特性如下：

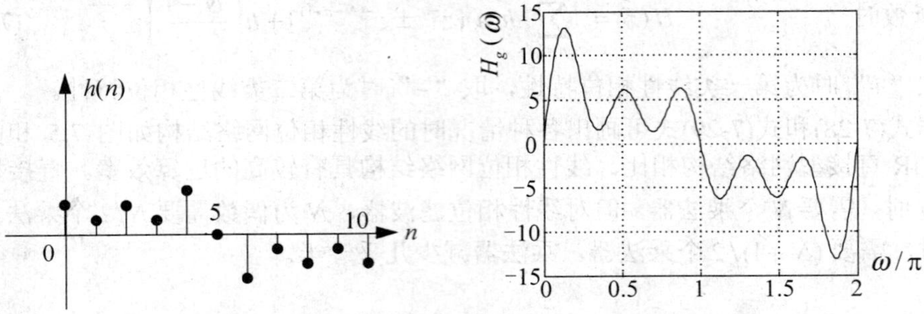

(a) 单位脉冲响应　　(b) 幅度特性

图 7.7　滤波器的单位脉冲响应和幅度特性

对 $h(n)$ 求 z 变换得　　$H(z)=2+z^{-1}+2z^{-2}+z^{-3}+3z^{-4}+3z^{-6}+z^{-7}+2z^{-8}+z^{-9}+2z^{-10}$

用 MATLAB 很容易求出 $H(z)$ 的零点,即求根得

```
>> z=roots([2,1,2,1,3,0,3,1,2,1,2])
z  =  0.8383 + 0.5451i,   0.4425 + 0.8968i,  -0.0000 + 1.0000i,   -0.8387
+ 0.7131i
0.8383 - 0.5451i,  0.4425 - 0.8968i , -0.0000 - 1.0000i,   -0.8387 - 0.7131i
-0.6921 + 0.5884i,   -0.6921 - 0.5884i
```

执行下面的语句就可绘出 $H(z)$ 的零极点分布图 7.8 所示。

```
>> b=[2,1,2,1,3,0,3,1,2,1,2];
>> zplane(b)
```

由于满足线性相位条件，所以根据式(7-28) $H(z)$ 可写成：

$$H(z)=\sum_{n=0}^{10}h(n)z^{-n}=\sum_{n=0}^{4}h(n)[z^{-n}\pm z^{-(10-n)}]+h(5)z^{-5}$$
$$=2[1-z^{-10}]+[z^{-1}-z^{-9}]+2[z^{-2}-z^{-8}]+[z^{-3}-z^{-7}]+3[z^{-4}-z^{-6}]$$

画出线性相位网络结构图 7.9。

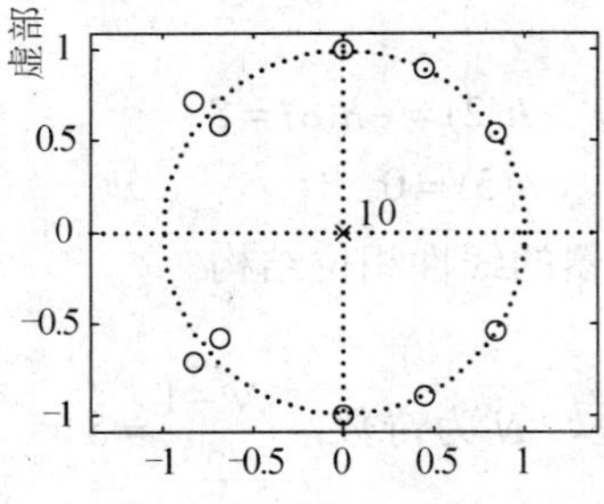

图 7.8　例 7.1 零极点分布图

(原点处为十阶极点)

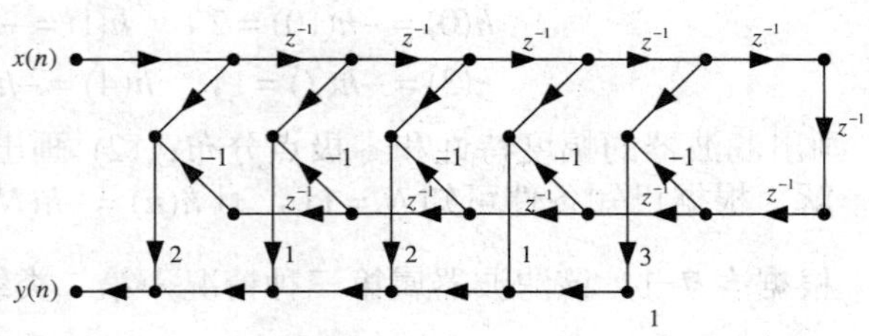

图 7.9　例 7.1 线性相位结构图

从幅度特性可以看出，该滤波器在 $H_g(0)=H_g(\pi)=0$ 为带通滤波器，零极点分布也验证了 7.2.3 节的分析。

7.3 窗函数设计法

通过第 6 章可知 IIR 数字滤波器的设计的主要方法是先设计一个模拟低通滤波器，然后把它转换成形式的数字滤波器。但是对于 FIR 滤波器来说，设计方法的关键要求之一就是保证线性相位条件。而 IIR 滤波器的设计方法中只对幅度特性进行了设计故无法保证这一点。所以，FIR 滤波器的设计需要采用完全不同的方法。FIR 滤波器的设计方法主要有窗函数法、频率采样法、切比雪夫逼近法等。下面分别予以介绍。

7.3.1 基本思想

通常希望所设计的滤波器具有理想的幅频和相频特性，如图 7.10 所示为一个理想的低通频率特性。其频率特性可表示如下

$$H_d(e^{j\omega})=\sum_{n=-\infty}^{+\infty}h_d(n)e^{-j\omega n}=\begin{cases}e^{-j\alpha\omega} & |\omega|\leqslant\omega_c\\ 0 & \omega_c<|\omega|\leqslant\pi\end{cases} \tag{7-30}$$

对应的单位脉冲响应为

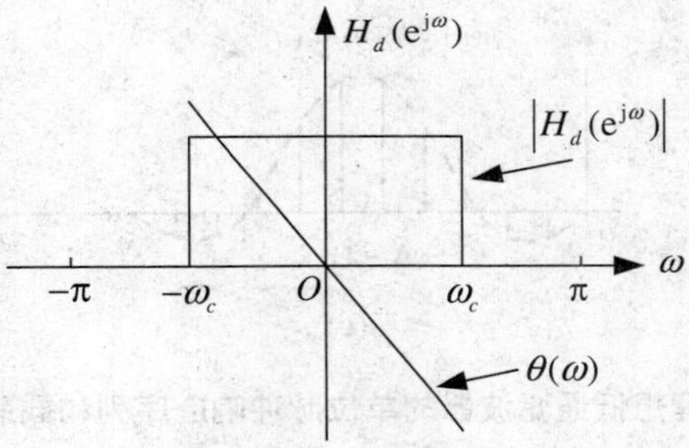

图 7.10 理想滤波器频率特性

$$\begin{aligned}h_d(n)&=\frac{1}{2\pi}\int_{-\pi}^{\pi}H(e^{j\omega})e^{j\omega n}d\omega\\&=\frac{1}{2\pi}\int_{-\omega_c}^{\omega_c}e^{-j\alpha\omega}e^{j\omega n}d\omega=\frac{\sin[\omega_c(n-\alpha)]}{\pi(n-\alpha)}\end{aligned} \tag{7-31}$$

式中，
$$\alpha=\frac{1}{2}(N-1)$$

由于理想滤波器在边界频率处不连续，故其时域信号 $h_d(n)$ 一定是无限时宽的，也是非因果的序列，见图 7.11(a)。所以理想低通滤波器是无法实现的。如果要实现一个具有理想线性相位特性的滤波器，其幅频特性只能采取逼近理想幅频特性的方法实现。如果把 $h_d(n)$ 进行截取，并保证截取过程中序列保持对称，而且截取长度为 N，则对称点为 $\alpha=\frac{1}{2}(N-1)$。若截取后序列为 $h(n)$，则 $h(n)$ 可用下式表示并如图 7.11 所示。

$$h(n) = h_d(n)w(n) \tag{7-32}$$

式中，$w(n)$ 为截取函数，又称窗函数。从截取的原理看出序列 $h(n)$ 可以认为是从一个矩形窗口看到的一部分 $h_d(n)$。如果窗函数为矩形序列 $R_N(n)$ 则称为矩形窗。窗函数有多种形式，为保证加窗后系统的线性相位特性，必须保证加窗后的序列关于 $\alpha = \frac{1}{2}(N-1)$ 点对称。

如图 7.11 所示理想滤波器单位脉冲响应 $h_d(n)$ 经过矩形窗函数截取后变为 $h(n)$ 所以，

$$h(n) = \begin{cases} h_d(n) & 0 \leqslant n \leqslant N-1 \\ 0 & \text{其他} \end{cases} \tag{7-33}$$

截取后的结果见图 7.11(c)。

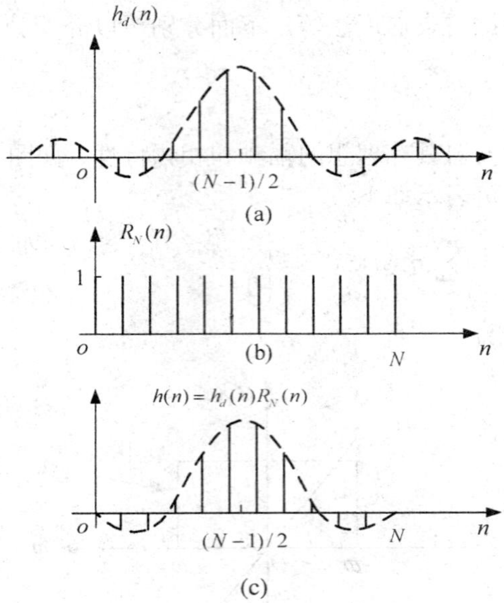

图 7.11 理想低通滤波器的单位脉冲响应序列和截取后的序列

用一个长度为 N 的序列 $h(n)$ 替代 $h_d(n)$ 作为实际设计的滤波器的的单位脉冲响应，其系统函数为

$$H(z) = \sum_{n=0}^{N-1} h(n) z^{-n}$$

这种设计思想称为窗函数设计法。显然在保证 $h(n)$ 对称性的前提下，窗函数长度 N 越长，则 $h(n)$ 越接近 $h_d(n)$。但是误差是肯定存在的，这种误差称为截断误差。

通常 $H_d(e^{j\omega})$ 为周期为 2π 的函数，所以它的傅里叶级数形式为

$$H_d(e^{j\omega}) = \sum_{n=-\infty}^{\infty} h_d(n) e^{-j\omega n}$$

由于加窗后无限长的 $h_d(n)$ 变为有限长的 $h(n)$，所以 $H(e^{j\omega})$ 仅仅是 $H_d(e^{j\omega})$ 的有限项傅里叶级数，两者必然产生误差，误差的最大点一定发生在不连续的边界频率点上。显然，傅里叶级数项越多，$H(e^{j\omega})$ 和 $H_d(e^{j\omega})$ 的误差就越小。但是长度越长，滤波器就越复杂，实现成本也就越大。所以应尽可能的用最小的 $h(n)$ 长度设计满足技术指标要求的 FIR 滤波器。

要确定如何设计一个 FIR 滤波器，首先得对加窗后的理想滤波器的特性变化进行分析，并研究减少由截断引起的误差的途径，从而提出 FIR 滤波器的设计步骤。

以矩形窗函数为例，加窗后滤波器频率特性分析如下：

由于

$$h(n)=h_d(n)R_N(n)$$

若用 $H_d(\mathrm{e}^{\mathrm{j}\omega})$ 和 $R_N(\mathrm{e}^{\mathrm{j}\omega})$ 分别表示 $h_d(n)$ 和 $h_N(n)$ 的傅里叶变换，则

$$H(\mathrm{e}^{\mathrm{j}\omega})=\frac{1}{2\pi}H_d(\mathrm{e}^{\mathrm{j}\omega})*R_N(\mathrm{e}^{\mathrm{j}\omega})=\frac{1}{2\pi}\int_{-\pi}^{\pi}H_d(\mathrm{e}^{\mathrm{j}\theta})R_N(\mathrm{e}^{\mathrm{j}(\omega-\theta)})\mathrm{d}\theta \tag{7-34}$$

$$R_N(\mathrm{e}^{\mathrm{j}\omega})=\sum_{n=0}^{N-1}R_N(n)\mathrm{e}^{-\mathrm{j}\omega n}=\sum_{n=0}^{N-1}\mathrm{e}^{-\mathrm{j}\omega n}=\mathrm{e}^{-\mathrm{j}\frac{(N-1)}{2}\omega}\frac{\sin(\omega N/2)}{\sin(\omega/2)}=R_N(\omega)\mathrm{e}^{-\mathrm{j}\alpha\omega}$$

式中

$$R_N(\omega)=\frac{\sin(\omega N/2)}{\sin(\omega/2)},\quad \alpha=\frac{N-1}{2} \tag{7-35}$$

$R_N(\omega)$ 称为矩形窗的幅度函数，若用 $H_d(\omega)$ 表示理想低通滤波器的幅度函数，则

$$H_d(\mathrm{e}^{\mathrm{j}\omega})=H_d(\omega)\mathrm{e}^{-\mathrm{j}\alpha\omega}$$

由式 7.30 可知

$$H_d(\omega)=\begin{cases}1 & |\omega|\leqslant\omega_c\\ 0 & \omega_c<|\omega|\leqslant\pi\end{cases}$$

所以

$$H(\mathrm{e}^{\mathrm{j}\omega})=\frac{1}{2\pi}\int_{-\pi}^{\pi}H_d(\theta)\mathrm{e}^{-\mathrm{j}\alpha\theta}R_N(\omega-\theta)\mathrm{e}^{-\mathrm{j}(\omega-\theta)\alpha}\mathrm{d}\theta$$

$$=\mathrm{e}^{-\mathrm{j}\alpha\omega}\frac{1}{2\pi}\int_{-\pi}^{\pi}H_d(\theta)R_N(\omega-\theta)\mathrm{d}\theta$$

重写 $H(\mathrm{e}^{\mathrm{j}\omega})$ 得　　$H(\mathrm{e}^{\mathrm{j}\omega})=H(\omega)\mathrm{e}^{-\mathrm{j}\alpha\omega}$　　则

$$H(\omega)=\frac{1}{2\pi}H_d(\omega)*R_N(\omega)=\frac{1}{2\pi}\int_{-\pi}^{\pi}H_d(\theta)R_N(\omega-\theta)\mathrm{d}\theta \tag{7-36}$$

从式(7-36)看出，截取后的滤波器幅度特性是理想滤波器幅度特性和矩形窗的幅度特性的卷积结果。图 7.12 给出了两者完成卷积的过程：

当 $\omega=0$ 时，$H(0)$ 等于图 7.12(a)与(b)两个波形的乘积积分，也就是对 $R_N(\omega)$ 在 $\pm\omega_c$ 之间波形的积分；当 $\omega_c\gg 2\pi/N$ 时，近似为 $\pm\pi$ 之间的积分。这里作归一化处理使 $H(0)=1$。

当 $\omega=\omega_c-2\pi/N$ 时，如图 7.12 (d)，$R_N(\theta)$ 的主瓣完全在 $\pm\omega_c$ 区间内，而且最大的一个负峰已移出 $\pm\omega_c$ 区间外所以积分值 $H(\omega)$ 取得最大峰值；

当 $\omega=\omega_c$ 时，如图 7.12(c)所示，当 $\omega\gg 2\pi/N$ 时，近似为 $R_N(\theta)$ 的一半波形的积分，对 $H(0)$ 归一化后的值为 1/2。

当 $\omega=\omega_c+2\pi/N$ 时，如图 7.12(e)所示，$R_N(\theta)$ 的主瓣完全移出 $\pm\omega_c$ 之外，而且最大的一个负峰还完全留在 $\pm\omega_c$ 区间内，所以 $H(\omega)$ 在该点形成最大负峰。

从图 7.12 可以看出，$H(\omega)$ 的最大正峰与最大负峰对应的频率之间相距 $4\pi/N$。通过对理想滤波器 $h_d(n)$ 加矩形窗处理后，频率特性从 $H_d(\omega)$ 变化为 $H(\omega)$，表现在以下两点：

(1) 在理想特性的不连续点 $\omega=\omega_c$ 附近形成过渡带。过渡带的宽度近似等于 $R_N(\omega)$ 的主瓣宽度 $4\pi/N$。

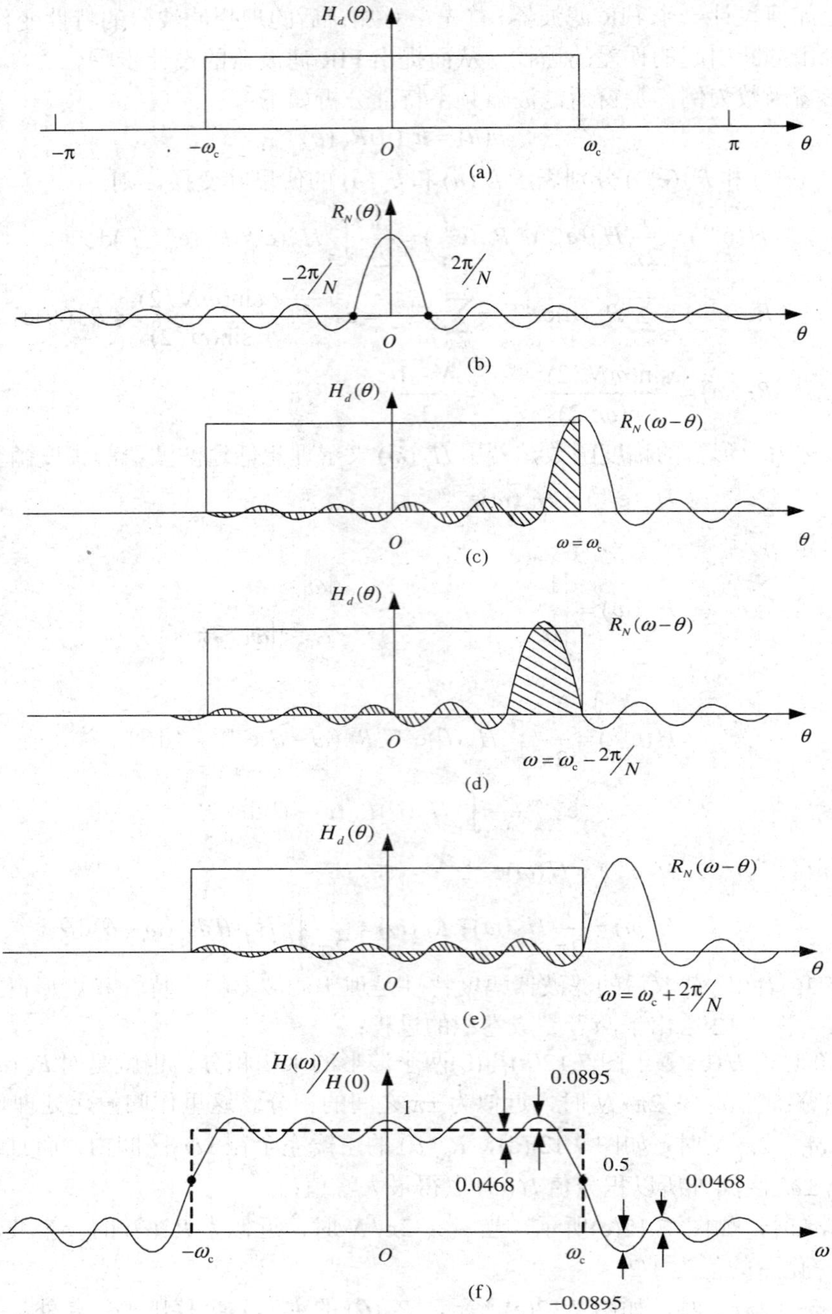

图 7.12　矩形窗对理想低通幅度特性的影响

(2) 通带内产生了波动，最大峰值出现在 $\omega=\omega_c-2\pi/N$ 处，阻带内产生了余振，最大负峰出现在 $\omega=\omega_c+2\pi/N$ 处。通带与阻带中波动的情况与窗函数的幅度特性有关。N 越大，$R_N(\omega)$ 的波动越快，通带、阻带内的波动也就越快。$H(\omega)$ 波动的大小取决于 $R_N(\omega)$ 旁瓣的大小。

把 $h_d(n)$ 用矩形窗截取后在频域产生的结果称吉布斯效应。吉布斯效应直接影响滤波的性能，导致通带内的平稳性变差和阻带衰减不能满足技术指标。通常滤波器设计都要求过渡带越窄越好，阻带衰减越大越好。所以设计滤波器的方法要使吉布斯效应的影响降低到最小。

从用矩形窗对理想滤波器的影响看出，如果增大窗的长度 N，可以减小窗的主瓣宽度 $4\pi/N$，从而减小 $H(\omega)$ 过渡带的宽度，这是显而易见的。

但是，增加 N 能否减小 $H(\omega)$ 的波动呢？分析一下，$H(\omega)$ 的波动由 $R_N(\omega)$ 的旁瓣及余振引起，主要影响是第一旁瓣。在主瓣附近由于 ω 很小，故式(7-35)可写为

$$R_N(\omega)=\frac{\sin(\omega N/2)}{\sin(\omega/2)}\approx\frac{\sin(\omega N/2)}{\omega/2}\approx N\frac{\sin x}{x}$$

从上式看出 N 加大时，主瓣幅度增大，$R(0)=N$。同时旁瓣幅度也会增加。第一旁瓣发生在 $\omega=3\pi/N$ 处，则 $R_N(3\pi/N)=\dfrac{\sin(3\pi/2)}{\sin(3\pi/2N)}\approx\dfrac{2N}{3\pi}$

旁瓣与主瓣幅度相比: $20\lg\left|\dfrac{R(3\pi/2)}{R(0)}\right|=20\lg\left(\dfrac{1}{N}\cdot\dfrac{2N}{3\pi}\right)=-13.5\text{dB}$

也就是说，随着 N 的增加，主、旁瓣将同步增加。并且旁瓣比主瓣低 13.5dB。当 N 增加时，波动加快，$N\to\infty$ 时，$R_N(\omega)\to N\delta(\omega)$。由此分析，$N$ 的增加并不能减小 $H(\omega)$ 的波动情况。从图 7.12(f)看出，带内最大正峰比 $H(0)$ 高 8.95%，阻带最大负峰绝对值比零值大 8.95%，所以阻带最小衰减为 $20\lg(0.0895)=-21\text{dB}$。

上面介绍的估计过渡带宽的方法是从 $H(\omega)$ 曲线的负峰到正峰值所占的频带，即主瓣宽度 $4\pi/N$。此估计把波形上两个峰值附近的平坦部分也当成是过渡带是不合适的。较精确的估计是按 $H(\omega)$ 从 0.1 $H(0)$ 增加到 0.9 $H(0)$ 所占的带宽。对矩形窗来说，较精确的过渡带宽为 $1.8\pi/N$。

所以，要想减小吉布斯效应的影响，增加 N 是无法实现的。如果改变窗函数的形状，使其幅度函数具有较低的旁瓣幅度，就可减小通带、阻带的波动，并加大阻带衰减。但是这时主瓣将会加宽以包含更多的能量，故而将会增加过渡带宽度。所以当 N 一定时，减小波动和减小过渡带是一对矛盾。必须根据实际要求，选择合适的窗函数以满足波动要求，然后选择 N 满足过渡带指标。

7.3.2 常用窗函数

如前所述，调整窗口长度 N 可以有效地控制过渡带的宽度，但对减少带内波动以及加大阻带衰减没有作用。所以必须重新选择窗函数对理想滤波器进行截取。下面介绍的几种窗函数 $w(n)$ 是前辈科学家们提出的并以他们的名字命名的。一个实际的滤波器的单位脉冲响应可表示成下式：

$$h(n)=h_d(n)w(n)$$

几种常见的窗函数：(只给出窗函数定义和幅度特性)

$$W(\mathrm{e}^{\mathrm{j}\omega})=W(\omega)\mathrm{e}^{-\mathrm{j}\alpha\omega}$$

(1) 矩形窗(Rectangular window)

$$w_R(n)=R_N(n)$$

$$R_N(\omega)=\frac{\sin(\omega N/2)}{\sin(\omega/2)} \tag{7-37}$$

它的主瓣宽度为$4\pi/N$，第一旁瓣比主瓣低13dB。

(2) 三角形窗(Bartlett window)

$$w_{\mathrm{Br}}(n)=\begin{cases}2n/(N-1) & 0\leqslant n\leqslant(N-1)/2\\ 2-2n/(N-1) & (N-1)/2<2\leqslant N-1\end{cases}\qquad W_{\mathrm{Br}}(\omega)=\frac{2}{N}\left[\frac{\sin(\omega N/4)}{\sin(\omega/2)}\right]^2 \tag{7.38}$$

它的主瓣宽度为$8\pi/N$，第一旁瓣比主瓣低26dB。

(3) 汉宁窗(Hanning window)(又称：升余弦窗)

$$w_{\mathrm{Hn}}(n)=0.5\left[1-\cos\left(\frac{2\pi n}{N-1}\right)\right]R_N(n)$$

$$W_{\mathrm{Hn}}(\omega)=0.5W_R(\omega)+0.25\left[W_R\left(\omega-\frac{2\pi}{N-1}\right)+W_R\left(\omega+\frac{2\pi}{N-1}\right)\right] \tag{7-39}$$

汉宁窗幅度函数由三部分相加而成,其结果是使主瓣集中了更多的能量如图7.13所示，而旁瓣由于三部分相加时相互抵消而变小，其代价是主瓣宽度增加到$8\pi/N$。第一旁瓣比主瓣低31dB。

阻带衰减加大。

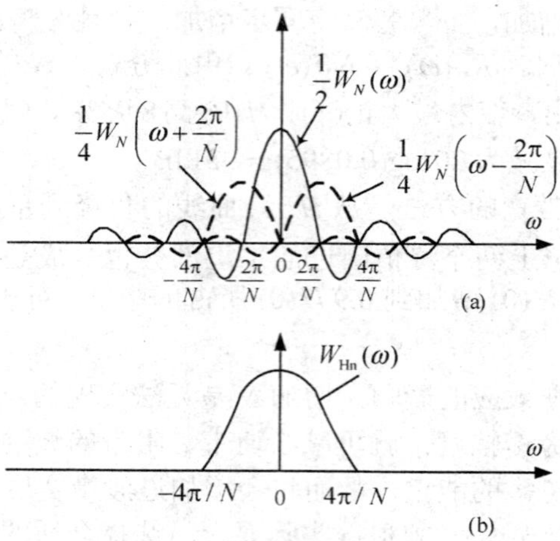

图7.13　汉宁窗的幅度函数

(4) 汉明窗(Hamming windows)(又称：改进的升余弦窗)

$$w_{\mathrm{Hm}}(n)=\left[0.54-0.46\cos\frac{2\pi n}{N-1}\right]R_N(n)$$

$$W_{\mathrm{Hm}}(\omega)=0.54W_R(\omega)+0.23W_R\left(\omega-\frac{2\pi}{N-1}\right)+0.23W_R\left(\omega+\frac{2\pi}{N-1}\right) \tag{7-40}$$

汉明窗主瓣窗宽度与汉宁窗相同为$8\pi/N$，99.96%的能量集中在主瓣，第一旁瓣比主瓣低41dB。

(5) 布莱克曼窗(Blackman window)

$$w_{\mathrm{Bl}}(n)=\left[0.42-0.5\cos\frac{2\pi n}{N-1}+0.08\cos\frac{4\pi n}{N-1}\right]R_N(n)$$

$$W_{\mathrm{Bl}}(\omega)=0.42W_R(\omega)+0.25\left[W_R\left(\omega-\frac{2\pi}{N-1}\right)+W_R\left(\omega+\frac{2\pi}{N-1}\right)\right]$$

$$+0.04\left[W_R\left(\omega-\frac{4\pi}{N-1}\right)+W_R\left(\omega+\frac{4\pi}{N-1}\right)\right] \tag{7-41}$$

该幅度函数由五部分组成，五部分相加的结果使得旁瓣得到进一步抵消，阻带衰减加大，而过渡带加大到$12\pi/N$。

(6) 凯塞-贝塞尔窗(Kaiser-Basel window)

$$w_k(n)=\frac{I_0(\beta)}{I_0(\alpha)}R_N(n) \tag{7-42}$$

式中，$\beta=\alpha\sqrt{1-\left(\frac{2n}{N-1}-1\right)^2}$。$I_0(x)$是零阶第一类修正贝塞尔函数，可用下面级数计算：

$$I_0(x)=1+\sum_{k=1}^{+\infty}\left(\frac{1}{k!}\left(\frac{x}{2}\right)^k\right)^2$$

一般$I_0(x)$取 15～25 项，就可满足精度要求。α用以控制窗的形状。通常α加大，主瓣加宽，旁瓣减小，典型数据$4<\alpha<9$。当$\alpha=5.44$时，窗函数接近汉明窗。$\alpha=7.865$时，窗函数接近布莱克曼窗。其幅度函数如下：

$$W_k(\omega)=w_k(0)+2\sum_{n=1}^{(N-1)/2}w_k(n)\cos\omega n \tag{7-43}$$

六种窗函数的基本参数见表 7-2。表 7-3 为参数α对凯塞-贝赛窗性能的影响。

表 7-2 六种窗函数的基本参数

窗函数	旁瓣峰值/dB	近似过渡带宽	精确过渡带宽	阻带最小衰减/dB
矩形窗	−13	$4\pi/N$	$1.8\pi/N$	−21
三角形窗	−25	$8\pi/N$	$6.1\pi/N$	−25
汉宁窗	−31	$8\pi/N$	$6.2\pi/N$	−44
汉明窗	−41	$8\pi/N$	$6.6\pi/N$	−53
布莱克曼窗	−57	$12\pi/N$	$11\pi/N$	−74
凯塞-贝赛窗 ($\alpha=7.865$)	−57	$10\pi/N$	$10\pi/N$	−80

表 7-3 凯塞-贝赛窗参数对滤波器的性能影响

α	过渡带宽	通带波纹/dB	阻带最小衰减/dB
2.120	$3.00\pi/N$	±0.27	−30
3.384	$4.46\pi/N$	±0.0864	−40
4.538	$5.86\pi/N$	±0.0274	−50
5.568	$7.24\pi/N$	±0.00868	−60
6.764	$8.64\pi/N$	±0.00275	−70
7.865	$10.0\pi/N$	±0.000868	−80
8.960	$11.4\pi/N$	±0.000275	−90
10.056	$10.8\pi/N$	±0.000087	−100

幅度特性和在同一截取长度N下理想滤波器的幅度特性如图 7.14、图 7.15 所示。

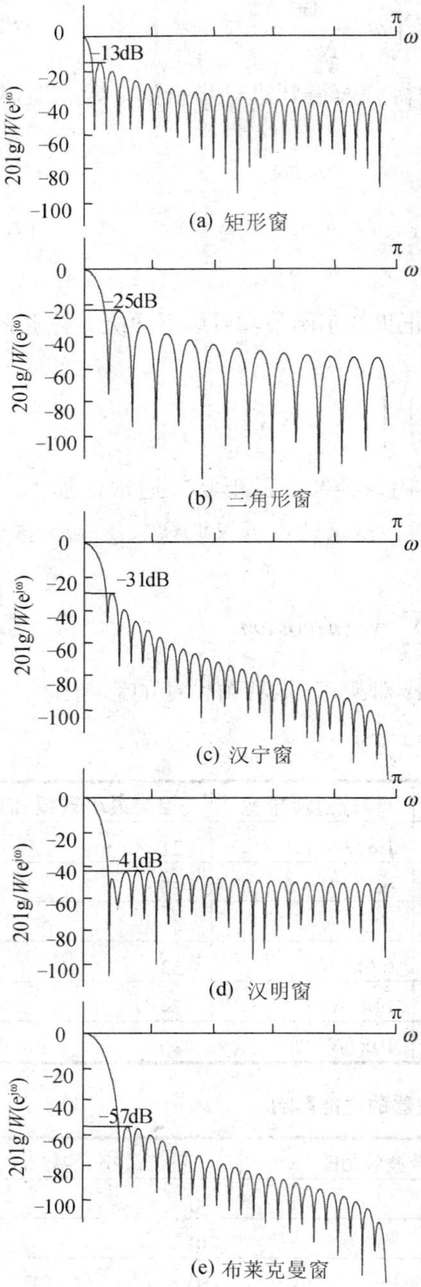

图 7.14 各种窗函数的幅度特性

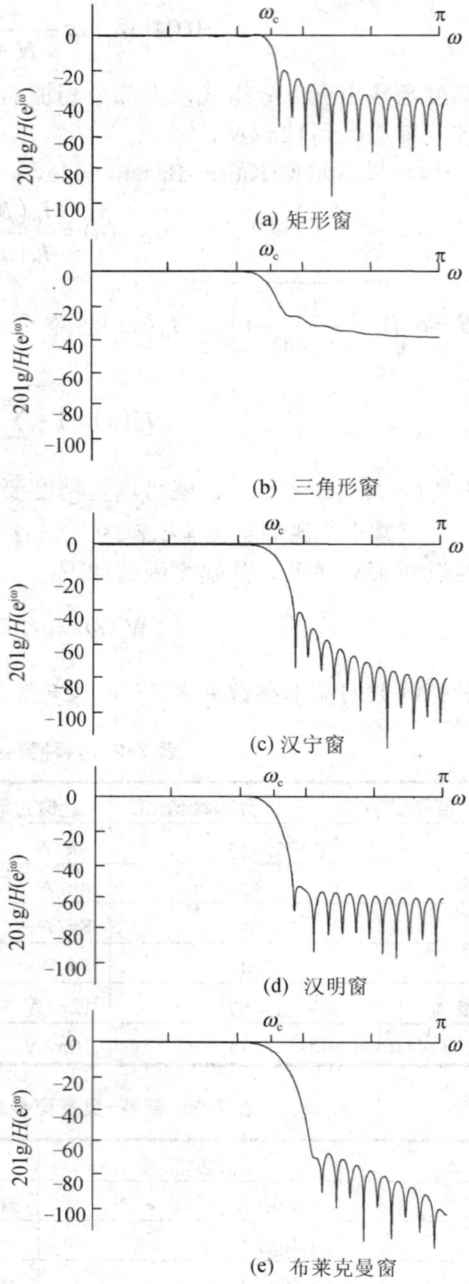

图 7.15 理想低通滤波器加窗后的幅度特性

MATLAB 提供了各种窗函数，对前面六种窗函数有：

```
  N=49;n=1:N;beta=5.658;
wdrc=boxcar(N);           %返回 N 点矩形窗函数
wdbt=triang(N);           %返回 N 点三角窗函数
```

```
wdhn=hanning(N);       %返回 N 点汉宁窗函数
wdhm=hamming(N);       %返回 N 点汉明窗函数
wdbl=blackman(N);      %返回 N 点布莱克曼窗函数
wdks=kaiser(N,beta);  %返回 N 点给定的 beta 值时的凯塞窗函数
plot(n,wdrc,n,wdbt',':',n,wdhn,'*',n,wdhm,'-',n,wdks,'.',n,wdbl,'-.');
grid on                %画出六条不同线形曲线
axis([0,N,0,1.1]);ylabel('W(n)');xlabel('n');
```

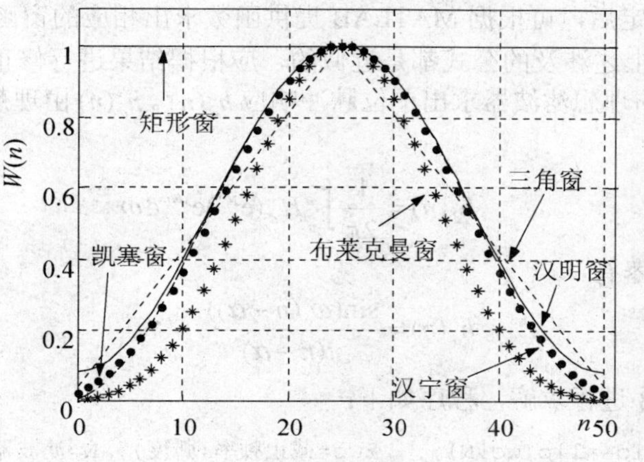

图 7.16　常用窗函数

7.3.3　设计步骤

根据上面分析，设计一个 FIR 低通滤波器通常按下面步骤进行：

(1) 根据滤波器设计要求指标，确定滤波器的过渡带宽和阻带衰减要求，选择窗函数的类型并估计窗的宽度 N，如图 7.17 所示。

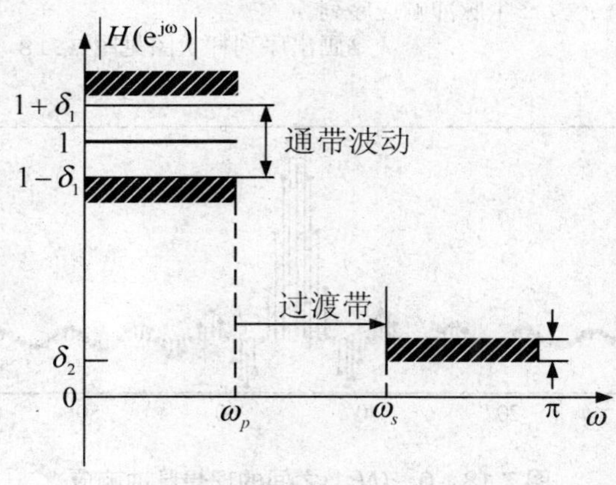

图 7.17　FIR 滤波器技术指标

图中通带波动

$$\alpha_p = -20\log\frac{1-\delta_1}{1+\delta_1} \tag{7-44}$$

阻带最小衰减

$$\alpha_s = -20\log\frac{\delta_2}{1+\delta_1} \tag{7-45}$$

由于 N 的选择对阻带最小衰减 α_s 影响不大，所以可以直接根据 α_s 确定窗函数 $w(n)$ 的类型(查表 7-2)。然后可根据过渡带宽度小于给定指标的原则确定窗函数的长度 N。指标给定的过渡带宽度由下式给出：

$$\Delta\omega = \omega_s - \omega_p \tag{7-46}$$

不同的窗函数，过渡带计算公式不同(见表 7-2)，但过渡带与窗函数的长度 N 成反比，由此可确定出长度 N。N 选则的原则是在保证阻带衰减要求的情况下，尽量选择较小的 N。当 N 和窗函数类型确定后，可根据 MATLAB 提供函数求出相应的窗函数 wd (见 7.3.2 节)。

应该指出的是，上述涉及的公式都是近似的，应根据结果进行修正。

(2) 根据所要求的理想滤波器求出单位脉冲响应 $h_d(n)$。$h_d(n)$ 由理想频率响应的傅里叶反变换求出：

$$h_d(n) = \frac{1}{2\pi}\int_{-\pi}^{\pi} H_d(e^{j\omega})e^{j\omega n}d\omega \tag{7-47}$$

对理想低通滤波器有

$$h_d(n) = \frac{\sin(\omega_c(n-\alpha))}{\pi(n-\alpha)} \tag{7-48}$$

可利用 MATLAB 进行求解，程序如下：

```
function hd=ideallp(wc,N);      %wc=截止频率(弧度), N=滤波器长度
alpha=(N-1)/2;
n=[0:N-1];
m=[n-alpha]+1e-10;              %加小数避免除零操做
hd=sin(wc*m)./(pi*m);           %hd = 0 到 N-1 之间的理想脉冲响应见图 7.17
```

画出理想滤波器脉冲响应如下：

```
N=101;  wc=0.2*pi;  n=0:N-1;   %给定理想滤波器长度和截止频率 ωc
y=ideallp(wc,N);    产生脉冲响应序列
stem(n,y,'.');                  %画出序列杆状图见图 7.18
```

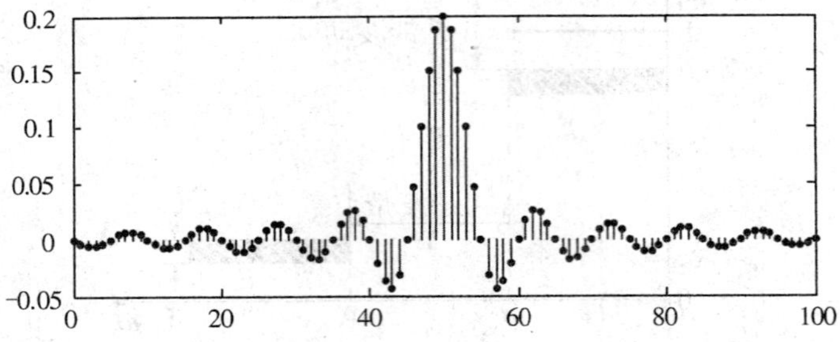

图 7.18　0～(N-1)之间的理想脉冲响应

一般情况下，$h_d(n)$ 不易求得，可采用数值方法求得，过程是：

$$H_d(e^{j\omega}) \xrightarrow{0\sim 2\pi M\text{点采样}} H_d(k) \xrightarrow{\text{IDET}} h_M(n) = \sum_{r=-\infty}^{+\infty} h_d(n+rM)$$

采样间隔 M 应足够大并满足采样定理，以保证窗口内 $h_M(n)$ 与 $h_d(n)$ 足够逼近。

计算滤波器的单位脉冲响应 $h(n)$，根据窗函数设计理论 $h(n)=h_d(n)\cdot w(n)$，在 MATLAB 中用语句 $hn=hd*wd$ 实现 $h(n)$。这里需要说明 MATLAB 中的数据通常是以列向量形式存在的，所以两个向量相乘 hd 必须进行转置。

(3) 根据求得的 $h(n)$ 求出其频率响应：

$$H(\mathrm{e}^{\mathrm{j}\omega})=\sum_{n=0}^{N-1}h(n)\mathrm{e}^{-\mathrm{j}\omega n}$$

由于 $h(n)$ 结果往往很复杂，求解 $H(\mathrm{e}^{\mathrm{j}\omega})$ 非常困难，故应借助 MATLAB 工具完成。下面的程序就给出了 dB 值表示的幅度响应、相位相位、群延时响应。

```
function [db,mag,pha,grd,w]=myfreqz(b,a); 给定滤波器系数向量，返回幅度响应、
相位相位、群延时响应
N=1000;[H,W]=freqz(b,a,N,'whole');         %用单位圆上 N 点采样值并返回复数频率特性
                                            H 和相应频率点
H=(H(1:1:501))';W=(W(1:1:501))';           %取 0～pi 区间的 501 个样点,并转置成列向量
mag=abs(H);                                 %取幅频特性
db=20*log10((mag+eps)/max(mag));            %求对数并归一化
pha=angle(H);                               %求相位特性
grd=grpdelay(b,a,w);                        %求群延时
```

调用该函数并将所设计的滤波器系数向量输入，就可以返回各种频率响应指标，与设计要求进行比较。

(4) 根据频滤响应验证是否满足技术指标。若不满足指标要求，则应调整窗函数类型或长度，然后重复(1)、(2)、(3)、(4)步，直到满足要求为止。

【例 7.2】 用矩形窗、汉宁窗和布莱克曼窗设计一个 FIR 滤波器，$N=21$，$\omega_c=0.3\pi$。

解 本题目已经给出了窗函数类型和长度 N，可省去第(1)步。程序如下：

```
WC=0.3*pi;N=21;                                  %给出指标和长度 N
hd=ideallp(WC,N);                                %求出给定指标下的理想脉冲响应
Wd1=boxcar(N)';h1=hd.*Wd1;                       %用矩形窗设计
Wd2=hamming(N)';h2=hd.*Wd2;                      %用汉明窗设计
Wd3=blackman(N)';h3=hd.*Wd3;                     %用布莱克曼窗设计
[H1,W]=freqz(h1,1);                              %求 h1 频率特性
[H2,W]=freqz(h2,1);                              %求 h2 频率特性
[H3,W]=freqz(h3,1);                              %求 h3 频率特性
subplot(1,2,1);plot(W,abs(H1),W,abs(H2),':',W,abs(H3),'-.');
                                                 %画出幅频特性绝对值
legend('Rectanle','Hamming','Blacman');          %标注
subplot(1,2,2);
plot(W,20*log10(abs(H1)),W,20*log10(abs(H2)),':',W,20*log10(abs(H3)),'
-.');
                                                 %画对数特性
legend('Rectanle','Hamming','Blacman');          %标注
```

结果如图 7.19 所示。

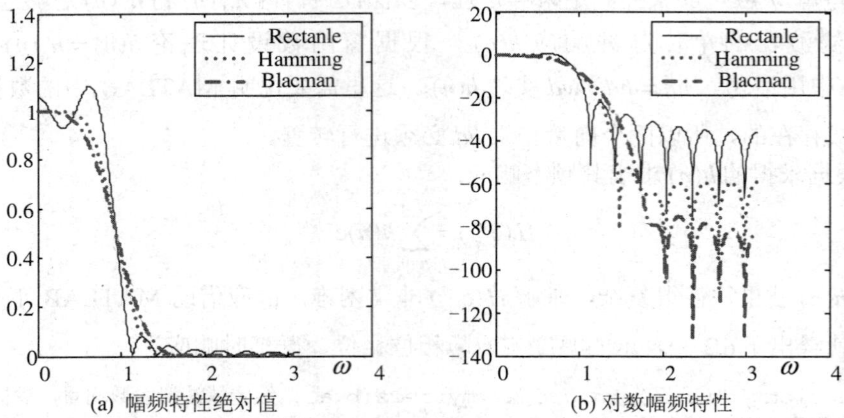

图 7.19 例 7.2 中用三种窗函数设计出的滤波器幅频特性

【例 7.3】 设计一个数字 FIR 低通滤波器，其技术指标如下：

$$\omega_p = 0.2\pi, \quad \alpha_p = 0.25\text{dB}$$

$$\omega_s = 0.3\pi, \quad \alpha_s = 50\text{dB}$$

解 题目中阻带最小衰减为50dB，根据表 7-2 可选汉明窗为窗函数。

过渡带宽度 $\Delta\omega = \omega_s - \omega_p = 0.1\pi$，长度 $N = 8\pi/\Delta\omega = 6.6\pi/0.1\pi = 66$

MATLAB 程序如下：

```
wp = 0.2*pi;  ws = 0.3*pi;  deltaw= ws - wp;           %计算过渡带Δω
N = ceil(6.6*pi/deltaw)+1;                             %求滤波器长度N
n=[0:1:N-1]; wc = (ws+wp)/2;                           %
hd = ideallp(wc,N);                                    %求理想脉冲响应
w_ham = (hamming(N))';                                 %求窗函数
h = hd .*w_ham;                                        %求带求滤波器脉冲响应
[db,mag,pha,grd,w] =myfreqz(h,[1]);            %求滤波器幅频特性、相频特性、群延时
delta_w = 2*pi/1000;
Rp = -(min(db(1:1:wp/delta_w+1)))              %求通带波动
As = -(max(db(ws/delta_w+1:1:501)))            %求阻带衰减
subplot(1,1,1)                                 %画图
subplot(2,2,1);stem(n,hd);title('理想脉冲响应'); axis([0 N-1,-0.1 0.3]);
ylabel('hd(n)')
subplot(2,2,2);stem(n,w_ham);title('汉明窗');  axis([0 N-1 0 1.1]);ylabel
('w(n)')
subplot(2,2,3);stem(n,h);title('实际脉冲响应'); axis([0 N-1 -0.1 0.3]);
ylabel('h(n)')
subplot(2,2,4);plot(w/pi,db);title(' 幅 度 响 应 ');grid;  axis([0  1  -100
10]);ylabel('dB')
```

运行结果如图 7.20 所示：

滤波器的脉冲响应 h 就是所求滤波器的系数。验证其结果符合题目最小衰减和频率要求。

求得 $N = 67$，$\alpha_p = 0.0394$，$\alpha_s = 51.595$ 满足指标

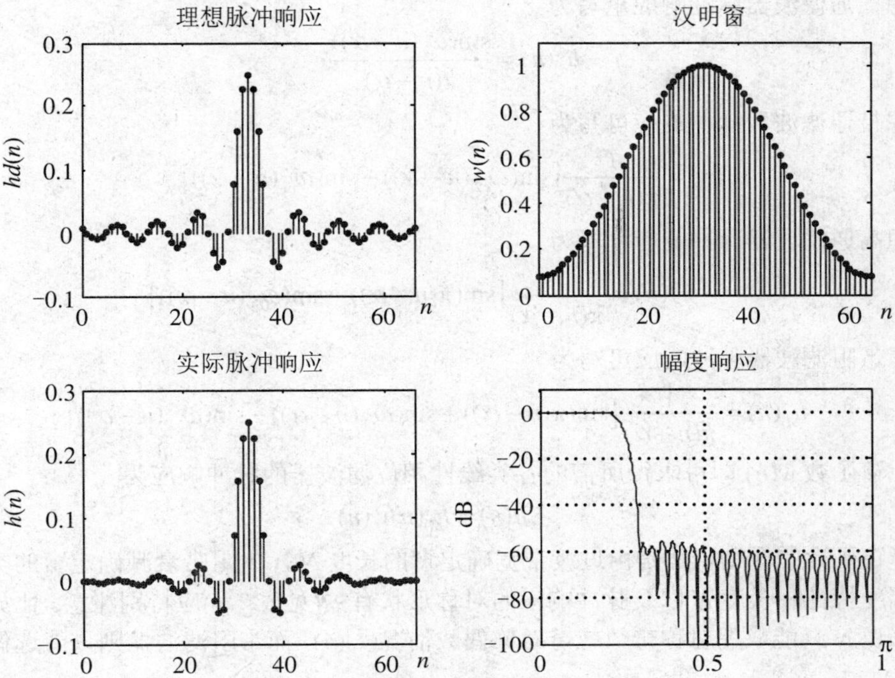

图 7.20 例 7.3 设计的滤波器脉冲响应及频率响应

窗函数法也可设计出其他类型的滤波器，如高通、带通、带阻滤波器。只要滤波器幅度特性为矩形特性，就可以用理想滤波器叠加而成，如图 7.21 所示。

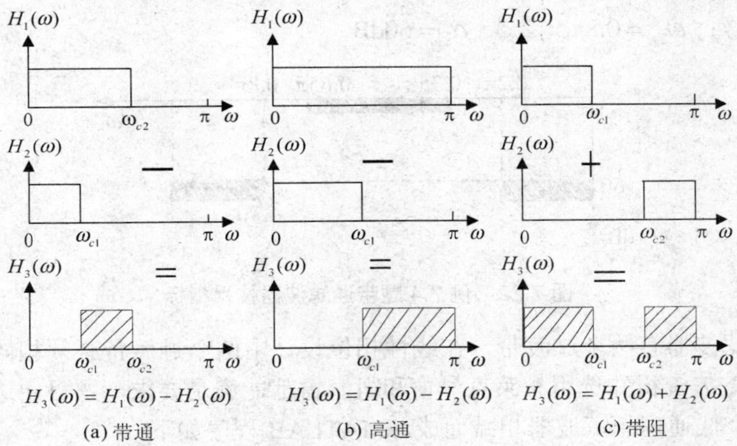

图 7.21 其他类型滤波器的实现

图中：

(1) 一个带通滤波器可以用两个低通滤波器相减而成；

(2) 一个高通滤波器可用一个全通滤波器积案减去一个低通滤波器而成；

(3) 一个带阻滤波器可用一个高通滤波器加上一个低通滤波器而成，或用全通滤波器减去带通滤波器而成。

理想低通滤波器脉冲响应重写为

$$h_d(n)=\frac{\sin(\omega_c(n-\alpha))}{\pi(n-\alpha)} \tag{7-49}$$

理想带通滤波器脉冲响应可写为

$$h_d(n)=\frac{1}{\pi(n-\alpha)}[\sin(\omega_{c2}(n-\alpha))-\sin(\omega_{c1}(n-\alpha))] \tag{7-50}$$

理想高通滤波器脉冲响应可写为

$$h_d(n)=\frac{1}{\pi(n-\alpha)}[\sin(\pi(n-\alpha))-\sin(\omega_{c1}(n-\alpha))] \tag{7-51}$$

理想带阻滤波器脉冲响应可写为

$$h_d(n)=\frac{1}{\pi(n-\alpha)}[\sin(\pi(n-\alpha))+\sin(\omega_{c1}(n-\alpha))-\sin(\omega_{c2}(n-\alpha))] \tag{7-52}$$

选定窗函数 $w(n)$ 即可求得所需的各类线性相位滤波器的脉冲响应为

$$h(n)=h_d(n)w(n) \tag{7-53}$$

选择窗函数的原则仍然是由过渡带宽确定窗的长度 N，由阻带衰减确定窗的类型。但是由于幅度特性和长度 N 以及脉冲响应的对称形状有关(见表 7-1)应特别注意。比如对高通滤波器来说 N 只能取偶对称奇数或奇对称偶数情况(1)(4)，而带阻滤波器则只能选偶对称奇数情况(1)。

【例 7.4】 用窗函数法(凯塞窗)设计一个数字 FIR 带通滤波器,其技术指标如下：

下阻带边缘：$\omega_{1s}=0.2\pi$,　　　$\alpha_s=60\text{dB}$

下通带边缘：$\omega_{1p}=0.35\pi$,　　$\alpha_p=1\text{dB}$

上通带边缘：$\omega_{2p}=0.65\pi$,　　$\alpha_p=1\text{dB}$

上阻带边缘：$\omega_{2s}=0.8\pi$,　　　$\alpha_s=60\text{dB}$

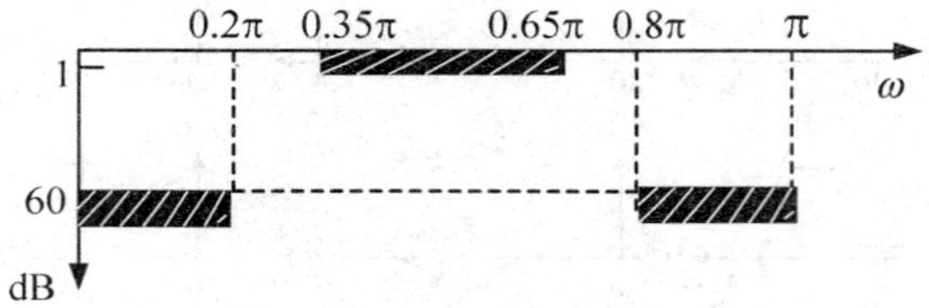

图 7.22　例 7.4 题带通滤波器技术指标

解　带通滤波器有两个过渡带，在线性相位设计中两个过渡带必须相同。根据技术指标查表 7-2、表 7-3 得知选用布莱克曼窗和凯塞窗都能满足要求，题目中选用凯塞窗。理想滤波器由两个低通理想滤波器相减而成。MATLAB 程序如下：

```
ws1 = 0.2*pi;  wp1 = 0.35*pi;  wp2 = 0.65*pi;  ws2 = 0.8*pi; As = 60;
deltaw = min((wp1-ws1),(ws2-wp2));          %计算Δω，取两个过渡带中的小的一个
N = ceil(10*pi/deltaw);                     %求窗函数长，要保证为奇数
n = [0:1:N-1];
wc1 = (wp1+ws1)/2; wc2 = (wp2+ws2)/2;       %取通带阻带频率平均值为截止频率
hd = ideallp(wc2,N)-ideal_lp(wc1,N);        %理想带通滤波器脉冲响应
beta=5.568; w_kai = (kaiser(N,beta))';      %求窗函数
```

```
h = hd.*w_kai;                                   %求所求带通滤波器脉冲响应
[db,mag,pha,grd,w] = freqz_m(h,[1]);             %求频率特性验证指标
delta_w = 2*pi/1000;
Rp = -min(db(wp1/delta_w+1:1:wp2/delta_w))       %求通带波动
As = -round(max(db(ws2/delta_w+1:1:501)))        %求阻带衰减
subplot(2,2,1);stem(n,hd);title('理想脉冲应');axis([0 M-1 -0.4 0.5]);
ylabel('hd(n)')                                  %画图
subplot(2,2,2);stem(n,w_kai);title('凯塞窗');axis([0 M-1 0 1.1]);ylabel
('w(n)')
subplot(2,2,3);stem(n,h);title('实际脉冲响应');axis([0 M-1 -0.4 0.5]);
ylabel('h(n)')
subplot(2,2,4);plot(w/pi,db);title('幅度响应');grid;axis([0 1 -150 10]);
ylabel('dB')
```

求得，$N=67$，$\alpha_p=0.0196$，$\alpha_s=62$。

MATLAB 的信号处理工具箱提供了利用窗函数设计 FIR 滤波器的子函数 fir1。调用格式为

```
b=fir1(N,wn,'type',window);
%返回长度为 N+1 的滤波器系数向量 b，给定滤波器阶数 N、边界频率 wn、类型即高通、低通等，
窗的类型。
```

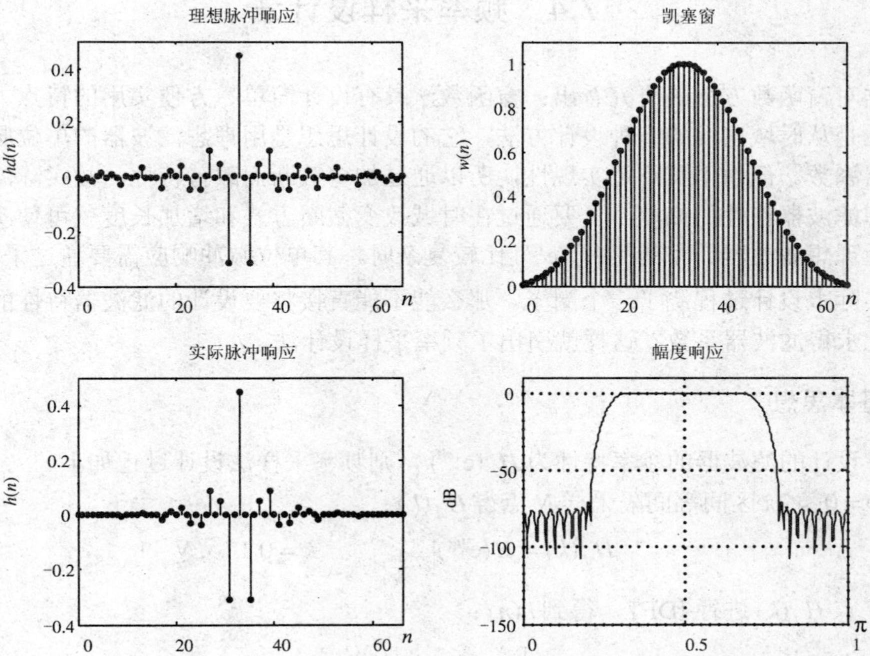

图 7.23　例 7.4 中带通滤波器的脉冲响应及频率响应

【例 7.5】 用 fir1 函数设计一个带阻滤波器，上下截止频率为 0.3π 和 0.5π，用 blackman 窗。

解

```
N=51; wn=[0.3,0.5];                              %给定指标
```

```
和=fir1(N-1,wn,'stop',blackman(N));   %生成脉冲响应
[H,W]=freqz(b,1);                    %求频谱
subplot(2,1,1);plot(W/pi,abs(H));画频率响应
subplot(2,1,2);stem([0:N-1],b); 画脉冲响应
```

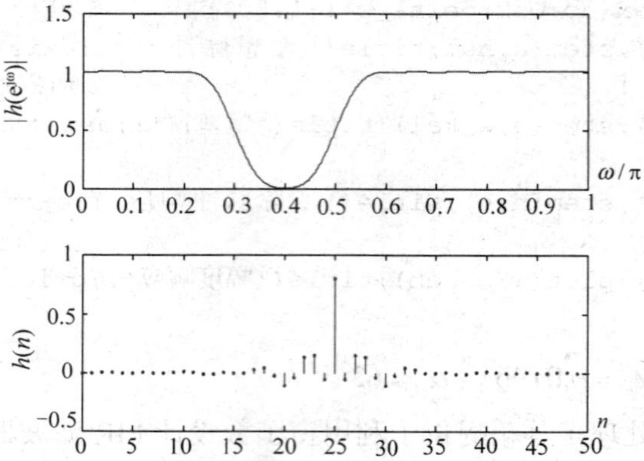

图 7.24　用 fir1 函数设计滤波器

不过这种方法可在工程设计中使用，对初学者学习和掌握窗函数的理论和方法并不适用。

7.4　频率采样设计法

根据对窗函数方法的研究看出：窗函数法具有设计简单、方便实用的特点。但是由于窗函数法是从时域出发的一种设计方法，它的设计思想是用理想滤波器的单位脉冲响应作为滤波器系数。但由于其不可实现性，所以通过加窗截断而改善特性，故实际滤波器产生了与理想滤波器特性的偏差。只要通过在时域改变截断方式和增加长度就可使实际滤波器特性逼近理想滤波器。尤其在 $H_d(e^{j\omega})$ 比较复杂时，其单位脉冲响应需要通过采样求 IDFT 得到。实际上设计过程绕了一个圈子。那么能不能直接将要设计的滤波器特性的采样点给出并由此求得滤波器系数？这样就引出了频率采样设计法。

7.4.1　基本思想

设待设计的滤波器的频率特性为 $H_d(e^{j\omega})$，则频率采样法设计过程如下。

在 $\omega=0\sim 2\pi$ 区间等间隔采样 N 点得 $H_d(k)$：

$$H_d(k)=H(e^{j\omega})\Big|_{\omega=\frac{2\pi}{N}k}\qquad k=0,1,\cdots,N-1 \tag{7-54}$$

对 N 点 $H_d(k)$ 进行 IDFT，得到 $h(n)$：

$$h(n)=\frac{1}{N}\sum_{k=0}^{N-1}H_d(k)e^{j\frac{2\pi}{N}kn}\qquad n=0,1,\cdots,N-1 \tag{7-55}$$

对 $h(n)$ 求 z 变换的系统函数(直接型)：

$$H(z)=\sum_{n=0}^{N-1}h(n)z^{-n} \tag{7-56}$$

可用内插公式(频率采样型)：

$$H(z)=\frac{1-z^{-N}}{N}\sum_{k=0}^{N-1}\frac{H_d(k)}{1-e^{j\frac{2\pi}{N}k}z^{-1}} \tag{7-57}$$

根据频率采样定理，用有限点频率样点替代理想滤波器频率特性，在时域上由于时域响应要发生混叠，所以所求实际滤波器频率特性 $H(e^{j\omega})$ 与理想特性 $H_d(e^{j\omega})$ 之间存在误差，如图 7.25 所示。

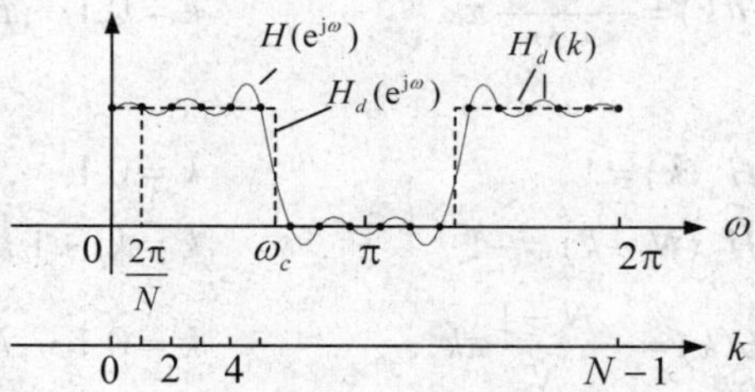

图 7.25　频率采样原理

频率采样法要解决的问题是：

(1) 在频域上进行采样得到的 $H_d(k)$ 在什么条件下才能保证滤波器的线性相位特性？

(2) 如何使实际滤波器频率特性与理想滤波器特性之间的误差更小？

7.4.2　线性相位的频域条件

先来看一下采用频率采样法保证线性相位频率特性的条件。这里只讨论第一类线性相位情况。通常在时域滤波器具有线性相位特性的条件是：$h(n)=h(N-n-1)$，而且 $h(n)$ 为实数。根据表 7-1 中情况 1 和情况 2，其幅度特性也具有对称特性且满足下面条件：

$$H(e^{j\omega})=H_g(\omega)e^{j\theta(\omega)} \tag{7-58}$$

$$\theta(\omega)=-\frac{N-1}{2}\omega \tag{7-59}$$

$N=$奇数时，　$H_g(\omega)=H_g(2\pi-\omega)$，关于 $\omega=\pi$ 偶对称　(7-60)

$N=$偶数时，　$H_g(\omega)=-H_g(2\pi-\omega)$，关于 $\omega=\pi$ 奇对称，且 $H_g(\pi)=0$　(7-61)

所以对 $H_d(e^{j\omega})$ 进行 N 点采样得到的 $H_d(k)$，也必须具有式(7-54)或式(7-55)的对称特性。这样才能保证对 $H_d(k)$ 进行 IDFT 得到的 $h(n)$ 具有偶对称特性，即满足线性相位条件。

在 $\omega=0\sim2\pi$ 之间等间隔采样 N 点，则　$\omega_k=\dfrac{2\pi}{N}k$，　$k=0,1,\cdots,N-1$

则式(7.58)～式(7.61)可写为

$$H(k)=H_g(k)e^{j\theta(k)} \tag{7-62}$$

$$\theta(k)=-(\frac{N-1}{2})\frac{2\pi}{N}k=-\frac{N-1}{N}\pi k \tag{7-63}$$

$N=$奇数　$H_g(k)=H_g(N-k)$　关于 $k=\dfrac{N}{2}$ 偶对称　(7-64)

$N=$偶数　$H_g(k)=-H_g(N-k)$　关于 $k=\dfrac{N}{2}$ 奇对称，且 $H_g(\dfrac{N}{2})=0$　(7-65)

式(7.62)～式(7.65)就是要解决的频率采样法中实现线性相位要满足的条件。对第二类线性相位情况可以得出类似的结果，同学们可以自己进行推导。

对于截止频率为 ω_c 的理想低通滤波器进行 N 点采样可按下面结果计算：(见图 7.26)

$N=$ 奇数时，

$$H_g(k)=H_g(N-k)=1 \qquad k=0,1,\cdots,k_c$$
$$H_g(k)=0 \qquad k=k_c+1,k_c+2,\cdots,k-k_c-1$$
$$\theta(k)=-\frac{N-1}{N}\pi k \qquad k=0,1\cdots,N-1$$

$N=$ 偶数时，

$$H_g(k)=1 \qquad k=0,1,\cdots,k_c$$
$$H_g(N-k)=-1 \qquad k=k_c+1,k_c+2,\cdots,k-k_c-1$$
$$\theta(k)=-\frac{N-1}{N}\pi k \qquad k=0,1\cdots,N-1$$

公式中 k_c 为 $\omega_c N/(2\pi)$ 向下取整结果。对高通和带阻情况 N 只能取奇数。

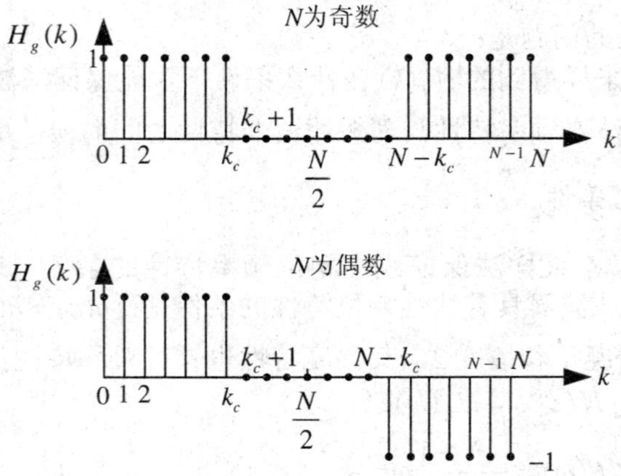

图 7.26 理想低通滤波器用频率采样法的线性相位(幅度)条件

7.4.3 逼近误差分析及改进措施

正如前面所述，实际滤波器 $H(e^{j\omega})$ 与理想滤波器 $H_d(e^{j\omega})$ 之间要产生误差，误差表现与窗函数法情况类似，通带和阻带内产生波动，而且过渡带宽加宽。误差产生的原因从时域上和频域上分析如下：

设希望设计的滤波器为 $H_d(e^{j\omega})$，对应的单位脉冲响应为

$$h_d(n)=\frac{1}{2\pi}\int_{-\pi}^{\pi}H_d(e^{j\omega})e^{j\omega n}d\omega$$

由频率采样定理可知，在频域 $0\sim2\pi$ 上等间隔采样 N 点，利用 IDFT 可求得对应得 N 点序列 $x_N(n)$ 为 $h_d(n)$ 以 N 为周期进行延拓并在主值区间取值即

$$x_N(n)=\sum_{r=-\infty}^{+\infty}h_d(n+rN)R_N(n) \qquad x(n)=x_N(n)$$

如果 $H_d(e^{j\omega})$ 有间断点，则相应得 $h_d(n)$ 应为无限长序列。所以在时域将产生混叠。使得 $h_N(n)$ 和 $h_d(n)$ 产生偏差。从直观上看，如果增加采样点 N，误差肯定减小，设计出的

$H(e^{j\omega})$ 与理想滤波器 $H_d(e^{j\omega})$ 也就更逼近。

从频域上看，由采样定理可知频域等间隔采样得 $H(k)$，经过 IDFT 得到 $h(n)$，其 z 变换 $H(z)$ 和 $H(k)$ 之间的关系为

$$H(z)=\frac{1-z^{-N}}{N}\sum_{k=0}^{N-1}\frac{H(k)}{1-e^{j\frac{2\pi}{N}k}z^{-1}}$$

带入 $z=e^{j\omega}$ 得到

$$H(e^{j\omega})=\sum_{k=0}^{N-1}H(k)\Phi\left(\omega-\frac{2\pi}{N}k\right) \tag{7-66}$$

式中，
$$\Phi(\omega)=\frac{1}{N}\frac{\sin(\omega N/2)}{\sin(\omega/2)}e^{-j\omega\frac{N-1}{2}}$$

式(7-66)表明，在采样点 $\omega=2\pi k/N$，$k=0,1,\cdots,N-1$ 上，$\Phi(\omega-2\pi k/N)=1$，所以，在采样点上 $H(e^{j\omega_k})$（$\omega_k=2\pi/N$）与 $H(k)$ 相等，误差为零。而在采样点之间，$H(e^{j\omega})$ 由有限项的 $H(k)\Phi(\omega-2\pi k/N)$ 之和形成，存在误差。误差大小和 $H_d(e^{j\omega})$ 特性的平滑程度有关，特性越平滑的区域，误差越小。特性间断处，误差最大。最终间断点处以斜线取代，形成过渡带 $\Delta\omega=\frac{2\pi}{N}$，在间断点附近也将形成振荡特性，使阻带衰减减小。往往不能满足技术要求。

根据上面的分析，增加 N，可以减小样本间的逼近误差，但是过渡带会变窄。由于 $H_d(e^{j\omega})$ 为理想矩形，无论怎样增加频率采样点，在断点处要使得幅度从 1 突变到 0，势必引起较大的起伏振荡，这就是吉布斯效应。增加样点并不能消除或减小吉布斯效应，而且会增加滤波器的体积和成本。为了减小吉布斯效应的影响，应尽量避免幅度特性的突变。所以可以考虑在理想滤波器的断点处增加一些过渡采样点，使断点处变得比较平滑，这样就减小了起伏振荡，使阻带衰减增大。

过渡点的取值直接影响滤波器的设计效果。从式(7-66)可以看出，每个频率采样值，都对应一项插值函数即 $H(k)\Phi(\omega-2\pi k/N)$，如果 $H(k)$ 设计合理，就可能减小带内波动，使滤波器性能改善。增加过渡点的示意如图 7.27 所示。通常过渡点取 1～3 点就可满足要求。

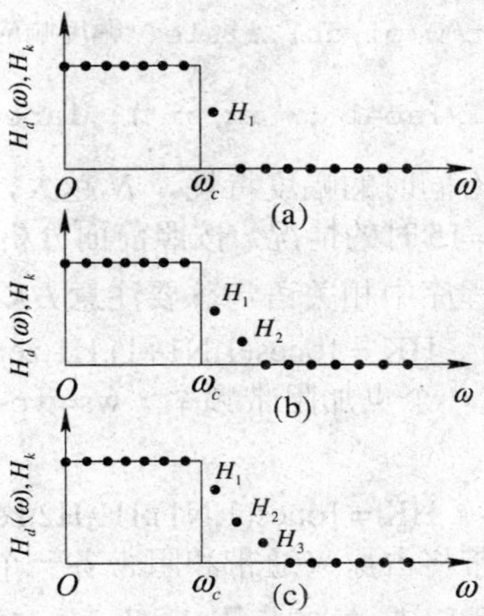

图 7.27　理想低通滤波器增加过渡点

在低通滤波器设计中，不加过渡点阻带衰减为 –20dB，增加一个过渡点，阻带衰减可提高到 –40～–54dB；增加两个过渡点阻带衰减可达 –60～–75dB，增加三个过渡点可达 –80～–95dB。但是要达到过渡点的最佳效果，必须用计算机进行优化计算获得最佳过渡点值。

增加过渡点后，滤波器的过渡带要重新修正：

$$\Delta\omega = \frac{2\pi}{N}(m+1) \qquad m = 0,1,2,\cdots \tag{7-67}$$

式中，m 为过渡点数。频率设计法的关键在于如何确定过渡点数和采样点。

过渡点数由阻带衰减指标确定，可根据经验估计确定，过渡点值由优化算法确定。

用 MATLAB 可以方便地用频率采样设计法进行滤波器设计。

【例 7.6】 利用频率采样法设计线性相位低通滤波器，要求 $\omega_c = 0.3\pi$，采样点数为 $N = 15$ 和 $N = 65$，并比较结果。

```
N =15;wc=0.3*pi;                                      %给定指标
N1=fix(wc/(2*pi/N));N2=N-2*N1-1;                      %N1 为通带点数，N2 为阻带长度
HK = [ones(1,N1+1),zeros(1,N2),ones(1,N1)];           %理想幅度特性样本序列
theta=-pi*[0:N-1]*(N-1)/N;                            %相位特性样本序列
H=HK.*exp(j*theta);                                   %频率特性样本序列
h=real(ifft(H));
                          %求脉冲响应序列。h 应为实序列，故去掉虚部，减小误差
[db,mag,pha,grd,w] = myfreqz(h,1);
                          %求滤波器分贝幅频、绝对幅频、相频、群延时
delta_w = 2*pi/1000;      %1000 等分 2*pi
Rp = -(min(db(1:wc/delta_w+1)))                       %求通带波动
As = -(max(db((wc+1)/delta_w+1:501)))                 %求阻带衰减
subplot(2,2,1);plot([0:2/N:(2/N)*(N-1) ],HK,'*');grid;
                                                      %画理想低通样本序列
axis([0,1,-0.1,1.1]);ylabel('Hd(k)')
subplot(2,2,2);stem([0:N-1],h);title('脉冲响应');      %画所求滤波器脉冲响应
axis([0 N -0.1 0.4]);ylabel('h(n)')
subplot(2,2,3);plot(w/pi,mag);                        %画滤波器实际频率响应
axis([0,1,-0.2,1.2]);title('幅度响应');
ylabel('H(w)');grid;
subplot(2,2,4);plot(w/pi,db);title('幅度响应 ');grid;
                                                      %画滤波器对数幅频特性
axis([0 1 -60 10]);xlabel('w in pi');ylabel('20logH(w)')
```

在左下图中给出了长度不同时的幅度特性，N 越大，幅频特性越接近理想滤波器，但振荡并无改进。其他图为 $N = 15$ 时的情况。按照前面分析，如果在断点处加入过渡点 H_1 重新执行上面的程序，并改动程序中相关语句，要注意 HK 的对称性。

加一个过渡点时改动 HK = [ones(1,N1+1),H1,zeros(1,N2-2),H1,ones(1,N1)];

由于加入 H_1 过渡带加宽一个点加阻带频率 ws=wp+2*2*pi/N; 重新确定求阻带衰减范围。

加两个过渡点时改动 HK = [ones(1,N1),H1,H2,zeros(1,N2-2),H2,H1,ones(1,N1-1)];

由于加 H_1 和 H_2，过渡带将占原来通带和阻带各一个位置，所以通带和阻带要重新计算，重新确定求通带波动和阻带衰减范围。即 wp=2*pi/N*fix(wc/(2*pi/N)-1); ws=wp+3*2*pi/N;

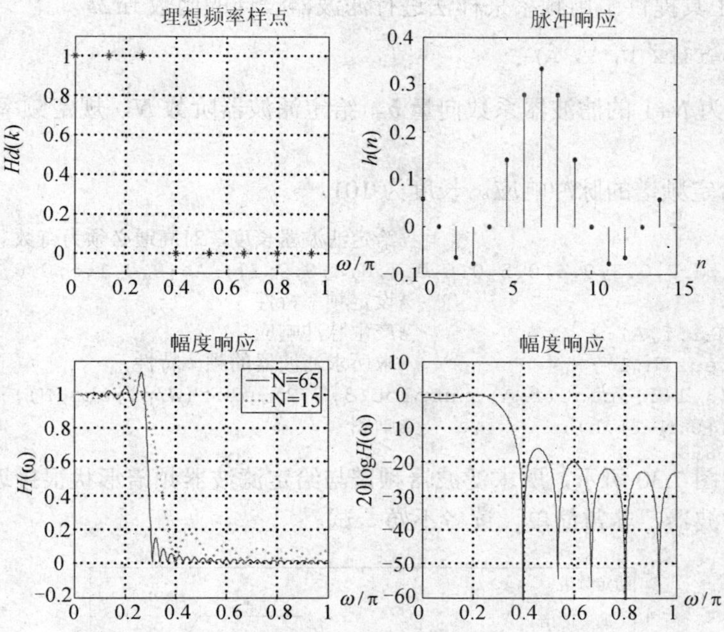

图 7.28　例 7.6 频率采样法设计低通滤波器

根据程序运行结果，并调整过渡点大小，可以看出，过渡点的大小对滤波器特性影响很大，所以要不断试凑，找出最佳值。本例中加一个过渡点时，$H_1 = 0.42$ 时可使阻带衰减达 −48dB 加两个过渡点时通过试凑找到最佳过渡点为 $H_1 = 0.594$， $H_2 = 0.11$，阻带衰减达 −66dB 如图 7.29 所示。

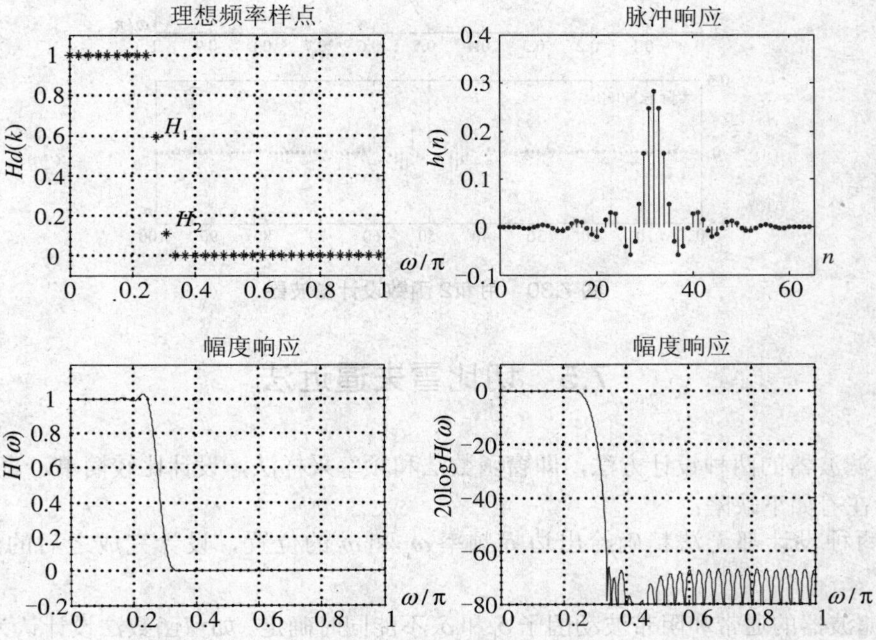

图 7.29　插入两个最佳过渡点时的滤波器特性

MATLAB 工具提供了用频率采样法进行滤波器设计的函数 fir2,

```
b=fir2(N, F, A);
```

%返回长度为 N+1 的滤波器系数向量 $\boldsymbol{b}$，给定滤波器阶数 $\boldsymbol{N}$，规定频率点 $\boldsymbol{F}$ 向量和相应幅度 $\boldsymbol{A}$ 向量；

【例 7.7】 求给定频谱的脉冲响应。长度为 101。

```
N=101;                                    %给定滤波器长度，对高通必须为奇数
f=[0,0.1,0.2,0.3,0.4,0.5,0.6,0.7,0.8,0.9,1]; A=[0,0,1.5,0,0,0,1,1,1,0,0];
                                          %设定频率特性
h=fir2(N-1,f,A);                          %产生脉冲响应
[H,W]=freqz(h,1);                         %求所求滤波器的频率特性
subplot(3,1,1);plot(f,A);subplot(3,1,2);plot(W/pi,abs(H));subplot(3,1,
3);stem([0:N-1],h);                       %画图
```

运行结果如图 7.30 所示，所求滤波器频谱与给定滤波器频谱形状很接近，它可设计各种指定频谱的滤波器，非常简单，读者不妨一试。

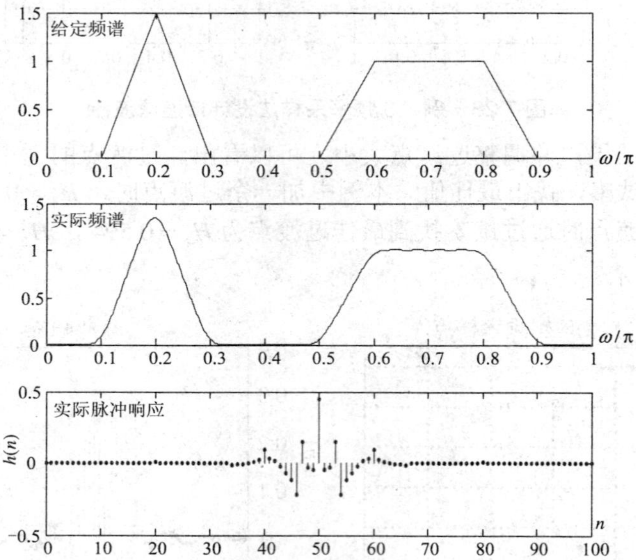

图 7.30　用 fir2 函数设计滤波器

7.5　切比雪夫逼近法

FIR 滤波器的两种设计方法，即窗函数法和频率采样法，设计比较简单、直观。但是它们也存在着如下缺陷：

(1) 两种设计都无法精确给出边界频率 ω_p 和 ω_s 的位置，设计完成之后的结果必须接受。

(2) 滤波器的通带和阻带波动因子 δ_1 和 δ_2 不能同时确定。如窗函数法设计认为 $\delta_1=\delta_2$，频率采样法中也可对 δ_2 可进行优化，但设计中都无法准确指定。实际频率响应与理想频率

响应之间的误差在频带上分布不均匀，离频带边界越近误差越大，离频带边界越远误差越小。通常期望误差可均匀分布在频带上，以获得同样设计指标情况下的较低阶滤波器。

实际上两种设计方法都采用了与理想滤波器特性的逼近思想。例如，窗函数法设计就是一种时域逼近法，它采用理想滤波器的一段 $h_d(n)$ 作为滤波器的 $h(n)$。如果用 $E(\omega)$ 表示理想滤波器 $H_d(\omega)$ 与实际滤波器 $H_g(\omega)$ 之间的幅频特性之间的误差则

$$E(\omega)=H_d(\omega)-H_g(\omega) \tag{7-68}$$

均方误差为

$$\mathrm{e}^2=\frac{1}{2\pi}\int_{-\pi}^{\pi}\left|E(\omega)\right|^2\mathrm{d}\omega \tag{7-69}$$

可以证明采用矩形窗时得到的均方误差是最小的。但 e^2 是在全频带上积分最小，但却无法保证某点幅度误差最小。此误差是在全频带上分布的，在过渡带附近，由于吉布斯效应，会产生较大的峰值，误差也较大；在远离过渡带的地方频响比较平稳，误差越来越小。虽然改变窗函数可减小峰值，但却无法保证均方误差最小。设想如果将误差能均匀分布在整个频带，就可能在同等指标下获得一个更低阶的滤波器。切比雪夫逼近法的思想就是设计一个通带和阻带都具有等波纹特征的滤波器，这样整个频带内与理想滤波器之间的误差就可保证为均匀分布，可以证明在同样阶数情况下这种设计方法的最大误差最小。

1. 切比雪夫最佳一致准则

设 $H_d(\omega)$ 表示理想滤波器幅度特性，$H_g(\omega)$ 表示实际滤波器幅度特性，$E(\omega)$ 表示加权误差函数则

$$E(\omega)=W(\omega)[H_d(\omega)-H_g(\omega)] \tag{7-70}$$

式中，$W(\omega)$ 称为误差加权函数，它的取值根据通带或阻带的逼近精度要求不同而不同。通常，在要求逼近精度高的频带，$E(\omega)$ 取值大，要求逼近精度低的频带，$E(\omega)$ 取值小。设计过程中 $W(\omega)$ 由设计者取定，例如对低通滤波器可取

$$W(\omega)=\begin{cases}\delta_2/\delta_1 & 0\leqslant\omega\leqslant\omega_p\\ 1 & \omega_p<\omega\leqslant\pi\end{cases} \tag{7-71}$$

δ_1 和 δ_2 分别为滤波器指标中的通带和阻带容许波动。如果 $\delta_2/\delta_1<1$，说明对通带的加权较小。如果用 $\delta_2/\delta_1=0.1$ 去设计滤波器，则通带最大波动 δ_1 将比阻带最大波动 δ_2 大 10 倍。

为设计具有线性相位特性的 FIR 滤波器，其单位脉冲响应 $h(n)$ 或幅度特性必须满足一定条件。

例如当 $h(n)=h(N-n-1)$ 且 N 为奇数情况时

$$H(\mathrm{e}^{\mathrm{j}\omega})=\mathrm{e}^{-\mathrm{j}\frac{N-1}{2}}H_g(\omega)$$

式中

$$H_g(\omega)=\sum_{n=0}^{(n-1)/2}a(n)\cos\omega n$$

将 $H_g(\omega)$ 代入式(7-70)得

$$E(\omega)=W(\omega)[H_d(\omega)-\sum_{n=0}^{M}a(n)\cos\omega n] \tag{7-72}$$

式中，$M=(N-1)/2$。最佳一致问题是确定 $M+1$ 个系数 $a(n)$，使 $E(\omega)$ 的最大值为最小。即

$$\min[\max_{\omega\in A}|E(\omega)|]$$

式中，A 表示所研究的频带，即通带或阻带。

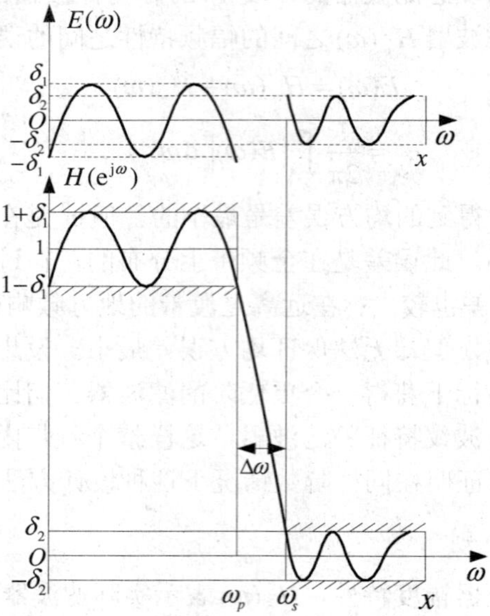

图 7.31　低通滤波器的最佳逼近

上述问题也称为切比雪夫逼近问题，其解可以用切比雪夫交替定理描述。

交替定理含义有以下两点：

(1) 满足 $E(\omega)$ 最大值最小化的多项式存在且唯一。换句话说，可以唯一确定一组 $a(n)$ 使 $H_g(\omega)$ 与 $H_d(\omega)$ 实现最佳一致逼近；

(2) 最佳一致逼近时，$E(\omega)$ 在频带 A 上呈现等波动特性，而且至少存在 $M+2$ 个"交错点"，即波动次数至少为 $M+2$ 次，并满足

$$E(\omega_i)=-E(\omega_i) \tag{7-73}$$

$$|E(\omega_i)|=\max_{\omega\in A}|E(\omega_i)|,\quad \omega_1<\omega_2<\omega_3\cdots<\omega_{M+2},\qquad \omega\in A$$

设 ρ 为等波动误差 $E(\omega)$ 的极值，所以式(7-73)可写为

$$E(\omega_i)=(-1)^i\rho\qquad i=1,2,\cdots,M+2 \tag{7-74}$$

运用交替定理，幅度特性 $H_g(\omega)$ 在通带和阻带内的应满足：

$$|H_g(\omega)-1|\leqslant\left|\frac{\delta_1}{\delta_2}\rho\right|=\delta_1\qquad 0\leqslant\omega_1\leqslant\omega_p \tag{7-75}$$

$$|H_g(\omega)\leqslant\rho=\delta_2|\qquad \omega_s\leqslant\omega\leqslant\pi \tag{7-76}$$

如图 7.31 所示，通带内的最佳 $H_g(\omega)$ 应在 $1\pm\delta_1$ 正负交替波动，而阻带内最佳 $H_g(\omega)$ 应在 $\pm\delta_2$ 之间正负交替波动，通过调整加权数中的 δ_1/δ_2，就可以控制通带和阻带波动比例。

2. 根据交替定理设计 FIR 线性相位滤波器(又称等波动设计法或最佳一致逼近法)

设希望设计的滤波器是线性相位低通滤波器，其幅度特性为

$$H_d(\omega)=\begin{cases}1 & 0\leqslant\omega\leqslant\omega_p\\ 0 & \omega_s\leqslant\omega\leqslant\pi\end{cases}$$

式中，ω_p 为通带截止频率，ω_s 为阻带截止频率，δ_1 为通带波动峰值，δ_2 为阻带波动峰值，如图 7.30 所示。设单位脉冲响应的长度为 N。如果知道了频带 A 上的 $M+2$ 个交错点频率：$\omega_1,\omega_2\cdots\omega_{M+2}$，按照式(7-72)，并根据交替定理可写出

$$\left.\begin{aligned}&W(\omega_k)\left(H_d(\omega_k)-\sum_{n=0}^{M}a(n)\cos n\omega_k\right)=(-1)^k\rho\\&\rho=\max_{\omega\in A}\left|E(\omega)\right|,\qquad k=1,2,\cdots,M+2\end{aligned}\right\}\tag{7-77}$$

写成矩阵形式

$$\begin{pmatrix}1 & \cos\omega_1 & \cos2\omega_1 & \cdots & \cos M\omega_1 & \dfrac{1}{W(\omega_1)}\\ 1 & \cos\omega_2 & \cos\omega_2 & \cdots & \cos M\omega_2 & \dfrac{-1}{W(\omega_2)}\\ 1 & \cos\omega_3 & \cos\omega_3 & \cdots & \cos M\omega_3 & \dfrac{1}{W(\omega_3)}\\ \vdots & \vdots & \vdots & \vdots & \vdots & \vdots\\ 1 & \cos\omega_{M+2} & \cos\omega_{M+2} & \cdots & \cos M\omega_{M+2} & \dfrac{(-1)^{M+2}}{W(\omega_{M+2})}\end{pmatrix}\begin{pmatrix}a(0)\\a(1)\\a(2)\\\vdots\\a_M\\\rho\end{pmatrix}=\begin{pmatrix}H_d(\omega_1)\\H_d(\omega_2)\\H_d(\omega_3)\\\vdots\\H_d(\omega_{M+1})\\H_d(\omega_{M+2})\end{pmatrix}\tag{7-78}$$

该方程也称最大最小方程，矩阵中由于 ω_i、$H_d(\omega_i)$ 和 $W(\omega_i)$ 都为已知数，所以方程有唯一解 $a(n)$，$n=0,1,2,\cdots M$。

不过，上述提供的方法是在这些交错点频率给定下得到的。实际上 $\omega_1,\omega_2\cdots\omega_{M+2}$ 是不知道的，所以直接求解比较困难，只能用逐次迭代的方法来解决。迭代求解的数学依据是 Remez 交换算法。为简单起见加权函数 $W(\omega)$ 采用式(7-71)的形式。

【例 7.7】 用等波动逼近法设计一个长度为 $N=13$ 的 Ⅰ 型线性 FIR 滤波器，要求在通带 $\omega=0\sim1$ 区间和阻带 $\omega=1.5\sim\pi$ 之间以最小波动逼近理想低通幅度特性。设通带允许波动为阻带波动的 2 倍。

解 因为 $N=13$，$M=(N-1)/2=6$，最大波动交替点有 $M+2=8$ 个。但它们的位置并不知道。先在通带内任意设 3 个点[0，0.5，1]，在阻带内设 5 个点[1.3，1.8，2.3，2.8，3.14]设用 w 表示频率组 ω_i，d 表示频率点对应的理想特性样点，Wt 表示对应的加权系数样点，a 表示滤波器系数[a0,a1,a2,a3,a4,a5,a6,a7,ρ]。

将这些系数代入矩阵式(7-78)进行 MATLAB 编程可得到希望设计的频率特性为：程序如下：

```
N=13;M=floor((N-1)/2);                          %滤波器及方程阶数
%w=[0,0.65,1,1.4,1.65,2.15,2.65,3.14];          %给定频率点向量
w=[0,0.5,1,1.5,1.9,2.3,2.7,3.14];               %给定频率点向量
d=[1,1,1,0,0,0,0,0];                            %理想幅度特性
P=cos(w'*[0:M]);                                %幅度特性的谐波向量
wt=[0.5,0.5,0.5,1,1,1,1,1];                     %加权向量
WT=(-1).^[0:M+1]./wt;                           %求矩阵中的加权系数的倒数项
```

```
Pa=[P,WT'];                                          %求最大最小方程系数矩阵
a=Pa\d'                                              %求解方程，解出 a
h=[flipud(a(2:M+1)/2)',a(1),a(2:M+1)'/2]             %按情况 1 的 FIR 滤波器由 a 求 h
[H,W]=freqz(h,1);                                    %由脉冲响应求频率特性
plot(W,abs(H));hold on                               %画出实际的幅频特性
H0=freqz(h,1,w);e=abs(H0)-d                          %求给定频率点上的幅频特性，并求点上的误差
plot(w,abs(H0),'.');grid                             %画出设定点上的幅度特性
```

运行结果:

```
a =0.3979  0.6076  0.1976 -0.1238  -0.1729 -0.0408   0.0584  0.0380
h =0.0292 -0.0204  -0.0864  -0.0619  0.0988  0.3038  0.3979  0.3038
0.0988  -0.0619  -0.0864  -0.0204   0.0292
e =-0.0760 0.0760 -0.0760  0.0380   0.0380  0.0380  0.0380  0.0380
```

从运行结果(见图 7.32)看出，这种方法确实保证了误差按加权原则均匀分布。但是由于所取的频点并不是最大波动点的位置，所以要满足设计要求，必须向极值方向调整频点位置。从曲线目测看出新的频率点向量为

```
w=[0,0.65,1,1.4,1.65,2.15,2.65,3.14]; 重新运行程序结果得
h =  0.0273  -0.0530  -0.0906  -0.0484  0.1049  0.2926  0.3778  0.2926
0.1049  -0.0484  -0.0906  -0.0530   0.0273
e =  -0.1566  0.1566  -0.1566  0.0783  0.0783  0.0783  0.0783  0.0783
```

幅度相应曲线如图 7.33。

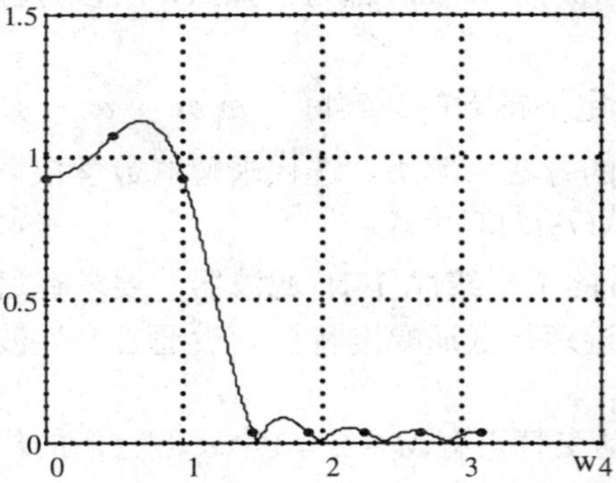

图 7.32　由初始频率点设计出的幅度特性

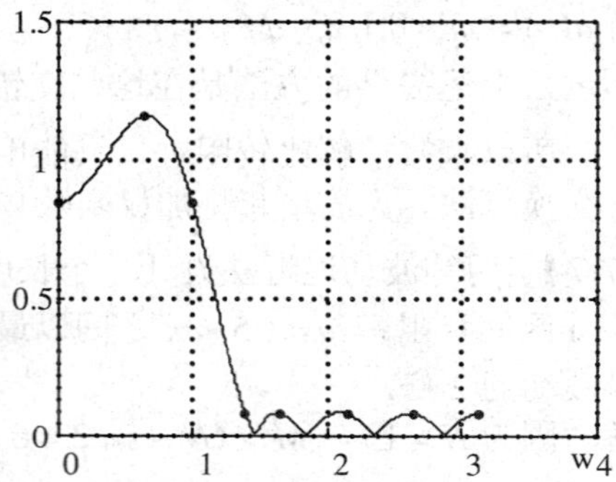

图 7.33　修改频率点后设计出的幅度特性

修改后，这些频率点基本上位于极值点上，满足最大-最小波动的设计要求。但是这只是靠目测试凑进行修正，很难做到完全最优，应用 MATLAB 进行计算。

3. MATLAB 实现最佳逼近设计

交替定理能确保最大-最小逼近问题的解存在且唯一，但并未说明如何去求这个解。因为既不知道滤波器长度 N (或方程阶数 M)，也不知道极值频率 ω_i ，不知道参数 $a(n)$ ，也不知道最大误差 δ 。Parks_McClellan 利用 Remez 交换算法给出一种迭代解。该解假定滤波器长度 N 和比值 δ_1/δ_2 已知，并按式(7-71)选取加权函数。如果阶数 N 选取合适，那么得到解时就有 $\delta=\delta_2$ 。显然，δ 和 N 是有关联的。N 越大，δ 就越小。在滤波器设计中 $\delta_1,\delta_2,\omega_p,\omega_s$

是已知的，所以 N 必须假定先知道。Kaiser 提出了一个简单公式来逼近 N：

$$N = \frac{-20\lg\sqrt{\delta_1\delta_2} - 13}{14.6\Delta f} + 1 \qquad \Delta f = \frac{\omega_s - \omega_p}{2\pi} \tag{7-79}$$

最优等波动滤波器的误差在频带 A 上极值数目有 $M+2$ 个或 $M+3$ 个，大部分情况有 $M+2$ 个。Parks_McClellan 算法首先设定有 $M+2$ 个极值频率点$\{\omega_i\}$，估计这些频率上的最大误差，按照给定的各点，拟合一个 M 阶多项式(7-79)形式。然后在一个较细的网格上确定局部极大值及其极值频率$\{\omega_i\}$，这些新频率点又可拟合出一个新的 M 多项式。重复以上过程一直到找到最佳$\{\omega_i\}$和全局最大值 δ 为止。迭代结果就得到多项式系数 $a(n)$，并最后算出滤波器单位脉冲响应 $h(n)$。

由于 N 是近似的，最大误差 δ 可能不等于 δ_2。如果是这样，需要增加 N ($\delta > \delta_2$)或减小 N ($\delta < \delta_2$)，再次用 remez 算法确定一个新的 δ。重复此过程直至 $\delta \approx \delta_2$。这样就得到了等波动滤波器。

MATLAB 提供了一个函数 remez 实现 Parks_McClellan 算法，调用格式通常有

[h]=remez(N,f,A): 设计一个 $N+1$ 阶 FIR 滤波器，给定频率点数组$\{f_i\}$和希望频率响应 A。f 单位为π即 $0 \leqslant f \leqslant 1$，通带和阻带加权函数为 1。返回脉冲响应。

[h]=remez(M,f,A,W): 与上述情况类似。W 为加权函数，长度为 f 的一半。

其他调用可参考 help remez 命令。

求出 $h(n)$ 后必须检查最小阻带衰减，并与给定的 α_s 比较，然后增加(或减小)滤波器阶数，重复此过程直到得到期望的 α_s。

【例 7.9】 设计一个最优化等波动数字 FIR 低通滤波器，要求用类型 I 实现。指标为

$$\omega_p = 0.2\pi \quad \omega_s = 0.3\pi \quad \alpha_p = 0.25\text{dB} \quad \alpha_s = 50\text{dB}$$

解

参考程序如下：运行结果见图 7.34

```
wp = 0.2*pi;ws = 0.3*pi;Rp = 0.25;As = 50;               %给定指标
delta1 = (10^(Rp/20)-1)/(10^(Rp/20)+1);  delta2 = (1+delta1)*(10^(-As/20));
                                                          %求波动指标
weights = [delta2/delta1 1]; deltaf = (ws-wp)/(2*pi); %给定权函数和△f=wp-ws
N=  ceil((-20*log10(sqrt(delta1*delta2))-13)/(14.6*deltaf)+1);  N=N+mod
(N-1,2);                                                  %估算阶数 N
f =[0 wp/pi ws/pi 1]; A = [1 1 0 0];            %给定频率点和希望幅度值
h = remez(N-1,f,A,weights);                     %求脉冲响应
[db,mag,pha,grd,W] = myfreqz(h,[1]);            %验证求取频率特性
delta_w = 2*pi/1000; wsi = ws/delta_w+1; wpi=wp/delta_w+1;
Asd = -max(db(wsi:1:500))                       %求阻带衰减
subplot(2,2,1);n=0:1:N-1;stem(n,h);axis([0,52,-0.1,0.3]); %画 h(n)
subplot(2,2,2);plot(W,db);                      %画对数幅频特性
subplot(2,2,3);plot(W,mag);axis([0,4,-0.5,1.5]); %画绝对幅频特性
n=1:(N-1)/2+1;H0=2*h(n)*cos(((N+1)/2-n)'*W)-mod(N,2)*h((N-1)/2+1);
                                                          %求 Hg(w)
subplot(2,2,4);plot(W(1:wpi),H0(1:wpi)-1,W(wsi+5:501),H0(wsi+5:501))
                                                          %求误差
```

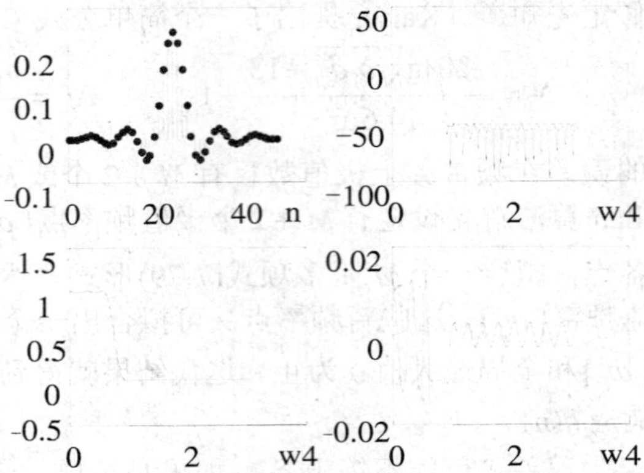

图 7.34　例 7.8 等波动滤波器的脉冲响应、幅度特性、误差特性

结果得到的阻带衰减$\alpha_s(A_{sd})$=47, $N=43$,不满足指标，

令$N=N+2$，再执行程序的$\alpha_s(A_{sd})$=48.8，仍不满足要求，

再令$N=N+2=47$，执行程序的$\alpha_s(A_{sd})$=51，满足要求。

【例 7.10】　设计一个最优化等波动 FIR 带通滤波器，指标为

$$\omega_{s1}=0.2\pi \quad \omega_{p1}=0.35\pi \quad \omega p2=0.65\pi \quad \omega_{s2}=0.8\pi \quad \alpha_p=1 \quad \alpha_s=60\text{dB}$$

解　该程序 MATLAB 如下

```
w1p = 0.35*pi;w1s = 0.2*pi;Rp = 1;w2s=0.8*pi;w2p=0.65*pi;As = 60;
delta1 = (10^(Rp/20)-1)/(10^(Rp/20)+1);delta2 = (1+delta1)*(10^(-As/20));
weights = [1 delta2/delta1 1];deltaf = min((w2s-w2p)/(2*pi),(w1p-w1s)/
(2*pi));
N = ceil((-20*log10(sqrt(delta1*delta2))-13)/(14.6*deltaf)+1);N=N+1;
f =[0 w1s/pi w1p/pi w2p/pi w2s/pi 1];m = [0 0 1 1 0 0];
h = remez(N-1,f,m,weights);[db,mag,pha,grd,W] = myfreqz(h,[1]); dw =
2*pi/1000;
ws1i=floor(w1s/dw)+1;wp1i=floor(w1p/dw)+1;
ws2i=floor(w2s/dw)+1;wp2i=floor(w2p/dw)+1;
Asd = -max(db(1:ws1i))
subplot(2,2,1); n=0:1:N-1;stem(n,h);
subplot(2,2,2);plot(W/pi,db);grid;axis([0,1,-70,10]);
subplot(2,2,3);plot(W/pi,mag);grid;axis([0,1,-0.1,1.1]);
subplot(2,2,4); n=1:(N-1)/2+1; H0=2*h(n)*cos(((N+1)/2-n)'*W)-mod(N,2)
*h((N-1)/2+1);
plot(W(1:ws1i)/pi,H0(1:ws1i),W(wp1i:wp2i)/pi,(mag(wp1i:wp2i)-1)/50,W(w
s2i+15:501)/pi,H0(ws2i+15:501));grid;
```

执行结果画图如下：

其程序语句同学们可自行进行分析标注。

4. 线性相位 FIR 滤波器的四种统一表示式

上面以 $h(n)$ 为偶对称，且 $N=$ 奇数为例介绍了等波动逼近算法。为了也能用于其他三种情况，需要将线性相位 FIR 滤波器的四种类型用统一表达式表示，设计时只要将所需类型转换成统一表示式即可。

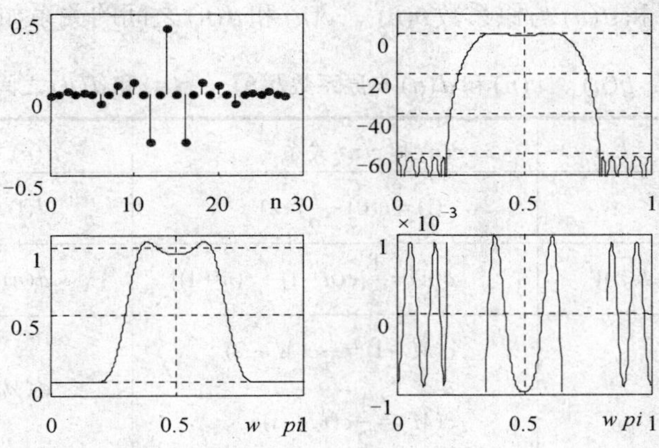

图 7.35 例 7.9 中等波动带通滤波器的脉冲响应、幅度特性、误差特性

在 7.1 节，已推导出线性相位的四种情况，它们的幅度特性 $H_g(\omega)$ 分别表示如下：

当 $h(n)=h(N-n-1)$ 时

(1) $N=$ 奇数 $\quad H_g(\omega)=\sum_{n=0}^{M}a(n)\cos\omega n \qquad M=\dfrac{N-1}{2}$ (7-80a)

(2) $N=$ 偶数 $\quad H_g(\omega)=\sum_{n=1}^{M}b(n)\cos\left(n-\dfrac{1}{2}\right)\omega \qquad M=\dfrac{N}{2}$ (7-80b)

当 $h(n)=-h(N-n-1)$ 时

(3) $N=$ 奇数 $\quad H_g(\omega)=\sum_{n=0}^{M}c(n)\sin\omega n \qquad M=\dfrac{N-1}{2}$ (7-80c)

(4) $N=$ 偶数 $\quad H_g(\omega)=\sum_{n=0}^{M}d(n)\sin\left(n-\dfrac{1}{2}\right)\omega \qquad M=\dfrac{N}{2}$ (7-80d)

经过推导可把 $H_g(\omega)$ 统一表示为

$$H_g(\omega)=Q(\omega)P(\omega) \tag{7-81}$$

四种情况的 $Q(\omega)$ 和 $P(\omega)$ 如表 7-4 所示。

表 7-4 线性相位 FIR 滤波器的四种情况

表达式		$H_g(\omega)$	$P(\omega)$	$Q(\omega)$	M
偶对称 $h(n)=h(N-n-1)$	$N=$ 奇数	$\sum_{n=0}^{M}a(n)\cos(n\omega)$	$\sum_{n=0}^{M}a(n)\cos(n\omega)$	1	$\dfrac{N-1}{2}$
	$N=$ 偶数	$\sum_{n=1}^{M}b(\tilde{n})\cos[(n-0.5)\omega]$	$\sum_{n=1}^{M}b(n)\cos(n\omega)$	$\cos(\omega/2)$	$\dfrac{N}{2}$
奇对称 $h(n)=-h(N-n-1)$	$N=$ 奇数	$\sum_{n=0}^{M}c(n)\sin(n\omega)$	$\sum_{n=0}^{M}c(\tilde{n})\cos(n\omega)$	$\sin\omega$	$\dfrac{N-1}{2}$
	$N=$ 偶数	$\sum_{n=1}^{M}d(n)\sin[(n-0.5)\omega]$	$\sum_{n=1}^{M}d(\tilde{n})\cos(n\omega)$	$\sin\omega$	$\dfrac{N}{2}$

表中$\tilde{b}(n)$、$\tilde{c}(n)$和$\tilde{d}(n)$与原系数$b(n)$、$c(n)$和$d(n)$之间的关系如下：

表 7-5　$\tilde{b}(n)$、$\tilde{c}(n)$和$\tilde{d}(n)$与原系数$b(n)$、$c(n)$和$d(n)$之间的关系

$b(n)$和$\tilde{b}(n)$关系	$c(n)$和$\tilde{c}(n)$关系	$d(n)$和$\tilde{d}(n)$关系
$b(1)=\tilde{b}(0)+\frac{1}{2}\tilde{b}(1)$	$c(1)=\tilde{c}(0)-\frac{1}{2}\tilde{c}(2)$	$d(1)=\tilde{d}(0)-\frac{1}{2}\tilde{b}(1)$
$b(n)=\frac{1}{2}[\tilde{b}(n-1)+\tilde{b}(n)]$	$c(n)=\frac{1}{2}[\tilde{c}(n-1)+\tilde{c}(n+1)]$	$d(n)=\frac{1}{2}[\tilde{d}(n-1)-\tilde{d}(n)]$
$b(M)=\frac{1}{2}\tilde{b}(M-1)$	$c(M-1)=\frac{1}{2}\tilde{c}(M-2)$ $c(M)=\frac{1}{2}\tilde{c}(M-1)$	$d(M)=\frac{1}{2}\tilde{d}(M-1)$
$n=2,3,\cdots,M-1$	$n=2,3,\cdots,M-2$	$n=2,3,\cdots,M-1$

将式(7-81)代入式(7-70)得

$$E(\omega)=W(\omega)[H_d(\omega)-P(\omega)Q(\omega)]=W(\omega)Q(\omega)\left[\frac{H_d(\omega)}{Q(\omega)}-P(\omega)\right] \tag{7-82}$$

令

$$\hat{W}(\omega)=W(\omega)Q(\omega) \tag{7-83}$$

$$\hat{H}_d(\omega)=\frac{H_d(\omega)}{Q(\omega)} \tag{7-84}$$

则

$$E(\omega)=\hat{W}(\omega)[\hat{H}_d(\omega)-P(\omega)] \tag{7-85}$$

式(7-85)中必须保证$Q(\omega)\neq 0$，因此要去除$\omega=0$和$\omega=\pi$点

表 7-4 给出了四种 FIR 线性相位滤波器的统一表达式。这样在设计滤波器时，给定技术指标后，根据具体情况按式(7-83)～式(7-85)进行统一表达式的转换。然后按前面介绍的方法进行设计。

7.6　IIR 和 FIR 数字滤波器的比较

通过上文可知，数字滤波器分为两大类：IIR 和 FIR 滤波器。根据分析，两类滤波器既具有共同之处，又有很大不同，要想正确的选择使用滤波器，必须对其特点了如指掌。下面将两类滤波器各自特点比较归纳如下：

(1) 从滤波器结构来看，IIR 滤波器为递归结构，即系统存在反馈环节。其极点位置必须位于单位圆内，以确保系统稳定，但是该系统受有限字长效应影响较大，可能产生寄生振荡。

FIR 滤波器采用非递归结构，无反馈环节。系统只有零值极点，故系统永远稳定，由于无反馈作用，有限字长效应很小，运算误差较小。

(2) 从脉冲响应看，IIR 滤波器脉冲响应为无限长，而 FIR 滤波器脉冲响应为有限长。所以 FIR 滤波器可用 FFT 进行快速运算，而 IIR 滤波器则不能。

(3) 从成本来看，IIR 滤波器的极点可位于单位圆内任一点，因此可用较低的阶数获得

较高的选择性。由于阶数低，实现滤波器所需要的存储单元少，比较经济；在指标相同的情况下，FIR 滤波器的阶数远高于 IIR 滤波器，其原因是 FIR 滤波器只有原点处的极点，只能用高阶数实现高频率选择性。通常实现同样指标，FIR 滤波器需要的阶数是 IIR 的 5～10 倍。

(4) 从性能看，IIR 滤波器的相位特性往往具有非线性特性，所以信号通过 IIR 滤波器时，肯定会产生相位失真，要想使相位特性线性化，必须对相位特性进行补偿校正，这将大大增加滤波器的体积。而 FIR 滤波器能够实现严格的线性相位特性。

(5) 从设计上看，IIR 滤波器可借助模拟滤波器的设计结果，用现成的公式进行准确计算，还可进行查表，计算工作量较小，对计算设计工具要求不高。而 FIR 滤波器没有现成的设计公式，窗函数法只是提供了窗函数的计算，但对求通带、阻带衰减没有现成公式计算，完整的设计必须借助计算机进行，对设计工具要求高。

(6) 从所设计的滤波器类型看，IIR 滤波器受模拟滤波器类型的约束，只适合设计具有片断常数特性的滤波器，如低通、高通、带通和带阻等。而 FIR 滤波器不但可以设计具有片断常数特性的滤波器，而且还能设计具有某些特殊用途的滤波器如：微分器、正交变换器、线性调频器、复杂形状的滤波器等用巴特沃斯、切比雪夫方法无法达到的结果。

(7) 从使用要求看，IIR 滤波器适用于对相位要求不敏感的场合，如语言通信等方面；而 FIR 滤波器可用于对线性相位特性要求较高的地方如：图像信号处理、数据传输等以波形携带信息的系统。

从比较看出，IIR 滤波器和 FIR 滤波器特点各有千秋，应根据实际需求，综合考虑各方面因素，在满足指标要求的前提下，还要考虑设计工具和经济因素。

*7.7 其他类型的数字滤波器

前面已经了解了 IIR 和 FIR 滤波器的分析和设计方法，所设计的滤波器基本可以满足各种实际应用。但是在实际中根据应用场合，常常要对滤波器提出一些特殊要求。例如，要求滤波器尽量简单、阶次较低、处理速度尽量快，对频率响应有些特殊要求，而其他要求不高。掌握这些具有特色的特殊类型滤波器，对工程设计和系统分析非常有用。

7.7.1 全通滤波器

如果滤波器幅频特性对所有频率均等于常数或 1，即

$$\left|H(e^{j\omega})\right|=1, \qquad 0\leqslant\omega\leqslant 2\pi \tag{7-86}$$

则该滤波器称为全通滤波器。全通滤波器的频率响应函数可表示成

$$H(e^{j\omega})=e^{j\varphi(\omega)} \tag{7-87}$$

式(7-87)表明信号通过全通滤波器后，幅度谱保持不变，仅相位谱 $\varphi(\omega)$ 随 ω 改变，起纯相位滤波作用。

全通滤波器的系统函数一般形式如下：

$$H(z)=\frac{\sum_{k=0}^{N}a_k z^{-N+k}}{\sum_{k=0}^{N}a_k z^{-k}}=\frac{z^{-N}+a_1 z^{-N+1}+a_2 z^{-N+2}+\cdots a_N}{1+a_1 z^{-1}+a_2 z^{-2}+\cdots+a_N z^{-N}}\qquad a_0=1 \tag{7-88}$$

或者写成多个二阶滤波器级联形式：

$$H(z)=\prod_{i=1}^{L}\frac{z^{-2}+a_{1i}z^{-1}+a_{2i}}{a_{2i}z^{-2}+a_{1i}z^{-1}+1} \tag{7-89}$$

上面两式中的系数均为实数。可以看出，全通滤波器系统函数 $H(z)$ 的构成特点是其分子、分母多项式的系数相同，但排列顺序相反。可以证明式(7-88)式表示的滤波器具有全通幅频特性。

$$H(z)=\frac{\sum_{k=0}^{N}a_k z^{-N+k}}{\sum_{k=0}^{N}a_k z^{-k}}=z^{-N}\frac{\sum_{k=0}^{N}a_k z^{k}}{\sum_{k=0}^{N}a_k z^{-k}}=z^{-N}\frac{D(z^{-1})}{D(z)} \tag{7-90}$$

式中，$D(z)=\sum_{k=0}^{N}a_k z^{-k}$，因为系数是实数，所以

$D(z^{-1})\big|_{z=e^{j\omega}}=D(e^{-j\omega})=D^*(e^{j\omega})$　　　式中 $D^*(e^{j\omega})$ 是 $D(e^{-j\omega})$ 的共轭。

所以
$$\left|H(e^{j\omega})\right|=\left|\frac{D^*(e^{j\omega})}{D(e^{j\omega})}\right|=1$$

这就证明了式(7-88)表示的 $H(z)$ 具有全通滤波特性。

全通滤波器的零点和极点互为共轭倒易关系。设 z_k 为 $H(z)$ 的零点，按照式(7-90) z_k^{-1} 必然是 $H(z)$ 的极点，记为 $p_k=z_k^{-1}$，则 $p_k z_k=1$。如果 $D(z)$ 和 $D(z^{-1})$ 的系数是实数，其极点、零点或者为实数，或者以共轭复数对出现。对复数零点、复数极点必然以四个一组出现。例如，z_k 为 $H(z)$ 的零点，则必有零点 z_k^*、极点 $p_k=z_k^{-1}$、$p_k^*=(z_k^{-1})^*$ 同时存在。如果零极点为实数，则同时出现两个且互为倒数。零极点位置示意图如图 7.36 所示。

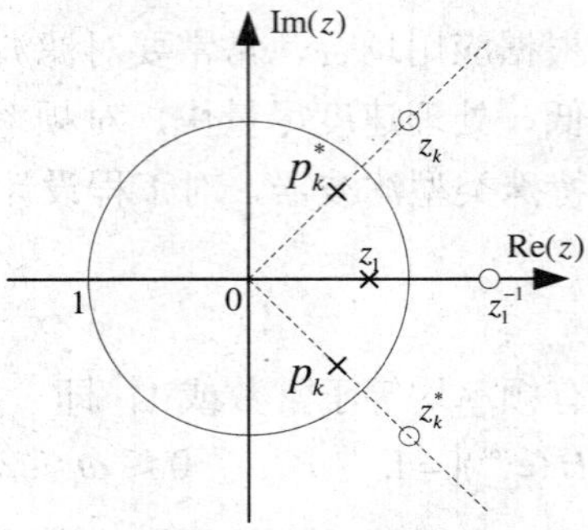

图 7.36　全通滤波器零极点示意图

观察图 7.36，如果将零点 z_k 和极点 p_k^* 组成一对，将零点 z_k^* 与极点 p_k 组成一对，那么全通滤波器的极点和零点便以共轭倒易关系出现，即如果 z_k^{-1} 为全通滤波器的零点，则 z_k^* 必然是全通滤波器的极点。所以全通滤波器可写成如下形式：

$$H(z)=\prod_{k=1}^{N}\frac{z^{-1}-z_k}{1-z_k^* z^{-1}} \tag{7-91}$$

显然式(7-91)中极点和零点互为共轭倒易关系。其全通性留给读者思考。为保证分子、分母多项式是实系数，极点和零点分别以共轭对形式出现，当 $N=1$ 时，零极点均为实数。

全通滤波器是一种纯相位滤波器，经常用于相位均衡。对幅频特性满足要求而相频特性有缺陷的滤波器，可以通过级联全通滤波器进行相位校正。

7.7.2 梳状滤波器

设滤波器的系统函数为 $H(z)$，如果在滤波器的单位圆按相角 $0\sim 2\pi$ 上均匀配置若干个零点，就可以产生梳状幅度特性。这种滤波器称为梳状滤波器。它的分子具有 z^N-1 或 z^N+1 的形式。

因为 $z^N-a=0$ 时的 N 个根为 $\qquad z_k=a^{\frac{1}{N}}\mathrm{e}^{\mathrm{j}\frac{2k}{N}\pi},\qquad k=0,1,\cdots,N-1$

而 $z^N+a=0$ 的 N 个根为 $\qquad z_k=a^{\frac{1}{N}}\mathrm{e}^{\mathrm{j}\frac{(2k+1)}{N}\pi}\qquad k=0,1,\cdots,N-1$

所以梳状滤波器有 N 个零点且均匀分布在单位圆上。

【例 7.11】 设系统的传递函数为 $H(z)=\dfrac{1-z^{-N}}{1-az^{-N}}$，$0<a<1$，$N=8$，求零极点分布和频率响应。

解

它有 8 个单位圆上的零点和 8 个单位圆内的极点。用 MATLAB 可以方便地画出零点分布和频率响应。语句如下：得到的结果见图 7.37 和图 7.38。

```
b=[1,0,0,0,0,0,0,0,-1];a=[1,0,0,0,0,0,0,0,0,-0.5];%输入分子分母多项式
zplane(b,a);  %画零极点分布图
freqz(b,a,'whole');%画0～2π上的频率响应
```

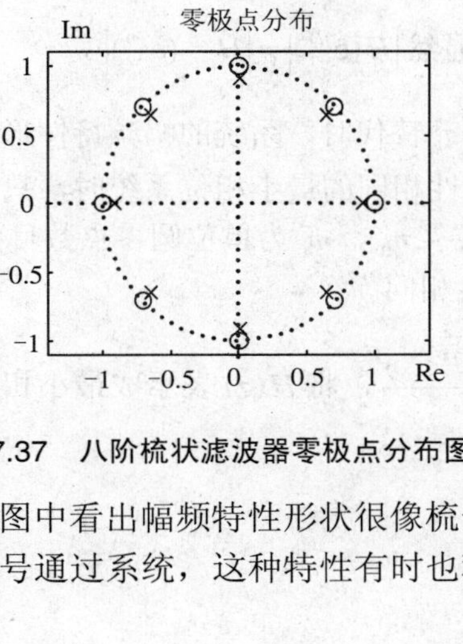

图 7.37 八阶梳状滤波器零极点分布图

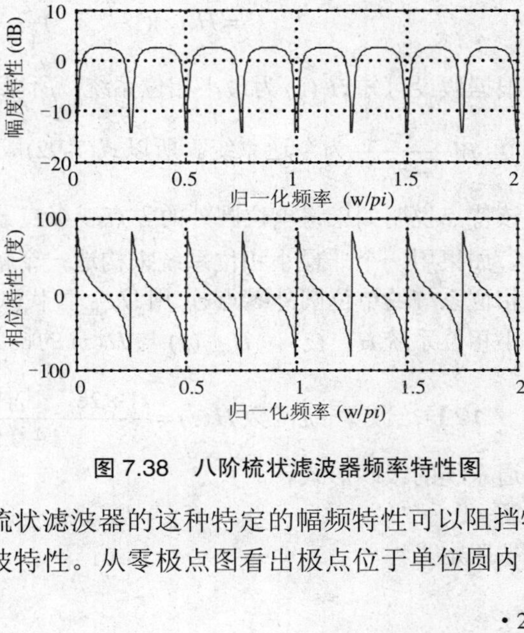

图 7.38 八阶梳状滤波器频率特性图

从图中看出幅频特性形状很像梳子，梳状滤波器的这种特定的幅频特性可以阻挡特定频率信号通过系统，这种特性有时也称陷波特性。从零极点图看出极点位于单位圆内以保

证系统稳定。极点位置离相应零点位置越近，陷波特性就越窄。这种滤波器可用于消除电网谐波干扰，在彩色电视机中用于进行亮色分离等。

7.7.3 最小相位系统

一个线性时不变系统 $H(z)$ 因果稳定的充要条件是系统的全部极点必须位于单位圆内。只要频响特性满足要求，零点可位于 z 平面的任何位置。实际上在幅频特性满足要求的情况下，构成此系统的系统函数并不唯一。比如，全通滤波器：

$$H(z)=\frac{7+2z^{-1}+0.3z^{-2}+z^{-3}}{1+0.3z^{-1}+2z^{-2}+7z^{-3}} \text{ 和 } H(z)=\frac{-0.3-0.3z^{-1}+0.5z^{-2}+z^{-3}}{1+0.5z^{-1}-0.3z^{-2}-0.3z^{-3}}$$

都具有幅频特性 $|H(\mathrm{e}^{\mathrm{j}\omega})|=1$ 的特点。但系统函数却不同，表现在系统的相位特性不同。

如果对系统的零点也进行约束，即要求全部零点也必须位于单位圆内，则在幅度特性确定的情况下，就可以唯一地确定该系统的系统函数，也就唯一的确定其相位特性，这就是最小相位系统。

如果因果稳定系统 $H(z)$ 的全部零点都在单位圆内，则称之为最小相位系统，记为 $H_{\min}(z)$；反之，如果所有零点都在单位圆外，则称之为最大相位系统；若单位圆内、外都有零点，则称之为混合相位系统。

最小相位系统具有非常重要的特点，在系统工程理论中的重要内容之一。

任何一个非最小相位系统均可表示成一个最小相位系统 $H_{\min}(z)$ 和一个全通系统 $H_{ap}(z)$ 的级联形式，即

$$H(z)=H_{\min}(z)H_{ap}(z) \tag{7-92}$$

证明：假设因果稳定系统 $H(z)$ 有一个零点 $z=1/z_0$ 在单位圆外，这里 $|z_0|<1$，其余零极点都在单位圆内。则 $H(z)$ 就可表示为：

$$\begin{aligned}H(z)&=H_1(z)(z^{-1}-z_0)=H_1(z)(z^{-1}-z_0)\frac{1-z_0^*z^{-1}}{1-z_0^*z^{-1}}\\&=H_1(z)(1-z_0^*z^{-1})\frac{z^{-1}-z_0}{1-z_0^*z^{-1}}\end{aligned} \tag{7-93}$$

根据假设可知 $H_1(z)$ 为最小相位系统，所以 $H_1(z)(1-z_0^*z^{-1})$ 也是最小相位系统。根据式(7-91)可知 $\dfrac{z^{-1}-z_0}{1-z_0^*z^{-1}}$ 为全通系统。所以式(7-92)成立，显然 $|H(\mathrm{e}^{\mathrm{j}\omega})|=|H_{\min}(\mathrm{e}^{\mathrm{j}\omega})|$。

该特点说明如果将单位圆外的零点或极点 z_k 用 $1/z_k^*$ 替代时，系统的幅频特性形状保持不变。如果用一个非最小相位系统来构造一个幅频特性相同的最小相位系统时，只要将非最小相位系统的单位圆外零点 z_{0k} 用 $1/z_{0k}^*$ 替代($k=1,2,\cdots,m_0$，m_0 为单位圆零点数目)，即可得最小相位系统 $H_{\min}(z)$，$H_{\min}(z)$ 与 $H(z)$ 的幅频特性相同。

【例 7.12】 给定系统函数 $H(z)=\dfrac{(1+2\mathrm{e}^{\mathrm{j}\frac{\pi}{3}}z^{-1})(1+2\mathrm{e}^{-\mathrm{j}\frac{\pi}{3}}z^{-1})}{1+0.5z^{-1}}$，将 $H(z)$ 表示成最小相位系统和全通系统的级联形式。

解

按照定义

$$H(z)=4\frac{(z^{-1}+0.5\mathrm{e}^{\mathrm{j}\frac{\pi}{3}})(z^{-1}+0.5\mathrm{e}^{-\mathrm{j}\frac{\pi}{3}})}{1+0.5z^{-1}}\frac{(1+0.5\mathrm{e}^{-\mathrm{j}\frac{\pi}{3}}z^{-1})(1+0.5\mathrm{e}^{\mathrm{j}\frac{\pi}{3}}z^{-1})}{(1+0.5\mathrm{e}^{-\mathrm{j}\frac{\pi}{3}}z^{-1})(1+0.5\mathrm{e}^{\mathrm{j}\frac{\pi}{3}}z^{-1})}$$

$$=4\frac{(1+0.5\mathrm{e}^{-\mathrm{j}\frac{\pi}{3}}z^{-1})(1+0.5\mathrm{e}^{\mathrm{j}\frac{\pi}{3}}z^{-1})}{1+0.5z^{-1}}\frac{(z^{-1}+0.5\mathrm{e}^{\mathrm{j}\frac{\pi}{3}})(z^{-1}+0.5\mathrm{e}^{-\mathrm{j}\frac{\pi}{3}})}{(1+0.5\mathrm{e}^{-\mathrm{j}\frac{\pi}{3}}z^{-1})(1+0.5\mathrm{e}^{\mathrm{j}\frac{\pi}{3}}z^{-1})}$$

所以
$$H_{\min}(z)=4\frac{(1+0.5\mathrm{e}^{-\mathrm{j}\frac{\pi}{3}}z^{-1})(1+0.5\mathrm{e}^{\mathrm{j}\frac{\pi}{3}}z^{-1})}{1+0.5z^{-1}}$$

$$H_{\mathrm{ap}}(z)=\frac{(z^{-1}+0.5\mathrm{e}^{\mathrm{j}\frac{\pi}{3}})(z^{-1}+0.5\mathrm{e}^{-\mathrm{j}\frac{\pi}{3}})}{(1+0.5\mathrm{e}^{-\mathrm{j}\frac{\pi}{3}}z^{-1})(1+0.5\mathrm{e}^{\mathrm{j}\frac{\pi}{3}}z^{-1})}$$

在幅频特性相同的所有因果稳定系统中，最小相位系统的相位延时(负的相位值)最小。

全部零点在单位圆内的系统具有最小相位延时，“最小相位系统”由此得名。任何一个非最小相位系统的相位特性可表示如下：

$$\arg[H(\mathrm{e}^{\mathrm{j}\omega})]=\arg[H_{\min}(\mathrm{e}^{\mathrm{j}\omega})]+\arg[H_{ap}(\mathrm{e}^{\mathrm{j}\omega})] \tag{7-94}$$

因此只要证明了全通系统的相位函数是非正的，则该性质得证。

由于高阶全通系统总可以用一阶和二阶全通系统函数相乘来表示。一阶和二阶全通系统的系统函数分别如下：

$$H_{\mathrm{ap}}(z)=\frac{z^{-1}-a}{1-az^{-1}}\quad(a\text{ 为实数，}|a|<1) \tag{7-95}$$

$$H_{\mathrm{ap}}(z)=\frac{z^{-1}-a^*}{1-az^{-1}}\cdot\frac{z^{-1}-a}{1-a^*z^{-1}}\quad(a\text{ 为复数，}|a|<1) \tag{7-96}$$

设 $a=r\mathrm{e}^{\mathrm{j}\theta}$ 对一阶系统，$H(z)=\dfrac{(1+az^{-1})(1+a^*z^{-1})}{(1+bz^{-1})(1+b^*z^{-1})}$

$$\arg[H_{\mathrm{ap}}(\mathrm{e}^{\mathrm{j}\omega})]=\arg\left[\frac{\mathrm{e}^{-\mathrm{j}\omega}-r}{1-r\mathrm{e}^{-\mathrm{j}\omega}}\right]=-\omega-2\arctan\left[\frac{r\sin\omega}{1-r\cos\omega}\right] \tag{7-97}$$

对二阶系统

$$\arg[H_{\mathrm{ap}}(\mathrm{e}^{\mathrm{j}\omega})]=\arg\left[\frac{(\mathrm{e}^{-\mathrm{j}\omega}-r\mathrm{e}^{-\mathrm{j}\theta})}{(1-r\mathrm{e}^{\mathrm{j}\theta}\mathrm{e}^{-\mathrm{j}\omega})}\frac{(\mathrm{e}^{-\mathrm{j}\omega}-r\mathrm{e}^{\mathrm{j}\theta})}{(1-r\mathrm{e}^{-\mathrm{j}\theta}\mathrm{e}^{-\mathrm{j}\omega})}\right]$$

$$=-2\omega-2\arctan\left[\frac{r\sin(\omega-\theta)}{1-r\cos(\omega-\theta)}\right]-a\arctan\left[\frac{r\sin(\omega+\theta)}{1-r\cos(\omega+\theta)}\right] \tag{7-98}$$

当 $0\leqslant\omega\leqslant\pi$ 时均有 $\arg[H_{\mathrm{ap}}(\mathrm{e}^{\mathrm{j}\omega})]\leqslant 0$，所以 $\arg[H_{\min}(\mathrm{e}^{\mathrm{j}\omega})]$ 为最小。

【例 7.13】 设最小相位系统的系统函数为

$$H(z)=(1+r\mathrm{e}^{\mathrm{j}\theta}z^{-1})(1+r\mathrm{e}^{-\mathrm{j}\theta}z^{-1})(1+r_1\mathrm{e}^{\mathrm{j}\varphi}z^{-1})(1+r_1\mathrm{e}^{-\mathrm{j}\varphi}z^{-1})$$

画具有相同幅频特性的各种系统的零极点分布和相频特性，并求单位脉冲响应。

解

这是一个 FIR 非线性相位系统。取 $r=0.85, r_1=-0.7, \theta=0.9\pi, \varphi=0.3\pi$ 用下面的程序具有相同幅频特性的零极点分布(用 $1/z_k^*$ 代替 z_k)r=0.85; theta=0.9*pi; r1=0.7; phi=0.7*pi;

%给出零点，其他情况作相应修改。

```
Z=[-r*exp(j*theta),-r*exp(-j*theta),-r1*exp(j*phi),-r1*exp(-j*phi)];
                                        %零点向量
 P=[0,0,0,0];                           %极点向量
 zplane(Z',P')                          %画出零极点分布
dw=pi/50; w=0:dw:pi;
y11=(1+r*exp(j*theta)*exp(-j*w)).*(1+r*exp(-j*theta)*exp(-j*w));
y12=(1+r1*exp(j*phi)*exp(-j*w)).*(1+r1*exp(-j*phi)*exp(-j*w));
y1=y11.*y12; x1=phase(y1);              %零点全部在单位圆内的相位特性
y21=(1+1/r*exp(-j*theta)*exp(-j*w)).*(1+1/r*exp(j*theta)*exp(-j*w));
y22=(1+1/r1*exp(-j*phi)*exp(-j*w)).*(1+1/r1*exp(j*phi)*exp(-j*w));
y2=y21.*y22;x2=phase(y2);               %零点全部在单位圆外的相位特性
y31=(1+r*exp(j*theta)*exp(-j*w)).*(1+r*exp(-j*theta)*exp(-j*w));
y32=(1+1/r1*exp(j*phi)*exp(-j*w)).*(1+1/r1*exp(-j*phi)*exp(-j*w));
y3=y31.*y32;x3=phase(y3);               %一对零点全部在单位圆内的相位特性
y41=(1+1/r*exp(j*theta)*exp(-j*w)).*(1+1/r*exp(-j*theta)*exp(-j*w));
y42=(1+r1*exp(j*phi)*exp(-j*w)).*(1+r1*exp(-j*phi)*exp(-j*w));
y4=y41.*y42;x4=phase(y4);               %另一对零点全部在单位圆外的相位特性
plot(w/pi,x1,w/pi,x2,'--',w/pi,x3,':',w/pi,x4,'-.');grid
```

画出具有相同幅频特性的四种系统的相位特性如图 7.40 所示。可以看出最小相位系统的相位滞后最小，而最大相位系统的相位滞后最大。

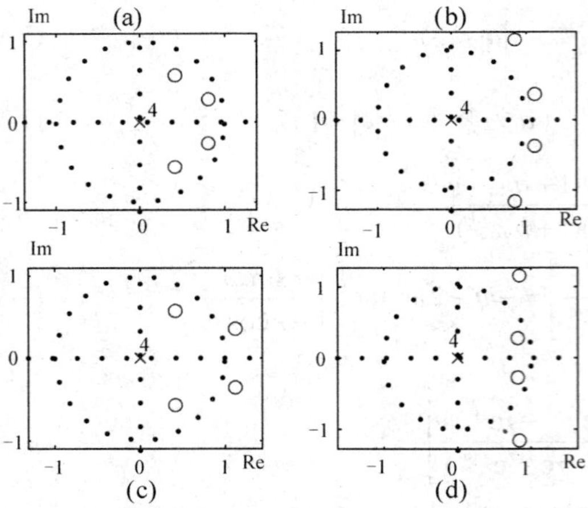

图 7.39　例 7.12 中具有相同幅频特性的四种系统

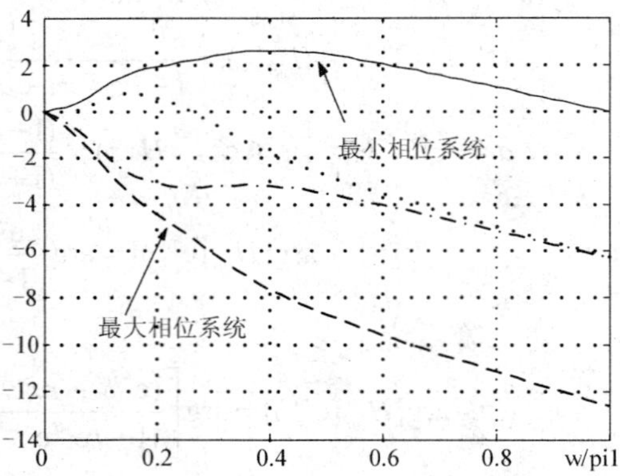

图 7.40　四种情况的相位特性

求出四种系统的单位脉冲响应，因为用 $1/z_k^*$ 代替 z_k 时，虽然幅度特性形状不变，但其总增益却发生了变化。例如对$(1+re^{j\theta}e^{-j\omega})$，作替代后得$(1+1/re^{j\theta}e^{-j\omega})$

因为 $\left|1+re^{j\theta}e^{-j\omega}\right|=r\left|1+1/re^{j\theta}e^{-j\omega}\right|$，所以在求四个系统的单位脉冲响应时，应当进行相应处理保证总增益不变。

本例求单位脉冲响应的程序为：(求 ha(n)，其他情况需作相应修改，留给读者思考)

```
r=0.85;theta=0.9*pi;r1=0.7;phi=0.7*pi;
a=[1,r*exp(j*theta)];b=[1,r*exp(-j*theta)];
c=[1,r1*exp(j*phi)];d=[1,r1*exp(-j*phi)];
```

```
A=conv(a,b);B=conv(c,d);h=conv(A,B);
k=0:length(h)-1;stem(k,h);axis([-1,6,-4,4]);grid
```

图 7.41 中四个系统与图 7.39 对应。从脉冲相应序列看出，由于最小相位系统的特点，使得时域响应波形延时和能量延时都为最小。反映在最小相位系统最左端序列样点值较大，最大相位系统样点值最小。可以证明一般情况下

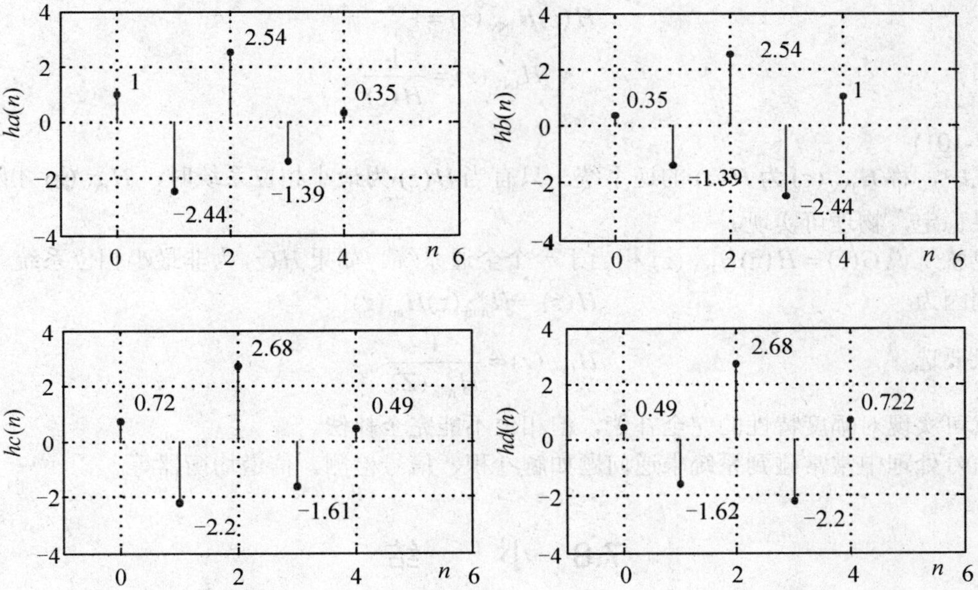

图 7.41　四种相同幅频特性的单位脉冲响应

$$\left|h(0)\right| < \left|h_{\min}(0)\right| \tag{7-99}$$

该式说明在所有幅频特性相同的因果稳定系统中，最小相位系统对 $\delta(n)$ 的响应波形延时最小。如果定义 $h(n)$ 的能量积累 $E(m)$ 为

$$E(m) = \sum_{n=0}^{m} h^2(n) \qquad 0 \leqslant m < +\infty$$

则系统最小相位系统的能量延时满足下面关系：

$$\sum_{n=0}^{m} h_{\min}^2(n) \geqslant \sum_{n=0}^{m} h^2(n) \tag{7-100}$$

由于
$$\int_{-\pi}^{\pi} \left|H(\mathrm{e}^{\mathrm{j}\omega})\right|^2 \mathrm{d}\omega = \int_{-\pi}^{\pi} \left|H_{\min}(\mathrm{e}^{\mathrm{j}\omega})\right|^2 \mathrm{d}\omega$$

根据帕塞瓦尔(parseval)定理
$$\sum_{n=0}^{+\infty} h^2(n) = \sum_{n=0}^{+\infty} h_{\min}^2(n)$$

式(7-100)表明 $h_{\min}(n)$ 的能量集中在 n 较小的范围内，说明能量延时最小。

最小相位系统保证其逆系统存在。

在信号处理系统中经常遇到信号经过某个系统发生了失真，为了消除失真，往往需要重新构造一个系统来进行系统补偿。如图 7.42 所示，要保证信号通过 $G(z)$ 不失真，即 $y(n) = x(n)$，就必须满足

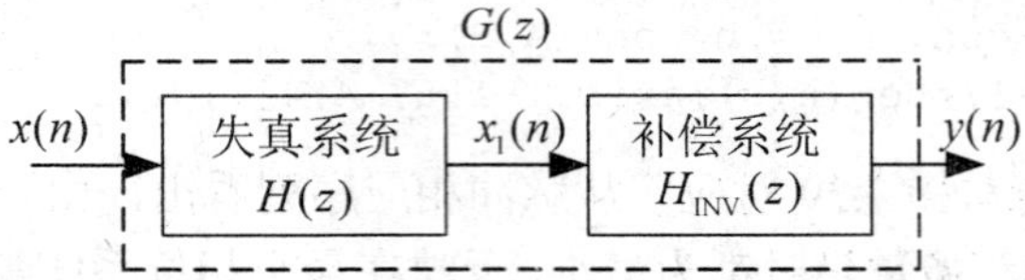

图 7.42 对失真系统进行补偿

$$H(z)H_{\text{INV}}(z)=1$$

即
$$H_{\text{INV}}(z)=\frac{1}{H(z)}$$

(7-101)

式中，称 $H_{\text{INV}}(z)$ 为 $H(z)$ 的逆系统。只有当 $H(z)$ 为最小相位系统时，$H_{\text{INV}}(z)$ 才能保证因果稳定，物理可实现。

也就是说 $G(z)=H(z)H_{\text{INV}}(z)$ 相当于一个全通系统。如果 $H(z)$ 为非最小相位系统

则因为
$$H(z)=H_{\min}(z)H_{\text{ap}}(z)$$

只要选
$$H_{\text{INV}}(z)=\frac{1}{H_{\min}(Z)}$$

就可实现对幅度特性的完全补偿，但相位不能完全补偿。

信号处理中常常碰到系统求逆问题如解卷积、信号检测、信道均衡器等。

7.8 小 结

本章主要知识点如下，

(1) FIR 滤波器特点：FIR 滤波器的单位脉冲响应为有限长序列；

FIR 滤波器为非递归结构，无反馈环节；

FIR 滤波器只有 $z=0$ 的极点，所以系统总是稳定；

(2) 当 FIR 滤波器的单位脉冲响应为对称的实序列时，其相位频率特性具有严格的线性特性，这种线性特性可保证系统无相位失真。线性相位条件为

$$h(n)=\pm h(N-1-n)$$

(3) 具有线性相位特性的 FIR 滤波器其幅度特性与脉冲响应长度的奇偶性有关。而且各种时域对称序列的幅度特性在频域也有相应的对称性见表 7-1，即

$$H_g(\omega)=\pm H_g(2\pi-\omega)$$

(4) FIR 滤波器的设计方法主要有：窗函数法、频率采样法、切比雪夫逼近法等。

窗函数法的设计思想是加窗截取理想滤波器的单位脉冲响应的一段作为所要设计的滤波器的脉冲响应。加窗后由于截断效应，不但产生了过渡带，而且所设计的滤波器与理想特性相比幅度产生了波动，使阻带衰减减小。增加窗的长度 N 可减小过渡带，但不能减小波动。改变窗的形状，可以使阻带衰减降低，但却以增加过渡带为代价。有各种窗函数可供选择。窗函数法设计简单，实用，但边界频率不易控制。

频率采样法是直接用希望设计的频率特性 $H_d(\mathrm{e}^{\mathrm{j}\omega})$ 的采样点 $H_d(k)$ 设计滤波器。过程是

$$H_d(\mathrm{e}^{\mathrm{j}\omega})\xrightarrow{\text{采样}}H_d(k)\xrightarrow{\text{IDFT}}h(n)\xrightarrow{\text{ZT}}H(z)$$

由于 $h(n)$ 与理想脉冲响应之间有误差产生，所以设计出的滤波器与理想滤波器间产生了误差特别是在间断点上误差最大，表现为振荡波动。增加采样点可减小平滑断的逼近误差，但对波动影响不大，通过在间断点处增加过渡点，可改善波动，提高阻带衰减。

切比雪夫逼近法是一种优化设计方法，这种滤波器在通带和阻带的波纹都是各自相等的，它与响应的理想滤波器之间的最大差值最小。而且在相同指标时，切比雪夫滤波器阶数最低。

(5) FIR 滤波器的设计方法也适用线性相位高通、带通、带阻滤波器的设计。

(6) MATLAB 是设计 FIR 滤波器的有效工具，特别是在阶数较高时更为方便。

(7) FIR 滤波器的阶数通常都比较高，在对相位特性有线性要求时采用，在图像处理和数据传输领域里常常使用。

7.9 习 题

1. 思考题：

(1) FIR 滤波器最突出的优点是什么？

(2) 线性相位 FIR 数字滤波器的条件和特点是什么？

(3) 利用窗函数设计 FIR 数字滤波器的特点？

(4) 比较 IIR 和 FIR 数字滤波器的优缺点？

2. 已知 FIR 滤波器的单位脉冲响应为

(1) $N=6$

$h(0)=h(5)=0.5$

$h(1)=h(4)=2$

$h(2)=h(3)=3$

$h(3)=0$

(2) $N=7$

$h(0)=-h(6)=2$

$h(1)=-h(5)=-3$

$h(2)=-h(4)=1$

试画出它们的线性相位型结构图，并分别说明它们的幅度特性、相位特性各有什么特点。

3. 已知 FIR 滤波器的 16 个频率采样值为

$H(0)=10$ $\qquad H(3)\sim H(13)=0$

$H(1)=2+\mathrm{j}\sqrt{3}$ $\qquad H(14)=1+\mathrm{j}$

$H(2)=-1-\mathrm{j}$ $\qquad H(15)=2-\mathrm{j}\sqrt{3}$

试画出其频率采样结构，选择 $r=1$，可以用复数乘法器。

4. 设 FIR 滤波器的系统函数为

$$H(z)=\frac{1}{8}(1+0.3z^{-1}+2.3z^{-2}+0.3z^{-3}+z^{-4})$$

求出该滤波器的单位采样响应 $h(n)$，判断是否具有线性相位，并求出其幅度特性和相位特性，最后画出其直接型结构和线性相位型结构。

5. 用矩形窗设计线性相位低通滤波器，逼近滤波器传输函数 $H_d(\mathrm{e}^{\mathrm{j}\omega})$ 为

$$H_d(e^{j\omega})=\begin{cases}e^{-j\omega\alpha} & 0\leqslant|\omega|\leqslant\omega_c\\ 0 & \omega_c<|\omega|\leqslant\pi\end{cases}$$

(1) 求出相应于理想低通的单位脉冲响应 $h_d(n)$；

(2) 求出矩形窗设计法的 $h(n)$ 表达式，确定 α 与 N 之间的关系；

(3) N 取奇数或偶数对滤波器特性有什么影响？

6. 用矩形窗设计一线性相位高通滤波器，逼近滤波器传输函数 $H_d(e^{j\omega})$ 为

$$H_d(e^{j\omega})=\begin{cases}e^{-j\omega\alpha} & \omega_c\leqslant\omega\leqslant\pi\\ 0 & 其他\end{cases}$$

(1) 求出该理想高通的单位采样响应 $h_d(n)$；

(2) 写出用矩形窗设计法的 $h(n)$ 的表达式，确定 α 与 N 的关系；

(3) N 的取值有什么限制？为什么？

7. 理想带通特性为

$$H_d(e^{j\omega})=\begin{cases}e^{-j\omega\alpha} & \omega_c\leqslant|\omega|\leqslant\omega_c+B\\ 0 & |\omega|<\omega_c,\omega_c+B<|\omega|\leqslant\pi\end{cases}$$

其幅度特性 $|H_d(\omega)|$ 如下图所示。

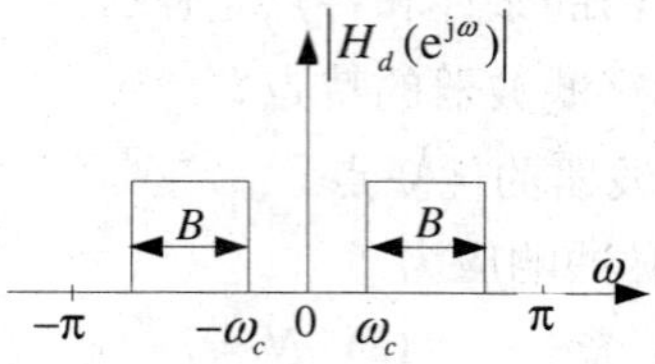

(1) 求出该理想带通滤波器的单位脉冲响应 $h_d(n)$；

(2) 写出用升余弦窗设计的滤波器 $h(n)$，确定 N 与 α 之间关系；

(3) N 的取值是否有限制？为什么？

8. 试完成下面两题：

(1) 设低通滤波器的单位脉冲响应与传输函数分别用 $h(n)$ 和 $H(e^{j\omega})$，如果另一个滤波器的单位脉冲响应为 $h_1(n)$，它与 $h(n)$ 的关系是 $h_1(n)=(-1)^n h(n)$，试证明滤波器 $h_1(n)$ 是一个高通滤波器。

(2) 设低通滤波器的单位脉冲响应与传输函数分别用 $h(n)$ 和 $H(e^{j\omega})$，截止频率为 ω_c。如果另一个滤波器的单位脉冲响应为 $h_2(n)$，它与 $h(n)$ 的关系是 $h_2(n)=2h(n)\cos\omega_0 n$，且 $\omega_c<\omega_0<(\pi-\omega_c)$，试证明滤波器 $h_2(n)$ 是一个带通滤波器。

9. 图中，$h_1(n)$ 是偶对称序列，N=8，$h_2(n)$ 是 $h_1(n)$ 圆周移位(移 $N/2$=4)后的序列，设

$$H_1(k)=\text{DFT}[h_1(n)],k=0,1,\cdots,N-1$$
$$H_2(k)=\text{DFT}[h_2(n)],k=0,1,\cdots,N-1$$

(1) $|H_1(k)|=|H_2(k)|$，是否成立？为什么？

(2) 用 $h_1(n)$ 和 $h_2(n)$ 分别构成的低通滤波器是否具有线性相位？群延时多少？

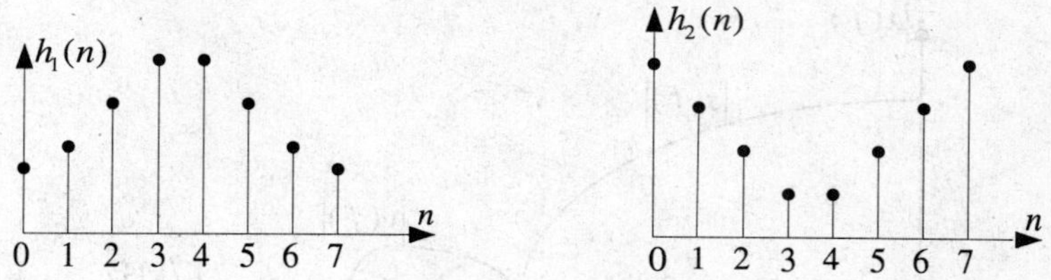

10. 利用矩形窗、升余弦窗、改进升余弦窗和布莱克曼窗设计线性相位 FIR 低通滤波器。要求通带截止频率 $\omega_c = \pi/4$ rad, $N=21$。求出分别对应的单位脉冲响应，绘出它们的幅频特性并进行比较。

11. 将技术要求改为设计线性相位高通滤波器，重复题 9。

12. 利用窗函数(汉明窗)法设计一数字微分器，逼近图所示的理想特性，并绘出其幅频特性。

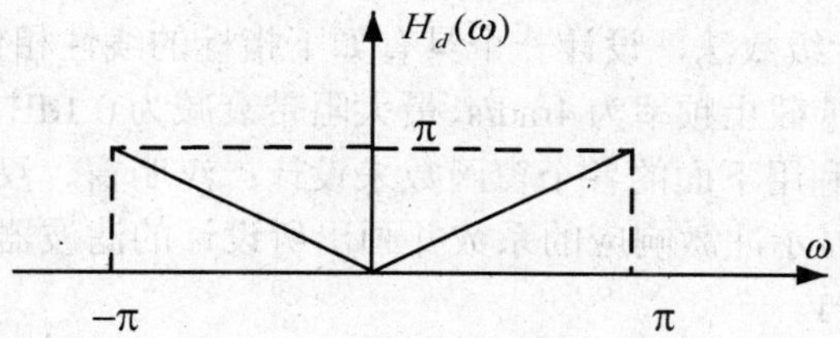

13. 利用频率采样法设计一线性相位 FIR 低通滤波器，给定 $N=21$，通带截止频率 $\omega_c = 0.25\pi$ rad。求出 $h(n)$，为了改善其频率响应应采取什么措施？

14. 利用频率采样法设计线性相位 FIR 低通滤波器，设 $N=16$，给定希望滤波器的幅频采样值为

$$H_{dg}(k)=\begin{cases}1 & k=0,1,2,3\\ 0.456 & k=4\\ 0 & k=5,6,7\end{cases}$$

15. 重复题 13，但改为用矩形窗函数法设计。并将设计结果与题 13 进行比较。

16. 利用频率采样法设计线性相位 FIR 带通滤波器，设 $N=33$，理想幅度特性 $H_d(\omega)$ 如下图所示。

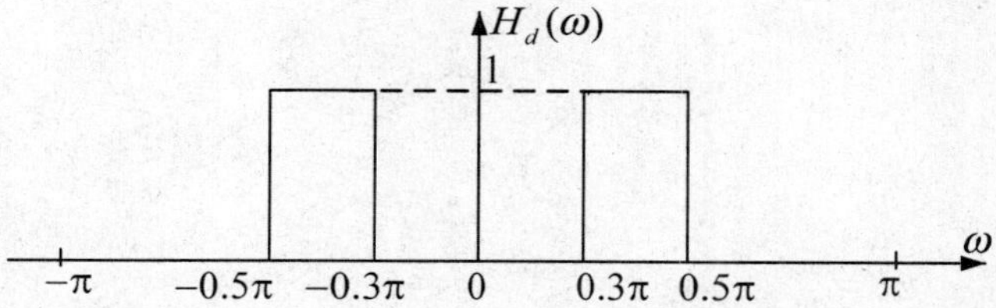

17. 设信号 $x(t)=s(t)+v(t)$，其中 $v(t)$ 是干扰，$s(t)$ 与 $v(t)$ 的频谱不混叠，其幅度谱如图所示，要求设计一数字滤波器，将干扰滤除，指标是允许 $|s(f)|$ 在 $0 \leqslant f \leqslant 15$ kHz 频率范围中幅度失真为 ±2% ($\delta_1 = 0.02$)；$f > 20$ kHz，衰减大于 40dB ($\delta_2 = 0.01$)；希望分别用 FIR 和 IIR 两种滤波器进行滤除干扰，最后进行比较。

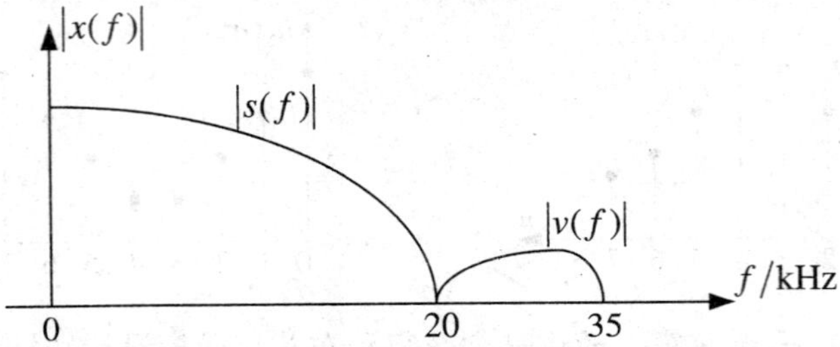

18. 要通过给截止频率 $\omega_c = 0.3\pi$ 的理想离散时间低通滤波器的脉冲响应 $h_d[n]$ 加窗函数 $W[n]$ 来设计一个 FIR 低通滤波器，并满足技术指标：

$$0.95 < H(\mathrm{e}^{\mathrm{j}\omega}) < 1.05, \quad 0 \leqslant |\omega| \leqslant 0.25\pi$$
$$-0.1 < H(\mathrm{e}^{\mathrm{j}\omega}) < 0.1, \quad 0.35\pi \leqslant |\omega| \leqslant \pi$$

那种窗函数滤波器可满足这一要求？对于每一个能满足这一要求的窗函数，求出滤波器所要求的最小长度 $M+1$。

19. 利用加窗傅里叶级数法，设计一个具有如下指标的线性相位 FIR 低通滤波器：通带截止频率为2rad/s，阻带截止频率为4rad/s，最大阻带衰减为0.1dB，最小阻带衰减为40dB，其采样频率为20rad/s。利用下面的各个窗函数来设计：汉明窗、汉宁窗、布莱克曼窗和凯塞窗。对于每种情况，显示冲激响应的系数并画出所设计的滤波器的增益响应。分析你的结果。不要用 M 文件 fir1。

20. 分别利用上题中用到的窗函数以及 MATLAB 的函数 fir1，设计线性相位 FIR 低通滤波器。对于每种情况，分别显示其冲激响应系数并画出设计的滤波器的增益响应。将结果与上题得到的结果相比较。

第 8 章　数字信号处理中的有限字长效应

教学提示：任何一个实际的数字系统，无论是用专用硬件构成的还是用通用计算机的软件实现的，都是将无限精度的数据作为有限字长的数据来处理的。本章简要介绍在数字系统中，因为有限字长的影响通常会产生的几种误差，以及各种有限字长效应的分析方法，并统计估算它们对数字系统的影响。

教学要求：了解数字系统的结构、采用的数制、量化方式和运算方式及系统所采用的字长对系统性能的影响。掌握 A/D 转换及滤波器系数的量化产生的量化效应。掌握数字滤波器运算时乘积项的舍入误差所产生有限字长效应。

8.1　引　言

在前面各章的讨论中，都未涉及到数字和运算的精度问题，即认为数字信号与系统都是无限精度的。但实际上任何一个数字系统，无论是用专用硬件构成的还是用通用计算机的软件实现的，其信号序列的量值、运算过程中的结果及数字系统的有关参数都要存储在有限字长的存储单元中。即在数字系统中的每一个数都是用有限长的二进制码表示，这种有限字长的数，其精度当然也是有限的。因此一个实际的数字系统，是将无限精度的数据作为有限字长的数据来处理的。这样将会使实际系统与原设计的系统产生一定的误差。严重时甚至可使所实现的系统达不到原设计要求。因此，在设计数字系统时，分析其有限字长的效应是十分必要的。

一般在数字系统中，因为有限字长的影响，通常会产生以下三种误差：

(1) 输入的模拟信号经过 A/D 转换成离散信号时产生的量化效应。

(2) 系数用有限长二进制数实现时产生的量化效应。

(3) 数字运算过程中，因为存储单元的有限字长必须对运算结果作出处理而产生的各种误差。

这三种因素对一个数字系统所造成的影响是很复杂的，它与系统的结构、采用的数制、量化方式和运算方式及系统所采用的字长有关。前两种是对模拟量量化所引起的误差，后一种是由于数字量在运算过程中经常需要对运算结果做尾数处理所引起的误差。要同时对所有这些因素进行综合分析是困难的。同时要精确地知道误差的大小有时也是没有必要的。因此可以简化分析，对以上三种效应分别进行单独分析。并在一定的假设条件下，统计估算它们的影响。

近年来，随着计算机和微处理器技术的飞速发展，硬件的运算速度和运算精度都在不断提高，数字信号处理中的有限字长效应问题已经是很重要的问题了。但是在实际应用中，考虑实际系统的硬件成本、实现的复杂性、以及运行速度，还不能选用更长的字长，因此还必须考虑实际系统的有限字长效应问题。

本章针对定点和浮点实现的数字滤波器和快速傅里叶变换，对上述各项有限字长的效应进行一般的讨论。并对某些特殊情况给以详尽的分析。

8.2 量 化 效 应

前面已经指出了量化效应主要是指输入的模拟信号经过 A/D 转换成离散信号时产生的量化效应和系数用有限长二进制数实现时产生的量化效应。

由于数字处理时数的表示有定点制和浮点制两种。浮点制运算比定点制运算的动态范围大，处理精度高。但实现较复杂且运算速度慢，因而常用于计算机上的软件实现，进行非实时处理。在实时处理中定点制运算得到广泛应用，因为它运算速度较快且硬件实现较经济，但由于定点运算的动态范围和处理精度受限制较大因而有限字长效应问题显得较突出。所以首先讨论定点制和浮点制算法的量化误差问题。

8.2.1 量化误差

在数字系统的整个运算过程中，小数点在二进制数码中的位置是固定不变的，称为定点制。定点制通常将数值限定在±1 之间，可表示数的位数由寄存器的长度决定。如寄存器长$L+1$位，则 1 位表示符号位，L位表示数据字长。最高位为符号位代表数的正负号，数的本身只有小数部分，称为尾数。尾数可表示的数的最小数为2^{-L}，即寄存器最低位上的 1。这个值称为量化间距。

在定点制中，运算过程中的所有数值的绝对值也都必须小于 1。如果运算过程中出现数据的绝对值超过 1 时，就要进位到符号位，导致数据错误，称为溢出。为此，对于大于 1 的数，就要乘上一个比例因子，使其绝对值小于 1，运算完后，再除以同一比例因子还原为原数值输出。

定点制的加法运算不会增加字长，因为小数点后的位数不变。但是加法运算会出现溢出的可能性，例如 0.1010+0.1100=①.0110，产生了溢出。为了防止运算结果出现预期的溢出，可以预先选择恰当的比例因子，使计算结果绝对值小于 1。

定点制的乘法运算不会产生溢出，因为乘数的绝对值都小于 1，乘积的绝对值将会更小。但是相乘后的字长会增加一倍，L+1 位的定点数相乘后字长为 2L 位，也就需要 2L 位字长的存储单元。所以，定点制每次乘法运算后都要进行尾数处理，使结果仍然保持字长为 L 位。一般有两种处理方法；截尾和舍入。截尾就是将寄存器容纳不下的低位数截断；舍入是在数据的 L+1 位加 1，然后截断为 L 位。截尾或舍入都会引起误差。这种对尾数进行处理产生的误差就称为量化误差。

浮点制可以避免定点制动态范围小、有溢出现象的问题。二进制数浮点制表示的格式为(n，b)，其中 b 为指数位，n 为尾数位。一个数的二进制浮点表示为

$$x=m\cdot 2^{E}$$

式中 m 是尾数，E 为指数，称为阶码。尾数用带符号位的定点数表示，E 的最大值由指数位数 b 确定。尾数的字长决定了浮点制运算的精度，而阶码的字长决定了浮点制数的动态范围。为了充分利用尾数的有效位数，浮点制中总是使尾数的第一位保持为 1，称为规格

化形式。当尾数不满足规格化要求时，可以将尾数左移，同时调整阶码，实现尾数的规格化。例如，二进制数 0.0101×2^{11} 是非规格化表示，把它的尾数左移并相应地调整阶码，写为 0.101×2^{10}，就变成为规格化的表示了。

浮点制的乘法是尾数相乘指数相加，其中尾数相乘的方法与定点制相同，不会产生溢出，但可能使字长增加，就需要做截尾或舍入处理。如果尾数相乘的结果为非规格化的数，还需要进行规格化，即尾数左移并调整阶码。由于指数项相当于增益因子，所以浮点乘法的绝对误差增长很快。

两个阶码相同的浮点数相加，就是两个数的尾数相加，与定点运算相同，和数的阶码即是两数原来的阶码。两个阶码不相同的浮点数相加，首先要解除阶码小的数的规格化表示，使它的阶码与大阶码数相等，再作尾数相加。在此过程中，阶码加 1，尾数的小数点要左移 1 位，超过字长的尾数部分要作截尾或舍入处理。这样处理后，只有阶码最大的数保留了原来的精度，因此浮点加法使精度降低。

不论是浮点加法还是乘法，尾数的位数都可能超出存储单元的字长，就需要做尾数处理，因此都产生量化误差。

由于定点制或浮点制的尾数部分，整数位都用作符号位，根据负数表达方式的不同，二进制码又可以分为原码、补码和反码表示。原码乘除运算方便，不论正负数，乘除结果的符号位直接就是两数符号位的逻辑加，数值则由两数尾数部分乘除运算求出。但用原码作加法运算时，先要判断两数符号位是否相同，符号位不同时实际上要作减法运算。并且还要经过判断，选择绝对值大的数减绝对值小的数，这就增加了运算时间。采用补码作加法运算比较方便，反码与补码类似，也可以直接相加，但如果符号位有进位时，要将进位的 1 加到最低位上去，称为“循环进位”。补码加法运算还有一个重要特点，如果有几个数相加，只要最终结果不出现溢出，即使在运算过程中有溢出情况，也不会影响最后结果的正确性。

例如当数 x 被量化时，就会引入量化误差 e，有

$$e=Q[x]-x \tag{8-1}$$

式中 $Q[x]$ 为 x 的量化值，即经过截尾或舍入后的值。

e 的范围取决于数的表示形式及量化方法。图 8.1 表示舍入处理时的量化特性；图 8.2 则的分别表示截尾处理时定点制补码表示的数与原码、反码表示的数的量化特性。

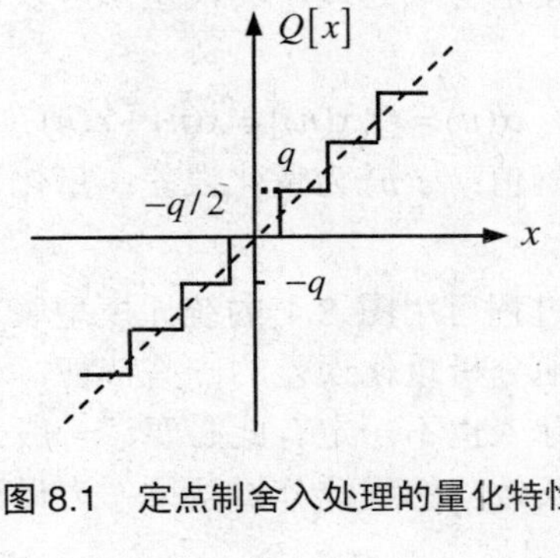

图 8.1　定点制舍入处理的量化特性

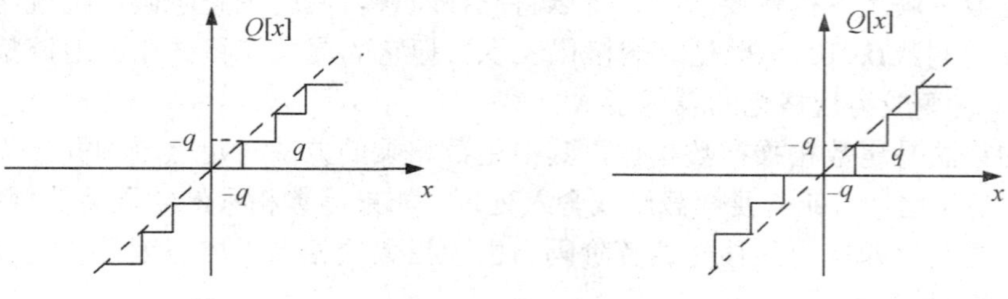

(a) 补码　　　　(b) 源码、反码

图 8.2　定点制截尾处理的量化特性

舍入误差范围对原码、反码、补码都相同。

图中 $q = 2^{-L}$，表示量化间距。由图 8.1 可知定点制舍入处理的量化误差范围为

$$-q/2 < e_r \leqslant q/2$$

由图 8.2 可知，定点制截尾处理的量化误差范围为

补码：$-q < e_t \leqslant 0$

原码、反码：当 $x > 0$ 时，$-q < e_t \leqslant 0$

当 $x < 0$ 时，$0 \leqslant e_t < q$

8.2.2　输入信号的量化效应

由于模拟信号需经过 A/D 转换器才能进入数字处理系统。如图 8.3 所示，A/D 转换器由采样器和量化器两部分组成，采样器实现时域上的离散化，产生序列 $x(n)$，$x(n)$ 具有无限精度，量化器对每个采样值 $x(n)$ 作截尾或舍入处理，即将无限精度的模拟信号 $x(t)$ 转换为数字信号 $\hat{x}(n)$。实际上在 A/D 转换器中采样和量化是同时完成的。

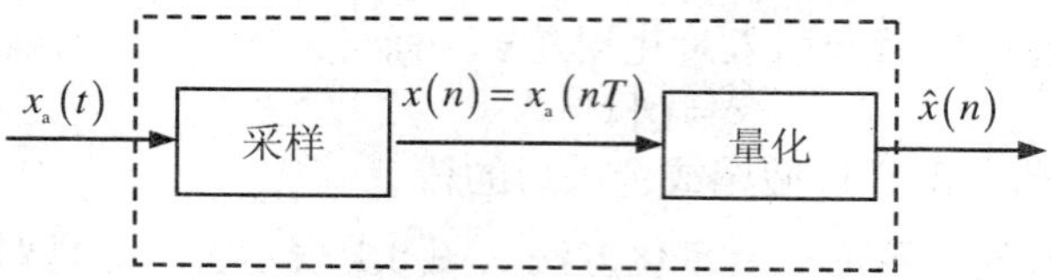

图 8.3　A/D 转换的非线性模型

量化方法无论是采取截尾还是舍入处理，其误差都可以表示为 $e = Q[x] - x$。因此，量化后的采样值可表示为

$$\hat{x}(n) = Q[x(n)] = x(n) + e(n) \tag{8-2}$$

式中，$x(n)$ 为量化前的采样精确值；$e(n)$ 为量化误差：量化误差的范围在截尾和舍入的情况下有所不同。

因此，A/D 转换的非线形过程可用图 8.4 的统计模型表示。等效于在原有信号上附加了一个量化误差信号。要精确地分析量化误差的一些特征，几乎是不可能的，因为它与信号本身的具体情况有关。但实际上也不一定有此必要，一般只要知道量化误差的平均效应就足够了。因此只需将有限字长效应的统计分析结果作为设计的依据。为了对此等效模型进行统计分析，作如下假设：

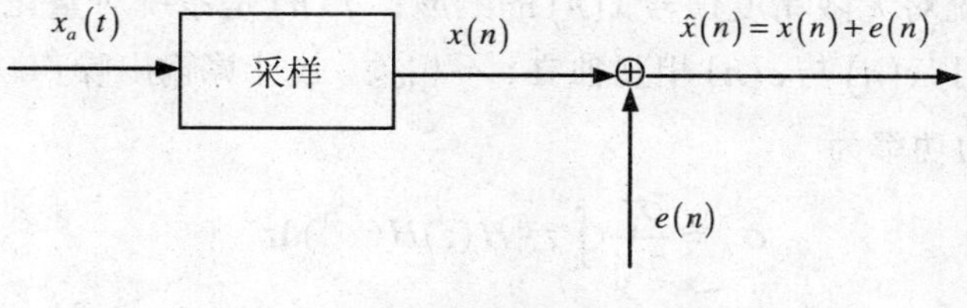

图 8.4　量化噪声通过线性系统

(1)　$e(n)$ 是一个平稳随机序列；

(2)　$e(n)$ 与信号 $x(n)$ 不相关；

(3)　$e(n)$ 本身的样值之间不相关，即为白噪声过程；

(4)　$e(n)$ 在一定的量化间距上具有均匀等概率密度分布特性。

也就是说，量化后的信号可以等效为无限精度信号与一噪声相叠加、此噪声序列叫做量化噪声，按照这述假定，量化误差可认为是一个与信号序列完全不相关的均匀等概率分布的白噪声序列，即认为量化噪声是白噪声。因此，可算出量化噪声的均值和方差，

舍入时：　$m_\varepsilon = 0,\ \sigma_e^2 = q^2/12$　(8-3)

补码截尾时：　$m_\varepsilon = -q/2,\ \sigma_e^2 = q^2/12$　(8-4)

式中 $q = 2^{-L}$，L 为数字系统字长。因此量化噪声的均方差是和 A/D 转换的字长直接相关的，字长越长，q 越小，量化噪声越小。

另外，可得信号功率与噪声功率之比即信噪比为

$$\frac{\sigma_x^2}{\sigma_e^2} = \frac{\sigma_x^2}{2^{-2L}/12} = 12\times 2^{2L}\sigma_x^2 \tag{8-5}$$

用对数表示为

$$SNR = 10\lg\left(\frac{\sigma_x^2}{\sigma_e^2}\right) = 6.02L + 10.79 + 10\lg\left(\sigma_x^2\right) \tag{8-6}$$

由此可见，字长每增加 1 位，可使得信噪比提高约 6dB。

下面再来分析一下量化噪声通过线形系统时的情况。如图 8.5 所示，量化的信号通过线性系统就等于信号 $x(n)$ 与量化误差 $x(n)$ 分别通过系统的响应之和。为了单独分析量化噪声通过线性系统的影响，假定系统是完全理想的，即是无限精度的，即不考虑系统实现时带来的误差及运算带来的误差。

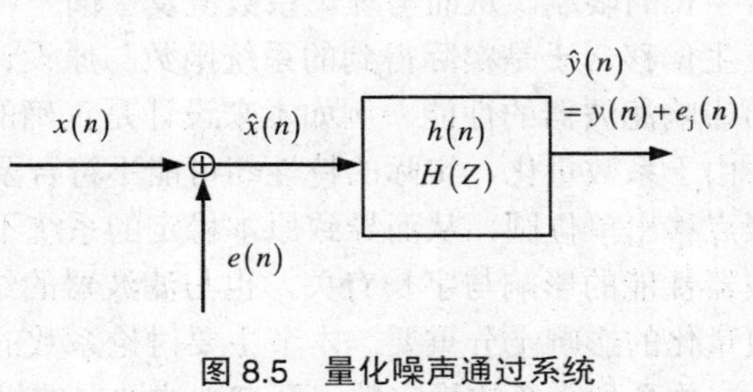

图 8.5　量化噪声通过系统

系统的输出为

$$\hat{y}(n) = \hat{x}(n) * h(n) = x(n) * h(n) + e(n) * h(n) = y(n) + f(n) \tag{8-7}$$

式中，$y(n)$ 是此系统对无限精度信号 $x(n)$ 的响应；$f(n)$ 是系统对量化误差信号 $e(n)$ 的响应，即输出噪声。由于 $x(n)$ 与 $e(n)$ 相互独立、不相关，故计算输出噪声功率不必考虑 $x(n)$，可以得出输出噪声的功率为

$$\sigma_f^2 = \frac{\sigma_e^2}{2\pi \mathrm{j}} \oint_c z^{-1} H(z) H(z^{-1}) \mathrm{d}z \tag{8-8}$$

或

$$\sigma_f^2 = \frac{\sigma_e^2}{\pi} \int_0^{\pi} z^{-1} \left| H(\mathrm{e}^{\mathrm{j}\omega}) \right|^2 \mathrm{d}\omega = \frac{q^2}{12} \cdot \sum_{n=-\infty}^{+\infty} h^2(n) \tag{8-9}$$

上述分析对于白色量化噪声通过系统时都是合适的。下面举例说明信号量化误差对滤波器滤波结果的影响。

【例 8.1】 设一阶递归滤波器 $y(n) - ay(n-1) = x(n), |a| < 1$。求量化噪声误差引起的系统输出噪声方差。

解　可求得该滤波器的单位采样响应为

$$h(n) = a^n u(n)$$

由上面可算得由于信号量化造成的输出噪声均方值为

$$\sigma_f^2 = \frac{q^2}{12} \cdot \sum_{n=-\infty}^{+\infty} h^2(n) = \frac{q^2}{12} \cdot \frac{1}{1-a^2} = \frac{2^{-2L}}{12} \cdot \frac{1}{1-a^2}$$

现在来讨论 e_f^2 和 a 的关系。因为滤波器的极点在 $z = a$。因此 e_f^2 和 a 的关系实际上也是 e_f^2 和极点位置的关系。当极点接近单位圆时，$a \approx 1$。从上面分析可看出这时 e_f^2 将变得很大。也就是说，当极点接近单位圆时，信号量化误差将对滤波器输出有很大的影响。从另一方面看，要设计一个高质量的滤波器，如要求具有较窄的通带和阻带之间的过度区等。都要求极点靠近单位圆。在这种情况下，从上面的公式可看出增加字长或缩小量化间隔 q 是一个可取的方法。

8.2.3　系数的量化效应

前面所研究的数字网络的传输函数(又叫传递函数，系统函数)，都是假定其分子、分母多项式的系数具有无限精度。但在实现数字滤波器时，所有系数都必须以有限长的二进制形式存放在存储器中，所以就必须对理想的系数值取量化，这样就使实际系数存在误差，系数的精度要受到存储器字长的限制。从而与理论系数值发生偏差，并致使在 z 平面上系统函数的零、极点位置发生偏移，于是实际得到的系统函数与原设计已不相同，即系统的频率响应发生偏差，从而影响滤波器的性能。例如本来设计是正确的，计算所得的特性是符合要求的，但实现时，由于系数量化，实际的特性却可能不符合要求。在 IIR 滤波器的情况下，还可能使某些极点移出单位圆，从而导致原本稳定的系统不稳定。

系数量化对数字滤波器性能的影响与字长有关，也与滤波器的结构密切相关。因此选择合适的结构对减小系数量化的影响十分重要。本节主要讨论系数的量化误差对 IIR 滤波器极点位置的影响，因为这关系到系统的稳定性，而 FIR 滤波器的极点在 $z = 0$ 处，不受系数变化的影响。

设无限精度的直接型结构的 IIR 滤波器的系统函数为

$$H(z)=\frac{Y(z)}{X(z)}=\frac{\sum_{k=0}^{N}b_k z^{-k}}{1-\sum_{k=1}^{N}a_k z^{-k}} \tag{8-10}$$

式中的系数 a_k，b_k 是无限精度的。令量化后的系数为 $\hat{a}_k=a_k+\Delta a_k$，$\hat{b}_k=b_k+\Delta b_k$，量化误差分别为 Δa_k，Δb_k，并得到系数量化后的系统函数为

$$\hat{H}(z)=\frac{Y(z)}{X(z)}=\frac{\sum_{k=0}^{N}\hat{b}_k z^{-k}}{1-\sum_{k=1}^{N}\hat{a}_k z^{-k}}=\frac{\sum_{k=0}^{N}(b_k+\Delta b_k)bz^{-k}}{1-\sum_{k=1}^{N}(a_k+\Delta a_k)z^{-k}} \tag{8-11}$$

由式(8-11)可知系数 a_k，b_k 的偏差 Δa_i、Δb_i，将分别引起零、极点位置的偏差。由于极点位置决定了系统的稳定性，对系统的性能影响较大，这里只讨论分母系数量化对极点位置的影响。为了作定量的讨论，假定系统的极点全部都是一阶的极点，为 $z=z_i, i=1,2,\cdots,N$，无限精度的式(8-10)的分母可以表示为

$$B(z)=1-\sum_{k=1}^{N}a_k z^{-k}=\prod_{i=1}^{N}(1-z_i z^{-1}) \tag{8-12}$$

分母系数量化后 $\hat{H}(z)$ 的极点为 $z_k+\Delta z_k$，$k=1,2,\cdots,N$。式中 z_k 是系数为无限精度时的极点，Δz_k 为极点位置偏差量，因为分母任一个系数的量化误差都会影响系统的全部极点，第 i 个极点位置偏差量 Δz_i 是各系数的偏差 Δa_k 引起的，可以表示为

$$\Delta z_i=\sum_{k=1}^{N}\frac{\partial z_i}{\partial a_k}\Delta a_k,\qquad i=1,2,\cdots,N \tag{8-13}$$

根据复合函数的微分法，可得

$$\left(\frac{\partial B(z)}{\partial z_i}\right)_{z=z_i}\frac{\partial z_i}{\partial a_k}=\left(\frac{\partial B(z)}{\partial z_k}\right)_{z=z_i} \tag{8-14}$$

利用式(8-12)中给出的式(8-11)分母的两种表述，有

$$\frac{\partial B(z)}{\partial a_k}=-z^{-k},\frac{\partial B(z)}{\partial z_i}=-z^{-1}\prod_{\substack{l=1\\l\neq i}}^{N}(1-z_l z^{-1})=-z^{-N}\prod_{\substack{l=1\\l\neq i}}^{N}(z-z_l) \tag{8-15}$$

由式(8-14)和式(8-15)，可以得到

$$\frac{\partial z_i}{\partial a_k}=\frac{z_l^{N-k}}{\prod_{\substack{l=1\\l\neq i}}^{N}(z_i-z_l)},\qquad i=1,2,\cdots,N;\quad k=1,2,\cdots,N\sqrt{a^2+b^2} \tag{8-16}$$

式(8-16)确定了第 i 个极点位置偏差对系统函数分母中第 k 个系数量化误差的灵敏度。将式(8-16)代入式(8-13)，就给出了分母所有系数量化误差引起的第 i 个极点的位置偏差。

在式(8-16)中，分母的每一个因子 (z_i-z_l) 都对应于 z 平面内的一个矢量，即表示 z_k 外的一个极点指向 z_k 的矢量，因此，极点个数越多，分布越密集，这些矢量的长度就越小，分母也就越小，因而极点 z_k 对系数变化的灵敏度也就越大。这就说明了，对于高阶 IIR 滤波器(N 大)，若用直接型结构实现，则系数的量化误差将使极点位置发生大的偏差，而级联型与并联型的情况就不一样。无论是级联的一个子网络还是并联的一个支路，都只实现一

对共轭极点或一个单极点，因此极点间的距离不会很小，极点对系数变化的灵敏就不会高；无论是级联型还是并联型，极点都具有独立性，即每一子网络或每一支路的系数变化，只影响该子网络或该支路的极点变化，对其他子网络或其他支路的极点无影响。因此，级联型和并联型结构系数的量化误差只是使得本子网络或本支路的极点位置发生小的变化，故系数量化对极点位置的影响小。

系数量化对零点位置的影响可以类似地进行分析。

【例 8.2】 一个二阶 IIR 滤波器，试分析系数字长对其零极点位置的影响。设滤波器的传递函数为

$$H(z)=A\cdot\frac{1+b_1z^{-1}+b_2z^{-2}}{1+a_1z^{-1}+a_2z^{-2}}$$

解 设传递函数的零点完全由系数 b_1、b_2 决定，极点完全由系数 a_1、a_2 决定。

设 $H(z)$ 有一对共轭极点 $z_{1,2}=r\mathrm{e}^{\pm\mathrm{j}\theta}$，则

$$\begin{aligned}1+a_1z^{-1}+a_2z^{-2}&=\left(1-r\mathrm{e}^{\mathrm{j}\theta}z^{-1}\right)\left(1-r\mathrm{e}^{-\mathrm{j}\theta}z^{-1}\right)\\&=1-2r\cos\theta z^{-1}+r^2z^{-2}\end{aligned}$$

因此得到

$$\begin{cases}r^2=a_2\\ r\cos\theta=-a_1/2\end{cases}$$

上式说明，对于二阶网络，其极点半径 r 完全由系数 a_2 决定，极点在实轴上的坐标值 $r\cos\theta$ 则取决于系数 a_1，在无限精度的情况下，系数 $r\cos\theta$ 和 r^2 都可以取无穷多个值。如果它们被量化，将使极点只可能出现在单位圆内的有限个不同的位置上，即由 r^2 量化产生的有限个值形成的同心圆与 $r\cos\theta$ 量化产生的有限个值形成的一系列垂直线的交点位置上。

如果 a_1, a_2 是用 3 位字长表示，$b=3$(不算符号位)。表示这 3 位字长一共只能由 8 种不同值组成。因而只能表达 8 种半径 r 值，和 $\pm\dfrac{7}{8}$ 之间的 15 种实轴坐标 $r\cos\theta$ 值。

这样 3 位字长的系数所能表达的极点位置就被限制在 z 平面的一些有限的固定位置上。如果所需要的极点位置不在这些固定位置上时，就只能以最靠近的一个固定节点位置来代替原来极点位置，这样就引入了极点位置误差，如果误差很大，还有可能使共轭极点变成为实极点，这时就会产生严重的误差，甚至使系统失去稳定。如果这一对共轭极点为 $z_{1,2}=r\mathrm{e}^{\pm\mathrm{j}\theta}=0.73\mathrm{e}^{\pm\mathrm{j}10^0}$，因此得到

$$\begin{aligned}a_2&=r^2=0.53\\ r\cos\theta&=-a_1/2=0.73\times\cos10^0=0.72\end{aligned}$$

表 8-1　二阶滤波器 3 位字长量化参数

3 位二进制码 a_1, a_2	r^2	r	$\lvert r\cos\theta\rvert$
000	0	0	0
001	0.125	0.354	0.125

续表

3位二进制码 a_1, a_2	r^2	r	$\lvert r\cos\theta \rvert$
010	0.250	0.500	0.250
011	0.375	0.612	0.375
100	0.500	0.707	0.500
101	0.625	0.789	0.625
110	0.750	0.865	0.750
111	0.875	0.935	0.875

如果系数 a_1, a_2 采用舍入的方法进行量化，实际取 $r\cos\theta = 0.75, r^2 = 0.5$，因此实际极点位置可算出。

$$1 - 2r\cos\theta z^{-1} + r^2 z^{-2} = 0$$

即

$$1 - 1.5z^{-1} + 0.5z^{-2} = 0$$

则

$$z_1 = 1, z_2 = 0.5$$

因此一对共轭极点经过系数量化后变成了一对实极点，其中一个极点位于单位圆上，系统成了不稳定系统。

零点位置与系数 b_1，b_2 关系也是这样。因此得出结论：系数量化使零极点位置的取值范围由一个连续域变为一个离散的 z 平面点阵，从而造成零极点的飘移，导致系统特性的改变。另外，在 z 平面上量化位置的分布密度是不均匀的。例如在实轴附近分布得稀，在虚轴附近分布得密；半径小的地方分布得稀，半径大的地方分布得密。这样就会使实轴附近的极点(例如低通，高通滤波器)量化误差较大，而对虚轴附近的极点(例如带通滤波器)量化误差较小。这种分布只是二阶直接型结构的情况。不同结构的滤波器，系数对零极点位置的影响是不一样的。

下面再来分析 FIR 滤波器中系数量化的影响，对于 FIR 滤波器，由于一个因果 FIR 系统的全部极点都在 z=0 处，只需考虑系数量化对系统函数零点位置的影响。FIR 滤波器的系统函数可以表示为

$$H(z) = \sum_{n=0}^{M} h(n) z^{-n} \tag{8-17}$$

式中单位采样响应就是该函数的系数。当系数被量化为 $\hat{h}(n) = h(n) + \Delta h(n)$ 后，系统函数变为

$$\hat{H}(z) = \sum_{n=0}^{M} \hat{h}(n) z^{-n} = \sum_{n=0}^{M} h(n) z^{-n} + \sum_{n=0}^{M} \Delta h(n) z^{-n} = H(z) + \Delta H(z) \tag{8-18}$$

即

$$\Delta H(z) = \hat{H}(z) - H(z) \tag{8-19}$$

系数量化后系统的频率响应为

$$\hat{H}(e^{j\omega}) = H(e^{j\omega}) + \Delta H(e^{j\omega}) \tag{8-20}$$

式中

$$\Delta H(e^{j\omega}) = \sum_{n=0}^{M} \Delta h(n) e^{-j\omega n} \tag{8-21}$$

为了获得误差量值范围的概念，可对误差大小的界限作粗略的估计。假定单位采样响应系数量值都小于 1，作$L+1$位的量化，并都规格化到二进制小数点在符号位与最高有效小数位之间，尾数作舍入处理，则有

$$-2^{-(L+1)} < \Delta h(n) \leqslant 2^{-(L+1)} \tag{8-22}$$

将式(8-22)代入式(8-21)，可得频率

$$|\Delta H(z)| = \left|\sum_{n=0}^{M} \Delta h(n) e^{-j\omega n}\right| \leqslant \sum_{n=0}^{M} |\Delta h(n)|\,|e^{-j\omega n}| = \sum_{n=0}^{M} |\Delta h(n)| \tag{8-23}$$

这个误差随单位采样响应的长度线性增加，它给出的界限是在所有系数量化误差都取最大值。以上的分析说明，在 FIR 滤波器得系数量化时，会使转移函数产生误差，而这个误差不会超过$\sum_{n=0}^{M}\left|\Delta h(n)\right|$。舍入处理时，因为

$$\left|\Delta h(n)\right| \leqslant \frac{q}{2}$$

所以

$$\Delta H\left(e^{j\omega}\right) \leqslant \sum_{n=0}^{M}\left|e(n)\right| \leqslant (M+1)2^{-(L-1)} = \frac{(M+1)q}{2} \tag{8-24}$$

利用上式可根据给定的误差指标决定系数量化的字长。

直接型 FIR 滤波器灵敏度的一种研究方法与 IIR 滤波器相同，分析作为系统函数系数的单位采样响应的量化误差所引起的零点位置偏差。用$h(n)$代换式(8-13)至式(8-16)中的a_k，则原表达式所给出的关于极点的结果就可以应用于这里所讨论的零点的情况。即当系统的零点是密集在一起时，它们的位置对于单位采样响应的量化误差的灵敏度就高些。由于大多数线性相位 FIR 滤波器的零点在z平面上分布较为均匀，因此 FIR 系统常采用直接型结构。

8.3　有限字长效应

实现数字滤波器的基本运算有相加、乘系数和延时。延时不会引起字长的变化，定点制乘法运算中要对结果作截尾或舍入处理，加法运算中存在溢出问题，因此要考虑运算中的动态范围。例如在实现数字滤波时，将遇到相乘运算。典型的相乘可以表示为

$$y(n) = ax(n)$$

式中，$x(n)$为数据值，a为滤波器系数。若a和$x(n)$的字长分别为C位和B位，则乘积$y(n)$的字长应为$B+C$位。但常常需要将此乘积寄存在B位字长的寄存器中，因而就必须对此乘积作舍入或截尾处理，这就会产生量化误差。截尾和舍入处理是非线性过程，分析起来非常复杂，下面仅就定点制运算中的一些简单情况进行讨论。

相乘后的实际结果可以认为是

$$\hat{y}(n) = Q[y(n)] = y(n) + e(n) = ax(n) + e(n) \tag{8-25}$$

式中 $e(n)$ 是舍入量化误差，对 $e(n)$ 的统计特性的假设及其成立条件基本上与上节相同。

即若寄存器长 $L+1$ 位，则舍入误差为

$$-\frac{1}{2}\times 2^{-L} < e(n) \leqslant \frac{1}{2}\times 2^{-L}$$

按照上节的假定，量化误差可认为是一个与信号序列完全不相关的均匀等概率分布的白噪声序列，因此，可算出量化误差的均值和方差为

均值：$m_\varepsilon = 0,\ \sigma_e^2 = q^2/12$

方差：$\sigma_e^2 = \dfrac{q^2}{12} = \dfrac{1}{12}\times 2^{-2L} = \dfrac{1}{3}\times 2^{-2(L+1)}$

8.3.1 IIR 滤波器运算中的极限环振荡

IIR 滤波器是一个递归式结构，当系统所有的极点都位于单位圆内时，是一个稳定系统。如果输入信号自 $n > n_0$ 后保持为零，在无限精度的情况下，系统的输出必然逐渐衰减到零。但是计算时字长总是有限的，经过量化处理的非线性作用，输出信号可能出现仅衰减到某一个非零的幅度范围内形成持续无限振荡的情况，这种效应称为零输入极限环振荡。

为了说明这一现象，以一阶 IIR 滤波器为例。设其差分方程为

$$y(n) = ay(n-1) + x(n),\ |a|<1 \tag{8-26}$$

系统的信号流图如图 8.6(a)所示。取系数 $a = 0.5$，$x(n) = 0.875\delta(n)$，$y(-1) = 0$，在无限精度情况下，系统输出为

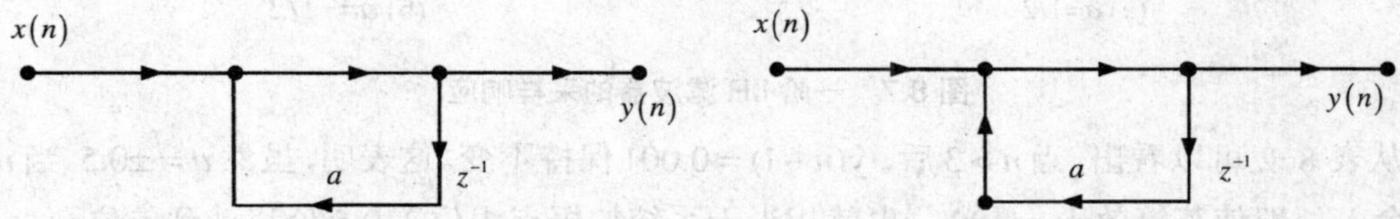

(a)无限精度系统　　(b)有限字长的非线性系统

图 8.6　一阶 IIR 系统信号流图

$$y(n) = 0.875a^n = 0.875\times(0.5)^n \tag{8-27}$$

显然当 $n\to\infty$，时 $y(n)\to 0$。

假定储存系数 a 和 $x(n)$ 与 $y(-1)$ 的寄存器的长度是 4 位(包括一个符号位)，即 $L+1=4$。乘积 $ay(n-1)$ 和 $x(n)$ 相加之前必须作舍入处理使其字长也是 4 位。由式(8-43)可以得到系统实际实现所满足的非线性差分方程为

$$\hat{y}(n) = [a\hat{y}(n-1)]_R + x(n) \tag{8-28}$$

式中 $[\bullet]_R$ 表示舍入运算。相应的真正实现的信号流图如图 8.6(b)所示。那么，以二进制表示 $a = 0.100$，$x(n) = 0.111\delta(n)$，$y(-1) = 0.000$，由于运算中的舍入处理(小数点后第 4 位若不为零，始终选择向上舍入)，运算的过程和系统输出结果如表 8-2 中所列。当 $n \geqslant 3$ 后，输出保持为恒定值 $\hat{y}(n) = 0.001(0.125)$，如图 8.7(a)所示。如果系数取负值 $a = -0.5$，采用如表

8-2 中所列同样的运算过程，可以得到输出序列的绝对值与上面的情况相同，但符号是正负相间的，如图 8.7(b)所示，即形成了从−0.125 到 0.125 间的周期等幅振荡。当 $a=0.5$ 时，周期为 1，当 $a=-0.5$ 时，周期为 2，这样的稳态周期输出称为极限环。

表 8-2 一阶 IIR 滤波器 3 位字长运算过程

n	$x(n)$	$\hat{y}(n-1)$	$a\hat{y}(n-1)$	$[a\hat{y}(n-1)]_R$	$\hat{y}(n)$	$\hat{y}(n)$ 十进制
0	0.111	0.000	0.000	0.000	0.000	0.875
1	0.000	0.111	0.011 000	0.100	0.100	0.500
2	0.000	0.100	0.010 000	0.010	0.010	0.250
3	0.000	0.010	0.001 000	0.001	0.001	0.125
4	0.000	0.001	0.000 100	0.001	0.001	0.125
5	0.000	0.001	0.000 100	0.001	0.001	0.125
⋮	⋮	⋮	⋮	⋮	⋮	⋮

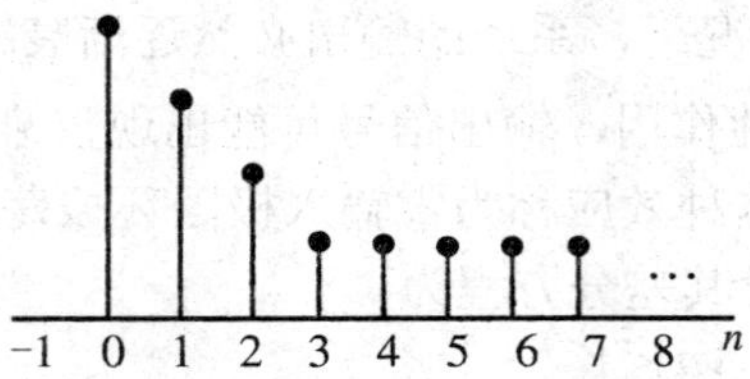

(a) $a=1/2$

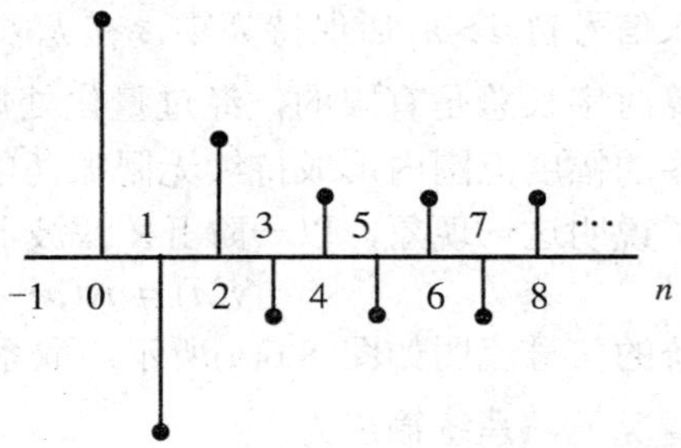

(b) $a=-1/2$

图 8.7 一阶 IIR 滤波器的采样响应

从表 8-2 可以看出，当 $n>3$ 后，$\hat{y}(n-1)=0.001$ 保持不变。这表明，虽然 $a=\pm0.5$，当 $n>3$ 后，舍入处理使其等效于 $a=\pm1$，也就相当于系统的极点由位置 0.5 处移动到单位圆上，致使系统表现出临界稳定状态。

由于舍入处理的范围为 $\frac{q}{2}$，$q=2^{-L}$，则有

$$|[a\hat{y}(n-1)]_R - a\hat{y}(n-1)| \leqslant \frac{q}{2} \tag{8-29}$$

或

$$|[a\hat{y}(n-1)]_R| - |a| \cdot |\hat{y}(n-1)| \leqslant \frac{q}{2} \tag{8-30}$$

出现极限环振荡时，等效于 $a=\pm1$，即

$$|[a\hat{y}(n-1)]_R| = |\hat{y}(n-1)| \tag{8-31}$$

将式(8.30)带入式(8-31)，得

$$|\hat{y}(n-1)| - |a| \cdot |\hat{y}(n-1)| \leqslant \frac{q}{2} \tag{8-32}$$

可解得
$$|\hat{y}(n-1)|\leqslant\frac{q/2}{1-|a|} \tag{8-33}$$

式(8-33)表明极限等幅振荡幅度与量化宽度成正比，增加字长(减小量化宽度)将使极限环振荡减弱。例如$n=3$，$a=\pm 0.5$时，计算可得

$$|\hat{y}(n)|=|\hat{y}(n-1)|=\frac{2^{-3/2}}{1-0.5}=\frac{1}{8}=0.125$$

8.3.2 IIR 滤波器的有限字长效应

前面已经分析 IIR 滤波器中乘积的舍入误差所产生的影响。下面将进一步讨论 IIR 滤波器在各种不同情况下乘积项的有限字长效应与 IIR 滤波器的结构的关系。

1. 直接型结构

设滤波器的传输函数为
$$H(z)=\frac{0.04}{\left(1-0.9z^{-1}\right)\left(1-0.8z^{-1}\right)}=\frac{0.04}{1-1.7z^{-1}+0.72z^{-2}}=\frac{0.04}{B(z)} \tag{8-34}$$

信号流图如图 8.8(a)所示，图中$e_0(n)$、$e_1(n)$、$e_2(n)$分别表示与系数 0.04、1.7、−0.72 相乘后的舍入噪声，等效的噪声网络如图 8.8(b)所示。因此输出噪声的功率为
$$\sigma_f^2=3\frac{\sigma_e^2}{2\pi \mathrm{j}}\oint_c z^{-1}H(z)H(z^{-1})\mathrm{d}z=3\frac{\sigma_e^2}{2\pi \mathrm{j}}\oint_c\frac{z^{-1}}{B(z)B(z^{-1})}\mathrm{d}z=3\frac{\sigma_e^2}{2\pi \mathrm{j}}\oint_c A(z)\mathrm{d}z \tag{8-35}$$

其中σ_e^2为舍入噪声的方差，仍如前节所示。c选单位圆，$A(z)$在c内有两个极点：$z=0.9$，$z=0.8$，采用留数定律计算可得输出噪声的功率为
$$\sigma_f^2=3\frac{\sigma_e^2}{2\pi \mathrm{j}}\oint_c A(z)\mathrm{d}z=\frac{1}{4}q^2(\mathrm{Res}(A(z),z=0.9)+\mathrm{Res}(A(z),z=0.8))=22.5q^2$$

(a)　　　　　　　　　　(b)

图 8.8　直接型结构的相乘误差

2. 级联型结构

$H(z)$仍如式(8-34)所示，将其表示为
$$H(z)=\frac{0.04}{\left(1-0.9z^{-1}\right)\left(1-0.8z^{-1}\right)}=\frac{0.04}{\left(1-0.9z^{-1}\right)}\cdot\frac{1}{\left(1-0.8z^{-1}\right)}=\frac{0.04}{B_1(z)}\cdot\frac{1}{B_2(z)}$$

即由两个子网络级联而成，其信号流图如图 8.9 所示。

图中，$e_0(n)$、$e_1(n)$、$e_2(n)$分别表示与系数 0.04、0.9、0.8 相乘后的舍入噪声。由图可知，$e_0(n)$和$e_1(n)$通过网络$H_1(z)$：

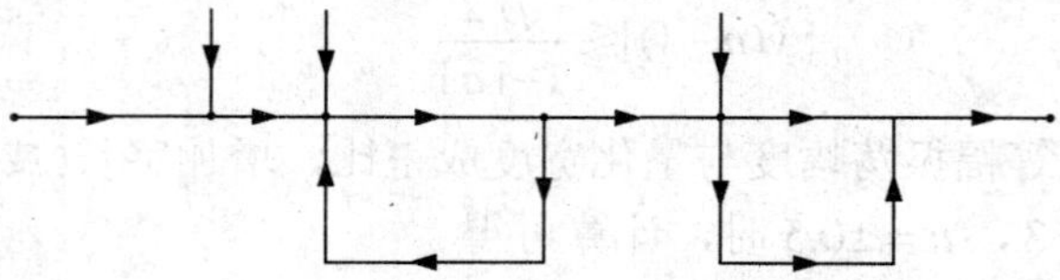

图 8.9 级联型结构的相乘误差

$$H_1(z)=\frac{1}{B_1(z)B_2(z)}$$

而 $e_2(n)$ 只通过网络 $H_2(z)$：

$$H_2(z)=\frac{1}{B_2(z)}$$

因此输出噪声的功率为

$$\sigma_f^2=2\frac{\sigma_e^2}{2\pi j}\oint_c z^{-1}H_1(z)H_1(z^{-1})dz+\frac{\sigma_e^2}{2\pi j}\oint_c z^{-1}H_2(z)H_2(z^{-1})dz$$

$$=2\frac{\sigma_e^2}{2\pi j}\oint_c A_1(z)dz+\frac{\sigma_e^2}{2\pi j}\oint_c A_2(z)dz$$

$A_1(z)$ 与式(8-35)的 $A(z)$ 相同，$A_2(z)$ 在 c 内有一个极点 $z=0.8$，采用留数定律计算可得输出噪声的功率为

$$\sigma_f^2=\sigma_{f1}^2+\sigma_{f2}^2=2\frac{\sigma_e^2}{2\pi j}\oint_c A_1(z)dz+\frac{\sigma_e^2}{2\pi j}\oint_c A_1(z)dz$$

$$=\frac{1}{6}q^2(\text{Res}(A_1(z),z=0.9)+\text{Res}(A_1(z),z=0.8))+\frac{1}{12}q^2(\text{Res}(A_2(z),z=0.8))=15.2q^2$$

3. 并联型结构

将式(8-34)的 $H(z)$ 分解为部分分式：

$$H(z)=\frac{0.04}{\left(1-0.9z^{-1}\right)\left(1-0.8z^{-1}\right)}=\frac{0.36}{\left(1-0.9z^{-1}\right)}+\frac{-0.32}{\left(1-0.8z^{-1}\right)}$$

因此整个网络由两个网络并联而成，信号流图如图 8.10 所示。图中 $e_0(n)$、$e_1(n)$、$e_2(n)$、$e_3(n)$ 分别为与系数 0.36，0.9，–0.32，0.8 相乘后的舍入噪声。

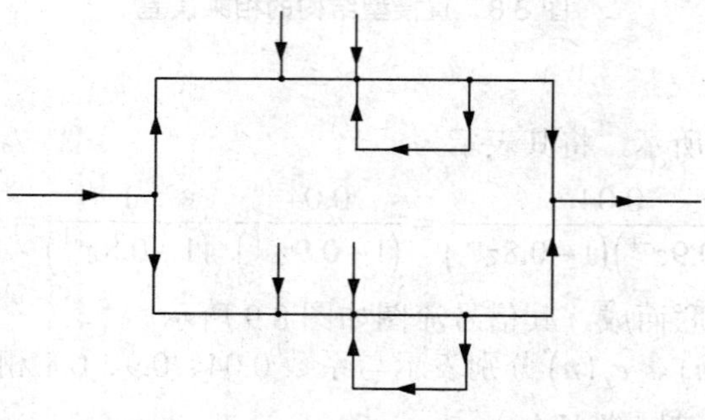

图 8.10 并联型结构的相乘误差

由图可知，$e_0(n)$ 和 $e_1(n)$ 只通过网络 $\dfrac{1}{1-0.9z^{-1}}$，$e_2(n)$ 和 $e_3(n)$ 只通过网络 $\dfrac{1}{1-0.8z^{-1}}$，故输出噪声功率为

$$\sigma_f^2 = 2\frac{\sigma_e^2}{2\pi \mathrm{j}}\oint_c \frac{z^{-1}}{(1-0.9z^{-1})(1-0.9z)}\mathrm{d}z + 2\frac{\sigma_e^2}{2\pi \mathrm{j}}\oint_c \frac{z^{-1}}{(1-0.8z^{-1})(1-0.8z)}\mathrm{d}z$$

$$= 2\sigma_e^2\left[\frac{1}{1-0.9z}\right]_{z=0.9} + 2\sigma_e^2\left[\frac{1}{1-0.8z}\right]_{z=0.8} = \frac{1}{6}q^2 \times 8.04 = 1.34q^2$$

比较这三种结构的输出噪声功率，可以看出，由于乘积的舍入误差的存在而使输出所产生的误差中，直接型最大，级联型次之，并联型最小。这是因为直接型结构中所有舍入误差都要经过全部网络的反馈环节，因而使这些误差在反馈过程中积累起来致使误差很大；在级联型结构中，每个舍入误差只通过其后面的反馈环节，而不通过它前面的反馈环节，因而误差要比直接型小。另外还要注意在级联型结构中，由于各子网络级联的次序不同，由乘积的舍入误差所引起的输出噪声功率大小也会不同，因此在实际使用中要合理选择级联次序，使由乘积的舍入误差所引起的输出误差最小。在并联型结构中，每个并联子网络的舍入误差仅仅通过本支路的反馈环节，与其他并联子网络无关，因此积累作用最小，误差最小。这个结论对 IIR 滤波器具有普遍意义。因此从乘积项有限字长效应来看．直接型最差，特别在高阶时应避免采用，并联型结构最好，具有最小的运算误差。

8.3.3 FIR 滤波器运算中的有限字长效应

在无限精度情况下，N 阶 IR 滤波器的差分方程为

$$y(n) = \sum_{m=0}^{N-1} h(m)x(n-m)$$

由于 FIR 滤波器中舍入噪声没有反馈环节的积累，故其影响也就比同阶的 IIR 滤波器小。下面分别就横截型结构和级联型结构的运算舍入噪声进行讨论。

1. 横截型结构

在有限字长情况下，横截型结构 FIR 滤波器的差分方程为

$$\hat{y}(n) = \sum_{i=1}^{N-1}[h(m)x(n-m)]_R = y(n) + \Delta y(n) \tag{8-36}$$

式中，Δ y(n)表示输出噪声。由于每一次乘法运算后就要做舍入运算，从而产生一个舍入噪声，即

$$[h(m)x(n-m)]_R = h(m)x(n-m) + e_m(n)$$

即

$$\hat{y}(n) = \sum_{i=1}^{N-1}[h(m)x(n-m)]_R = \sum_{i=1}^{N-1}[h(m)x(n-m)] + \sum_{i=1}^{N-1} e_m(n)$$

比较两式可得

$$\Delta y(n) = \sum_{m=0}^{N-1} e_m(n)$$

从图 8.11 也可以看出，这些舍入噪声 $e_m(n)$ 都直接加在了输出端。因此输出噪声 Δ y(n) 是这些舍入噪声 $e_m(n)$ 的总和。

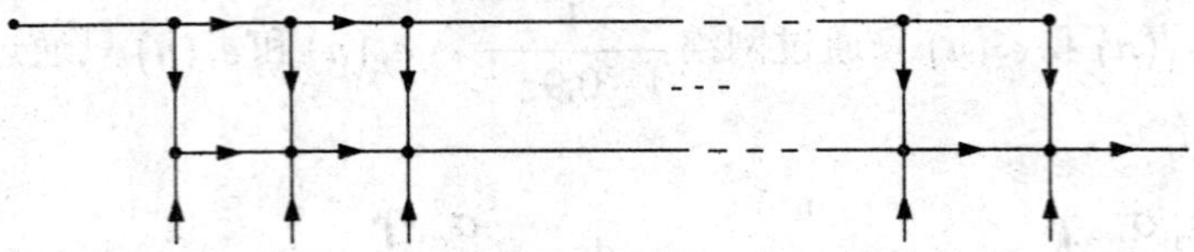

图 8.11 FR 滤波器的横截型结构以及其中的相乘误差

根据舍入噪声互不相关的统计特性，其数学期望为零，方差为

$$\sigma_f^2=\sum_{m=0}^{N-1}\sigma_e^2=N\frac{q^2}{12}=N\frac{2^{-2L}}{12} \tag{8-37}$$

式(8-37)表明：输出噪声是舍入噪声直接总和，根本不经过系统，所以与系统的参数无关；输出噪声的方差与字长 L 和系统阶数 N 有关，当要求输出噪声限制在某一水平的情况下，阶数越高的滤波器需要的字长也越长；对于线性相位 FIR 滤波器，乘法次数可以减少，因此输出噪声方差也会相应减少。

2. 级联型结构

级联型结构系统函数可写为

$$H(z)=\prod_{i=1}^{M}H_1(z)=\prod_{i=1}^{M}(a_{0i}+a_{1i}z^{-1}+a_{2i}z^{-2}) \tag{8-38}$$

当单位采样响应为 N 点序列，若 N 为奇数，$M=\dfrac{N-1}{2}$，若 N 为偶数，$M=\dfrac{N}{2}$。级联型实现的框图如图 8.12(a)所示，每一级的舍入噪声为 N^2。由如图 8.12(b)所示的二阶基本节统计模型可以看出，各级的舍入噪声 $e_i(n)$ 是该二阶节中乘系数后舍入噪声的直接相加，即

$$e_i(n)=e_{0i}(n)+e_{1i}(n)+e_{2i}(n)$$

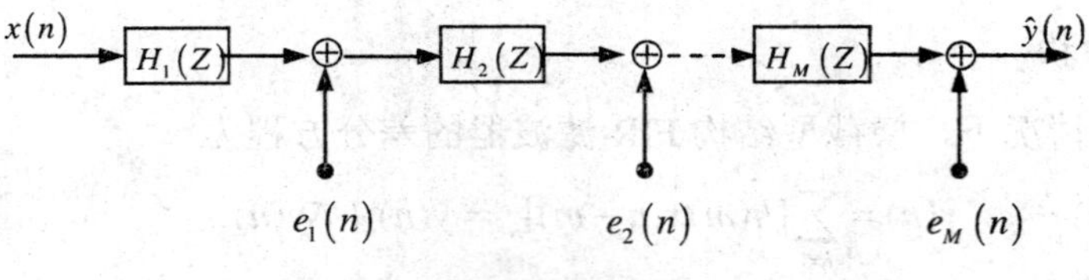

(a)有噪声的统计模型

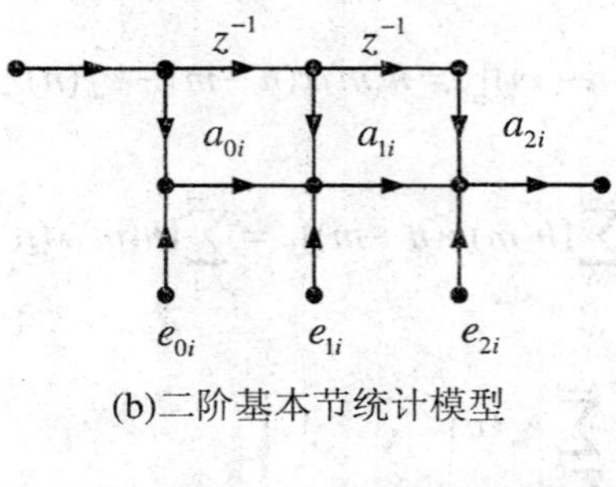

(b)二阶基本节统计模型

图 8.12 级联型结构 FIR 滤波器的统计模型

由于 $e_{ki}(n)$ 是统计独立的，数学期望为零，方差为 $q^2/12$，因此 N^2 的方差为 $3q^2/12$。由图 8.12(a)可见，第 i 个基本节的舍入噪声 N^2 在达到输出端之前，要通过其后的所有二阶节滤波，如果用 $G_i(z)$ 表示噪声 N^2 切入点到系统输出端之间的系统函数，则

$$G_i(z)=\begin{cases}\prod_{k=i+1}^{M} H_k(z) & 1\leqslant i\leqslant M-1 \\ 1 & i=M\end{cases} \tag{8-39}$$

其逆变换为 $g_i(n)=\mathrm{Z}^{-1}[G_i(z)]$

那么 N^2 在输出端的响应为

$$v_i(n)=e_i(n)*g_i(n)=\sum_{r=0}^{N-2i} g_i(r)e_i(n-r)$$

这个输出噪声的方差为

$$\sigma_{vi}^2=E[v_i^2(n)]=e[\sum_{r=0}^{N-2i} g_i(r)e_i(n-r)\sum_{l=0}^{N-2i} g_i(l)e_i(n-l)]=\sum_{r=0}^{N-2i}\left|g_i(r)\right|^2\sigma_{ei}^2$$

式中 σ_{ei}^2 为第 i 个基本节的舍入噪声 N^2 的方差，已知 N^2 的方差为 $3q^2/12$，则

$$\sigma_{vi}^2=\frac{q^2}{4}\sum_{i=0}^{N-2i}\left|g_i(r)\right|^2 \tag{8-40}$$

由于 i=1,2,…,M,而各级的乘积舍入量化噪声在系统输出端的响应的方差值和就是系统量化噪声的总方差

$$\sigma_o^2=\sum_{i=1}^{M}\sigma_{vi}^2=\frac{q^2}{4}\sum_{i=1}^{M}\sum_{r=0}^{N-2i}\left|g_i(r)\right|^2 \tag{8-41}$$

8.3.4　DFT 运算的有限字长效应分析

在数字滤波和频谱分析中都广泛的用到离散傅里叶变换，所以了解有限寄存器长度对 DFT 运算的影响是非常重要的。但是，和数字滤波器的情况一样，要精确分析这种影响则相当困难。为了在 DFT 运算中能够选取恰当的寄存器长度，采用较为简化的分析就能满足要求。下面采用的分析方法类似于滤波器运算中的方法，在进行舍入运算的每个点上插入一个可加性噪声源的方式分析运算舍入问题。

信号 $x(n)$的 DFT 为

$$X(k)=\sum_{n=0}^{N-1}x(n)W_N^{nk}\text{ ，}k=0,1,\cdots,\ N-1 \tag{8-42}$$

式中 $W_N^{\pi k}=\mathrm{e}^{-2\mathrm{j}\frac{2\pi}{N}}$。当只需要计算少数几个 k 值的变换结果时，可以不采用 FFT 算法，而是直接用上式计算其中乘积的和。对于一个给定的 k 值，将上式中的 W_N^{nk} 看成线性系统的单位采样响应 $h(n)$，$x(n)$作为系统输入，而将 $X(k)$看作系统输出 $y(n)$，则上式就类似于卷积和运算

$$y(n)=\sum_{m=0}^{N-1}h(m)x(n-m) \tag{8-43}$$

这样就可以借鉴 FIR 滤波器对有限字长效应的分析结果。用 $e(n,k)$ 表示对乘积 $x(n)W_N^{nk}$ 作舍入处理引起的量化误差，图 8.13 就是 DFT 定点运算的等效统计模型。其中

$X(k)$是理想的无限精度结果，$\hat{x}(k)$是有限字长量化结果，$F(k)$为计算第k个值产生的总输出误差。由于复数误差$e(n,k)$直接加到输出端，则总输出误差为

$$F(k)=\sum_{n=0}^{N-1}e(n,k) \tag{8-44}$$

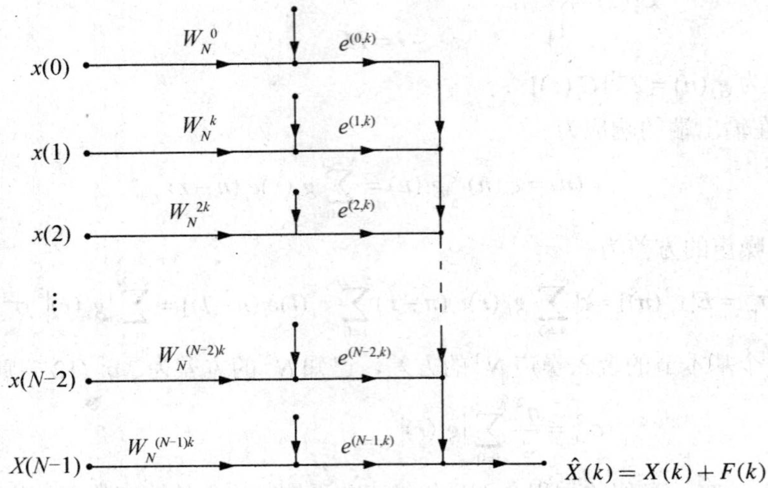

图 8.13 DFT 计算定点舍入噪声的统计模型

一般情况下，由于$x(n)$和W_N^{nk}都是复数，乘积$x(n)W_N^{nk}$也是复数，而且由四个实数乘法组成，其中每个实数乘法产生一个舍入误差，这里首先假定W_N^{nk}是无限精度的没有量化误差，则量化后的复数乘积$x(n)W_N^{nk}$为

$$\begin{aligned}[x(n)W_N^{nk}]_R &= \mathrm{Re}[x(n)]\cos(\frac{2\pi}{N}nk)+e_1(n,k)+\mathrm{Im}[x(n)]\sin(\frac{2\pi}{N}nk)+e_2(n,k)+\\ &\mathrm{j}[\mathrm{Im}[x(n)]\cos(\frac{2\pi}{N}nk)+e_3(n,k)]-\mathrm{j}[\mathrm{Re}[z(n)]\sin(\frac{2\pi}{N}nk)+e_4(n,k)]\end{aligned} \tag{8-45}$$

为了简化$\hat{X}(k)$的误差方差的计算，对式(8-45)中的每个实数乘法产生的舍入误差$e_i(n,k)$的统计特性做如下假设：

(1) 定点制数表示为带符号$(b+1)$位的小数，误差$e_i(n,k)$是在$(-2^{-b}/2,2^{-b}/2]$区间均匀分布的随机变量，平均值为零，方差为$2^{-2b}/12$

(2) 各误差$e_i(n,k)$彼此互不相关。

(3) 所有误差$e_i(n,k)$与输入不相关，因此与输出也不相关。

复数乘法舍入产生的误差均值为零，误差幅度的平方为

$$|e(n,k)|^2=[e_1(n,k)+e_2(n,k)]^2+[e_3(n,k)-e_4(n,k)]^2 \tag{8-46}$$

因为$e_i(n,k)$彼此互不相关，所以式(8-46)的统计平均值为

$$E\left[\left|e(n,k)\right|^2\right]=4\cdot\frac{2^{-2b}}{12}=\frac{1}{3}\cdot 2^{-2k} \tag{8-47}$$

那么输出误差的均方幅度为

$$E\left[\left|f(k)\right|^2\right]=E\left[\left|\sum_{n=0}^{N-1}e(n,k)\right|^2\right]=\sum_{n=0}^{N-1}E\left[\left|e(n,k)\right|^2\right]=\frac{N}{3}\cdot 2^{-2k} \tag{8-48}$$

如同直接型 FIR 滤波器实现那样，输出噪声与 N 成正比。这个估计值是偏大的，因为某些乘法计算(如与 W_N^0 相乘)并不产生误差。

直接计算 DFT 也受到动态范围的限制，为了防止溢出，要求

$$\left|X(k)\right|=\left|\sum_{n=0}^{N-1}x(n)W_N^{nk}\right|\leqslant\sum\left|x(n)\right|<1 \tag{8-49}$$

由于定点运算中 $\left|x(n)\right|<1$，可以将输入 $x(n)$ 都除以 N，就可保证不产生溢出，但是这样却降低了输出端的信噪比。

8.4 小　结

本章主要分析了数字信号处理中的有限字长效应对于实际数字系统性能的影响。

(1) 任何一个实际的数字系统，是将无限精度的数据作为有限字长的数据来处理的。这样将会使实际系统与原设计的系统产生一定的误差。

(2) 因为有限字长的影响，产生三种误差是：输入的模拟信号经过 A/D 转换成离散信号时产生的量化效应。系数用有限长二进制数实现时产生的量化效应。数字运算过程中，因为存储单元的有限字长必须对运算结果作出处理而产生的各种误差。

(3) 定点制的加法运算不会增加字长，但是会出现溢出的可能性，乘法运算不会产生溢出，但要进行尾数处理，截尾或舍入。截尾或舍入都会引起量化误差。

(4) A/D 转换的有限字长效应产生的量化误差可认为是一个与信号序列完全不相关的均匀等概率分布的白噪声序列，量化噪声的均方差是和 A/D 转换的字长直接相关的。

(5) 系数的量化效应会使系统函数在 z 平面上的零、极点位置发生偏移，对 IIR 滤波器，还可能使某些极点移出单位圆，从而导致原本稳定的系统不稳定。

(6) IIR 数字滤波器中乘积的舍入误差，会使ⅡR 滤波器产生极限环振荡，同时滤波器结构不同也会有不同的有限字长效应，直接型结构产生的误差最大，级联型次之，并联型最小。FIR 滤波器输出噪声的方差与字长 L 和系统阶数 N 有关。

8.5 习　题

1. 将下列十进制数分别用 8 位(其中 1 位为符号位)的原码、补码、反码定点表示。并分别考虑截尾和舍入两种情况。

$$x_1=0.4375\text{，}\quad x_2=-0.4375\text{，}\quad x_3=0.8515625\text{，}\quad x_4=-0.8515625$$

2. 数字滤波器的传输函数为

$$H(z)=\frac{1-z^{-2}}{1-1.272792z^{-1}+0.81z^{-2}}$$

现用 8bit 字长的寄存器来存放其系数，试求此时滤波器的实际 $\hat{H}(z)$ 表达式。

3. 画出上题 $H(z)$ 和 $\hat{H}(z)$ 的零极点分布图。并分析寄存器字长对滤波器影响。

4. 设 A/D 转换器的字长为 b 位，其输出接一网络，网络的单位采样响应为 $h(n)=[a^n+(-a)^n]u(n)$，试求网络输出端的 A/D 量化噪声方差 σ_f^2。

5. 设系统的差分方程为 $y(n)=x(n)-0.5y(n-1)$。且初始条件为 $x(0)=0$ 时，$y(0)=0.5$ 试求当没有输入信号时，这个系统的输出序列公式和序列值的表示式。

6. 如果上题寄存器字长为 3bit(不包括符号位)采用舍入处理时，写出其输出序列 $0\leqslant n\leqslant 20$ 的各序列值。

7. 一个数字滤波器有一对共轭复极点 $z=0.9\pm \mathrm{j}0.3$。试求要保证滤波器稳定系数量化的最小字长应是多少？

8. 一个二阶 IIR 网络的传输函数为 $H(z)=\dfrac{0.4-0.34z^{-1}}{\left(1-0.9z^{-1}\right)\left(1-0.7z^{-1}\right)}$。如果采用 6bit 字长(不包括符号位)的定点制运算。试分别计算直接型结构、级联型结构和并联型结构下乘积项的有限字长效应所产生的输出噪声方差。

9. 上题采用级联型结构时，试确定具有最小运算误差的级联次序。

10. 一个 N 阶 FIR 数字滤波器 $H(Z)=\sum\limits_{n=0}^{N-1}a_nZ^{-n}$。采用直接型结构，用 6bit 字长、舍入处理的方式量化其系数。试用统计的方法估算由于系数量化所引起的噪声的方差 σ_f^2。当 $N=1024$ 时，若要求 $\sigma_f^2\leqslant 10^{-3}$，则量化系数的字长应该选多少位？

参 考 文 献

[1] 程佩青. 数字信号处理教程(第二版). 北京：清华大学出版社，2001.

[2] 丁玉美，高西全. 数字信号处理(第二版). 西安：西安电子科技大学出版社，2001.

[3] 郑君里. 信号与系统. 北京：高等教育出版社，1981.

[4] A V 奥本海姆. 信号与处理. 刘树棠译. 西安：西安交通大学出版社，1985.

[5] 楼顺天，李博菡. 基于 MATLAB 的系统分析与设计——信号处理. 西安：西安电子科技大学出版社，2001.

[6] 吴锁杨. 数字信号处理的原理与实现. 南京：东南大学出版社，1997.

[7] V K Ingle，J G Proakis. 数字信号处理及其 MATLAB 实现. 陈怀深译. 北京：电子工业出版社，1998.

[8] 胡广书. 数字信号处理—理论，算法与实现. 北京：清华大学出版社，1997.

[9] 吴湘淇. 信号、系统与信号处理(修订本). 北京：电子工业出版社，2001.

[10] A V 奥本海姆. 离散时间信号处理. 刘树棠译. 西安：西安交通大学出版社，2001.

[11] 陈怀琛. 数字信号处理教程——MATLAB 释义与实现. 北京：电子工业出版社，2004.

[12] 余卞章. 数字信号处理. 西安：西北工业大学出版社，2002.

[13] James H McClellan， Ronald W schafer，Mark A Yoder. 信号处理引论. 北京：电子工业出版社，2005.

[14] Emmanuel C Ifeachor，Barrie W jervis. 数字信号处理实践方法. 北京：电子工业出版社，2003.

[15] 高西全，丁玉美. 数字信号处理——学习指导. 西安：西安电子科技大学出版社，2001.

[16] Sanjit K Mitra. 数字信号处理——基于计算机的方法. 阚永红译. 北京：电子工业出版社，2005.

[17] Sanjit K Mitra. 数字信号处理实验指导书(MATLAB 版). 孙红译. 北京：电子工业出版社，2005.

[18] 胡广书. 数字信号处理理论、算法与实现(第二版). 北京：清华大学出版社，2003.

[19] Vinary K K Ingle，John G Proakis. Digital Signal Processing Using MATLAB. BK&DK，1997.

[20] Alan V Oppenheim and Alan S Willsky and S Hamid Nawab，Signals and Systems(英文版). 北京：电子工业出版社，2005.

《21世纪全国应用型本科电子通信系列实用规划教材》

序号	书号	书名	编著者	定价
1	978-7-301-10759-1/TN・0031	DSP 技术及应用	吴冬梅　张玉杰	26.00
2	978-7-301-10760-7/TN・0032	单片机原理与应用技术	魏立峰　王宝兴	25.00
3	978-7-301-10765-2/TN・0035	电工学	蒋　中　刘国林	29.00
4	978-7-301-10766-9/TN・0036	电工与电子技术(上册)	吴舒辞　朱俊杰	21.00
5	978-7-301-10767-6/TN・0037	电工与电子技术(下册)	徐卓农　李士军	22.00
6	978-7-301-10699-0/TN・0026	电子工艺实习	周春阳	19.00
7	978-7-301-10744-7/TN・0027	电子工艺学教程	张立毅　王华奎	32.00
8	978-7-301-10915-6/TN・0039	电子线路 CAD	吕建平　梅军进	34.00
9	978-7-301-10764-1/TN・0034	数据通信技术教程	吴延海　陈光军	29.00
10	978-7-301-10768-3/TN・0038	数字信号处理	阎　毅　黄联芬	24.00
11	978-7-301-10756-0/TN・0028	现代交换技术	茅正冲　姚　军	30.00
12	978-7-301-10761-4/TN・0033	信号与系统	华　容　隋晓红	33.00
13	978-7-301-10762-5/H・1669	信息与通信工程专业英语	韩定定　赵菊敏	24.00
14	978-7-301-10757-7/TN・0029	自动控制原理	袁德成　王玉德	29.00
15	978-7-301-11443-8/TN・0040	高频电子线路	宋述祥　周冬梅	31.00
16	978-7-301-11507-7/TP・0898	微机原理与接口技术	陈光军　傅越千	34.00
17	978-7-301-11442-1/TP・0892	MATLAB 基础及其应用教程	周开利　邓春晖	24.00
18	978-7-301-11508-4/TP・0899	计算机网络	郭银景	31.00
19	978-7-301-12178-8/TN・0025	通信原理	隋晓红　钟晓玲	32.00
20	978-7-301-12175-7/TM・0003	电子系统综合设计	郭　勇　余小平	25.00
21	978-7-301-11503-9/TN・0042	EDA 技术基础	赵明富　李立军	22.00
22	978-7-301-12176-4/TP・0868	数字图像处理	曹茂永	23.00
23	978-7-301-12177-1/TN・0024	现代通信系统	李白萍　王志明	27.00
24	978-7-301-13121-3/TN・0044	模拟电子技术实验教程	谭海曙	24.00
25	978-7-301-12340-9/TN・0027	模拟电子技术	陆秀令	28.00(估)
26	978-7-301-11502-2/TM・0041	移动通信	郭俊强	22.00(估)
27	978-7-301-11504-6/TN・0043	数字电子技术	梅开乡	30.00(估)
28	978-7-301-12179-5/TN・0026	电路分析	王艳红	32.00(估)